普通高等教育"十一五"国家级规划教材

Business Administration Classics 21世纪工商管理系列教材

Organizational Behavior

组织行为管理

（第五版）

李剑锋　编著

中国人民大学出版社
· 北京 ·

前　言

组织行为管理是各级领导者对下属行为的分析和影响过程，是管理工作的核心、领导工作的本质。组织行为管理与各种职能管理（如生产作业管理、市场营销、财务管理、人力资源管理、技术管理等）的区别在于，后者主要关注组织的某一具体任务的完成，前者通过对员工这一关键资源的利用和开发来提高整个组织的绩效。很明显，离开了组织行为管理，任何职能活动都将难以开展。例如，如果市场营销人员缺乏能力与动机，再卓越的营销计划也只是一纸空文。所以，要想成为一名优秀的营销经理，除需掌握市场营销的知识、方法，更关键的是精通组织行为管理技能。甚至可以说，只要组织行为能力强，即使不是某一职能领域的内行或专家，也可成为一名有效的领导者。因此，组织行为学作为一门研究员工行为、开发领导才能的基础学科，其重要性不言自明。曾有人戏言，组织行为学是一门“当官”的学问，其他工商管理学科均属“打工”的知识。这种说法虽然有失偏颇，却有几分道理。当然，成为一名既拥有业务专长又精通组织行为的超凡领导者，应是每位有志之士的努力目标。

20 世纪 70 年代末，组织行为理论开始从西方传入中国。30 多年来，已有上百部组织行为译著、教材和专著在国内出版，数百个组织行为研究项目在国内实施，取得了一批世界级科研成果。其中，影响最大、贡献最多的学者当属以中国科学院心理研究所研究员、著名组织行为学权威、学界泰斗徐联仓教授为首的“徐家军”。作为“徐家军”的主要成员之一，作者有幸在徐老的指导下完成了数项研究课题，其中“风险行为决策”研究项目荣获教育部优秀科研成果奖。

1995 年 7 月，作者从中国科学院心理研究所来到中国人民大学商学院（当时的贸易经济系）执教组织行为学。1998 年，组织行为学被列为 MBA 学员的必修课，这极大地促进了组织行为学在我国的繁荣与发展。为全面展示中国组织行为学者的研究成果，跟踪组织行为研究的国际进展，构建中国人民大学在组织行为领域的学科优势，开发适合中国工商管理教学的新一代教材，作者开始编写《组织行为管理》（第一版）。2000 年 12 月，《组织行为管理》（第一版）正式出版发行。

《组织行为管理》（第一版）出版后，凭借崭新的内容、丰富的案例、优美的形式，迅速成为组织行为学这一工商管理专业必修课程的国内市场领导教材。2002 年，荣获教育部高等院校优秀教材一等奖。

2003 年 4 月，《组织行为管理》（第二版）作为普通高等教育“十五”国家级规划教材出版。因其已经成为全国使用最多的组织行为学高校教材，为保持内容的稳定性与一贯性，《组织行为管理》（第二版）对第一版的主要内容没有作大的改动，只增加两章新内容即组织变革与组织学习。

2006 年，《组织行为管理》（第三版）获准成为教育部普通高等教育“十一五”国家级规划教材。第三版的修订原则是：（1）更简要；（2）更完善；（3）更实战；（4）更本土。

2007 年以来，金融危机席卷全球。企业的商务环境发生了极大变化，众多知名的大公司应声倒下，很多管理理论和原则受到质疑。在此背景下，作者推出了《组织行为管理》（第四版）。《组织行为管理》（第四版）的修订主要集中在：第一，案例刷新。几乎更新了全部案例，代之以基业长青的公司、新近崛起的公司。第二，媒体链接。收录了各种报刊、网站关于中国企业运营的大量真实报道，以便让师生感受到组织行为学是一门与企业实际运营关系十分密切的学科，工商界每时每刻都在上演组织行为的现实版。

此次进行了第五版的修订。《组织行为管理》（第五版）的修订着眼于以下两点：

1. 刷新案例

由于时效性，本书 95%以上的案例都被最新案例替换。在新案例的选择上，本书兼顾了外企、国企和民企，覆盖了石油、电信、金融、IT、制造、科技、航空、煤炭、地产、汽车、钢铁、电力、酒店、教育、流通、消费品等几十个行业。更值得指出的是，本书为了加大对民企的支持力度，按照中国民营企业 500 强排行榜，把几乎所有排名前 30 位的民营企业都纳入了案例分析。

2. 内容扩充

本书将第 2 章改为胜任力，并增加了一节内容以论述新近的研究热点。而且，本书几乎重写了组织学习一章，特别是增加了一节内容，专门介绍了各种知名的学习理论，例如联结主义、格式塔、目的行为主义和社会学习等。

值得指出的是，由于篇幅所限，很多精彩内容（例如精品阅读、经典案例、复习题目等）放到了中国人民大学出版社工商管理出版分社的网站上，使用本书的师生可以免费下载。

在《组织行为管理》各版的写作过程中，除查阅了大量的国内外专业文献，还得到了众多国内外著名专家、教授的指导与帮助，在此一并表示诚挚的谢意！主要有：美国哈佛商学院教授 Cris Argyris，Michael Beer，Linda A. Hill；斯坦福商学院教授 Robert J. Flanagan，Michael W. Morris，Joanne Martin，Margaret A. Neale，Jeffrey Pfeffer；耶鲁大学商学院教授 Victor H. Vroom；国际管理学会前主席、威斯康星商学院教授 Ramon J. Aldag；纽约大学商学院教授 Randall S. Schuler；东北大学工商管理学院教授 Thomas M. Begley，Cynthia Lee；加拿大麦吉尔大学管理学院教授 Nancy J. Adler；约克大学商学院教授 Ronald J. Burke；麦克马斯大学商学院教授 Rick D. Hackett；西门菲沙大学工商管理学院教授 Neil R. Abramson；英国剑桥大学 Judge 商学院教授 Malcolm Warner；伦敦大学 Queen Mary 工商管理学院教授 Michael Rowlinson；伦敦商学院教授 Jay Conger，Chris Earley；新加坡南洋理工大学教授 Fang Yongqing；香港中文大学心理系教授 Kwok Leung；香港科技大学管理系教授 Anne S. Tsui，Kenneth Law；中国科学院研究员徐联仓、张侃、赵红；清华大学教授张德、刘广灵、郑晓明、张彬、姚学锋、黄红选、徐炳雄；北京大学教授张一驰、王辉、谢晓菲、侯玉波、黄恒学；中国人民大学教授孙彤、许玉林、卢东斌、温厉、庞红、徐佳宾；复旦大学教授鲁直；北京师范大学教授车宏生、李建会、李稚田、刘孝庭；北京交通大学教授宋守信、叶龙；四川大学教授陈维政；暨南大学教授戴良铁；浙江工业大学教授李攻；兰州大学管理学院教授付维宁；天津工业大学教授张琳；海南大学教授曾峰 ；西南林业大学教授李春波；上海大学教授朱国理；广西大学教授胡峰、牙向阳；湖北工业大学教授郑炜；安徽财经大学教授杜晶晶；浙江财经学院教授操世元；扬州大学教授蒋小康；延边大学教授金红英等。

在本书编写和修订的过程中，我的学生王朔、陈岩、伍春来、孔磊、杨冠杰、凡小平、王馨、赵凯、杨名舟、荣娜、李珍珠、许燕、朱美琳、张雪飞、程亮、黄镇海、舒华、苏波、杨建清、何庆珍等协助我收集资料、制作图表、润色初稿，做了大量工作，在此表示感谢！

感谢多年来使用本书的教师、学生和学员，你们的信任是我继续改进的重要动力；感谢中国人民大学出版社各位编辑十几年来始终如一的支持、督促和合作！

本书献给我的家人：敬爱的父母、亲爱的妻子和可爱的女儿嘉怡（本书第一版开始编写时，她还没有出生。她的出生推迟了第一版出版的时间。现在，她已经上初中三年级了），感谢他们多年来为本书写作营造的欢乐与温馨的良好氛围！

尽管本人受过管理科学与心理科学的双重科班训练，多年两栖于学术界和企业界，长期在欧美国家与国际管理大师进行面对面交流与合作，并潜心多年埋头著述，但本书可能仍存在一些不足之处。真诚希望使用本书的师生和读者多提宝贵意见和建议，以使本书日臻完美，从而向世界级教材的目标再迈进一步。

我的联系方式是：

E-mail：lijianfengphd@163.com

QQ：1073800809

李剑锋

目 录

第Ⅰ篇 组织行为导论

第Ⅱ篇 个体行为

第Ⅲ篇 群体行为

第Ⅰ篇

组织行为导论

组织行为导论 第1章

本章重点

- 组织的概念与类型
- 人类行为八大规律
- 组织行为的种类
- 组织行为学的历史、方法与相关学科
- 组织行为学的重要性
- 组织行为管理模式
- 组织有效性的概念和测量
- 组织有效性模型

引 例

在很多人看来，高调辞去公司CEO职位的马云应该像金庸武侠小说中的“风清扬”一样，退隐江湖后就闲云野鹤般亲近大自然。但是昨天在深圳，马云身穿中式对襟上衣和黑裤子，出现在中国智能骨干网的项目建设新闻发布会上，为自己刚刚成立的“菜鸟网络”站台宣传。

马云在发言时第一句就调侃自己曾经的退出：“我本来以为当了董事长以后就不需要再出来，但是没想到当董事长最主要的职责就是出台和走秀。”不过，对于大家所说的“复出”，马云自己并不承认。“我还是做董事长，网上说我复出了。做社会化物流不是今天的想法，而是四五年前的想法，只是选择了今天这个秀、今天的出台，这是我们一代人的理想、梦想。”

对于新公司为何起名为“菜鸟”，马云在发布会上表示，社会化物流基础设施建设，阿里巴巴想了10年，也做了10年，决定傻傻地再做10年。“让我们这些老家伙，学习做做菜鸟吧。菜鸟的心态比谁都年轻，都禁得起风浪。”

一、菜鸟：飞得更高 飞得更快

虽然公司名称是“菜鸟”，但是这家公司的野心却很大。按照马云对“菜鸟网络”

的规划，通过建设中国智能骨干网，让全中国2 000个城市在任何一个地方只要上网购物，24小时一定送货到家。“现在中国每天约2 500万个包裹，10年后预计每天2亿包，今天中国的物流体系没有办法支撑未来的2亿。所以我们有一个大胆设想，通过建设中国智能骨干网，先投资千亿元。在任何一个地方能够24小时到达，只要你上网购物，24小时货一定送到你们家，这是一个伟大的理想。”

不过，也有内部人士称，全国24小时送货上门，必须要用到航空运输，这必然导致物流快递成本增加，对于现有的以价格优势为主的电子商务来说，这将是一个挑战。

二、电商：送货拼速度

网购下单后，送货速度成为影响用户体验的重要方面。目前，国内电商行业对物流快递环节都非常重视。从模式上来说，有以阿里巴巴为主的社会化物流模式，网上包裹由各家公司发货，三通一达、顺丰等社会物流体系负责配送；另外一种就是电子商务企业自建库房统一采购商品，网上订单在自家库房包装完成后，主要由自己的配送队伍负责送货。后一种模式的典型代表是京东商城和易迅网。

目前，京东的自建物流体系由6大物流中心、27个城市仓储中心、近1 000个配送站、300个自提点组成，已经覆盖全国1 000多个区县，到2013年年底将覆盖中国一半以上的区县。在之前的211限时达、次日达、隔日达、夜间配送等优质物流配送服务的基础上，京东前不久又在北京等中心城市推出了“极速达”业务，把货物的配送时间大幅压缩在3小时之内。

目前，腾讯旗下电子商务网站易迅在京实现了一日三送：网民在上午11时前下的订单，经过客服审单、分区拣货、打包等环节约需要1小时，货车从仓库到市内配送点约需要1个小时，分单和送到快递员手中又需要40分钟的时间，这样最快的订单配送约需要3个小时的时间。腾讯电商CEO吴宵光认为，物流是电商的核心竞争力。

三、智能骨干网：物流新平台

阿里巴巴集团、银泰百货集团联合复星集团、富春集团、顺丰速运集团和三通一达（申通、圆通、中通、韵达）物流公司在深圳联合成立菜鸟网络科技有限公司，同时启动中国智能骨干网的项目建设。

菜鸟网络CEO沈国军表示，中国智能骨干网将应用物联网、云计算、网络金融等新技术，为各类B2B，B2C和C2C企业提供开放的服务平台，并联合网上信用体系、网上支付体系共同打造中国未来商业的三大基础设施。他强调：“菜鸟网络不会从事物流，而是希望充分利用自身优势支持国内物流企业的发展，为物流行业提供更优质、高效和智能的服务。”

菜鸟网络科技有限公司方面透露，在初步发展期间将不计短期回报持续投入，完成中国智能骨干网的搭建，支持1 000万家新型企业发展，创造1 000万就业岗位，为中国社会经济发展转型和未来商业基础设施建设效力。

马云说：“中国智能骨干网不仅是电子商务的基础设施，更是中国未来商业的基础设施。希望它能够和网上信用体系、网上支付体系一道成为中国未来商业的三大基础设施。”

2012 年，中国网络零售市场交易规模达 13 205 亿元，同比增长 64.7%。同年，阿里巴巴集团旗下淘宝和天猫平台网络零售交易额突破 1 万亿元，日包裹量 1 200 万单。

资料来源：《马云复出做“菜鸟”》，载《北京晚报》，2013-05-29。

作为中国最具知名度的企业家之一，马云的一举一动都为企业界、学术界甚至老百姓所津津乐道。企业家的行为、管理人员的行为以及普通员工的行为都属于组织行为的范畴，都是组织行为学研究的对象。

本书旨在提供组织行为的知识、开发组织行为的技能，本章主要介绍组织行为的基本概念，为全面展开组织行为的体系进行铺垫。

第 1 节 组织行为核心概念

从字面意义上说，组织行为是指人们在各种组织中活动时表现出来的行为。下面分别深入分析组织、行为、组织行为三个基础概念，以便更准确、更深刻地理解组织行为的内涵。

一、组织

（一）组织的构成要素

提起组织，人们会立即联想到“党组织”、“团组织”。诚然，社团是组织的一种类型，但是组织的外延极广，制造产品的工厂、销售商品的超市、提供食宿的饭店、存取货币的银行、执行法律的政府等都是组织。所有的组织都具有如下要素。

1. 目标

每一个组织都有明确的目标，如企业要使利润最大化，学校要培养社会所需人才，医院要提供最优质的医疗服务。目标决定了任何一个组织作为社会组成部分存在的必要性与合理性。目标的作用是引导组织成员的行为，使大家协作一致，运用组织所拥有的各种资源，完成组织的使命与任务（见表 1—1）。

表 1—1 美国公司的经营目标排序

序号	目标	选择比例（%）
(1)	盈利性	89
(2)	增长	82
(3)	市场占有率	66
(4)	社会责任	65
(5)	员工福利	62
(6)	产品与服务质量	60
(7)	研究与开发	54

续前表

序号	目标	选择比例（%）
(8)	多种经营	51
(9)	效率	50
(10)	财务稳定	49
(11)	资源保护	39
(12)	管理发展	35

2. 资源

组织要想达到自己的目标，必须拥有相应的资源，如企业拥有人才、资金、机器、设备等各种资源。一个组织需要把所拥有的各种资源当做投入，通过转化变成其他组织或个人所需要的各类产出（产品、服务），才能实现自己的目标，才能生存与发展。

3. 管理

在组织所拥有的各种资源中，人力资源最重要、最关键。这是因为人力资源能支配、使用其他资源，使其发挥效用，从而实现组织的目标。人力资源有两类：第一类是具体业务人员，如财务、后勤、文秘等；第二类是管理人员，主要从事计划、组织、领导、控制等管理工作（见图1—1）。

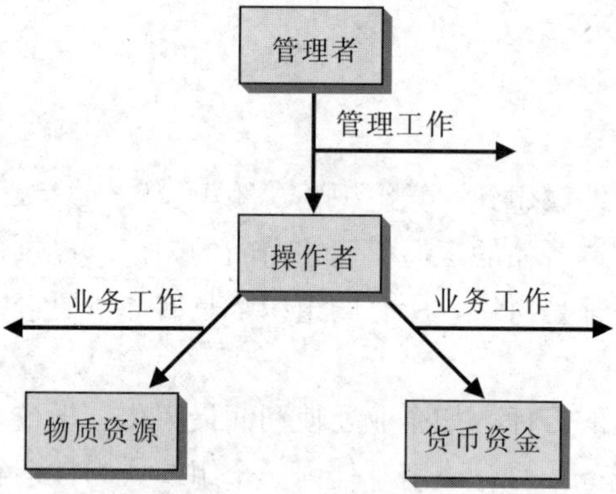

图1—1 管理工作与业务工作

4. 环境

毫无疑问，组织是一个开放的系统。任何组织都离不开环境，离不开其他组织，都需要与环境进行物质、能量、信息的交换，都需要适应环境的变化。离开了与其他组织或个人的相互作用，离开了对环境变化的适应，组织就会失去平衡。

（二）组织诊断模型

综上所述，可以认为，组织是具有特定目标、资源和管理过程，时刻与环境相互作用的开放系统。组织的运作状况与组织目标、组织资源、组织管理、组织环境等四要素紧密相关。

李剑锋博士根据组织的四要素，构建了组织诊断模型（见图1—2）。组织诊断模型既可用于识别企业在哪些要素方面存在问题和偏差，也指出了企业提高绩效的四条路径。

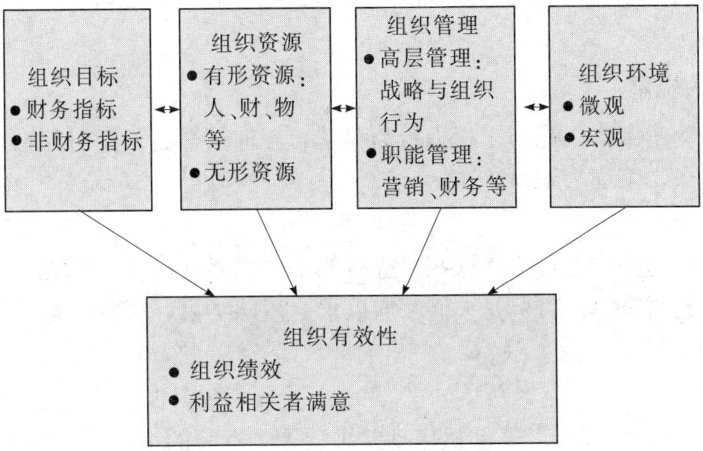

图1—2　组织诊断模型

资料来源：李剑锋：《组织行为学》，7页，北京，中国经济出版社，2003。

（1）明确组织目标，包括财务目标（如投资、成本等）和非财务目标（如服务质量、工作效率等）。

（2）合理配置组织资源，包括有形资源（如人、财、物等）和无形资源（如品牌、信誉等）。

（3）选择正确的管理模式，包括高层管理（如战略管理、组织行为管理等）和职能管理（如财务管理、人力资源管理等）。

（4）协调和控制好组织与环境的关系，包括宏观环境（如政治、经济、社会、文化等）和微观环境（如与公民、媒体、社会团体等的关系）。

二、行为

（一）行为的定义

提起行为，人们容易想到上班、娱乐、社交、旅游、购物、打仗、学习、健身等人类活动。这些都是可以不借助仪器而直接观察到的人的外部活动，我们称之为“外显活动”。

另一个问题是：人类或动物机体内部的生理反应和心理活动是不是行为？行为主义者极力主张，有机体对刺激的任何反应都是行为。我们认为，尽管行为过程离不开心理活动和生理反应，如肌肉收缩、腺体分泌、思维活动等，而且为了更好地理解行为必须注重研究心理与生理，但心理活动和生理反应并不是行为本身。可以这样说，心理是行为的内在机制，行为是心理的外部展现。没有心理活动不可能有外显行为，没有外部行为的分析也无法把握内部的心理状态。

至于行为与生理的关系，研究表明，机体运动是由神经系统控制与调节的。对于人类来说，参加调节的有脊髓、小脑、大脑皮层等。大脑皮层对躯体运动的调节功能是通过锥体系统和锥体外系统下传完成的。虽然任何行为都有生理机制，也都伴随着生理反应（如肌肉紧张与放松），但除此之外，行为涉及更复杂的过程。据此可知，植物没有行为，因为植物没有神经系统，没有心理活动。

综上所述，行为是指人或动物表现的与生理、心理活动紧密相连的外显的运动、动作或活动。

（二）行为的规律

我国组织行为学家李剑锋博士根据行为科学、心理科学的长期研究结果，把人类行为的规律归纳为八条，下面分别讨论。

1. 目标律

任何行为都指向一定的目标。这些目标可能是主体之外的任一客观事物，如金钱、住房、轿车、职位、名誉等。目标是人们梦寐以求的预期结果，这些结果“拉动”人们付出努力去获得。

2. 动机律

所有行为均有动机“驱动”。动机启动并维持人类行为的生理、心理状态。这些生理、心理因素包括欲望、需要、兴趣、信念、情绪等。人的行为在动机的驱动下指向目标，目标获得后，人会产生新的动机（本书第 3 章将深入分析工作动机）。

3. 强化律

如果某一行为达到了预期目标，或获得了意想不到的有利结果，则行为重复发生的可能性增大。预期目标或有利结果作为强化物增大了行为重复出现的概率。这就是强化律，或叫结果律。行为是其结果的函数，是操作性条件反射理论的主要贡献。操作性条件反射理论是由杰出的行为主义心理学家斯金纳创立的（参阅知识库 1—1）。虽然斯金纳是通过动物实验得到结论的，但强化律也是人类行为的基本规律。

【知识库 1—1】　　斯金纳箱

斯金纳的经典实验演示是通过斯金纳箱的按压门闩动作来完成的。他的箱子是为了去掉所有无关的刺激而专门制造的。这一实验是把一只饥饿的老鼠放入箱内，并允许它自由探索。在一般的探索行为过程中，老鼠或快或慢、偶然地按压了一下能掀动食物仓的杠杆，于是一个食物小球就掉进盘内。在强化几次之后，条件反射通常就迅速地形成了。

根据这个实验，斯金纳得出了结论：一个操作行为发生后，接着呈现强化刺激，那么这个操作再次发生的强度（或频率）就会增加。由于多次的强化就会形成一种反应的储备，所以当停止供应食物后，饿鼠必然多次按动门闩以期得到食物。按动门闩成了它得到食物的工具，也就是说，在按动门闩和获得食物之间建立了“暂时联系”。在此，按动门闩的动作是条件反射，食物出现和吃食物对按动门闩的动作起了强化作用，门闩就是条件刺激。这种条件反射被称为工具性条件反射，也叫做操作性条件反射。

4. 遗传律

一个人的行为特征部分决定于其从父母双亲那里获得的基因的状况。如果遗传基因有缺陷，将导致人类行为的变态。例如，先天愚型（mongolism）病人有严重智力障碍，是因为他们的第21组染色体不是正常的一对，而是三个。此外，有研究表明，某些男性的社会行为（如暴力犯罪）可能与他们的性染色体中存在过多的X有关。最后，行为遗传学用选择性繁殖实验证明了某些行为特征可以遗传给后代。所谓选择性繁殖，是指让具有很高或很低程度的某种特征的动物交配，在它们的后代中会出现那些表现类似高或低程度的这种特征的后代，让这些后代再繁殖，经过数代，会产生明显具有此特征的后代（参阅知识库1—2）。

【知识库1—2】　　选择性繁殖实验

特赖恩开始用142只雌、雄老鼠作为双亲代。每只动物做19次实验通过一个17单元的迷宫。最聪明的那些老鼠在学习迷宫时共犯约14次错误，最迟钝的老鼠大约要犯174次错误。聪明的母鼠与聪明的公鼠交配，迟钝的母鼠与迟钝的公鼠交配，其余的动物就不要了。于是让这些交配的老鼠的后代在同样的迷宫中实验。在它们表演的基础上，把每一窝聪明的老鼠中最聪明的老鼠进行交配，同时把每一窝迟钝的老鼠中最迟钝的老鼠进行交配。经过8代，结果发现聪明的老鼠中最迟钝的老鼠几乎与迟钝的老鼠中最聪明的老鼠一样聪明，或者还要聪明一些。

5. 环境律

人类行为除受遗传基因制约，还受环境因素的支配。准确地讲，应该说一个人的行为特征决定于遗传与环境的相互作用。选择性繁殖实验业已证明了遗传的作用，下面我们分析环境对人类行为的影响。越来越多的研究证明，人的行为不仅受出生后的家庭状况、教育过程、社会活动等环境的影响，而且与出生前的环境有关。

环境律的另一层含义是人在不同情境下的行为方式会发生变化，虽然一个人的人格、能力等是相对稳定的。不同的情境要求一个人表现内心不同的侧面，因此，不能仅仅根据一个人在某一场合的特殊表现推测他的全部行为特征。目的行为主义心理学家托尔曼认为，行为是由环境刺激（S）、生理的内驱力（P）、遗传（H）、过去的训练（T）和年龄（A）五种因素决定的，即$B=f(S, P, H, T, A)$。从公式中可以看出环境因素对某一具体行为的约束作用。

6. 发展律

个体出生后，随着年龄的增长，行为在不断地发生变化，如能力的提高、性格的改变、知识的积累等。

7. 差异律

人与人之间在能力、人格特质、价值观、工作态度、兴趣、信念、动机等方面存在显著个别差异，这些个别差异源于遗传、环境、情境、活动、职业、家庭等方面的不同。组织成员的个别差异是劳动力多样性的重要方面之一。劳动力多样性还包括年龄、种族、民族、性别、教育、婚姻状况、工作经验、收入、宗教信仰等方面（见图1—3）。一般认为，劳动力多样性有利于组织绩效的提高。

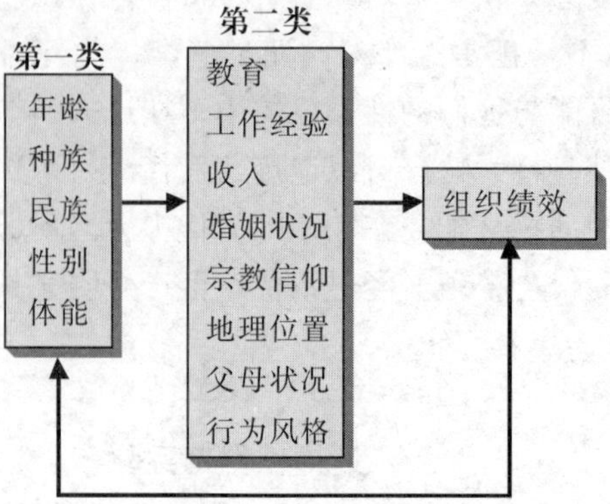

图 1—3　劳动力多样性的种类

8. 本我律

虽然一个人在行动时会考虑到法律与道德的约束，但在本质上只顾追求自己的利益、自己的目标。如果一个人的法律意识、道德良心薄弱甚至泯灭，他就会表现出自己的本来面目。一个群体、一个组织的情况亦是如此。这就是本我律。

"本我"一词采用了精神分析创始人弗洛伊德的概念。弗洛伊德认为，人格由本我、自我、超我三部分构成。本我蕴藏着人的本能冲动，以无意识的非理性冲动为特征，它按照"快乐原则"操作，不顾后果，寻求即刻的满足。自我在现实的需要与本我的非理性需要之间，起着中介的作用。它按照"现实原则"操作，为了在以后或者更合适的时间得到更大程度的满足，因此它往往推迟不合适的即刻的满足。超我是受父母的教化和道德准则影响所形成的良心和理想自我，对自我进行监视和统制。

三、组织行为

（一）组织行为的定义

明确了什么是组织、什么是行为以后，就可以定义什么是组织行为了。如果望文生义，容易说组织行为是指人们在与各类组织打交道时的行为，如到商场购物、到工厂进货、到公园散步。这种说法是不对的，因为此时人们是作为组织的配备与其发生关系的。组织行为应当指人们在作为组织成员（不管是普通员工还是管理人员）时表现出的行为。然而，组织成员的行为并不完全属于组织行为。组织成员下班后的业余活动，如娱乐、交友、恋爱、健身、购物等不是组织行为。组织行为必须是组织成员在工作过程中表现出的行为。因此，准确地说，组织行为是指各类组织的每位成员在工作过程中表现出的所有行为。

（二）组织行为的种类

从定义中可以看出，组织行为包括组织成员在工作中表现出来的各种行为。

1. 根据分析水平的不同，可将组织行为分成微观组织行为和宏观组织行为

（1）微观组织行为是指组织内的某一个体或群体的行为。它包括：1）个体行为，如态度、能力、人格、动机、压力、认知、学习等；2）群体行为，如群体动力、工作团队、沟通、领导、冲突、权力、政治活动等。

(2) 宏观组织行为是指所有组织成员作为一个整体活动时表现出的行为，如组织结构、组织文化、组织变革、组织发展、组织学习等。

2. 根据与组织目标的关系，可将组织行为分成正向组织行为和反向组织行为

(1) 正向组织行为（positive organizational behavior）。正向组织行为是指组织成员表现出的一切有利于组织目标实现的行为，如尽职尽责、遵守规章制度等。作为正向组织行为的一种特例，组织公民行为（organizational citizenship behavior）是指组织成员主动、自发、自愿地为组织的成功而付出额外努力的行为，如不计报酬加班、帮助同事完成任务、为公司成长献计献策等。组织管理者必须注意奖励、鼓励、保护正向组织行为，使其持续发生。

(2) 反向组织行为（negative organizational behavior）。反向组织行为是指组织成员表现出的所有阻碍组织目标实现的行为，如迟到、缺勤、偷窃、暴力、吸毒、欺骗等。组织管理者必须采取各种有效的惩戒措施抑制、消除或减少反向组织行为（参阅知识库1—3）。

【知识库1—3】　　组织公民行为

组织公民行为（organizational citizenship behaviours，OCB）指的是有益于组织，但在组织正式的薪酬体系中尚未得到明确或直接确认的行为。组织公民行为至少由七个维度构成：助人行为（helping behavior）、运动员精神（sportsmanship）、组织忠诚（organizational loyalty）、组织遵从（organizational compliance）、个人首创性（individual initiative）、公民道德（civic virtue）和自我发展（self development）。

美国印第安纳大学的丹尼斯·奥根（Demnis Organ）教授及其同事（Bateman & Organ，1983；Smith，Organ & Near，1983）首次创造性地提出了“组织公民行为”这一术语。他们将组织公民行为定义为：未被正常的报酬体系所明确和直接规定的、员工的一种自觉的个体行为，这种行为有助于提高组织功能的有效性。这些行为一般都超出了员工的工作描述，完全出于个人意愿，既与正式奖励制度无任何联系，又非角色内所要求的行为。

根据奥根（Organ，1988）的研究，组织公民行为应由5个因素组成，分别是利他行为、尽职行为、运动员精神、谦恭有礼和公民道德。利他行为是指员工愿意花时间主动帮助同事完成任务或是防止同事在工作上可能会发生的错误。尽职行为是指员工的表现超出组织的基本要求标准，能够尽早规划自己的工作以及设定完成工作的时间。运动员精神是指员工在不理想的环境中，仍然会以正面的态度去面对，不抱怨环境不佳，仍能忠于职守；此外，个人也会为了所属工作团体的利益而牺牲自己的利益。谦恭有礼是指员工用尊敬的态度来对待别人。公民道德是指员工主动关心、投入与参加组织中的各种活动，包括主动阅读组织内部文件，关心组织重大事件，对组织发展提出建议等。有这种行为的员工表明他已经把自己视为组织中的一员。

波德萨科夫和麦基齐（Podsakoff and Mackezie，2000）在奥根的基础上对组织公民行为的各种观点进行了归纳总结，将其分为7个维度，即帮助他人、运动员精神、忠诚于组织、顺从于组织、自我驱动、公民道德、自我发展。

奥根认为，随着时间的推移，组织公民行为逐渐积累，便能够提高组织的绩效。具体表现为：组织公民行为有利于形成一种积极的团队气氛，创造一个使人更加愉快的工作环境，并能增强组织对环境变化的适应能力，创造组织的社会资本，进而提高员工的工作效率和组织的绩效。

组织公民行为的理论在国内也已经逐渐被接受。近几年，国内学者也陆续对组织公民行为展开了研究。香港科技大学的樊景立（Farh，Jiing-Lih）教授在华人社会中对组织公民行为结构的研究上，做出了重要贡献。1997 年，他对台湾电子、机械、化工、食品、金融、管理咨询等行业和政府机构的 75 个管理者进行施测，得到一个含 5 个因子、22 个条目的中国台湾组织公民行为量表。这 5 个因子也就是中国台湾文化背景下的组织公民行为的 5 个维度：认同组织、协助同事、不生事争利、保护公司资源、敬业精神。

2003 年，樊景立又用同样的研究程序探索了中国大陆地区的组织公民行为。在来自北京、上海和深圳三个城市 72 个企业、共计 158 个公司员工提供的 595 条组织公民行为描述中发现了 10 个维度，其中积极主动、帮助同事、观点表述、群体活动参与、提升组织形象这 5 个维度是与西方组织公民行为维度所共有的，另有自我培养、公益活动参与、保护和节约公司资源、保持工作场所整洁、人际和睦 5 个维度是对西方组织公民行为维度的拓展。

第 2 节　组织行为研究与管理

一、组织行为作为一门学科

众多学科的科学家运用各种不同的方法围绕组织行为这一主题展开研究。尽管研究兴趣存在差异，但都取得了大量成果，加深了人们对组织行为的认识。这些研究成果构成了组织行为学这一学科的理论基础。应当注意的是，虽然许多人认为组织行为学是一门系统研究组织行为的学科，但严格地说，组织行为学具有跨学科的性质。下面分别介绍组织行为学的学科界定、相关学科、学科起源、研究历史和研究方法。

（一）组织行为的学科界定

长期以来，由于研究或讲授组织行为学的专业人员的学科背景不同，对组织行为学的学科对象和学科性质的定义差异很大。比较流行的有：

（1）组织行为学是研究组织中人的心理和行为表现及其客观规律，提高管理人员预测、引导和控制人的行为的能力，以实现组织既定目标的科学。

组织行为学是研究在组织中以及组织与环境相互作用中，人们从事工作的心理活动和行为的反应规律性的科学。组织行为学综合运用了心理学、社会学、文化人类学、生理学、生物学，以及经济学、政治学等学科有关人的行为的知识与理论，来研究一定组织中的人的行为规律。

这一定义把组织行为学纳入心理学科，认为它是心理学科的一个主要分支。很明显，这样定义的学者主要接受的是心理学的学科训练。

（2）组织行为学是综合运用与人有关的各种知识，采用系统分析的方法，研究一定组织中人的行为规律，从而提高各级主管人员对人的行为的预测和引导能力，以便更有效地实现组织目标的一门科学。

组织行为学是一门多学科、多层次相互交叉和渗透的边缘性、综合性学科。所谓交叉性学科，就是在两种或多种原有学科的互相交叉重叠中成长起来的新学科。它既有原有多种学科的特点，又有原有学科所不具备的新特点。管理学、心理学、社会学、人类学、政治学等结合而产生组织行为学。

多层次性主要表现为：它是一门综合研究组织中个体、群体和整个组织的行为的发展规律，以及它们与社会环境的关系的知识系统。

很明显，这一定义综合了多学科的分析研究，用跨学科的视野来界定组织行为学。

（3）本书的观点是：组织行为学是研究各类组织（特别是企业）的普通员工和管理人员的工作行为的一门学科。组织行为学既是心理科学、行为科学的主要分支，也是现代管理学科（含工商管理、行政管理等）的核心领域。

第一，组织行为学研究的焦点是上班期间的工作行为。至于下班以后的人的行为，例如购物、恋爱等，不属于组织行为学的研究对象（例如有消费者行为学、爱情心理学等）。

第二，组织行为学研究两类组织成员的行为，分别是普通员工和管理人员。研究普通员工行为的目的在于为管理人员提供激励、控制、监督员工的方法和手段；研究管理人员行为的目的是找到更好的沟通、领导、决策的方式和途径。

第三，组织行为学发端于工商管理，但是适用于公共管理、军事管理、农林管理等所有领域，虽然由于这些领域的情境不同，组织行为学的普遍原理需要灵活变通。

第四，作为工商管理学科关键分支的组织行为学致力于帮助管理人员（特别是领导者）提高组织绩效、实现组织目标（参阅第 3 节）。这是本书书名不叫组织行为学、改叫组织行为管理的原因，因为本书始终坚持先分析、论述普通员工和管理人员的行为特点，再提出如何管理与领导的具体对策。

（二）组织行为的相关学科

研究组织行为问题的学科有多门，主要包括心理学、社会学、社会心理学、人类学、政治学和管理学等（见图 1—4）。

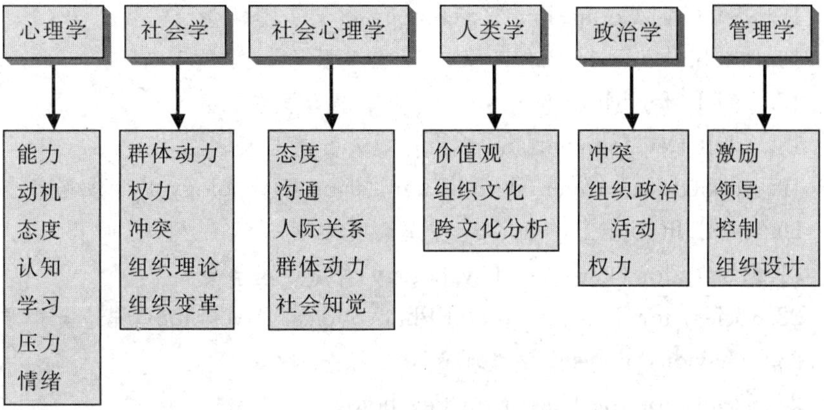

图 1—4　组织行为的相关学科

1. 心理学

心理学是一门研究人类心理活动的学科。心理学的分支很多（参阅知识库 1—4），与组织行为最接近的是工业与组织心理学（industrial and organizational psychology）。

【知识库 1—4】 **美国心理学会**

美国心理学会（APA）是代表美国心理学界的一个专业科学组织。拥有 15 万名会员的 APA 是全球最大的心理学家协会。美国心理学会的企业宣言：美国心理学会主要是为了建立、传播和实践应用心理学知识从而利于社会并提高人类的生活水平。

美国心理学会目前共有 54 个专业分会：

1. Society for General Psychology 普通心理学学会
2. Society for the Teaching of Psychology 教学心理学学会
3. Experimental Psychology 实验心理学
4. Evaluation，Measurement，and Statistics 评估、测量和统计学
5. Behavioral Neuroscience and Comparative Psychology 行为神经科学和比较心理学
6. Developmental Psychology 发展心理学
7. Society for Personality and Social Psychology 人格与社会心理学学会
8. Society for the Psychological Study of Social Issues（SPSSI）社会问题的心理研究学会
9. Society for the Psychology of Aesthetics，Creativity and the Arts 美学、艺术创造力心理学学会
10. Society of Clinical Psychology 临床心理学学会
11. Society of Consulting Psychology 心理咨询协会
12. Society for Industrial and Organizational Psychology 工业和组织心理学会
13. Educational Psychology 教育心理学
14. School Psychology 学校心理学
15. Society of Counseling Psychology 咨询心理学会
16. Psychologists in Public Service 公共服务心理学家
17. Society for Military Psychology 军事心理学协会
18. Adult Development and Aging 成人发展与衰老
19. Applied Experimental and Engineering Psychology 应用实验和工程心理学
20. Rehabilitation Psychology 康复心理学
21. Society for Consumer Psychology 消费心理学会
22. Society for Theoretical and Philosophical Psychology 理论与哲学心理学会
23. Behavior Analysis 行为分析
24. Society for the History of Psychology 心理学史学会
25. Society for Community Research and Action：Division of Community Psy-

chology 社区研究和行动学会：社区心理学部

26. Psychopharmacology and Substance Abuse 精神药理学和药物滥用

27. Psychotherapy 心理治疗

28. Society of Psychological Hypnosis 心理催眠学会

29. State，Provincial，and Territorial Psychological Association Affairs 国家、省和地区心理协会事务

30. Society for Humanistic Psychology 人文心理学会

31. Intellectual and Developmental Disabilities 智力和发展障碍

32. Population and Environmental Psychology 人口与环境心理学

33. Society for the Psychology of Women 妇女心理学会

34. Psychology of Religion 宗教心理学

35. Society for Child and Family Policy and Practice 儿童和家庭政策与实践学会

36. Health Psychology 健康心理学

37. Psychoanalysis 精神分析

38. Clinical Neuropsychology 临床神经心理学

39. American Psychology-Law Society 美国心理学—法律学会

40. Psychologists in Independent Practice 心理学家独立实践

41. Society for Family Psychology 家庭心理学学会

42. Society for the Psychological Study of Lesbian，Gay，and Bisexual，and Transgender Issues 同性恋、男同性恋和双性恋者和变性问题心理研究会

43. Society for the Psychological Study of Ethnic Minority Issues 少数族裔问题心理研究学会

44. Media Psychology 媒体心理学

45. Exercise and Sport Psychology 运动心理学

46. Society for the Study of Peace，Conflict，and Violence：Peace Psychology Division 和平、冲突和暴力研究学会：和平心理学部

47. Group Psychology and Group Psychotherapy 团体心理和团体治疗

48. Addictions 药物滥用

49. Society for the Psychological Study of Men and Masculinity 男性心理研究学会

50. International Psychology 国际心理学

51. Society of Clinical Child and Adolescent Psychology 临床儿童和青少年心理学会

52. Society of Pediatric Psychology 儿科心理学学会

53. American Society for the Advancement of Pharmacotherapy 美国药物治疗学会

54. Trauma Psychology 创伤心理学

2. 社会学

社会学是一门研究社会现象、社会活动的学科。与心理学主要关注个体相比，社会学更关注群体与社会行为。

3. 社会心理学

表面上看，社会心理学属于心理学的一个分支，但准确地说，它是心理学与社会学相结合的产物。社会心理学主要关注人与人之间的互动。

4. 人类学

人类学是一门研究人类躯体结构、文化发展的学科。文化人类学是人类学的主要分支，它对民族文化、价值观的研究丰富了组织行为的研究成果。

5. 政治学

政治学是一门研究人类政治活动的学科。政治学关注政治环境中的个体、群体行为，内容涉及权力、冲突等。

6. 管理学

管理学是一门研究管理过程、管理技术与方法的学科。管理学对激励、领导、控制、组织设计、企业变革等问题的研究与组织行为有重复交叉。

（三）组织行为的学科起源

虽然思想可以追溯到古代，组织行为学的独立却是在20世纪二三十年代，标志是霍桑研究。霍桑研究最初的问题与方法类似于第一代管理理论——泰勒的科学管理模式：运用工业工程技术（如时间与动作分析）提高工人的劳动生产率。

1924年，美国芝加哥西方电气公司的工业工程师在所属的霍桑工厂开始做一项照明度与劳动生产率关系的实验。实验设控制组与实验组，对象是某车间的女工。研究者给予实验组不同的照明度，而控制组的照明度一直不变。结果表明，随着实验组照明度的增加，两组的产量都上升了。更令人惊奇的是，实验组的照明度下降时，两组的劳动生产率依然上升。事实上，只有当照明度近似于月光强度时，实验组的生产率才有所下降。工程师们不能解释实验结果。1927年，哈佛大学教授梅奥应邀作为顾问参加实验。在梅奥的指导下，工程师们又做了三项研究：

（1）福利研究。实验的目的是确定改变报酬制度、工作时间、工作条件对生产率的影响。结果表明，在调动工人工作积极性方面，人际关系比福利待遇、工作条件等更重要。

（2）访谈研究。研究人员历时两年，访谈了2万多人次，摸清了影响人们工作动机的因素。通过访谈，工人们得到了关注，许多不满得以宣泄。

（3）群体研究。挑选14名男工人在单设的房间从事绕线、焊接、检验等工作，实行计件工资。研究人员假设，计件工资制能使工人更努力工作。结果发现，产量只停留在中等水平。原因是，工人们担心产量提高后，管理者会改变奖励标准。

1933年，梅奥出版了《工业文明中人的问题》一书，总结了霍桑研究的结果，指出人是"社会人"，工作绩效除受工作方法、工作条件、工作待遇的制约，更取决于员工的士气，而士气取决于企业中人与人之间的关系。

霍桑研究开辟了管理研究的新时代，也促进了行为科学的诞生。1949年在芝加哥大学举行的一次跨学科会议上，学者们把研究人类行为的一组学科（包括梅奥开创的人际关系研究）统一命名为行为科学（behavioral science）。行为科学涉及心理学、社会学、政治学、人类学、伦理学、生理学等众多学科。

（四）组织行为研究的历史进程

依据时间顺序，我们把行为科学称为第二代管理理论。第一代管理理论是古典管理理论（参阅知识库1—5）。

【知识库1—5】　泰勒的科学管理原理

弗雷德里克·泰勒是美国古典管理学家，科学管理的创始人，被管理界誉为“科学管理之父”。

泰勒认为，科学管理的根本目的是追求最高的工作效率，最高的工作效率是雇主和雇员达到共同富裕的基础，达到最高的工作效率的重要手段是用科学化、标准化的管理方法代替经验管理。

第一，对工人操作的每个动作进行科学研究，以替代过去单凭经验的办法。

第二，科学地挑选工人，并进行培训和教育，使之成长；而在过去，则是由工人任意挑选自己的工作，并根据各自的可能进行自我培训。

第三，与工人密切协作，以保证一切工作都按已发展起来的科学原则去做。

第四，资方和工人之间在工作和职责上几乎是均分的，资方把自己比工人更胜任的那部分工作承揽下来；而在过去，几乎所有的工作和大部分的职责都推到了工人的身上。

科学管理的实质是一切企业或机构中的工人们的一次完全的思想革命，也就是这些工人在对待他们的工作责任、同事、雇主的态度上的一次完全的思想革命。同时，也是管理方面的工长、厂长、雇主、董事会在对他们的同事、工人和所有的日常工作问题的责任上的一次完全的思想革命。没有工人和管理人员双方在思想上的一次完全的革命，科学管理就不会存在。

行为科学之后的第三代管理理论是管理科学（management science）。管理科学的基础是运筹学。运筹学源于第二次世界大战期间英国科学家为解决雷达的合理布局问题而创立的数学方法与计算技术。运用数学模型来解决管理问题是管理科学模式区别于其他管理流派的主要特征。

第四代管理理论大致是企业文化。第二次世界大战后日本经济迅速恢复，出现了经济奇迹，引起了美国的恐慌，惊呼“狼来了”。美国管理学家通过比较研究，发现日本企业重视企业文化建设是日本经济腾飞的管理基础，于是提出向日本学习，培育美国的企业文化。

为了应对日本的挑战，美国迅速调整了产业政策，重点发展高新技术。经过20年的努力，稳固了自己在全球经济中的霸主地位。与此同时，在企业管理上大力运用计算机技术、网络技术，如管理信息系统、决策支持系统、专家系统、电子商务，以支持产业发展。据此，我们把数字管理作为第五代管理理论的核心。

21 世纪，企业经营的环境将更加复杂多变，竞争将更加激烈无情。为使企业长盛不衰，很多专家认为，企业只有提高适应环境的能力，即组织的学习能力，才能在未来长期生存与发展。据此，可以把第六代管理理论叫做组织学习。

（五）组织行为的研究方法

科学家采用多种方法、手段研究组织行为问题，常见的有如下四种。

（1）案例研究。根据某一个体、群体、组织的第一手或二手材料来分析其行为特征的方法叫案例研究，如分析名人传记、深入某群体或企业获得数据。案例研究有助于掌握真实情况，为深层分析提供感性认识，但也可能产生主观或偏见。

（2）现场调查。现场调查是运用问卷、访谈等形式，在有代表性的若干样本中收集数据的过程。现场调查实施中应注意：第一，调查工具的设计；第二，样本的选择；第三，数据的设计。现场调查与分析问题迅速、经济，也易量化，所以是用途最广的研究方法。

（3）实验室实验。实验室实验是指在实验室里严格控制无关因素，精确操作自变量，然后观察因变量变化的方法。常见的自变量有智力、人格、经验、动机、领导方式、报酬、组织结构、选拔方法等；常见的因变量有生产率、缺勤率、流动率、工作态度、组织绩效等。实验室实验有助于确立变量之间的因果关系，但研究结果难以推广到实际中。

（4）现场实验。现场实验是指在真实的组织中，通过操作自变量来观察因变量变化的方法。与实验室实验相比，现场实验无法控制或消除无关变量的影响，但研究结果真实可信（参阅知识库 1—6）。

【知识库 1—6】　　作为管理学最重要分支的组织行为学

美国管理学会（Academy of Management）将管理学分支划成 23 个，其中近 30%属于组织行为学的范畴：

（1）经营政策与战略（Business Policy & Strategy）

（2）事业（Careers）

（3）冲突管理（Conflict Management）

（4）企业家精神（Entrepreneurship）

（5）性别与多样化（Gender & Diversity）

（6）医疗卫生管理（Health Care Administration）

（7）人力资源（Human Resources）

（8）国际管理（International Management）

（9）管理教育与发展（Management Education & Development）

（10）管理历史（Management History）

（11）管理咨询（Managerial Consultation）

（12）管理精神与宗教（Management Spirituality & Religion）

（13）管理与组织认知（Management & Organizational Cognitive）

(14) 运营管理 (Operations Management)
(15) 组织与管理理论 (Organization & Management Theory)
(16) 组织发展与变革 (Organization Development & Change)
(17) 组织行为 (Organizational Behavior)
(18) 组织沟通与信息系统 (Organizational Communication & Information Systems)
(19) 组织与自然环境 (Organization & the National Environment)
(20) 公共与非营利 (Public & Nonprofit)
(21) 研究方法 (Research Methods)
(22) 管理的社会问题 (Social Issues in Management)
(23) 技术与创新管理 (Technology & Innovation Management)

二、管理组织行为

组织行为的知识有助于管理者提高自己描述、理解、预测员工工作行为的能力，从而为影响或控制员工行为提供了理论依据，而有效地管理员工的工作行为是实现组织目标的关键所在。

(一) 管理的本质是影响员工行为

关于什么是管理，定义颇多。下面分析两个最具代表性的定义。

美国管理学教授斯蒂芬·P·罗宾斯在其全球流行的教材《管理学》中指出，管理是指同别人一起，或通过别人使活动完成得更有效的过程。从中可知，想完成活动，管理者必须影响别人以使其努力（单独或与管理者一道）。

著名管理学家哈罗德·孔茨在其畅销几十年的教材《管理学》中指出，管理是设计和保持一种良好环境，使人在组织中高效达成既定目标。可以认为，塑造良好工作环境的目的也是为了影响员工，使其努力工作，实现组织目标。

有学者认为，管理除了是对人力资源的开发、影响，还包括对物质资源（如原材料、技术设备等）、货币资本等其他资源的配置、开发或利用。这种广义的管理概念实际上是不准确的。

既然管理的实质是对员工行为的影响，要想使组织管理有效率、有效果，必须先分析员工的心理与行为，然后采取适当的方式去影响员工。

了解员工的行为除了应加强日常的观察、在工作中不断总结，更主要的是要好好学习组织行为学。这是因为组织行为学作为一门学科汇集了多年来科学家研究组织行为的成果，能使人快速把握组织行为的特点与规律，从而增加组织行为知识，提高组织行为技能。

(二) 组织行为管理模式

著名组织行为学家基思·戴维斯（Keith Davis）把管理者影响员工行为的管理模式分成以下四种（见表1—2）。

表 1—2 组织行为管理模式

项目	专制模式	监护模式	支持模式	联盟模式
模式基础	权力	经济资源	领导	伙伴
管理导向	权威	金钱	支持	团队工作
员工导向	服从	安全与利益	工作绩效	责任
员工心理结果	依赖老板	依赖组织	参与	自我训练
员工需要满足	生存	安全	地位与认可	自我实现
绩效结果	最差	被动合作	高度激励	适度热情

1. 专制模式

专制模式（autocratic model）的运行基础是权力。专制管理者用权力命令下属做这个，做那个，如果不服从命令，员工将受到惩罚。在专制模式下，管理者享有正式的官方的权威。管理者认为自己知道什么是最优，员工应当被指导、被劝告。面对独裁，员工只能服从。这使员工产生了对老板的高度依赖，因为老板有权雇用或解雇他们，而他们还要生存、养家。老板支付给员工最少的薪金，员工回报以最差的工作绩效。

2. 监护模式

监护模式（custodial model）的成功依赖于经济资源。因为员工的主要动机是安全需要，管理者必须善于使用金钱去提高福利。监护模式使员工高度依赖组织，因为组织是安全与福利的保证。经济报酬的增加导致员工满意度的提高，但员工与组织的合作是被动的。

3. 支持模式

支持模式（supportive model）强调通过领导帮助员工成长。领导者假设大部分情况下员工并不是故意拖延工作，而是因为缺乏一个支持性的工作氛围。领导者有责任营造这样的氛围。在支持模式下，管理者通过提供支持使员工完成工作。由于工作中被支持，员工愿意参与管理并增强了对组织的认同感、归属感。此时，员工得到的高度鼓励使他们的地位与认可需要得到了很大满足。

4. 联盟模式

联盟模式（collegial model）的关键是在员工和管理者之间营造一种伙伴关系。这样，员工会认识到自己对同事、工作、上司、组织的重要性。联盟模式一般采用工作团队，此时管理者是工作团队的教练，员工则因承担不同的角色而激发出责任感。员工努力工作不是由于有人命令、有人监督，而是由于他们有一种对其他成员的义务感。在联盟模式下，员工常常自我训练，提高自己的水平，以避免影响整个团队的绩效。随着对团队贡献的增加，员工体验到了自我实现，而自我实现又会提高员工的工作热情。

第 3 节　组织有效性

组织有效性（organizational effectiveness）是一个组织实现目标的程度。组织有效性是组织行为研究的关键因变量，提高组织有效性是组织行为整个学科努力的焦点。

一、有效组织的特征

大量研究成果表明，组织有效性与下列因素有关。

1. 战略导向

卓越的组织一般都具有如下特点：

(1) 顾客第一。把服务对象当做最重要的利益相关者，努力工作去满足他们的各种需求。

(2) 反应快速。成功的公司对机会和问题能够以最快的速度采取对策，从而做到应变自如。

(3) 重点明确。最佳的组织都把重点放在它们最具竞争力的业务上，只做自己最擅长的。

2. 高层管理

有效的组织通常：

(1) 领导有方。领导者能为员工指明未来的方向，并鼓舞大家一起去执著追求。

(2) 行动至上。管理者不夸夸其谈，而是身体力行，努力解决问题。

(3) 强调核心价值观。高层经理决策时一贯遵循组织的核心理念，并让员工共同奉行。

3. 组织设计

成功组织的结构有如下特点：

(1) 形式简单、人员精干。组织中很少有人浮于事的现象。

(2) 分权。目的是鼓励创新与变革。部门人数少，技术人员靠近管理人员，以共同解决难题。

(3) 绩效测量注意财务与非财务指标（如顾客满意、创新能力等）的平衡。

4. 组织文化

有效组织的文化有如下特征：

(1) 信任气氛。信任能使员工之间坦诚沟通，部门之间合作愉快。

(2) 参与。员工是质量与生产率的基石，他们常被激励参与工作的各个环节。

(3) 目光长远。非常关注员工的培训，经常采用多种措施增强对员工的组织承诺。

二、组织有效性的测量方法

组织有效性的测量方法有多种，常用的主要有：

1. 目标法

目标法（goal approach）是指识别组织的操作目标并评估实现目标的程度。目标法常用于工商组织，因为这些操作目标容易测量。工商组织经常根据盈利性、增长率、市场占有率、投资回报率等评价绩效。但目标法也有缺陷，主要是有时多个目标彼此矛盾，且这些目标很难客观测量。

2. 系统资源法

系统资源法（system resource approach）认为组织必须能从其他组织获得稀缺的、有价值的资源，组织有效性可以根据组织获得稀缺的、有价值的资源的能力来界定。

组织有效性的具体指标包括：

(1) 讨价还价的能力，指组织获得稀缺的、有价值的资源的能力；

(2) 决策者正确把握外部环境特点的能力；

(3) 维持组织日常活动的能力；

(4) 适应环境变化的能力。

3. 内部过程法

内部过程法（internal process approach）根据组织内部的健康与效率测量有效性。该法认为，一个有效的组织应当具有如下特点：

（1）良好的组织文化与工作氛围；

（2）团队精神与群体忠诚；

（3）员工与管理者相互信任、平等沟通；

（4）由掌握信息的人作决策；

（5）事实与感觉共享；

（6）根据下属的绩效、成长确定管理者报酬；

（7）部门间合作愉快；

（8）工作效率高。

4. 利益相关者法

利益相关者法（stakeholder approach）根据利益相关者对组织的满意度衡量组织有效性。利益相关者是指影响组织绩效的任一内外部组织、群体或个人，如顾客、供应商、股东、员工等。每一利益相关者对组织有效性都有自己的一套标准（见表 1—3），测量有效性时必须调查每一利益相关者对组织的看法。

表 1—3　利益相关者的有效性标准

利益相关者	有效性标准
所有者	财务回报
员工	工作满意
顾客	产品与服务质量
银行	信用
社区	参与社区事务
供应商	重合同
政府	遵守法律法规

5. 竞争价值观法

竞争价值观法（competing values approach）根据管理者价值观的不同把组织有效性分成四种模式（见图 1—5）。

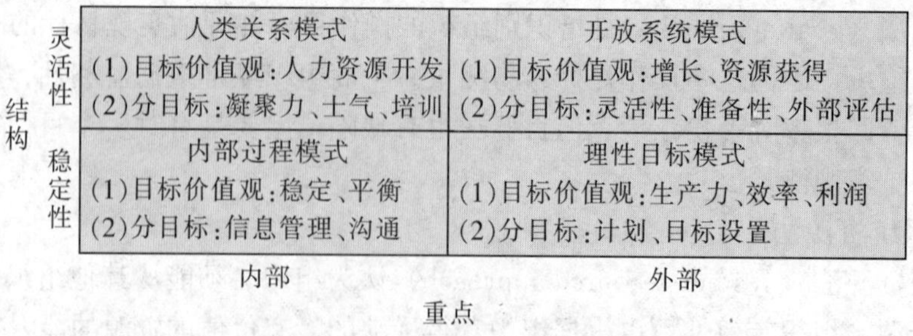

图 1—5　有效性价值观的四种模式

价值观的第一个维度是组织重点（organizational focus），分内部和外部两种。内部重点（internal focus）指管理者关心员工的幸福与效率，外部重点（external focus）指管理者强调组织与环境的关系。价值观的第二个维度是组织结构，分稳定性与灵活性两种。稳定性指管理者强调严格控制，灵活性指管理者强调适应与变革。

根据组织的结构与重点，组织有效性有四种模式。

(1) 开放系统模式（open system model）：管理者的初始目标是增长与资源获取，方法是与环境建立灵活关系；

(2) 理性目标模式（rational goal model）：管理者的初始目标是生产力、效率与利润，方法是目标设置、内部计划；

(3) 内部过程模式（internal process model）：管理者的主要任务是维持组织日常运转；

(4) 人类关系模式（human relations model）：管理者主要关心人力资源开发，员工有机会参与决策，工作自觉性高。

值得注意的是，四种模式可能同时存在，只不过重视程度不同。

竞争价值观法将有效性的各种概念，如输出目标、资源获得、人力资源开发等，融合在一起，提供了一条分析组织有效性的综合途径。

三、组织有效性模型

我国组织行为学家李剑锋博士构建了一个组织有效性模型，解释如何提高组织有效性（见图 1—6）。组织有效性的提高可以从个体绩效、群体绩效、整体绩效三个方面着手。

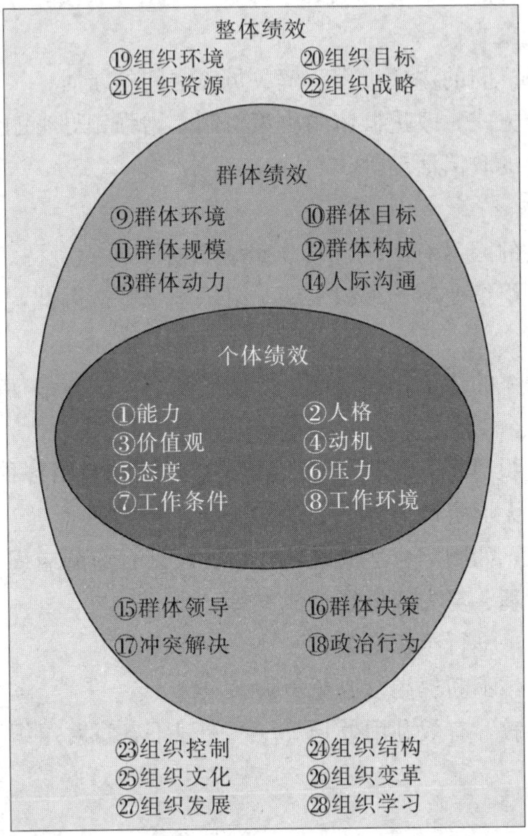

图 1—6　组织有效性模型

资料来源：李剑锋：《组织行为学》，26 页，北京，中国经济出版社，2003。

1. 个体绩效

影响个体绩效的因素有能力、人格、价值观、动机、态度、压力、工作条件和工作环境等。因此，提高个体绩效的方法主要有：

（1）选拔、招聘有才能且人格特征、价值观与职位相匹配的员工；

（2）激发员工的工作动机；

（3）改变员工的工作态度，提高员工的工作满意度；

（4）关心员工的身心健康，缓解员工的工作压力；

（5）改善员工的工作条件和工作环境，使员工全身心投入工作等。

2. 群体绩效

影响群体绩效的因素有群体环境、群体目标、群体规模、群体构成、群体动力、人际沟通、群体领导、群体决策、冲突解决、政治行为等。因此，提高群体绩效的主要方法有：

（1）分析、把握群体的环境；

（2）明确群体的目标；

（3）控制群体的合理规模；

（4）根据群体的任务选择适当的成员；

（5）提高群体的凝聚力；

（6）改善群体成员之间的沟通过程，解决员工之间的矛盾；

（7）正确选择领导方式，改进群体的决策机制，增强领导者的影响力；

（8）减少群体内部的政治活动等。

3. 整体绩效

影响组织整体绩效的因素有组织环境、组织目标、组织资源、组织战略、组织控制、组织结构、组织文化、组织变革、组织发展、组织学习等。因此，提高组织整体绩效的方法主要有：

（1）分析、改善组织的环境，建立市场导向的组织，塑造最佳的组织形象，开发良好的组织间关系；

（2）设置适当的组织目标，积极融通、配置、开发、利用各种资源，包括人力资源、资金资源、技术资源、无形资产等；

（3）加强组织管理，如制定合适的经营战略、设计合适的组织结构、建设良好的组织文化、注重全面质量管理、努力降低经营成本等；

（4）克服各种阻力，推行组织变革；

（5）重视组织学习，不断提高核心竞争力；

（6）虚心向专家求教，有效利用外脑等（参阅以下各章对组织有效性模型各个部分的展开论述）。

□ 小　结

组织行为是指各类组织的每位成员在工作过程中所表现出的所有行为。人类行为遵循目标律、动机律、强化律、遗传律、环境律、发展律、差异律和本我律八大基本规律。

组织行为学是一门系统研究组织行为的学科。组织行为学诞生于 20 世纪二三十年代，霍桑研究开拓了组织行为研究的新方向。研究组织行为的重要方法有案例研究、现场调查、实验室实验、现场实验四种。有关组织行为的知识与技能对于 21 世纪的企业管理极为重要，因为从本质上说，管理是对员工行为的影响。

提高组织有效性是组织行为整个学科努力的焦点。测量组织有效性的方法有目标法、系统资源法、内部过程法、利益相关者法和竞争价值观法等五种。组织有效性模型认为，可以从个体绩效、群体绩效和整体绩效三个方面提高组织有效性。

□ 复习题

1. 什么是组织？什么是组织行为？
2. 人类行为有哪些普遍规律？
3. 试述管理理论研究的六个阶段。
4. 组织行为的研究方法有哪些？
5. 组织行为管理的四大模式是什么？
6. 有效组织的特征有哪些？
7. 组织有效性测量的方法有哪些？
8. 评述组织有效性。

□ 技能训练

劳动力多样化

思考以下对在同一个组织工作的三位员工的描述。回答以下问题。

马文，55 岁，大学毕业，一个公司的副总裁。他是第二代美籍波兰人，并且是一位天主教会的工作人员。他的两个孩子都结婚了，马文已经是祖父了。他的妻子是他所在的天主教堂的志愿工作者，他们住在这家教堂的一套公寓里。马文很健康，而且喜欢玩高尔夫和手球。

玛利亚，30 岁，美籍墨西哥人，行政工作者。她参加了墨西哥人权组织，而且是两个不满 10 岁孩子的单身母亲。在来到美国之前，她高中毕业，然后她在地方社区大学读夜大。她是天主教堂的工作者。尽管她的身体很健康，但是她的一个孩子患有严重的智力低下症。

尤瑞，最近刚从一个前苏联国家移民到美国，42 岁，说一口带有浓重口音的英语。他获得了国外的工程师学位但在美国不承认，他是一个生产零件的工人。他没有结婚，也没有孩子，但是他将大多数薪水存入东欧的银行。从他们国家来的其他一些人也在该公司或这个城市工作。

根据这些信息，回答下面的问题：

1. 你认为这三个员工每人的目标和优势是什么？

马文：__________

玛利亚：__________

尤瑞：__________

2. 你认为哪位（或几位）员工会被以下的额外福利激励？

a. 工作时的关怀__________

b. 健康中心__________

c. 学费报销__________

d. 执行官的红利计划__________

e. 严肃的肯定性行动计划__________

f. 增加了的退休福利__________

g. 管理方面的培训__________

h. 对特殊教育的财务帮助__________

i. 公司的国家俱乐部成员资格__________

j. 有一位指导者__________

k. 成为指导者__________

l. 英语课程__________

m. 更多时间的休假__________

n. 弹性工作时间__________

o. 工作的分担__________

3. 组成 5 人或 6 人小组来探讨你们的答案。讨论你们的不同观点以及对多样化管理的理解。

4. 全班同学共同探讨从小组讨论中学到的东西。

资料来源：菲利浦·L·胡萨克尔：《管理技能实战训练手册》，77～78 页，北京，机械工业出版社，2003。

□ 行为测量

管理与领导技能

用下面的表格来为您自己的管理技巧和领导技巧打分。记住：管理和领导不是非此即彼的关系，成功的领导者同时需要管理专长和领导专长。在表格的右列填上您准备在哪些方面进行改善。您的改善可以是克服某些劣势或约束，也可以是进一步发展现有的管理优势和领导优势。

管理	打分 （1=差，7=杰出）	领导	打分 （1=差，7=杰出）	行动计划
建立在可预见性基础上的成功	1 2 3 4 5 6 7	建立在创新和适应性基础上的成功	1 2 3 4 5 6 7	
目标	1 2 3 4 5 6 7	愿景和价值观	1 2 3 4 5 6 7	
计划	1 2 3 4 5 6 7	资源	1 2 3 4 5 6 7	

续前表

管理	打分 (1=差，7=杰出)	领导	打分 (1=差，7=杰出)	行动计划
规定的愿景和目标	1 2 3 4 5 6 7	活生生的愿景和目标	1 2 3 4 5 6 7	
把事情做对	1 2 3 4 5 6 7	做正确的事	1 2 3 4 5 6 7	
自上而下的战略	1 2 3 4 5 6 7	各层次上都有领导，人人都有战略性	1 2 3 4 5 6 7	
测度行动	1 2 3 4 5 6 7	测度结果	1 2 3 4 5 6 7	
强调短期结果	1 2 3 4 5 6 7	强调长期和整体结果	1 2 3 4 5 6 7	
线性、合理、分析性	1 2 3 4 5 6 7	系统整体、直觉	1 2 3 4 5 6 7	
注重员工服从	1 2 3 4 5 6 7	注重员工士气和责任	1 2 3 4 5 6 7	
控制	1 2 3 4 5 6 7	激励、创新、指导	1 2 3 4 5 6 7	
只有一种最好的管理方式	1 2 3 4 5 6 7	多种适应环境的领导作用和方式	1 2 3 4 5 6 7	
讲究方法	1 2 3 4 5 6 7	讲究原则	1 2 3 4 5 6 7	
注重内容	1 2 3 4 5 6 7	注重整体和过程	1 2 3 4 5 6 7	
质量控制	1 2 3 4 5 6 7	人人对质量负责	1 2 3 4 5 6 7	
面向内部	1 2 3 4 5 6 7	关注客户	1 2 3 4 5 6 7	
个人努力，个人奖励	1 2 3 4 5 6 7	个人和团队努力，个人和团队奖励	1 2 3 4 5 6 7	
管理者知道得最多	1 2 3 4 5 6 7	集体知道得最多	1 2 3 4 5 6 7	
个人成功就是成功	1 2 3 4 5 6 7	他人成功才是成功	1 2 3 4 5 6 7	
关心组织	1 2 3 4 5 6 7	关心社会中的组织	1 2 3 4 5 6 7	

资料来源：墨里·希伯特、布鲁斯·克莱特：《图解领导百科》，6～8页，北京，清华大学出版社，2003。

□案　例

上海波特曼丽嘉酒店

上海波特曼丽嘉酒店的800名员工有充分的理由为自己的酒店感到自豪。在过去的两年里，该酒店分别蝉联了“亚洲最佳商务酒店”和“亚洲最佳雇主”的第一名。

对于到波特曼丽嘉来探寻成功秘诀的人们，总经理狄高志（Mark J. DeCocinis）喜欢勾画出一个三层金字塔，来解释一切的基础来自于员工管理：“从下至上依次为员工满意度、顾客满意度和酒店盈利，所以我最重要的工作就是保证酒店的员工在每天的工作中都能保持愉快的心情，他们的努力决定一切。”

根据著名的人力资源咨询公司翰威特的“最佳雇主调查”，员工满意度达到80%的公司的平均利润率增长要高出同行业其他公司20%左右。事实上，自1998年正式营运以来，这家五星级酒店的员工满意度与顾客满意度就一直相携节节攀升，目前同时达到了97%的高点。

波特曼丽嘉并不讳言与所有的商业机构一样，其经营的最终目标是不断实现盈利；每位员工也明确了解自己是促成总体经营结果的一部分。他们的制服口袋里装着酒店统一的信条卡，其中酒店对员工承诺的第一条写着："在丽嘉，我们的绅士和淑女是客户服务中最重要的资源。"而这一点也正体现了上海波特曼丽嘉酒店处理一切员工事务的精髓要义。

一、员工满意从招聘开始

上海市四星级以上酒店的员工流失率平均为22%～23%，而在波特曼丽嘉，这一数据仅为18%，为业内最低。"我们的员工流失率每年都在降低，更多的人愿意留在这里。"人力资源经理丁萍说。她自己就是从酒店开张一直到现在工作了5年的老员工。在她看来，为减少员工流失、提高满意度而做的工作，从招聘时就已经开始。

在酒店行业，丽嘉的招聘条件是出名的严格。它选中的员工既要拥有从事不同岗位所需的特殊天赋，其个性与价值观也必须与丽嘉文化相符合。只有同时具备了这两方面，员工才会真正找到归属感。"所以决定聘用一个人之前，我们会花很多心思和精力向他介绍丽嘉酒店的文化，以及了解他对这里的真实感受。"狄高志说。

公关协调员严娜于2001年从旅游管理专业毕业，并以培训生的身份加入酒店。"和正式员工一样，我们也要通过五关面试。"她对当初的严格选拔记忆犹新：首先，应聘者要接受人事部共有55个问题的选拔程序，由此判断是否具有从事服务行业的天赋和热情；随后，需要就岗位知识技能、职业发展目标、酒店文化适应能力等方面，分别接受部门经理、部门总监以及人事总监的考核；最后，是与总经理本人直接面谈。"总经理会亲自参加所有岗位新员工的面试，他希望了解我们的个性以及想来这里工作的原因。"

她的亲身感受是，一旦加入丽嘉，就会被当做未来相当长期的合作伙伴而受到信任。即使在一年的培训生阶段，她也得到了很多发挥自己才能的机会。"刚来不久我就参与了APEC的接待工作，去了其他酒店的同学都非常羡慕我。"

二、尊重信任的相处之道

来上班之前，你可能会遇到很多不愉快的事情：丢了东西，没有赶上公交车，迟到了，但是一旦来到酒店，身边每个同事都在对你微笑问候，这种大家庭式的工作氛围是否会增加你的工作动力？"营造互相尊重和信任的环境，是让员工在工作中保持愉快心态的最重要一环。"丁萍强调说。

尊重同事，重视自己。波特曼丽嘉不久前翻新了自己的员工餐厅，这大概是上海最漂亮的"食堂"。"不仅有美味的食物，优雅的用餐环境更让人觉得酒店非常尊重我们。"严娜说。丽嘉集团的全球总裁高思盟（Simon Cooper）说过："我们提供专业的服务，但我们绝非仆人。"与此相对应的是，丽嘉提出"我们以绅士淑女的态度为绅士淑女们忠诚服务"的座右铭，时刻提醒全体员工作为专业服务人士，要以相互尊重和保持尊严的原则对待客人以及同事。

在酒店里，工程部、客房部、管事部、厨房等一线岗位的员工通常需要付出大量的体力劳动，但相对辛苦的职位并不会让他们产生低人一等的感觉。其中的关键是波特曼丽嘉始终强调，每一位绅士淑女的工作都是为酒店每天的成功运转贡献了重要的一部分。狄高志提起一位管事部的女士，她负责清洁客人们使用的那些精美的玻璃杯和瓷器。这位女士为自己的工作感到自豪，因为晶莹剔透的器皿也是客人愿意再次来到餐厅消费的原因；同时，她觉得要保证器皿的流通速度，否则会影响侍应生为客人服务的心情。

"她给我留下了很深的印象。因为从这个例子可以看出，员工体会到，每个人的工作都会影响到其他同事的满意度、客人的满意度以及酒店的最终运营情况。"狄高志对这一点非常满意，"只有重视自己，才会把自己当做酒店的主人，也才会彼此尊重。"

其他部门的员工有时也会参与服务性的工作。丁萍和她的同事曾经在酒店举办大型活动时到宴会厅帮过忙，她说："来宾有近千人，忙不过来，所以我们每个部门都抽一些人过去，做一些接待、端盘子这样力所能及的事情，也是体现我们人人平等、互相帮助的企业文化。"

在波特曼丽嘉，无论是老板、主管还是普通员工，如果想表示对他人工作的尊重和感谢，都可以在一流卡（First-Class Card）上写下鼓励的话，装在信封里交给他。"只是为了谢谢你的帮忙，或者说声你做得不错。"公关经理章蕴说。上个星期，狄高志就收到了分别来自公关部和客房部的一流卡。"这种感觉很好，我希望能收到更多，而且我们每个人都应该更经常地送出一流卡表示对别人劳动的尊重。"他说。

狄高志还有一种别出心裁的方式来款待酒店的绅士淑女们。逢年过节，他会用自己的那辆三轮摩托载着两名员工在市中心兜上一圈。"这可是总统级的待遇，"员工们笑言，因为这个"总经理市容观光游"通常是为入住酒店总统套房的贵宾准备的。

充分信任，授予权力。有一次在伦敦，狄高志与酒店的亚洲大客户举行会谈时，一位女士走过来并告诉他一个行李生的故事。不久前，她和丈夫来到上海波特曼丽嘉下榻，打开整洁舒适的房间后，觉得很不错。但那位行李生主动提出，他认为她的丈夫非常高，所以建议并帮助他们换了另一间有大床的大房间。这位女士觉得非常惊喜和满意——换房间本来并非行李生的职责，而他自己可以运用权力作出这个决定。回到欧洲以后，她告诉许多人，波特曼丽嘉的员工是如何设身处地为客人考虑的，而且他们拥有酒店赋予的自主权力。"相信她的朋友和家人在选择酒店的时候，一定会先考虑我们。这就是充分信任员工给我们带来的回报。"狄高志非常自豪。

为了使客人获得更好的服务，波特曼丽嘉给每位员工2 000美元的授权。在这个范围之内，员工不用请示上级就可以作出力所能及的决策，碰到突发事件也可以及时给客人满意的答复。这种高度信任的基础应当归结于慎重的招聘程序，到目前为止没有一位员工滥用这一权限。丁萍说："正是因为相信我们所挑选的每位员工都有服务的天赋和热情，才会充分信任他们用自己的想法为客人服务。"

丽嘉的信条中提到："丽嘉的服务经验除了可令宾客身心舒畅，甚至可以满足客人内心的需求与愿望。"为了做到这一点，每位员工为客人服务的主动性都被看重，酒店所做的就是信任他们，培养他们，并给予他们自由发挥才干的空间。狄高志强调，信任是每一个人都需要的东西，“比如我自己，我很享受我的工作是因为我得到了充分的自由去对酒店负责，而不是每件事情都请示集团的总裁。”只有营造相互信任的氛围，员工才会对工作感到满意，并把这种信任提升为对工作的积极投入，用出色的服务提高客人的满意度，最终给酒店带来回报。这是一个良性的循环。

三、肯定员工的个人价值

尽管波特曼丽嘉90%的员工的工资都是上海市五星级酒店相同职位中最高的，但狄高志认为薪酬并非创造员工满意度最重要的因素。酒店开张的1998年恰逢亚洲金融危机，经营上出现了一些困难，多数员工都没有计较收入变动而是选择与酒店共渡难关。丁萍提及，现在常有新开业的酒店到丽嘉来高薪挖人，但很少有员工愿意去。“我们的员工是很成熟的，为了一两千元放弃这里的企业文化、工作环境和经营理念对他们来说太不值得。”

根据酒店的调查，让员工最满意的方面除了“酒店把我们当做绅士淑女看待”，还包括他们的贡献得到了充分的肯定和奖励。这也是他们愿意留在酒店并付出更多努力的最重要动因。狄高志认为，首先“要给员工一种作为个人被认可的感觉”。经理对一个部门或一个团队说“你们所有的人都很棒”，固然很好，但这与单独对某个员工说“你这件事情做得很不错”，留下的印象深刻程度是完全不同的。如果仅仅表扬集体，忽视个人需要，那么从心理学角度，个人就会产生一种匿名感而被消极影响。

与一些高高在上的经理不同，波特曼丽嘉从总经理到各部门总监、主管都会经常在酒店巡视，关注每位员工的工作；平时也会注意收集自己员工的兴趣爱好，在奖励员工或员工过生日时投其所好。“作为管理者，应当多花点时间去了解每位员工做了哪些特别的事情，他需要怎样的鼓励和肯定。这对于让员工保持积极心态是非常关键的。”狄高志说。

在酒店大堂，有一位专职问候来店客人的员工黄尼克，他可以叫出酒店所有常客的名字，并用各国语言和他们热情地打招呼。客人们都很喜欢他，看见他就如同看见自己的管家一样亲切。由于这份天赋，5年来尼克没有换过岗位，但为了表示对他个人价值的肯定，每年酒店都会提高他的待遇，目前他的级别相当于大堂副理（Chief Lobby）。“我感到非常满足。”这位年近半百的绅士说道。

除了日常的关注和奖励，酒店还会在每个季度正式评选出五位五星奖员工和一位五星奖经理。这个奖项由员工们相互评选，只要认为是在此期间个人表现特别优秀的，都可以获得提名。颁奖那天，酒店会举行一个由全体员工参加的隆重晚宴仪式，被提名的员工会得到一张认可证书。最后评选出的六位获奖者除了获得奖金，还被授予一个精致的奖杯以及一枚可以每天佩带的五星徽章。随后年末，会在本年度的24位获奖者中再评选出年度五星奖，有机会到丽嘉集团在全世界管理的其他酒店中去分享经验。“五星在酒店业象征着最高级别。”在酒店开张第一年就当选为年度五星员工的尼克自豪地说。

四、前景光明的职业道路

曾经在很多国家的丽嘉酒店工作过的狄高志认为，丽嘉集团在20年前成立时确立的关注员工的公司哲学与中国文化的精髓颇为吻合。“比如相互尊重、重视他人的劳动、关注个人抱负等。特别是这里的员工非常好学，而且每个人都很有自我发展的愿望。”波特曼丽嘉让员工感到满意的另一个重要方面正是酒店为他们未来的职业发展考虑，让员工看到自己光明的前景。

保证充足的培训时间。波特曼丽嘉的员工基本守则里有一条是：所有员工都必须圆满完成其工作岗位的年度培训课程。酒店拥有一套非常全面、完善的培训体系，保证每个员工每年都有150个小时左右的培训时间。这一数字相当于任何其他亚洲最佳雇主所提供培训时数的两倍。

对于新员工，酒店首先进行为期两天的入职培训，主要介绍丽嘉的历史、企业文化和经营理念；进入各个部门之后，则是为期3个月的培训，根据不同的岗位需要依照详细的清单完成。“员工加入酒店21天以后，培训部会听取他们的反馈，相应调整培训计划，并进一步强调公司理念。”丁萍介绍说。事实上，不仅与新员工就培训方案有所交流，酒店还会定期发出一些培训需求的咨询，根据员工的整体需要作出有关的课程安排。

在技能方面，每个部门都有自己的培训师，一般是由对培训工作有兴趣并有天赋的老员工担任。他们在人事部的指导下学习培训方法，并被授予相应的资格去培训部门的其他员工。在知识方面，酒店会定期开设课程，包括领导力、沟通技巧、企业管理等，员工到了一定级别或者有兴趣，都可以参加。有些员工还会要求去外面读书，只要是与工作有关的课程，如旅游、英语、计算机等，酒店就会替他支付继续深造的费用。

每个月各种培训课程都会贴在人事部的告示栏里，以供员工自由选择，同时酒店还鼓励员工跨职务、跨部门参加培训。“比如人事部有人去上烹饪班，餐饮部的可以去销售部学习。”丁萍说。这样既增强了部门间的联系，又增加了员工技能，为员工未来的职业发展提供了更多的选择。

选拔内部人才。在领班、主管、经理这一级别上，波特曼丽嘉几乎从不考虑外聘，而是选择内部提拔。每年都有超过100位员工可以在原来的岗位上得到晋升。本地员工也有机会取代较高位置的外籍员工，目前前厅部经理、宴会厅总监、餐饮部副总监等重要职位都是由本地员工担任的。管理层对自己培养的员工期望很高，并且认为让他们看到职业发展的前景，不仅有助于在工作中产生更大的动力，还能够给其家庭以信心并获得支持。

对员工的提拔一般根据每半年进行一次的员工评议来考量。部门负责人会就其工作表现和水准作出评价，同事们也会提出各自的意见，有些职位还需进行技能考核。“不过这些都只是我们参考的因素，很关键的一点是我们会和他沟通，看他本人是不是有上进的要求。”丁萍解释道。

给员工改进的机会。2003年上半年SARS期间，国内酒店业整体遭到沉重的打击，波特曼丽嘉无疑也受到影响。但在此期间，酒店没有裁掉一名员工。“其实我们基本上不会解雇员工，总是尽力把他们留在酒店里。”狄高志说，“特别是当出现了一些超出我们控制范围的问题，而导致酒店的效益受损时，更不能将这种危害转嫁给员工。”

即使对那些一时表现不好的员工，人事部门也会仔细探求背后的原因——可能是最近家中有事，以致他无心工作；或是根本没有人好好教他，他不会做；也可能是他主观上就不愿意做这个工作。经过客观的分析后，分别有针对性地加以解决。

狄高志坦言，酒店尊重、关怀每位员工，但无疑期望他们都能够达到酒店要求的高水准，并作出最好的贡献。员工在举止、行事上出现偏差时，首先不是责备，而是向他明确酒店标准并引导他改正。如果有需要，还可以为他调换工作岗位。“总之，员工有很多机会改进自己。”

五、随时敞开的沟通之门

波特曼丽嘉的员工满意度从1999年的70%提升到了2002年的97%，酒店上下在其中所做的努力有目共睹。狄高志认为，酒店目前已经实现了在薪酬、奖励、培训、职业发展等各方面的制度化执行。今后的进一步提高来自于不断从小处着手，改进最基础的部分。每位员工都被鼓励寻找酒店运作中存在的弱点，并共同讨论解决。

在人事部工作多年的丁萍也感受到，影响员工心情的常常只是一些小事；如果沟通渠道不畅通，小事情得不到管理层的重视和解决，日积月累就会影响员工满意度乃至敬业度。

丽嘉的沟通制度是：每天的部门例会上，员工可以向主管反映前一天工作中发生的小问题，大家一起回顾具体出错的环节在哪里；每个月大部门会议上，会讨论员工满意度的情况，向部门总监提出需要改进的地方，然后各部门会不断跟进事情的进展；另外，每个月人事总监还会随机邀请约10个不同部门的员工，一起喝下午茶。话题大到酒店硬件设施的维修，小到制服的熨烫，都会反馈到相关的部门加以解决。“我们会用最快的速度及时改进，否则也会给出进展的期限或者不能解决的解释，总之会让员工得到满意的答复。”丁萍说。她讲了一个例子：“酒店女员工穿的连裤袜多年来都是很薄的丝袜，但是今年春天上海天气很冷，有员工提出丝袜不够保暖，希望可以换成天鹅绒、羊绒的厚袜子。这样一来成本肯定会提高，但我们觉得是合情合理的要求，所以就及时更换了。”

狄高志每月也会邀请不同部门的员工与他一起共进早餐，问问大家最近的工作情况。“大多数时候，员工都表示挺开心的，当然他们也会带来一些小问题。而当我问‘你们的主管是不是已经知道了？’答案总是‘是的，并且已经在处理了’。所以他们告诉我，并不是因为他们得不到帮助，而只是想让我知道这件事情罢了。”他同时强调，自己要确保员工反映的每一个问题都的确有人在关注和解决。“因为他们希望这些问题引起我的重视，如果我什么也不做，将是更加糟糕的。”

这个早餐会仅仅是狄高志与员工交流方式中的一种。作为酒店的总经理，他把70%左右的工作时间投入在与800名绅士淑女有关的事务方面。他认为，自己了解员工需要和工作状况的最好方式就是走到每个员工的实际工作环境中，亲身体会他们的感受，一起讨论如何更好地改进。而员工也可以自由地到总经理办公室，提出他们的建议和想法。“尽管我们每年都会进行员工满意度的调查，但员工满意与否是每天都要衡量的问题，而不是只在进行某种调查时才存在。”

资料来源：《波特曼丽嘉：一切来自员工满意度》，人力资源在线，2005-02-02。

思考题：

1. 上海波特曼丽嘉酒店的管理是否有效？为什么？
2. 本案例对提高组织有效性有何启示？

M

第Ⅱ篇

个体行为

第2章 胜任力

本章重点

- 胜任力的概念与类型
- 胜任要素
- 胜任力模型
- 智力的概念、结构与测量
- 创造力的概念、结构和测量
- 人格的概念、类型和测量
- 特质理论与精神分析
- 人格与管理

引 例

不管跟哪个中超俱乐部老总聊起该球队的话题时，都绕不开恒大。恒大作为中超的领军球队，其一举一动对中超整个联赛的未来投资、引援趋势都有着重大的影响。

“恒大提高了整个转会市场的价格，提高了我们每个队在工资奖金发放上的运营成本，更是增加了我们购买好外援的难度，不过，要是没有恒大，我们球场不会每场比赛都来2万多人观看，许家印确实带火了整个足球市场。”这是一位中超俱乐部老总在接受记者采访时说的一番话。

那么在不少中超老总心里，他们是如何看待许家印的成功的呢？一位比较熟悉地产行业的老总是这样跟记者说的：“恒大的成败，系于许家印一身。他不按常规出牌的思维方式，决绝、强硬的手段，成就了今天的恒大，顺着恒大足球发迹的路线向前看，其实就是恒大地产在挥手之间向全国扩张的同样的模式和路线，在地产界许家印就是出名的不按照常理出牌。”

广州恒大在5年之间就完成了资本从20亿元到500多亿元的扩张，他的楼盘动辄就降价销售让资金快速回笼，然后马上展开新的项目开发，就像滚雪球一样。“许家印在楼盘营销方面喜欢请明星助阵，经常花销很大，甚至比一些比他高端的楼盘做得排场还大，有时候人们担心他会亏了，他说不会，比如一个项目上 5 000 万元的营销费用能够换取一天之内接近 10 亿元资金回收，这点付出实在是太值得了!”花大钱赚大钱就是许家印在地产行业里的游戏方式，现在他把这种方式带进了足球圈。

“恒大搞足球，其实是有他们自己企业向外扩张的诉求在里面的，恒大没有投资足球之前，人们知道更多的地产项目有万科、华润、中海，有多少人知道恒大呢?但是恒大投资足球以后呢？而且还有利于促进他们跟外国资本的合作。这些道理我们也懂，但是国企不同于私企，他的经营理念有超前和先进的地方，但是风险也同样很大，恒大在2008年和2011年都曾遭遇过巨大资金缺口的问题，后来是通过许家印自己的人脉硬是挺过来了，他们这种模式国企无法照搬，我们还是得按照自己的方式生存下去。”一个国企俱乐部老板这样对记者说道。

也有不少球迷一直都在问，恒大会不会像昔日万达那样，在搞得最红火之后退出了，比如说他们拿到了亚冠冠军，甚至世俱杯的名次后，会不会就撤资了，到时候他们哄抬的足球市场价格，会不会像中国楼市这样一地泡沫呢?

“也许恒大有一天会撤出足球圈，但是应该会悄悄或者找到一个稳妥下家才会撤出，又或者他们会一直搞下去也不一定，因为目前看来，恒大企业总是要存在的，考虑到企业形象，尤其是上市公司，所以他们的一举一动甚至发布一个消息都会考虑到企业的关系，所以走也要走得潇洒些。但是为了防止成为他们的炮灰，我们要在这些年搞好自身的发展，多培养年轻球员，反正冠军也是恒大的了，他们在这几年谁也别想争了，那就干脆发展自己的后备力量吧。”一位私企俱乐部老总对记者说道。

资料来源：贾岩峰：《曝许家印营销模式：5 千万请明星一天回收 10 亿》，载《足球报》，2013-05-30。

恒大在地产界异军突起离不开许家印。其实，企业家独特的思维模式、人格特质、卓越才能是企业最宝贵的资源。本章在介绍最新的胜任力的理论和模型后，着重分析能力的结构和测量，论述人格的理论和测验。

第 1 节　胜任力理论

胜任力是当代人力资源、组织行为领域最热点的研究课题之一，也是被迅速应用于企业管理、政府管理的最新方法之一。

胜任力的概念起源于 20 世纪 50 年代初。当时，美国国务院感到以智力因素为基础选拔外交官的效果不理想。许多表面上很优秀的人才，在实际工作中的表现却令人失望。此时，麦克利兰（McClelland）博士应邀帮助美国国务院设计一种能够有效地预测实际工作业绩的人员选拔方法。在项目推进过程中，麦克利兰使用了奠定胜任力基础的一些关键性的理论和技术。例如，抛弃对人才条件的预设前提，从第一手材料出发，通过对工作表现优秀与一般的外交官的具体行为特征的比较分析，识别能够真正区分工作业绩好坏的个人条件。

1973年，麦克利兰在《美国心理学家》杂志上发表题为“测量胜任力而不是智力”的论文，认为能够决定工作成绩的一些人格、智力、价值观等方面的因素，在现实中并没有表现出预期的效果。因此，他强调离开被实践证明无法成立的理论假设和主观判断，回归现实，从第一手材料入手，直接发掘那些能真正影响工作业绩的个人条件和行为特征，为提高组织效率和促进个人事业成功作出实质性的贡献。他把直接影响工作业绩的个人条件和行为特征称为胜任力（competency）。

一、胜任力的概念

麦克利兰提出“胜任力”以来，中外学者对胜任力进行了大量研究，并纷纷提出了不少胜任力的定义。例如，麦克勒根（McLagan，1980）认为，胜任力是指足以完成主要工作结果的一连串知识、技能与能力；桑德伯格（Sandberg，2000）进一步提出，工作中的胜任力不是指所有的知识和技能，而是指那些人们在工作时使用的知识和技能。

本书采用斯潘塞（Spencer，1994）的被广泛认可的观点，认为胜任力是指动机、特质、自我概念、态度或价值观、知识或技能等，能够可靠测量并把高绩效员工与一般绩效员工区分出来的任何个体特征。

这一定义完整地涵盖了胜任力的三个特征：（1）与特定工作相关；（2）可能在特定工作中创造高绩效；（3）包含一些个人的特征，如特质、动机、自我概念、社会角色、态度、价值观、知识、技能等。

胜任力包含以下六种因素：

（1）知识：指个人在某一特定领域拥有的事实型与经验型信息。

（2）技能：指结构化地运用知识完成某项具体工作的能力，即对某一特定领域所需技术与知识的掌握情况。

（3）社会角色：指一个人基于态度和价值观的行为方式与风格。

（4）自我概念：指一个人的态度、价值观和自我印象。

（5）特质：指个性、身体特征对环境和各种信息所表现出来的持续反应。

（6）动机：指在一个特定领域的自然而持续的想法和偏好（如成就、亲和、影响力），它们将驱动、引导和决定一个人的外在行动。

其中第（1）、（2）项大部分与工作所要求的直接资质相关，能够在比较短的时间使用一定的手段进行测量，可以通过考察资质证书、考试、面谈、简历等具体形式来测量，也可以通过培训、锻炼等办法来提高。第（3）、（4）、（5）、（6）项通常很难度量和准确表述，又很少与工作内容直接关联。胜任力的冰山模型（iceberg model）和洋葱模型（onion model）形象生动地展示了这些因素的差异（见图2—1、图2—2）。

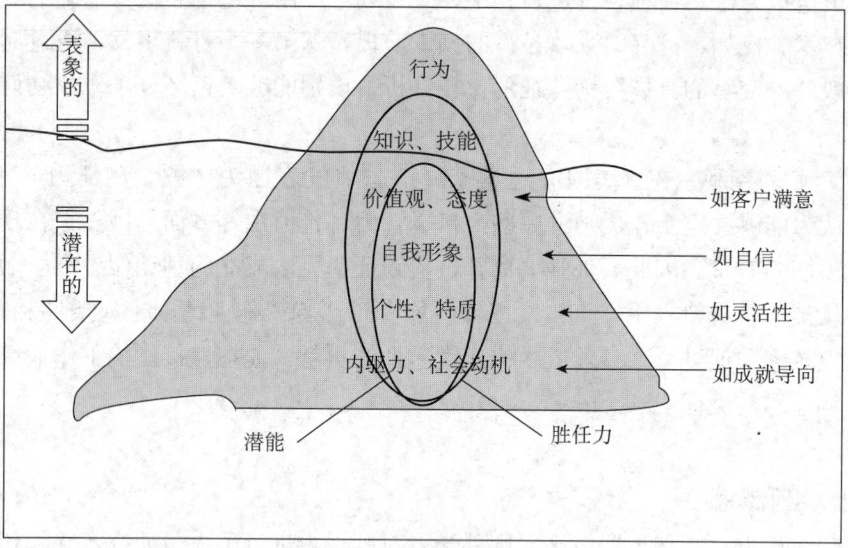

图 2—1 冰山模型

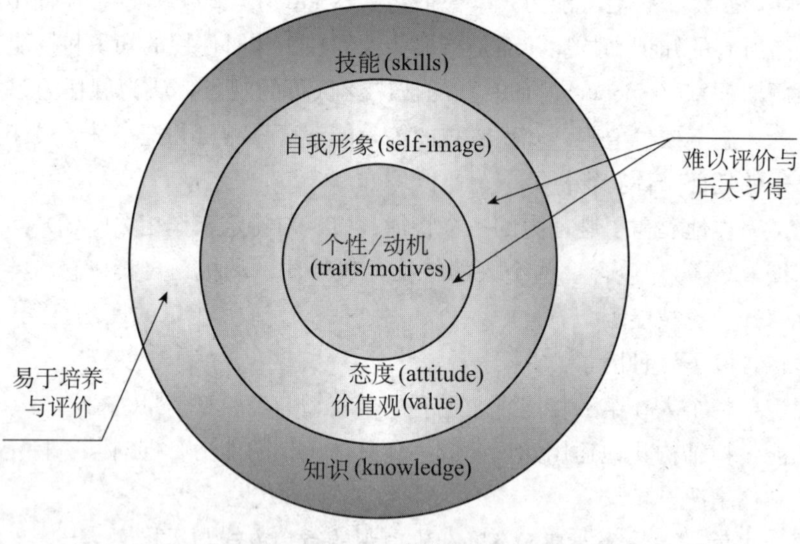

图 2—2 洋葱模型

二、胜任力的类型

根据不同的分类标准，胜任力可以分成以下不同的种类。

1. 基准胜任力和鉴别胜任力

麦克利兰认为知识和技能这两个特征容易感知，但不能预测或决定是否有卓越的表现，是对胜任者的基础素质的要求，是基准胜任力（threshold competency）；而社会角色、自我概念、特质和动机等特征决定着人们的行为与表现，是区别优异者与表现平平者的关键因素，是鉴别胜任力（differentiating competence）。

2. 概念胜任力、人际胜任力和技能胜任力

概念胜任力是指决策能力、为组织利益寻找机会与创新的能力、分析能力以及企业家的一般思考能力；人际胜任力是指沟通、领导、谈判、分析及自我成长的态度；技能胜任力是指计划个人事业、掌管自我时间的能力等。

3. 个体胜任力、组织胜任力和行业胜任力

个体胜任力是指在特定的组织环境下个人对某些关键岗位的胜任力。组织胜任力是指在组织中通常使用的核心胜任力或优势胜任力。核心胜任力是一种能力，是企业资产、人员与组织的有机结合，而且它还是一个系统，其组成要素是企业的技术胜任力和运作胜任力。行业胜任力则是针对某一具体行业所要求的胜任力。

此外，诺德霍格（Nordhaug，1998）根据任务具体性、行业具体性和公司具体性等3个维度提出了6种胜任力：(1) 元胜任力（meta competence），是指人际技能和管理技能；(2) 内部组织胜任力（intra organization competence），主要关注行业的文化；(3) 通用行业胜任力（general industry competence），主要体现在高层管理人员身上；(4) 标准技术胜任力（stand technical competence），主要通过常规教育、职业教育和培训、学徒和企业内部人事培训等方式获得；(5) 技术贸易胜任力（technical trade competence），培养技术贸易胜任力典型的方法是通过职业教育；(6) 特殊技术胜任力（idiosyncratic technical competence），可通过正规学习、工作轮换、内部培训等得到。

三、胜任要素

麦克利兰把在管理职位、专业职位上具有普遍效度的20项胜任要素进行了聚类，共分为以下6类：

(1) 成就与行动类，具体包括4个要素：成就动机、主动性、品质和秩序意识、信息收集意识和能力。

(2) 帮助与服务类，具体包括2个要素：人际理解能力、客户服务导向。

(3) 影响力类，具体包括3个要素：影响力、关系建立能力、组织认知能力。

(4) 管理类，具体包括4个要素：培养他人意识与能力、团队合作精神、团队领导能力，命令/果断性。

(5) 认知类，具体包括3个要素：分析式思考能力，概念式思考能力，技术、职业、管理专业知识。

(6) 个人效能类，具体包括4个要素：自我控制、自信、弹性、组织承诺。

四、胜任力模型

胜任力模型（competency model）是指胜任某一特定的任务角色所应具备的个人特征的集合，它是针对某一特定职位组合起来的一组胜任要素。

1. 管理胜任力模型

一个合格的管理人员必须具备下列11项胜任要素：

(1) 影响力：最好的管理者会运用合理的影响力来改善公司的经营，而不是想尽办法为个人谋利。

（2）成就导向：指为自己、组织设立目标，提高工作效率和绩效的动机与愿望。

（3）团队与合作精神：参与管理是管理者重要的胜任特征。

（4）分析式思考：对于杰出的管理者来说注重逻辑思维是一项很重要的特征。常见的指标包括：发现情况或信息的暗示或结果；用系统的方式分析情况以确定原因或结果；以务实的态度预测障碍、规划解决方案；事前思考行动步骤，分析完成任务或目标的条件等。

（5）主动积极：常常表现在管理者会超出工作的基本要求把握机遇，或为未来可能出现的问题或机会做好准备。在处理当前情况时表现为：在机会出现时立即抓住；迅速有效地处理危机；超越某人正式的权威界限；在达到目标的过程中表现出坚持不懈的毅力。

（6）培养他人：主要表现在给下属提供建设性的反馈意见，当下属遇到困难时给予安慰和鼓励，通过各种指示、建议或其他指导方式培养下属。

（7）自信心和人际理解：对自己的能力和判断力普遍有信心；喜欢具有挑战性的任务；勇于直接质疑或挑战上级主管的行动，面对问题或失败勇于承担责任并采取各种方法改善绩效。人际理解的表现方式为：了解他人的态度、兴趣、需求和观点；能够解释他人的非语言行为，了解他人的情绪和感觉；知道什么可以激励他人；了解他人的长处和短处，了解他人行为的原因。

（8）直接/果断性：在必要的时候说不；设定工作标准并严格执行；有时会清楚直接地质疑他人的工作绩效。

（9）信息收集：在一般情况下，信息都是用来诊断问题或找出未来的潜在问题。信息收集的主要方法是：系统地收集资料；从各种来源收集资料；亲自观察或接触实际情况。

（10）团队领导力：为团队设立绩效目标，在更宽泛的组织层面上维护所在团队的利益，为团队争取所需要的资源。

（11）概念式思考：发现他人没有发现的某种联系或模式；注意到他人没有注意到的各种矛盾或差异；迅速把握问题的关键并采取行动。

2. 人力资源经理胜任力模型

企业人力资源经理的胜任力要素包括：

（1）目标与行动管理：效率导向、预应式、关心冲击影响、坚决果断。

（2）精通人力资源技术：规划、甄选与安置、培训与发展、劳资关系、薪资福利、工业安全卫生、员工调查、组织设计、人力资源管理信息系统。

（3）职能与组织领导：协助他人发展、群体管理技巧、职能营销、愿景领导、诚实廉洁。

（4）影响力管理：知觉客观性、构建网络、沟通技巧、谈判技巧。

（5）商业知识：战略焦点、组织知觉、行业知识、附加价值观点、一般管理技术。

3. 客户经理胜任力模型

一个胜任岗位的客户经理需要具备六种胜任要素，分别是信息认知能力、参谋顾问能力、拓展演示能力、协调沟通能力、客户关系管理能力和自我激励控制能力。每一类要素又包含几种子要素，具体参见图 2—3。

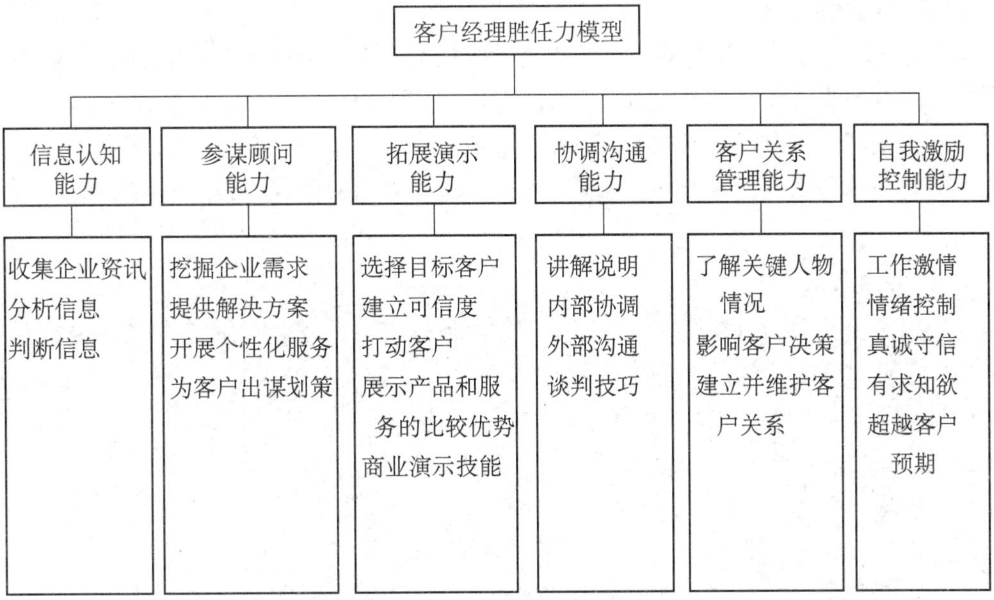

图 2—3　客户经理胜任力模型

第 2 节　能力

能力是员工个别差异的重要方面，更是工作行为的核心决定因素。下面着重分析能力的概念、结构、测验及其在管理中的应用。

一、能力的概念与类型

（一）能力的概念

能力是个体完成某一活动所必备的心理特征的总和。

首先，能力是和某一具体的活动、任务相关联的。经常有人议论“某某能力很强”，等等，意思是此人具备完成某项任务、某些活动的心理特征，如记忆力强、思维灵活、善于交际等。

其次，有时顺利完成某项任务或活动除了要求具备某些心理特征即能力，还可能要求具有相应的体力、知识与经验等。但体力、知识、经验等因素本身不是能力。

（二）能力的类型

能力可分为一般能力、特殊能力和创造力。一般能力是指任一活动都要求具备的能力，通常指智力。特殊能力是指某一具体活动要求具备的能力，如数学能力、音乐能力、美术能力、飞行能力、机械能力等。创造力是指个体产生独特的新思想、新产品的能力。

二、智力的结构

关于什么是智力，争论颇多。有些心理学家认为智力是个体适应环境的能力，有些心理学家认为智力是个体的学习能力，有些心理学家认为智力是一个人的抽象思维能力，有些心理学家干脆说智力就是智力测验所测得的能力。为了统一，本书所讲的智力是指个体所拥有的各种认知能力（如观察、记忆、想象、思维等）的整合。智力结构的理论主要有如下几种。

（一）群因素论

群因素论由美国著名心理学家瑟斯顿创立。他认为，智力由七种基本能力构成：

（1）计算（N）：指数字运算能力。

（2）词语流畅（W）：指语言表达能力。

（3）言语理解（V）：指理解语言（包括单词、成语、段落、篇章）的能力。

（4）记忆（M）：指保持与提取知识、经验、信息的能力。

（5）推理（K）：指归纳、演绎、类比等推理的能力。

（6）空间知觉（S）：指对立体空间内物体之间关系的把握能力。

（7）知觉速度（P）：指一定时间内感知物体数量的能力。

（二）三维结构论

美国心理学家吉尔福特认为，智力由操作、内容和产物三个维度构成，每一维度都包括多个因素，共120种因素（目前，心理学家已找到其中的近100种）。

1. 操作

操作分为以下五种：

（1）认知：指认识。

（2）记忆：指已经认知的信息。

（3）发散思维：指由给定信息而产生信息，强调从同一个起源产生多样化的结果。

（4）集中思维：指起始条件比较严格，问题的要求也很明确，只能产生有限的结果。

（5）评价：是根据一定的标准进行比较的过程。

2. 内容

内容分为以下四种：

（1）图形：通过感官看到的具体信息。

（2）符号：指字母、数字等。

（3）语义：指言语的含义或概念。

（4）行为：与人交往的智力。

3. 产物

产物分为以下六种：

（1）单元：字母、音节、单词、熟悉事物的图案和概念等。

（2）类别：一类单元，如名词、物种等。

（3）关系：单元与单元之间的关系。

（4）系统：用逻辑方法组成的概念。

（5）转换：指改变，包括对安排、组织和意义的修改。

（6）蕴涵：从已知信息中观察某些结果。

吉尔福特认为，每一维度中的任何一项同另外两个维度中的任何两项相结合，都可以构成一种智力因素。这样，认知因素、记忆因素、分散思维因素、集中思维因素和评价因素各有 24 种，共 120 种。

（三）层次结构论

层次结构论由英国心理学家弗农创立。他把智力分为四个层次（见图 2—4）：最高层次是智力的普遍因素（G）；第二层次区分为两大因素群，即言语和教育方面的因素、操作和机械方面的因素；第三层次分为几个小因素群，即言语理解、数量、教育、机械信息、空间能力、手工操作和身体运动等；第四层次指各种特殊因素。

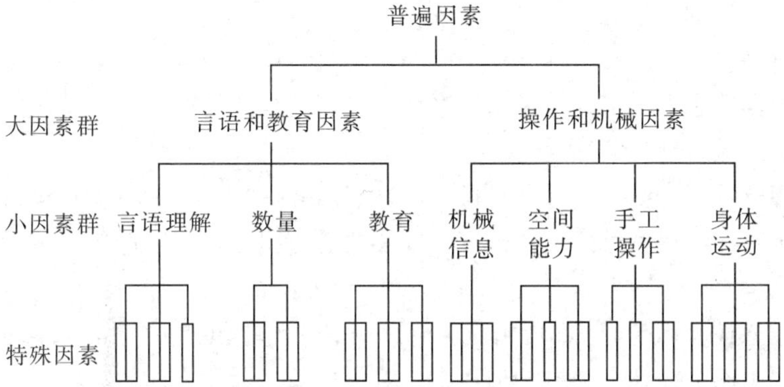

图 2—4 弗农的智力层次结构模型

三、智力测验

智力测验的种类很多。最早的智力测量是 1905 年编制的比纳-西蒙儿童智力量表，该表后经斯坦福大学推孟修订，称为斯坦福-比纳量表。斯坦福-比纳量表首次使用智商来表示智力水平的高低。智商是智力年龄与实际年龄的比率。为了消除小数点，比率通常再乘以 100（参阅知识库 2—1）。

【知识库 2—1】 **智力的个别差异**

人们的智商有高有低。有些人智商高达 140 分以上，被称为天才；有些人智商在 70 分以下，被认为智力不足。所有人的智力分布情况是：

智商	名称	占总人口的百分比（%）
（1）130 分以上	智力超常	1
（2）110～129 分	智力偏高	19
（3）90～109 分	智力中常	60
（4）70～89 分	智力偏低	19

（5）70 分以下	智力低常	1

为了测量成人的智力水平，美国心理学家韦克斯勒推出了成人智力量表。1981 年修订的韦克斯勒成人量表包括 11 个分测验，从言语和操作两方面测量成人智力。

1. 言语量表

言语量表共包括 6 个分测验。它们是：

（1）信息（information）测验（I）。信息测验包括 29 道涉及广泛范围的题目，可以测量被试从非正式学校教育获得的知识、兴趣范围和长时记忆。

（2）数字广度（digit span）测验（D）。数字广度测验包括顺背数和倒背数，可以测量注意力和瞬时记忆能力。

（3）词汇（vocabulary）测验（V）。词汇测验由 35 个难度逐渐加大的词构成，要求被试说出每个词的一般意义。

（4）算术（arithmetic）测验（A）。算术测验由 14 道类似小学算术题的题目组成，要求被试在不用笔和纸的情况下说出答案，用来测查被试的注意力、解决问题的能力和对数的操作（加、减、乘、除）能力。

（5）理解（comprehension）测验（C）。理解测验由 16 个有关社会价值观念、行为习惯的理由等问题组成，可以测量被试对社会的适应程度，特别适用于测量对伦理道德的判断能力。

（6）相似性（similarities）测验（S）。相似性测验包括 14 对配对名词，要求被试概括出每对名词中两者在什么地方相似，主要测量抽象概括能力。

2. 操作量表

（1）填图（picture completion）测验（PC）。填图测验共有 20 张图片，在图片中有意缺少某些部分，要求被试在 20 秒钟内指出缺少的部分是什么，用来测量概括思维能力、知觉组织能力和辨别部分与整体关系的能力。

（2）图片排列（picture arrangement）测验（PA）。图片排列测验共有 10 组图片，每组图片都有一定的情节，把顺序打乱后呈现给被试，要求被试重新排列，组成一个故事。它可以测量被试的知觉组织能力、逻辑思维能力和思维的灵活性等。

（3）积木图案（block design）测验（BD）。积木图案测验的主试给被试 9 块完全相同的立方积木，每块积木两面为白色、两面为红色，还有两面红白各半。要求被试根据呈现给他的图案来拼摆积木。这主要测量视知觉和分析能力、空间定向能力和视觉—动作综合协调能力等。

（4）物体拼凑（object assembly）测验（OA）。物体拼凑测验由 4 套图形板组成，要求被试拼出一个完整的人或物体图形。它主要测量思维概括能力、知觉组织能力、辨别部分与整体关系的能力和视觉—动作协调的能力。

（5）数字符号（digit symbol）测验（DS）。数字符号测验中 9 个数字以 9 种符号配对，要求被试按照所给的样例，尽快在每个数字下填上相应的符号。它主要测量学习和书写速度。

四、创造力的构成与测量

创造力是个体为了一定目的，运用已知信息，展开思维与想象，产生独特、新颖的新思想、新产品的能力。

（一）创造力的构成

关于创造力包含哪些构成要素，心理学家提出了许多理论，比较著名的有吉尔福特的认知理论。著名心理学家吉尔福特认为，创造力是某些认知能力的整合。具体来说，创造力可解析为六种主要成分。

（1）敏感性（sensitivity），即容易接受新事物，发现新问题。

（2）流畅性（fluency），即思维敏捷，反应迅速，对于特定的问题情境能顺利产生多种反应或推出多种答案。

（3）灵活性（flexibility），即具有较强的应变能力和适应性，具有灵活改变定向的能力，能发挥自由联想。

（4）独创性（originality），即产生新的非凡思想的能力，表现为产生新奇、罕见、首创的观念和成就。

（5）再定义性（redefinition），即善于发现特定事物的多种使用方法。

（6）洞察性（penetration），即能够通过事物的表面现象认清其内在含义、特性或多样性，能进行意义的变换。

（二）创造力测验

目前，测量创造力的工具有许多，最著名的是南加州大学测验。该测验包括言语测验和图形测验两部分。

1. 言语部分

有 10 个项目，分别是：

（1）字词流畅：迅速列举包含一个指定字母的单词。

（2）观念流畅：迅速列举某一类事物的名称。

（3）联想流畅：列举近义词。

（4）表达流畅：列举每个词都以指定字母开头的四个词句。

（5）多种用途：给出指定事物，要求尽量列举该事物的各种不寻常的用途。

（6）解释比喻：给出一些包含比喻的不完整句子，要求用不同的方式完成。

（7）效用测验：要求尽可能多地列举事物的用途。

（8）故事命题：要求对每一篇小故事进行多种命题。

（9）推断结果：假设一可能事件发生，要求列举出该事件造成的各种可能后果。

（10）职业象征：给出一个符号或物体，要求尽量列举出与之有关的或所象征的职业。

2. 图形部分

有四个项目，分别是：

（1）作图：给定一组图形（如圆、三角形、矩形等），要求用这组图形画出各种事物，如人脸、小件物品等，各图形的运用次数不限。

（2）略图：把简单图形复杂化，组成尽可能多的可辨认物体的略图。

（3）火柴问题：用火柴棍组成一定图形（矩形或三角形），要求移动指定数量的火柴棍，使剩下的图形达到指定的要求。

（4）装饰：给出一般物体的轮廓图，要求以尽可能多的不同设计方法加以修饰。

第3节 人格

人格是心理学、法学、伦理学、宗教学、社会学、哲学等众多学科研究的对象。本节主要从心理学角度讨论人格的概念、理论、测量及其在管理中的应用。

一、人格的概念

关于什么是人格，学术界众说纷纭，莫衷一是（见表2—1）。

表2—1 人格的多种定义

（1）吴伟士	人格是个体行为的全部品质。
（2）卡默龙	人格是交互结合的行为系统的动力组织，它在他人和文化产品的环境中由学习历程而发展起来。
（3）艾森克	人格是由遗传和环境所决定的实际的和潜在的行为模式的总和。
（4）吉尔福德	人格是人的特质的独特模式。
（5）卡特尔	人格是一种倾向，可借以预测一个人在给定情境中的所作所为，它与个体的外显和内隐行为是联系在一起的。
（6）拉扎鲁斯	人格是基本和稳定的心理结构和过程，它组织着人的经验并形成人的行为和对环境的反应。
（7）米谢尔	认为较多心理学家所同意的说法是，人格是个人心理特征的统一，这些特征决定人的外显行为和内隐行为，并使它们与别人的行为有稳定的差异。
（8）杨国枢	人格是个体与其环境交互作用的过程中所形成的一种独特的身心组织。
（9）朱智贤	人格指一个人的整个精神面貌，即具有一定倾向性的心理特征的总和。个性结构是多层次、多侧面的，由复杂的心理特征的独特结合构成的整体。这些层次有：（1）完成某些活动的潜在可能性的特征，即能力；（2）心理活动的动力特征，即气质；（3）完成活动任务的态度和行为方式方面的特征，即性格；（4）活动倾向方面的特征，如动机、兴趣、理想、信念等。这些特征不是孤立存在的，而是错综复杂，交互联系，有机结合成一个整体，对人的行为进行调节和控制。
（10）陈仲庚	人格是个体特有的特质模式及其行为倾向的统一体，又称个性。人格一词来自拉丁文persona（面具）。戏剧中演员所戴的特殊面具表现了剧中人物的角色和身份。把面具定义为人格，实际上说明人既有表现于外给人印象的特点，也有某些外部未必显露的东西，这些稳定而又异于他人的特质模式使人的行为带有一定的倾向，表现了一个由里及表的、包括身与心在内的、真实的个人人格。较为综合的说法可称人格是个体内在行为上的倾向性，它表现一个人在不断变化中的全体和综合，是具有动力一致性和连续性的持久自我，是个人在社会化过程中给人以特色的身心组织。这种说法强调了人格的四个方面：全体的人、持久的自我、有特色的个人和社会化的客体。

综合各家之言，可以认为：人格是个体独有的稳定的心理特征的总和，它决定了一个人的行为方式与他人的差异。

（1）人格是一个人的心理特征，如聪慧、诚实、懒惰、自信、独立、果断、坚韧、乐观等。

（2）人格是有结构的。所有心理特征组成一个整体，决定一个人的行为，而整体内部各心理特征之间存在一定的相互关系。

（3）人格是稳定的。个人在行为中偶然表现出来的心理特征不构成人格。

（4）人格强调了一个人的心理特征。虽然人的心理过程（如认知过程、情绪过程、动机过程等）具有普遍规律，但每个人在这些心理过程中表现出自己的不同于他人的特征。这一点类似于个性的概念。

二、人格的理论

人格理论有多种，下面着重介绍几种常见的基本内容。

（一）卡特尔的特质理论

特质理论认为：（1）人格是由个体的特质组成的，特质是构成人格的基本单元，特质决定个体的行为；（2）人格特质在时间上具有稳定性，在空间上具有普遍性；（3）通过对人格特质的了解，可以预测个体的行为。

卡特尔认为，特质的种类有：

（1）独特特质（unique traits）和共同特质（common traits）。共同特质指人类所有社会成员所共同具有的特质；独特特质指单个个体所具有的特质。虽然社会所有成员具有某些共同特质，但共同特质在社会各成员身上的强度是不同的，个体的各种特质随环境的变化而表现出不同的强度。一个人在不同的时间由于环境变化，其特质在强度上表现不同。

（2）表面特质（surface traits）和根源特质（source traits）。卡特尔将收集的1万多个形容特质的词加以浓缩，归纳为171个，然后用聚类分析法将171个特质合并为35个表面特质，又对35个表面特质进行因素分析，得出16个根源特质。

卡特尔认为，表面特质直接与环境接触，常常随环境的变化而变化，是可以从外部观察到的行为。根源特质隐藏在表面特质的后面，深藏于个性结构的内层，必须通过表面特质的媒介，用因素分析法才能发现。它是制约表面特质的潜在基础和人格的基本因素，是“建造人格大厦的砖石”。例如，大胆、独立和坚韧等人格特质可以在个体身上直接表现出来，都是表面特质，但它们在统计学上彼此高度相关，经过因素分析可以得出它们的共同根源特质是“自主性”。

（3）体质特质（constitutional traits）和环境形成特质（environment mold traits）。卡特尔认为，在根源特质中，有些特质是由遗传决定的，称为体质特质；有些特质是由环境决定的，称为环境形成特质。

（4）能力特质（ability traits）、气质特质（temperament traits）和动力特质（dynamic traits）。能力特质是决定一个人如何有效地完成某一任务的特质，它是个性的认知表现。智力被认为是最重要的能力特质。气质特质是描绘一个人在接近他的目标时如何行动的特质。它决定一个人的一般“风格与节奏”，决定一个人的行为是温和的还是暴躁的，决定一个人的情绪色彩，是个性的情绪表现。动力特质使人朝着某个目标行动，它是个性的动机因素。卡特尔又从动力特质中区分出本能特质和习得特质等。

（二）荣格的精神分析

荣格和弗洛伊德共创精神分析学会，并出任第一届主席。这里仅介绍荣格的人格结构与人格类型的观点。

1. 人格结构

荣格认为，人格包括三个层次：意识、个人潜意识和集体潜意识。

（1）意识。意识包括能意识到的一切心理活动，是人心中能被个人直接知道的部分。个性化和意识是同步的。意识的开端也是个性化的开端，意识发展了，就有放大的个性化。个人的意识逐渐变得不同于他人，富有个性。这个过程叫做个性化。意识在个性化过程中，产生新的因素，称为自我（ego）。自我使个体适应环境，并和环境保持联系的通道，使个体的日常机能正常运转。

（2）个人潜意识。个人潜意识（personal unconscious）由曾经被意识而后被压抑的经验，或一开始就没有形成意识印象的经验组成。如一段痛苦的经历、一次内心的冲突等。荣格把个人潜意识看做记忆仓库或精心制作的输入系统。他认为，个人潜意识与自我之间有双向往来。

（3）集体潜意识。集体潜意识（collective unconscious）是遗传下来的、为集体所共有的潜意识，它反映了人类在以往的历史进化过程中的集体经验。

2. 人格类型

荣格把人分成两类，一类是外倾型，一类是内倾型。外倾型的人，重视外在世界，爱社交，活跃、开朗、自信，勇于进取，对周围的一切事物都很感兴趣，容易适应环境的变化。内倾型的人，重视主观世界，好沉思，善内省，常常沉浸在自我欣赏和陶醉之中；同时表现出孤僻，缺乏自信，易害羞，冷漠，寡言，较难适应环境的变化。

荣格还把人的心理活动分成感觉、思维、情感和直觉四种基本机能。感觉（感官知觉）告诉我们存在某种东西；思维告诉我们它是什么；情感告诉我们它是否令人满意；而直觉则告诉我们它来自何方和向何处去。在荣格看来，直觉是允许人们在缺乏事实材料的情况下进行的推断。

内外倾和四种机能的组合构成了人格的八种类型。

（1）外倾思维型（extroverted thinking type）。此类人既外倾，又偏向思维，他们的思想特点是一定要以客观的资料为依据，以外界信息激发自己的思维过程。外倾思维型的人情感压抑，缺乏鲜明的个性，甚至表现为冷漠或傲慢等人格特点。

（2）内倾思维型（introverted thinking type）。此类人既内倾，又偏重思维。他们对思想观念本身感兴趣，收集外部世界的事实来验证自己的思想。内倾思维型的人具有感情压抑、冷漠、沉迷于幻想、固执刚愎和骄傲等人格特点。

（3）外倾情感型（extroverted feeling type）。此类人既外倾，又偏重情感，他们的情感符合客观的情境和一般价值。荣格指出，外倾情感型的人在"爱情选择"上表现得最为明显。他们不太考虑对方的性格特点，而考虑对方的身份、年龄和家庭等方面。外倾情感型的人思维压抑，情感外露，爱交际，寻求与外界和谐。

（4）内倾情感型（introverted feeling type）。此类人既内倾，又偏重情感。他们的情感由内在的主观因素所激发。内倾情感型的人思维压抑，情感深藏在内心，沉默，力图保持掩蔽状态，气质常常是抑郁的。

(5) 外倾感觉型 (extroverted sensation type)。此类人既外倾，又偏重感觉功能，他们头脑清醒，倾向于积累外部世界的经验，但对事物并不过分地追根究底。外倾感觉型的人寻求享乐，追求刺激，他们一般情感浅薄，直觉压抑。

(6) 内倾感觉型 (introverted sensation type)。此类人既内倾，又偏重感觉，他们远离外部客观世界，常常沉浸在自己的主观感觉世界之中。外倾感觉型的人的知觉来自外部世界，是客观对象的直接反映；内倾感觉型的人的知觉深受自己心理状态的影响，似乎是从自己的心灵深处产生的。他们艺术性强，直觉压抑。

(7) 外倾直觉型 (extroverted intuitive type)。此类人既外倾，又偏重直觉，他们力图从客观世界中发现多种多样的可能性，并不断地寻求新的可能性。他们对于各种尚孕育于萌芽状态但有发展前途的事物具有敏锐的感觉，并且不断追求客观事物的新奇性。外倾直觉型的人可以成为新事业的发起人，但不能坚持到底。

(8) 内倾直觉型 (introverted intuitive type)。此类人既内倾，又偏重直觉，他们力图从精神现象中发现各种各样的可能性。内倾直觉型的人不关心外界事物，脱离实际，爱幻想，观点新颖，但有点稀奇古怪。

三、人格测量

人格测量的方法主要有两类，一类是量表法，另一类是投射法，下面分别予以介绍。

(一) 量表法

测量人格的量表有很多，国际上常用的主要有：

1. 16种人格因素问卷

16种人格因素问卷由卡特尔编制，主要测量卡特尔提出的16种根源特质（见表2—2）。

表2—2 **16种人格因素**

因素	特质名称	低分者特征	高分者特征
A	乐群性	缄默、孤独	乐群外向
B	聪慧性	迟钝、学识浅薄	聪慧、富有才识
C	稳定性	情绪激动	情绪稳定
E	好强性	谦逊、顺从	好强、固执
F	兴奋性	严肃、审慎	轻松、兴奋
G	有恒性	权宜敷衍	有恒心、负责任
H	敢为性	畏怯、退缩	冒险敢为
I	敏感性	理智、注重实际	敏感、感情用事
L	怀疑性	信赖、随和	怀疑、刚愎
M	幻想性	现实、合乎成规	幻想、狂妄不羁
N	世故性	坦白直率、天真	精明能干
O	忧虑性	安静沉着、有自信心	忧虑抑郁、烦恼较多
Q1	实验性	保守、服从传统	自由、批评、激进
Q2	独立性	依赖、附和	自立、当机立断
Q3	控制性	矛盾冲突、不识大体	知己知彼、自律严谨
Q4	紧张性	心平气和	紧张困扰

16 种人格因素问卷共有 187 题，每题有 3 个备选答案。除了能够精确测出一个人的 16 种人格特质状况，还可以用于临床。例如，心理健康者的人格特质是情绪稳定（高 C），轻松兴奋（高 F），自信心强（低 O），心平气和（低 Q4）。创造力强的人的人格特质是缄默、孤独（低 A），聪慧、富有才识（高 B），好强、固执（高 E），严肃、审慎（低 F），冒险敢为（高 H），敏感、感情用事（高 I），幻想、狂放不羁（高 M），坦白直率（低 N），自由、批评、激进（高 Q1），当机立断（高 Q2）。

2. 明尼苏达多相人格问卷

明尼苏达多相人格问卷（Minnesota multiphasic personality inventory，MMPI）由美国明尼苏达大学教授哈撒韦和心理治疗家麦金利共同编制。该问卷共有 566 题，其中 16 题是重复的，用以检验被试反应的一致性和回答是否认真。在测验时，被试对每一个问题选择“是（T）”、“否（F）”或“不能确定（?）”中的一个。MMPI 涉及的范围很广，包括身体各方面的情况、精神状态以及个人对政治、法律、宗教、家庭、婚姻和社会的态度等。MMPI 有 10 个临床量表，可以得到 10 个分数，代表 10 种人格特质（见表 2—3）。

表 2—3　　临床量表及其高分含义

序号	临床量表	高分含义
(1)	疑病	强调身体疾病
(2)	抑郁	不快乐、抑郁
(3)	歇斯底里	对应激的反应是否有问题
(4)	精神病态	与社会缺乏一致；经常处于法律纠纷之中
(5)	男性化—女性化	女性倾向（男子）；男性倾向（女子）
(6)	妄想狂	多疑
(7)	神经衰弱	烦恼、焦虑
(8)	精神分裂症	孤独、古怪思想
(9)	轻躁狂	冲动、激动
(10)	社会内向	内向、害羞

3. 霍根人格问卷

霍根人格问卷（Hogan personality inventory）测量近年来国际普遍认可的五种最基础的人格因素，即大五人格因素（big five factor）。它们是：

（1）外倾性（extraversion）：指一个人是否善于社交、善于言谈、比较自信。

（2）随和性（agreeableness）：指一个人是否随和，与之合作是否让人信任。

（3）责任心（conscientiousness）：指一个人是否有责任感、可靠、持久，成就感是否强烈。

（4）情绪稳定性（emotional stability）：指一个人是否温和、热情、安全、紧张、焦虑、失望和不安。

（5）经验开放性（openness to experience）：指一个人是否善于幻想、聪慧，对艺术是否敏感。

（二）投射法

投射测验的种类不少，常用的有：

1. 罗夏墨迹测验

罗夏墨迹测验（Rorschach ink-blot test）由瑞士精神病医生罗夏编制。墨迹图共有 10 张没有意义和内容的图片，其中 5 张是黑白的，3 张是彩色的，2 张除黑色外有鲜明的红色。

罗夏测验的评分与解释十分困难，须由专业人员进行。记分时主要考虑四个方面：

（1）反应的部位。被试对墨迹图的反应着重什么部位？是全体、部分、小部分、细节还是空白？

（2）反应的决定因素。被试进行反应的决定因素是什么？是墨迹的形状还是颜色？把图形看成是静的还是动的？

（3）反应的内容。被试把墨迹看成什么？（见表 2—4。）

表 2—4　罗夏墨迹测验反应的内容

（1）人	（9）动物的部分	（17）地图
（2）非现实的人	（10）非现实动物的部分	（18）风景
（3）人的部分	（11）动物制品	（19）艺术
（4）非现实人的部分	（12）动物解剖	（20）抽象
（5）人的解剖	（13）植物	（21）血液
（6）性	（14）自然	（22）云、烟
（7）动物	（15）物体	（23）火
（8）非现实的动物	（16）建筑物	（24）爆发

（4）反应的普遍性。被试的反应与一般人的反应相同还是不同？一般可分为两种：普遍反应（P）表示多数人共有的反应；独特反应（O）表示比较特殊的反应。被试作出特殊的反应可能基于创造性联想，也可能是病态思想的象征。只有经验丰富的主试才能作出正确的区分。

2. 主题统觉测验

主题统觉测验（TAT）由美国心理学家默里构思并与摩根等人共同编制。TAT 包括 30 张印有人物、风景的图片，全部是黑白的，另有一张空白卡片。图片上的画面有些比较清晰，有些比较模糊、抽象（见表 2—5）。

表 2—5　图片的分类

性质	图片标号	图片张数
共用图片	1，2，4，5，10，11，14，15，16（白卡），19，20	11
男孩专用图片	13B	1
女孩专用图片	13G	1
男孩、女孩共用图片	12BG	1
男孩、男子共用图片	3BM，6BM，7BM，8BM，9BM，17BM，18BM	7
女孩、女子共用图片	3GF，6GF，7GF，8GF，9GF，17GF，18GF	7
男子专用图片	12M	1
女子专用图片	12F	1
男子、女子共用图片	13F	1

测验时，每组被试选取适用的图片 20 张（其中有 1 张为白色），每套图片分为每组 10

张的两个系列，分两次进行测验。第二系列的图片设计得较为独特，比第一系列的图片更富有戏剧性、更离奇古怪。第一次测验约需 1 小时，第二次测验需要 1 天或更长的时间。两次测验间至少应该相隔 1 天的时间，并且要使被试充分、自由地想象。

在解释结果时，特别要注意被试所编故事的主题，找出故事中的主人公和英雄人物。默里认为，故事中的主人公或英雄人物可视为被试的化身，进一步分析这些主人公或英雄的需要和压力，可以了解被试的个性。

四、人格与管理

人格的知识可用于组织管理的各个方面。例如，把握每位员工的人格特征有利于与其沟通，有利于促进其事业发展，更有利于工作安置。

美国著名心理学家霍兰德把人格分成六种类型，认为人格应当和工作相匹配。他的理论可在选拔人才时作为参考。

（1）社会型的人。这种类型的人喜欢社会交往，关心社会问题，对教育和宗教活动感兴趣，相应的职业有护士、教师、教授、社会学家、社会工作者等。

（2）研究型的人。这种类型的人喜欢智力活动和抽象的工作，相应的职业有数学、物理、化学和生物学等自然科学工作者以及经济学家等。

（3）现实型的人。这种类型的人喜欢有规律的具体劳动和需要基本技能的工作，相应的职业有修理工、机械工、电工和农民等。

（4）艺术型的人。这种类型的人喜欢文学和艺术，善于用艺术作品来表现自己，感情丰富，爱想象，富有创造性，相应的职业有作家、画家、雕刻家、音乐家等。

（5）企业型的人。这种类型的人富有冒险精神，性格外向，喜欢担任领导工作，具有说服、支配、使用语言等能力，相应的职业有经理、推销员、经纪人、公关小姐等。

（6）传统型的人。这种类型的人喜欢有条理和有系统的工作，具有友好务实、善于控制和保守等特点，相应的职业有办公室人员、打字员、档案管理员、会计、出纳、秘书、接待员等。

□ 小　结

胜任力是指动机、特质、自我概念、态度或价值观、知识或技能等，能够可靠测量并把高绩效员工与一般绩效员工区分开来的任何个体特征。

根据不同的分类标准，胜任力可以分成基准胜任力和鉴别胜任力；概念胜任力、人际胜任力和技能胜任力；个体胜任力、组织胜任力和行业胜任力。

胜任力模型是指胜任某一特定的任务角色所应具备的个人特征的集合，它是针对某一特定职位组合起来的一组胜任要素。

能力是个体完成某一活动或任务所必备的心理特征的总和，可分为一般能力、特殊能力和创造力。一般能力主要是指智力，智力是个体所拥有的多种认知能力的整合。解释智力结构的理论有群因素论、三维结构论和层次结构论三种。测量成人智力水平最常用的工具是韦克斯勒成人智力量表。

创造力是个体为了一定目的，运用已知信息，展开思维与想象，产生独特、新颖的新思想、新产品的能力。解释创造力结构的理论主要有认知理论。测量创造力的工具主要是南加州大学测验。

人格是个体独有的稳定的心理特征的总和。人格的理论主要有特质理论和精神分析理论。人格测量的方法有量表法和投射法两类。

把握每位员工的人格、能力和创造力有助于做好管理，尤其是人力资源管理工作。

□ 复习题

1. 什么是胜任力？胜任力包含哪几种因素？
2. 胜任力有哪几种类型？
3. 胜任要素可以分成哪几种？
4. 什么是胜任力模型？
5. 什么是能力？什么是智力？什么是创造力？什么是人格？
6. 各种智力结构理论的主要观点是什么？
7. 测量创造力的工具有哪些？
8. 关于人格的理论有哪些？
9. 人格测量的方法有哪些？

□ 技能训练

经理选拔

场景　一个大型组织中的首席财务官叫来两位助手帮助招聘和挑选一位管理员工工资的经理。她要求两位助手先筛选出三名候选人，然后由她进行第二轮面试。任务交给了杰克和休，他们进行了以下谈话：

杰克：上司让我们招聘管理员工工资的经理候选人。你有什么想法吗？

休：那是一件很棘手的工作。管理工资的部门要处理大量的工作。

杰克：是的，那个部门的人员更新比公司的其他部门要快。

休：人们的离开不是我们的错。一些优秀的员工就在那个部门。只是工作条件太差了。

杰克：因此……让我们为这个管理员工工资的经理设计职位描述和工作规范吧。

休：好。这个人应该有会计学位，那是必需的。

杰克：这个人要在温暖的有空调的办公室工作。

休：他应该具备出色的会计技能。

杰克：该候选人必须保留所有的工资记录并且按时给员工发放工资。

休：你正好提醒我管理工资的部门有多少次加班加点按时将员工的工资计算出来。记得有时工资算出来晚了些，每个人都像真的发疯似的，是吧？

杰克：给我出些另外的主意。

休：这个人必须会使用电脑。

杰克：这个人将管理10个员工并向首席财务官汇报工作。

休：管理工资的部门设在公司的总部。

杰克：这个人需要具备合理的决策技能。

休：好，我认为可以了。

杰克：是的，但是我们需要决定招聘的方式。

休：我认为使用普通的方式，在报纸上登广告。

杰克：有其他的可能性吗？也许用猎头公司？

休：可以，猎头公司和分类广告。但是，你认为这个职位应该使用什么最佳的挑选员工的方法？

杰克：可以进行一次面试。因为这是个主管的职位，我们分别对候选人进行面试。你问你的问题，我问我的问题。这样，我们就能做得比较全面了。然后，我们综合一下记录，再向上司汇报筛选后的候选人名单，这样她可以亲自进行下一次面试。

休：我们还应该考虑什么其他的问题吗？

杰克：吃午饭，我饿了。

指导 组成5～6人的小组。讨论以下问题，然后与其他小组的答案做比较。

1. 杰克和休最主要的错误是什么？

2. 杰克和休正在进行有效的招聘和挑选员工的工作吗？为什么是或为什么不是？

资料来源：菲利浦·L·胡萨克尔：《管理技能实战训练手册》，233～234页。

□ 行为测量

大五人格因素

说明：在下面的每个数字尺度上标出哪一点更能贴切地描述你。如果两个术语具有相同的描述，标出中间点。

1.	热切	5	4	3	2	1	冷静
2.	喜欢与其他人在一起	5	4	3	2	1	喜欢独处
3.	梦想者	5	4	3	2	1	现实
4.	礼貌	5	4	3	2	1	唐突
5.	整齐	5	4	3	2	1	杂乱
6.	谨慎	5	4	3	2	1	自信
7.	乐观	5	4	3	2	1	悲观
8.	理论	5	4	3	2	1	实践
9.	慷慨	5	4	3	2	1	自私
10.	果断	5	4	3	2	1	漫不经心
11.	泄气	5	4	3	2	1	欢乐

12.	好出风头	5	4	3	2	1	保守秘密
13.	追求想象	5	4	3	2	1	追求权威
14.	热情	5	4	3	2	1	冷淡
15.	精力集中	5	4	3	2	1	容易分神
16.	容易尴尬	5	4	3	2	1	毫不在乎
17.	开朗	5	4	3	2	1	冷静
18.	追求时尚	5	4	3	2	1	循规蹈矩
19.	团队成员	5	4	3	2	1	独立
20.	喜欢秩序	5	4	3	2	1	喜欢混乱
21.	注意力易分散	5	4	3	2	1	镇定
22.	善谈	5	4	3	2	1	善思考
23.	喜欢模糊	5	4	3	2	1	喜欢明确
24.	信任	5	4	3	2	1	怀疑
25.	准时	5	4	3	2	1	拖延

得分换算表

平均得分	情绪稳定性	外倾性	经验开放性	随和性	责任心	平均得分
80						80
79			25			79
78						78
77	22					77
76			24			76
75						75
74						74
73	21		23			73
72		25				72
71				25		71
70	20	24	22			70
69					25	69
68				24		68
67		23	21		24	67
66	19					66
65		22		23	23	65
64			20			64
63						63
62	18	21	19	22		62
61						61
60		20				60
59	17		18	21	20	59
58						58
57		19				57
56			17			56

续前表

平均得分	情绪稳定性	外倾性	经验开放性	随和性	责任心	平均得分
55	16	18		20	19	55
54			16	19		54
53						53
52		17			18	52
51	15					51
50		16	15	18	17	50
49						49
48	14	15			16	48
47			14	17		47
46		14			15	46
45			13			45
44	13			16	14	44
43		13				43
42			12			42
41				15	13	41
40	12	12	11			40
39						39
38				14	12	38
37		11	10			37
36	11					36
35		10		13	11	35
34			9			34
33	10	9			10	33
32				12		32
31			8			31
30		8			9	30
29	9			11		29
28		7	7		8	28
27				10		27
26		6			7	26
25	8		6			25
24				9	6	24
23						23
22			5		22	22
21	7	5				21
20				8		20
填入得分						
平均得分是基于1993—1994年完成的161个常数的样本。						

说明：

1. 找出五个编组中的每一组第一行上你画圈数字的总和（第1行＋第6行＋第11行＋第16行＋第21行＝____）。这是你的原始“情绪稳定性”得分。在“情绪稳定性”一栏中的数字上画圈，就是与这个原始得分一致的得分换算表一栏。

2. 找出五个编组中的每一组第二行上你画圈数字的总和（第2行＋第7行＋第12行＋第17行＋第22行＝____）。这是你的原始“外倾性”得分。在“外倾性”一栏中的数字上画圈，就是与这个原始得分一致的得分换算表一栏。

3. 找出五个编组中的每一组第三行上你画圈数字的总和（第 3 行＋第 8 行＋第 13 行＋第 18 行＋第 23 行＝____）。这是你的原始“经验开放性”得分。在“经验开放性”一栏中的数字上画圈，就是与这个原始得分一致的得分换算表一栏。

4. 找出五个编组中的每一组第四行上你画圈的数字的总和（第 4 行＋第 9 行＋第 14 行＋第 19 行＋第 24 行____）。这是你的原始“随和性”得分。在“随和性”一栏中的数字上画圈，就是与这个原始得分一致的得分换算表一栏。

5. 找出五个编组中的每一组第五行上你画圈的数字的总和（第 5 行＋第 10 行＋第 15 行＋第 20 行＋第 25 行＝____）。这是你的原始“责任心”得分。在“责任心”一栏中的数字上画圈，就是与这个原始得分一致的得分换算表一栏。

6. 在最左侧或最右侧一栏中找出与你画圈的原始得分平行的那个数字。在适当一栏底部的格子中填入这个平均得分。

资料来源：唐·荷尔瑞格、小约翰·W·斯劳卡姆、理查德·W·渥德曼：《组织行为学（第二版）》，49～52 页，大连，东北财经大学出版社，2006。

□ 案　例

宗庆后：一个人的娃哈哈

宗庆后用 20 年时间打造出今天的娃哈哈，他无疑是娃哈哈的灵魂。如果没有了宗庆后，娃哈哈将会走向哪里？这是一个可猜测但不能想象结果的问题。

一、跟着感觉走

1987 年，正值改革开放后下海创业的高潮，浙江沿海地区的各种小企业如雨后春笋般冒了出来。那一年，三株、太阳神口服液风靡全国，当时做保健品的企业有数十家，但没有一家是专做儿童口服液的。也是那一年，42 岁的宗庆后贷款 14 万元，在杭州上城区成立了一家校办企业。为了抢占空白的儿童口服液市场，宗庆后压上全部家当将“喝了娃哈哈，吃饭就是香”这条广告打得漫天响，这种赌博式营销让娃哈哈迅速走红。“当时打广告的并不是只有娃哈哈一家，整个市场的基本规则就是要打广告，打广告就有机会，而不打广告肯定会死掉，并且实际上当时在央视打广告的费用并不像大家想象的那么高。”蒋青云说。

1991 年，宗庆后做了一次他这辈子最为大胆，甚至比 1996 年与达能合资更为重要、难度更大的决定：由校办厂兼并国有企业杭州罐头厂。这在当时的体制下，是不敢想象的事情。宗庆后回忆说：“你能理解一位 47 岁的中年人面对他一生中最后一次机遇的心情吗？”这是一个马上到知天命年纪的男人最后的挣扎和破釜沉舟的决心，同时也能清楚地感受到浓重的冒险主义气息。宗庆后此后多年来坚信不疑的“感觉”，从娃哈哈口服液市场空白的发现，再到兼并做大的两件大事中，开始形成。

机会主义来得偶然，去得也很快。

随着 1993 年前后整个保健品行业的衰落，宗庆后面临着主营产品转型，当时他把目光放到钙奶上，仍然是基于对儿童市场的敏锐感觉。这就是多年来围着学校转的经验主义，也是存在着说不大清楚的“宗式感觉”。这种感觉是对市场的洞察力，也是过去那么多年来宗庆后不辞辛苦跑市场的最好回报。当年在娃哈哈工作过的一位人士对记者回忆起当时的一个细节，宗庆后到终端去了解市场，路边一个摆摊的老太太对宗庆后说：“钙奶瓶子太小，两口就喝完了，很麻烦，为什么不做个大的?”宗庆后当即拍板决定推出大瓶装，结果很受市场认可和接受。

推出娃哈哈纯净水的1995年之前，是宗庆后最为重要的积累期。他获得了日后驰骋饮料江湖的必杀武器。宗庆后在长期经营以渠道为王的保健口服液和钙奶的时候，逐渐建立起由自己掌控、任何人夺不走的核心竞争力，就是可以让娃哈哈每生产一个新产品，能在3天时间铺满全国数十万个鸡毛小店的联销体。这是娃哈哈在十几年后成长为总销售额突破200亿元大关的大公司非常重要的条件，这也是2007年发生“达娃官司”事件时，令达能忌惮的最大原因。

二、经验主义

如果从1978年开始算宗庆后的发展历程，几乎正好是10年一个阶段。在第一个10年，宗庆后吃了太多的苦，经历过太多的市场欺骗，体验过太多的惊心动魄，这锻炼了宗庆后吃苦耐劳的性格，有助于他对于市场感的积累。

在第二个10年，经历了人生发展大飞跃的阶段，宗庆后一贯的自信和“感觉”真正树立起来，变得不可动摇，坚不可摧。但在接下来的第三个10年，宗庆后一直在延续从前积累下来的所有经验，市场经验，渠道把控经验，更或者，习惯本身也成为了他的一种独特经验。“宗庆后再也没有太多让人意想不到的历程，他不像很多企业家那么精彩。”蒋青云如此评价宗庆后。

看起来，这样的评价过于严厉和苛刻，但在以后发生的种种事情和决策，都一直在印证宗庆后一次次在使用的“经验主义”。无论是娃哈哈投放新产品还是尝试多元化，宗庆后其实一直只是在做一件事，就是维护好他的联销体系统。“对于快速消费品来说，牌子的好坏不是最重要的，产品的好坏也不是最重要的，甚至消费者的需求也不是最重要的，最重要的是渠道。”经销商管理专家潘文富对记者表示。虽然这种说法过于偏颇，但多少能够说明这个行业本身的特性和成败关键点之所在。

不过，再不会出错的人，总有马失前蹄之时。

2002年前后，宗庆后作出了一个重要决策，娃哈哈实行多元化战略。这其中最为有名的就是娃哈哈童装，当时有相当多的经销商响应宗庆后发出的召集令。“我们相信宗老板的眼光，我们跟着宗老板能赚钱。”这是当时相当有代表性的说法。可是，童装却成为宗庆后20年来最为失败的“眼光决策”。“很多老板在做决策时，会有很多的假定前提，假定员工都很理解公司的意图，假定经销商认可度很高。”潘文富说。在事后经过分析得出的显而易见的失败原因是：娃哈哈品牌已经不再仅仅是儿童品牌形象，更重要的是虽然宗庆后把消费特性和渠道特性吃得很透，但是童装的操作手法和快速消费品完全不同，更何况，宗庆后做服装品牌连开店的一套细致操作手法都没有。因此，失败是在所难免的，宗庆后先后推出洗护用品，失败；推出瓜子，失败；推出方便面，失败……

宗庆后喜欢自己做判断，只是，这种判断一直是以他的经验，而且一直是以做快速消费品饮料的经验在做下一件事。也正因为如此，直到今天，娃哈哈的业务也只在饮料行业获得持续成功。

三、一个人的孤独

宗庆后早就已经累了，不仅仅是最近一年多来和达能闹得沸沸扬扬的官司，在他创业20多年后，年复一年的奔波，他早已疲惫不堪。更何况，他已是一个63岁的老人，老年斑早已爬上他的面颊。只是，退休，放下娃哈哈，这无异于要宗庆后的命。宗庆后多次表示："接班人的事情不用过多猜测，我还不考虑退休，起码能干到70岁。"

多年以来，宗庆后一人兼任董事长和总经理，不设副总经理，由一个总经理办公室对集团各职能部门以及下属分公司（各省分厂）进行统一集中式管理。销售网络中的30多个省级经理、营销网络中的2 500多个一级批发商、生产网络中的70多个分厂厂长，都直接向宗庆后汇报。"宗总就是司令，我们就是兵。"娃哈哈的员工这样说。

宗庆后一个人在公司的管理层面成为金字塔的唯一顶端，这俨然形成了一种君王向下俯视的气场。在整个娃哈哈，在最上面的只有集权力于一身的宗庆后，其他所有人，都只需要在他下面竭力做好自己分内的执行工作。"我觉得宗庆后集权确实过于严重，本来管理上是可以放得更宽，自己的风险也更小。但他觉得他能控制，他怕放出去有问题，这是个局限。"蒋青云对记者说。

这么多年来，宗庆后一直对所有权归属的MBO问题耿耿于怀。这不只是宗庆后单独面对的特殊问题，对于一代企业家来说，这一问题具有共性，只是宗庆后的做法有些过于激烈。

早在1999年3月，宗庆后就开始发展自己的非合资公司。在湖南长沙成立了娃哈哈长荣饮料有限公司，其中，宗庆后占有30%的股份，当地股东占40%的股份，一家名为Junjie Investment的离岸公司占有30%的股份（是宗庆后以妻子、女儿的名义在海外成立的公司）。在此后的6年时间里，这种绕开达能设立的非合资公司逐渐和合资公司的数量相当。这样大的举动，看起来有着太多复杂的原因，是一种对与达能合作后利益分配的不满，是对于MBO一直没能实现的不满，也是对于自己妻子、女儿的一种私心。

在宗庆后心里，任何职业经理人都是信不过的，只有自己的妻子和女儿才真正值得信任。宗庆后一直在培养自己唯一的女儿宗馥莉，送她出国接受西方最好的教育，把很多非合资公司股份注册到女儿的名下，希望把女儿培养成自己的接班人。虽然宗庆后多次表示"自己还没有退休的打算"，只是在他看来，一方面自己还没有想清楚如何把担子交给女儿；另一方面，他还在等待只有25岁的女儿羽翼丰满，能完全把自己的担子挑起来。对于宗庆后这个经历多年商场风浪的人，还能相信谁？还能和谁说话？

2005年，蒋青云曾问宗庆后："在娃哈哈内部，有没有能与您对话的人？"宗庆后说："没有。在我们公司，只有我一个总经理。因为搞企业与打仗一样，机会来了，要快速反应，及时决策。没有强势领导就做不成事情。"宗庆后在公司里没有一个可以对话的人，在公司之外，宗庆后也极少参加浙江商人圈子和同行业的各种社交活动。宗庆后最喜欢的是和他的经销商泡在一起，谈论娃哈哈产品卖得好不好、有什么问题等诸如此类的事情。

资料来源：改编自李晓辉：《宗庆后：一个人的娃哈哈》，载《新营销》，2008-01-28。

思考题：

1. 如何评价宗庆后的胜任力？
2. 中国企业家应该具备哪些不同于西方国家的胜任要素？

工作动机 第3章

本章重点

- 需要层次论、ERG 理论和成就动机论
- 双因素理论
- 期望理论与强化理论
- 多维动机模型
- 薪酬制度
- 工作再设计与事业管理

引例

“从最初吸引人才的劣势，到成为全国十大最具员工成长价值企业，我们秉承了‘尊重、关爱、分享’的人本理念，构建了一套生生不息的人才生成、培养和激励机制。”招商银行总行人力资源部总经理王万青说，“制度和流程是刚性的，但软性的企业文化、价值观更能激发员工的热情和创造力。”

一、尊重从细节做起

王万青在给各级支行行长培训时，常说的一句话是：“各级管理者首先是人力资源管理者，你们要考虑员工的心理和压力，考虑如何优化流程，如何优化劳动组合，倾听员工的心声。”招商银行在内部的办公系统“一事通”上开辟专门渠道，每一名员工都可以通过这个渠道发表建议，或者提出批评，甚至可以批评行长。马蔚华行长经常去看这个论坛，听听基层员工的心声，他说：“有的批评很尖锐，但大家都得认真去听，让每个人都参与管理。”

2010 年，招行的员工总数已经由创建时的 36 人扩展到 4.3 万人，支行网点达 800 多个，一级分行达 36 家。企业大了，组织层级多了，容易滋生高层管理脱离一线情况的大企业病，论坛的存在使所有高层领导能够及时听到一线员工无保留的意见反馈，在表达尊重的同时也为企业找到了许多提高管理效率的良方。

招行曾和世界著名的盖洛普公司合作，2007 年在总行和 6 个分行开展了为期一

年的工作环境测评。项目报告显示，工作氛围与提升员工效能有直接的关系，“我们发现，许多员工效能低的团队，其直接负责人的情商水平有待提升。而绩效突出的团队，其负责人常是善于决策、敢于负责、勤于沟通、乐于奉献，以人格魅力引领团队成员一起达成发展愿景。”王万青表示，“好的管理者也是领导者，他总是为员工的成功扫除障碍，而不是拒绝和责备他们。”

招商银行宁波分行蔡君是明星客户经理，但是他遇到了一件烦心事，2010 年 5 月他贷给一太食品公司的一笔款成为不良贷款，这是宁波分行成立 3 年来爆出的第一笔不良贷款。他茶饭不思，在压力中苦苦寻找清收的良策和反思形成不良的原因。5 个月后，他发给分行徐行长一封邮件《关于一太的感悟》，列明产生不良的原因，指出银行要高度关注企业投资者 8 小时之外的道德风险、炒房炒期货和赌博等个人风险，并陈述了如何防止不良和变现的 4 条经验。徐行长很快对他的建议做出高度肯定，并批复向全行转发。蔡君用心的精神和坚持的毅力得到上司很快的肯定和反馈，激发出蔡君的工作热情，最终在 2010 年 10 月底，蔡君将一太食品的尾款清收成功。

“尽管招行的薪酬和福利在金融行业内有竞争力，但我们几次内部调查发现，留下员工更重要的是职业发展。”王万青说，“现在的 80 后员工更注重自我实现，我们提供大量的机会帮助他们成长，比如工作 2 年后给你一个小团队，让你操作一个项目，在实践中锻炼。”

早在 2001 年，招行便开始相继构建各类专业人才职业发展通道，包括信息技术、零售和批发业务的客户经理、产品经理、资金交易员、风险经理、审贷官等，现在已建立 9 个专业序列，全行 60%左右的员工纳入到专业序列管理中。“我们的目标是建立涵盖全员的职业生涯发展体系。今年，我们计划在职务职级基础上构建双通道的发展方案。”

“总行和各分行每年都会拿出一些管理岗位向全行员工竞聘，对那些德才兼备、业绩突出、有发展潜力并且认同招商银行文化的优秀人才大胆聘用。现在总行部门及分行‘一把手’中，已有不少 70 后的身影。80 后优秀人才也已经进入储备人才的序列。”

二、建立生生不息的人才培养机制

近年来，随着后备中小股份制银行的奋起直追，国有大银行的集体发力，招行如何继续保持竞争优势成为首要问题。2009 年，马蔚华适时提出招行“二次转型”的战略目标，力争通过三年的时间，由传统的外延粗放型发展方式，转变为低资源投入、低资本消耗、高经营效益的内涵集约型发展方式，从而真正实现以经济利润最大化为核心的效益、质量、规模的协调发展。

从粗放式发展向精细化管理的变革，必须依赖大批高素质管理人才，作为总行人力资源的总经理，王万青的工作重心就是推进人才战略，“培养自己的干部，引进专家型人才”。

对于新业务领域的稀缺型高端人才，招行出台了猎鹰计划，比如巴塞尔资本协议，国内没有几个人懂，招行就从美国花旗银行、美国运通公司、加拿大皇家银行引入3位专家型人才。引入的时机正值西方银行业经历危机、高端人才大量释放的阶段，成功的抄底使寻找事业发展平台的海外高级人才和招行国际化的战略目标达到很好的匹配。

对于核心的管理团队成员，招行一直有自己培养的惯例。2007年以来，金融行业人才流动加速，招行从中层管理干部到副行长级别的高管人员都成为被猎对象，招行也加速了人才培养进程来迅速壮大自身的人才引擎。

总行的经理级干部都有"金狮计划"来加速培养，用管理者素质测评、导师辅导、高层对话等方法，力求把副手们打造成随时可接班的准管理者。在分行层面，参考金狮计划模式招行推出了针对分行经理人员的"金鹰计划"，2009年在济南与长沙分行做试点。长沙分行试点培训人群为分行中层管理人员，培养方向侧重于领导力提升；济南分行试点培养人群为分行基层管理人员，培养方向侧重于管理素质与能力提升。"金鹰计划"采用"行动式学习"的培训模式，推动管理者学以致用，在2009年试点中，涌现了很多好的问题解决案例，如《如何提升公司客户的综合贡献度》等方案得到分行领导的认同，有些已经列入未来三年的分行发展规划。2010年，招行结合分行提出的申请和招银大学的实施能力，在全国10家分行推广"金鹰计划"。

对走出去的招行人，公司给予美好的祝福，对于愿意回来并有合适岗位的员工，招行的大门永远为他们敞开。马蔚华行长本人每年春节给离职员工们的叙旧拜年信已成惯例，在他的力推下，分支行的行长们也开始在各自的培训课程里学习情感留人的方式方法。

将文化和价值观注入每个员工的内心，尊重他们的选择，培养和发展每个员工，招行在成就国际化企业发展的路途中始终保持着让业界惊叹的低流失率。"招行恪守以人为本的文化，每一个员工都是银行的所有者和管理者，每一个员工都能当家作主。"马行长在《感悟华尔街》一书中点睛的话语正说明了招行人长久的追求。

资料来源：晓忆：《招商银行：每个员工都是管理者》，载《世界经理人》，2011-03-08。

薪酬一直是员工工作的主要动机。一般而言，薪酬的公平性比薪酬的绝对值更能影响员工的工作积极性。招商银行不仅注重薪酬和福利，更关心员工的培养和事业发展，值得学习。本章先介绍动机的流行理论，接着展示作者的多维动机模型，最后着重论述激发工作动机的制度安排，如薪酬制度、工作再设计与事业管理。

第1节　动机理论

动机是推动、引导、维持个体行为的内部生理、心理因素的总和。动机对于员工的绩效来说，是关键变量之一。许多人发现，一个才华横溢的人如果没有较强的工作动机（以及相应的工作环境与机会），就会一事无成。

一、经典动机理论

由于动机过程的复杂性，许多心理学家和管理学家从不同角度、用不同方法研究动机，提出了数种动机理论，下面逐一简要介绍。

（一）需要理论

需要理论是最传统的动机理论。比较著名的需要理论有：

1. 需要层次论

马斯洛把人的需要分成生理、安全、社会、尊重、自我实现五种从低级到高级的基本需要。这一理论因符合人的直觉而广泛流行。可惜的是，研究既没有证明需要类型的正确性，更没有证明需要结构的正确性（见表 3—1）。

表 3—1　　各种需要理论的比较

需要层次论	ERG 理论	双因素理论	成就动机论
生理 安全 社会 尊重 自我实现	生存 关系 成长	保健因素 激励因素	合群 成就 权力

2. ERG 理论

克莱顿·P·阿德弗（Clayton P. Alderfer）把马斯洛的需要种类缩减为三个，即生存（existence）、关系（relatedness）和成长（growth），并认为三种需要可以共存，如果高层次需要不能满足，个体会倒退而更看重低层次需要。不要忘记，马斯洛的观点是只有在低一层的需要满足后，人才会出现更高层次的需要。

与需要层次论相比，ERG 理论得到了更多的验证。虽然仍有人不同意需要的数目，但人们普遍相信，满足需要是激发动机的重要途径。

3. 成就动机论

著名心理学家麦克利兰（David McClelland）认为，人有三种特别的需要：（1）成就（achievement）；（2）合群（affiliation）；（3）权力（power）。他着重研究了人的成就动机，发现高成就动机者有三个主要特征。第一，他们喜欢自己设置目标，不愿意被动接受目标。他们敢于为实现目标承担全部责任。如果成功，他们希望被承认；如果失败，他们愿受责备。第二，他们回避选择极度困难的目标，而偏爱中等难度的目标，以免目标太容易而不能获得满足，太困难而无法实现。第三，他们渴望得到即刻反馈。因为目标对他们的重要性，所以他们希望尽快知道自己干得如何（见表 3—2）。

表 3—2　　美国总统的成就动机

姓名	权力需要	成就需要	合群需要
克林顿	中	高	高
布什	中	中	低

续前表

姓名	权力需要	成就需要	合群需要
里根	高	中	低
肯尼迪	高	低	高
罗斯福	高	低	中
林肯	中	低	中
华盛顿	低	低	中

对于高成就动机者的管理，可考虑以下措施：

（1）提供及时、准确的绩效反馈；

（2）鼓励他们参加目标设置，或让他们自我设置工作目标；

（3）创造条件让他们充分施展才华；

（4）让他们做挑战性、责任感强的工作；

（5）增加他们的工作自主性；

（6）改变领导方式，少监督，多支持。

（二）双因素理论

赫茨伯格通过对一些会计师和工程师的调查、访谈发现，引起工作满意的因素有成就、挑战性工作、责任感、成长、晋升、认可等；引起工作不满意的因素有工资、监督、工作条件、公司政策、额外福利等。赫茨伯格把引起工作满意的因素称作激励因素，把引起工作不满意的因素称作保健因素，并认为只有激励因素能起激励作用。

尽管态度是影响行为的关键变量之一，双因素理论还是招致了不少批评。最致命的是赫茨伯格根据调查、访谈对象提到的引起满意或不满的次数来区分满意因素或不满意因素，并据此界定激励与保健因素（见表 3—3）。例如，成就被称作激励因素是因为它被提到作为满意因素的次数等于被提到作为不满意因素的次数的 4 倍。相应地，与上司的关系被称作保健因素是因为其被提到作为不满意因素的次数等于被提到作为满意因素的次数的 4 倍。从表 3—3 中可以看出，激励因素被提及的次数，不论是作为满意因素还是作为不满意因素，都远远多于保健因素。因此，可以说赫茨伯格对研究结果所做的理论概括令人怀疑。

表 3—3　　满意与不满意的报告次数

项目	满意次数	不满意次数
成就	440	122
认可	309	110
工作条件	20	108
与上司的关系	15	59
与同事的关系	9	57

准确地说，赫茨伯格的研究结果表明了员工对工作内部因素的日益重视。相反，工作外部因素已不再是员工关注的核心。所以，赫茨伯格的最大贡献是区分了工作的内部动机

和外部动机，并激发了人们研究内部动机的兴趣。

（三）期望理论

美国杰出管理学家维克多·弗鲁姆（Victor Vroom）全面地诠释了诱因对行为的拉动过程。期望理论认为，动机强度取决于效价（valence）、期望值（expectancy）和工具性（instrumentality）三者的乘积，即动机＝效价×期望值×工具性（见表3—4）。效价是指个体对某一目标或诱因的偏爱程度。某一客观对象如金钱、地位、汽车等，如果个体不喜欢、不愿意获取，效价就低，对人的行为的拉动力就小。期望值是指个体相信通过努力会取得某一水平业绩的程度。相信程度越高，期望值越高。工具性是指个体对某一水平的绩效将使自己获得某一报酬或诱因的相信程度。如果个体相信绩效优异一定会得到自己想要的诱因，则工具性就高（见图3—1）。

表3—4　动机强度的影响因素

效价	期望值	工具性	动机
高	高	高	强
高	高	低	中
高	低	高	中
高	低	低	低

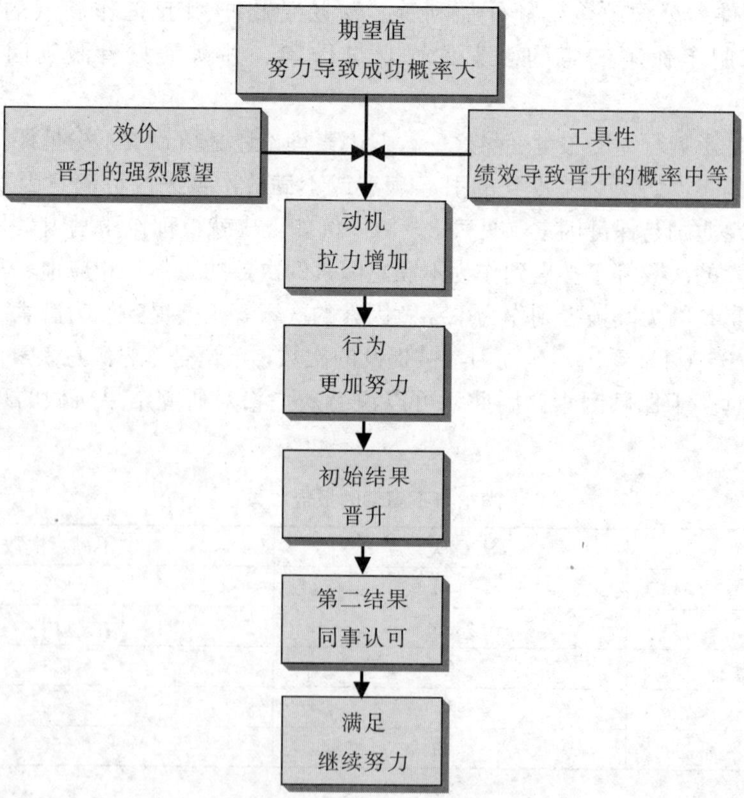

图3—1　期望理论示意图

期望理论完整地描述了员工动机的详细过程，因而可应用于组织管理。首先，管理者应弄清员工最偏爱的诱因，并以此确立报酬结构。其次，管理者应努力开发员工的才能，并采用正确的领导方式来提高其绩效水平。最后，管理者应公正无私，使那些贡献大的员工得到相应的回报。尽管期望理论存在局限性，但仍得到了广泛的支持和赞赏，已成为最具代表性的动机理论。

（四）强化理论

新行为主义的代表人物斯金纳完全抛弃了内驱力、需要、本能、期望等主观概念，把注意力仅仅放在外部、外显行为与环境上，提出了强化理论。强化理论认为行为依赖于其结果，即个体倾向于重复那些伴随有利结果的行为，而不重复那些伴随不利结果的行为。

1. 强化类型

斯金纳认为，强化有四种情况。

（1）正强化。正强化是指某行为之后伴有某种有利结果，如努力工作后得到一次晋升。假设晋升正是个人所期望的，行为即被强化。

（2）负强化。负强化是指某一行为之后不再伴有某种不利结果，如努力工作后不再追究以前的过错。

（3）惩罚。惩罚是指某一行为之后伴有某种不利结果，如偷窃他人财物后被拘留。

（4）消退。消退是指某一行为之后不再伴有某种有利结果，如做好事后没有受表扬。

2. 强化程序

强化的程序有连续强化和间断强化两类。连续强化（continuous reinforcement）是指行为每次都被强化；间断强化（intermittent reinforcement）是指有些行为被强化，有些行为没有被强化，又叫做部分强化（partial reinforcement）。部分强化可分成固定间隔（fixed interval）强化、固定比率（fixed ratio）强化、可变间隔（variable interval）强化和可变比率（variable ratio）强化四种（见表3—5）。

表3—5 强化程序的比较

程序	报酬形式	绩效影响	行为影响
固定间隔	根据固定时间付酬，如月薪、年薪	导致平均绩效	行为迅速消退
固定比率	根据具体反应数量付酬，如计件工资	导致很高稳定绩效	行为中速消退
可变间隔	多种时间段后付酬，如不定期发奖	导致中高稳定绩效	行为缓慢消退
可变比率	仅给某些反应付酬，如奖励时不严格依据销量	导致很高绩效	行为极慢消退

3. 行为塑造

根据强化的原理、类型和程序可以控制与改变人的行为，即行为塑造（behavior modification）。例如，如果想某人继续表现某一好行为，就用正强化或负强化；想要某人不再出现某一坏行为，就用惩罚或消退。行为塑造原理与技术在组织管理中的应用称为组织行为模式（见图3—2）。

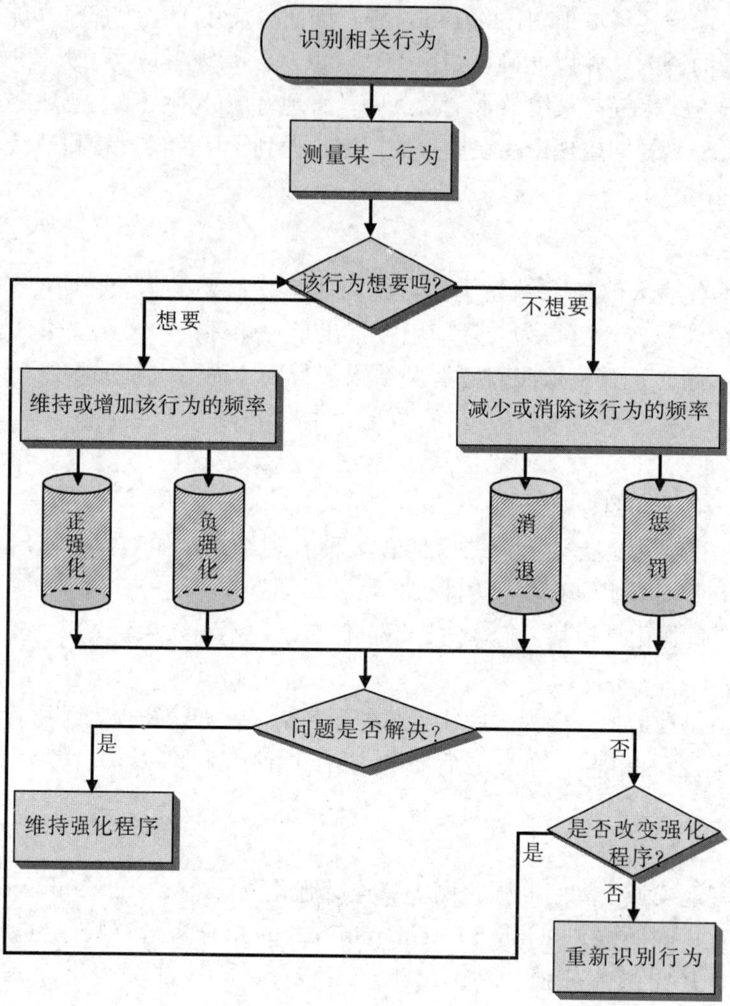

图 3—2　组织行为模式

运用组织行为模式改变员工行为时，首先应找出并确定所要影响的行为，如迟到、协作、冲突等。然后通过观察、调查等方法弄清该行为当前的现状。根据是想增加还是想减少该行为的意愿，采用各种强化类型。最后评估干预对策是否达到目的。如果实现了预期目标，表明干预措施很成功。否则，改变强化方法再进行干预。

二、多维动机模型

由李剑锋博士提出的多维动机模型首先强调了动机构成的复杂性、多样性（见图 3—3）。许多学者认为动机的基础是需要，而需要是个体的一种缺乏状态（deficiency），这种缺乏驱使人去行动，以解除紧张状态（见图 3—4）。这一动机模型解释了部分动机现象，但不完整。众多研究表明，人的行为更多的是被行为的可能结果拉动。人们努力的目的是想得到某些积极诱因，如食物、饮料、爱情、名誉、地位、金钱等，同时回避某些消极诱因，如痛苦、焦虑、挫折、饥饿等（参阅知识库 3—1）。此外，情绪或态度有时也会成为动机。人们经常看到有人因为爱或恨而杀人，因为愤怒而攻击他人。

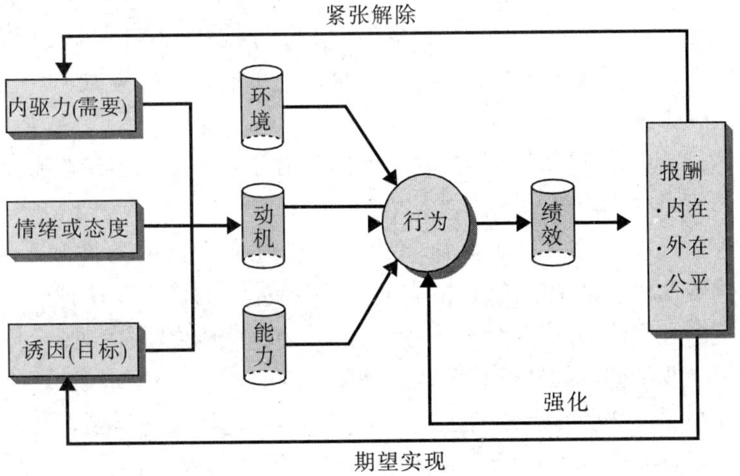

图 3—3　多维动机模型

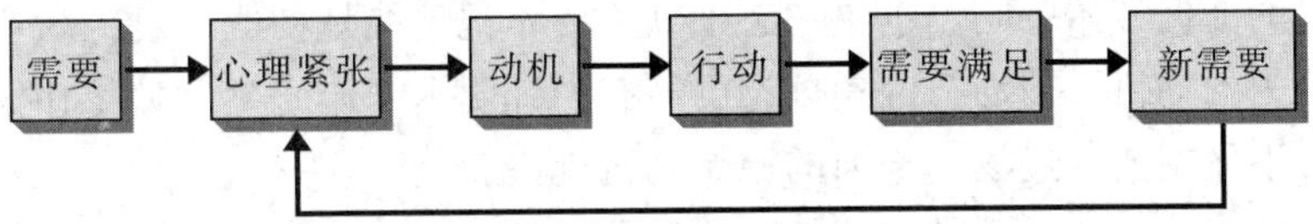

图 3—4　需要缺乏作为动机

【知识库 3—1】　驱动与拉动

心理学家曾用哥伦比亚障碍箱来测量各种驱力与拉力的强度。哥伦比亚障碍箱的两个隔间由一个带电的格栅分开，用来测试老鼠的驱力强度（见图 3—A）。一只被剥夺某种需要的老鼠放在隔间 A，而奖赏物放在隔间 C。老鼠为了得到奖赏物，必须通过一个带电的格栅 B。如果它没有能够通过格栅，就把它放回 A 重新再作尝试。用老鼠穿过格栅的次数来测量驱力的强度。测试了几只老鼠。5 种驱力通过的平均数量为：母性驱力 22.4；干渴驱力 20.4；饥饿驱力 18.2；性驱力 13.8；探索驱力（空隔间）6.0。其中母性驱力显得最强烈——母鼠为了到它的一窝小鼠身边，会穿越 22.4 次。老鼠多次穿过格栅可能是由于受剥夺状态的驱使，更有可能是被诱因吸引。

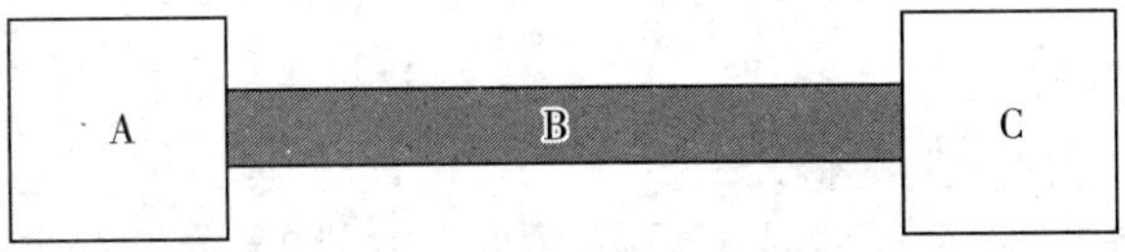

图 3—A　测试驱力与拉力强度的装置

个体的行为除了受动机的支配，还受外部环境状况的影响。动物实验发现，已经吃饱、停止进食的小鸡看到另一只非常饥饿、刚刚开始进食的小鸡时，也会跟着吃，而且会多吃50%。对于人来说，也是同样的。如果一名员工想晋升当经理，但公司短时期内不会有空缺职位，他也只是想想而已。一个人的努力如果导致梦想实现，如获得期望已久的回报，这种努力就会得到正强化。在以后的日子里，他可能会更加努力。

1. 内驱力作为动机

尽管个体的行为更多地受诱因的拉动，但内驱力强的个体更容易被激发，更易于对刺激作出反应。内驱力的本质是一种体内平衡。

人体的生理系统能以惊人的方式维持有机体生存所必需的条件和平衡，如保持糖、盐、氧、二氧化碳在血容量中的浓度相对恒定，保持体温的稳定。这种生理机制一般是自动的，发生在整个有机体的意识之外。一旦无法自动保持体内平衡，则个体就会被唤醒采取有意识的行为去改变体内的缺乏状况或解除障碍。

值得注意的是，并非所有严重的生理不平衡都会引起特殊的需要，如一个人可能觉察不到维生素缺乏而补充营养。尽管存在生理本身的需要与意识到的需要两者之间的不一致，体内平衡观点认为只要有什么缺乏，个体就会行动以使其恢复平衡。

2. 情绪、态度作为动机

越来越多的证据开始表明，情绪和态度（不要忘记情绪是构成态度的核心要素）也可以成为推动行为的动机。前面双因素理论已经有力证明了工作态度（如工作满意）是关键的动机之一。下面主要论述汤姆金斯的原始动机理论。

汤姆金斯认为，情绪是一种先天的、原始的动机（primary motives）系统，内驱力只有经过情绪体系的放大才具有动机作用。例如，一般情况下，当人们饥饿时会在家中或餐馆悠闲地就餐。而当听说灾难（如地震、战争）将切断食物供应时，温和的饥饿冲动会变成不顾一切地搜寻、储藏食物的行动。汤姆金斯主张，积极的情绪不仅对学习、知觉和人格的塑造是必要的，而且为人的各种活动提供了背景性动机。

汤姆金斯认为，动机系统具有三个组成部分。第一是神经学方面，涉及神经细胞的放电密度；第二是行为方面，指面部、身体和内脏的反应；第三是现象学方面，指作为动机的各种情绪。

汤姆金斯指出，人格应由体内平衡、内驱力、情绪、认知和运动五种相互联系、有自主性的子系统组成。体内平衡和内驱力主要是从生理上维持有机体的功能，情绪是主要的动机系统，认知是主要的交流系统，运动是主要的行动系统。他主张在不同条件下，任何子系统都有可能处于支配、决定行为的地位。如果情绪占据支配地位，行为可能适应不良（参阅知识库3—2）。

【知识库3—2】　情绪管理

一、情绪管理的内涵

20世纪90年代以来，由于情绪现象的内部机制被越来越深刻地揭示出来，情绪作为人的重要的心理过程，对人的认知和行为的影响及其正负面作用备受重视，心理学界掀起情绪研究的热潮。美国耶鲁大学心理学家彼得·萨洛维（Peter Salovey）和新罕布什尔大学教授约翰·梅耶（John Mayer）最先提出了情感智力

(emotional intelligence) 这一概念，萨洛维把情感智力定义为五个主要的方面：了解自我、管理自我、自我激励、识别他人情绪、处理人际关系。此后，戈尔曼提出与智商 (intelligence quotient，IQ) 相对应、具有革命性的概念——情绪智商，将情感智力的商数称为“情商” (emotion quotient，EQ)。又经过几年的持续研究，他们于1996年对情商概念作了进一步的界定，认为情感智力应包括四方面内容：情绪的知觉、评估和表达能力；思维过程中的情绪促进能力；理解和分析情感并获得情绪知识的能力；对情绪进行成熟调节的能力。情商概念的提出在心理学界引起了极大反响，被看成是20世纪末最重要的心理学研究成果之一。

二、情绪管理的本质

企业有其组织目标，员工有其个人心理目标，如何协调组织和员工的行为达到组织目标，这是管理的基本问题。情绪管理的宗旨就在于为更好地做好这种协调提供一种个性化的组织文化和管理模式，最终实现员工的自我管理和员工与企业的共同发展。我们认为，情绪管理的本质就是尊重人的尊严与价值，帮助人实现愿望与梦想，让人体验生活的幸福与快乐。情绪管理之所以重要，就在于情绪、情感在人的心理生活中起着动力与组织作用，支配和组织着个体的思想和行为，并决定着个体的工作和生活质量。

三、情绪管理的实践模式

在管理实践中，情绪管理的早期模式以感情投资为主。感情投资的主要方式是管理者关心、爱护和体贴员工，通过感情的付出赢得下属的拥护和信任，增强工作激励，促进组织发展。感情投资是建立在“社会人”假设基础之上的管理模式。随着组织行为和人力资源管理的发展，现代优秀的企业文化进一步拓展了情绪管理的内涵，情绪管理的方式也发生了深刻的变化。下面主要以摩托罗拉公司为例，分析现代西方优秀企业情绪管理模式的发展及其与情绪理论的关系。

摩托罗拉公司的情绪管理集中体现在尊重个人，创造无偏见和支持的愉快环境，促进员工的成长与发展方面。摩托罗拉公司的创始人高尔文有一句名言：对每一个人都要保持不变的尊重。在摩托罗拉公司，这个理念有几层含义：尊重每一位员工的价值和个人自由；给予员工最大的信赖；尽量满足员工的要求；创造团结、和谐、乐观、向上的整体氛围。摩托罗拉公司规定：公司一级及下属各层管理者办公室的大门要始终敞开着，意在表明领导者与一般员工是平等的，始终保持着交流，准许员工随时进入领导者的办公室提出意见或发泄不满。为了尊重个人，摩托罗拉公司一方面不断致力于改善员工的工作环境（包括物质环境与心理环境），另一方面竭力促进员工的发展。公司总裁和高层管理人员都十分重视与员工对话，要求员工要有长远的打算。

摩托罗拉公司对人的尊重突出地表现在“肯定个人尊严”的原则与活动中。“肯定个人尊严”是员工和企业共同达成的契约，摩托罗拉推行企业与员工共同承担义务和责任。摩托罗拉认为，企业对员工必须承担的义务是：创造真正有意义的工作；教会员工争取成功所应具备的知识与技能；提供必要的培训；制定事业发展规划；提供有关行为表现及事业发展前景的反馈；消除各种偏见；坚持高度诚实的标准与原则；在维护人的尊严方面达成共识。应该说，保持对员工不变的尊重这一核心理念已经渗透到摩托罗拉人力资源管理的方方面面，从人员的招聘、配置到员工的激励、培训、沟通、职业发展，都体现了情绪管理的要求。

3. 诱因作为动机

虽然情绪、态度可能与行为有关，但能否作为主要的动机因素尚有待探索。此外，内驱力理论尽管能够解释生存、安全等少数动机，但无法圆满地解释游戏、好奇、探索、追求刺激、成就、爱情、创造等动机。例如，老鼠只是为了探索具有新奇东西的迷宫而离开安全、熟悉的巢穴。即使因探索而受电击，它仍不停止探索。内驱力理论企图用探索内驱力来解释探索行为，但总说不清动物缺乏什么。因此，什么行为都用内驱力、缺乏、本能、要求等概念来解释，显然过于泛化。什么都能解释的理论可能什么都不能解释。

事实上，个体除了想摆脱缺乏状态，更多的是在主动寻求各种刺激与体验，如心理学家在 20 世纪 50 年代就曾做过不少感觉剥夺实验来证明人对刺激的依赖性（参阅知识库 3—3）。所以，个体的行为动机有两类，一类是缺乏性动机（即内驱力），另一类是丰富性动机（见表 3—6）。可以看出，丰富性动机反映了人对获得各种诱因的渴望。不仅如此，诱因还能满足各种缺乏性动机。

【知识库 3—3】　　感觉剥夺实验

20 世纪 50 年代，贝克斯登在支付给大学生被试在当时相当可观的每天 20 美元报酬之后，使他们在缺乏刺激的环境中逗留，发现他们以出乎意料的方式作出反应。实验所提供的环境是一间完全无害的备有舒适的帆布床的小隔音室。要求被试持续地躺在帆布床上（进餐和上厕所除外）不做任何事情。房间的灯是开着的，但被试戴着半透明的护目镜不能看到东西。房间中还有其他防止被试触摸物体或听到任何有规律的声音的装置。

起初，被试大睡特睡，但是这种环境迅速变得难以忍受。因为他们始终有自主行动权，仅两三天之后，他们就决意逃脱单调的实验环境。

表 3—6　　两类动机

维度	缺乏性动机	丰富性动机
身体方面	回避饥饿、渴、缺氧、过度的热、冷和痛、疲劳、过度的肌肉紧张、疾病和其他不舒服的身体状态等	获得愉快的味、嗅、声音等感觉经验；性快感；身体的舒适；肌肉运动；有节奏的身体运动等
与环境的关系	回避危险的动物和可怕、丑恶、令人讨厌的物体；寻找为将来的生存和安全所需要的物体；保持一个稳定、鲜明、可靠的环境等	获得快乐的占有；创造和发明东西；理解环境；解决难题；参加各种游戏与比赛；探索环境中的新奇和变化等

续前表

维度	缺乏性动机	丰富性动机
与别人的关系	回避人与人之间的冲突和敌意；维护社会成员的资格、威信和地位；受别人保护；遵守小组的规范和社会准则；掌权和控制别人等	从人们或集体中获得爱和积极的认可；从与别人的交往中得到快乐；帮助和谅解别人；能独立等
自我方面	在把自己与别人或理想的自我比较时，回避产生自卑感和失败的情感，回避有失身份的事，回避羞愧、有罪、害怕、焦虑等情感	获得自尊和自信；自我表现；成就的情感；被人挑战的情感；建立道德的和其他的价值；发现自己在宇宙中的有意义的地位

第2节 工作动机管理

多维动机模型描述了个体动机的全部相关因素，有助于管理者把握人类动机的复杂性，也为对动机施加影响提供了理论依据。下面分析几种有利于激发、维持员工工作动机的管理措施。

一、报酬制度

报酬不仅是拉动人们行为的诱因，而且是满足个体需要的物质基础。所以，公平、合理的报酬结构对于激发员工的工作热情至关重要。

（一）报酬的类型

报酬可分为经济报酬和非经济报酬两类，下面分别介绍。

1. 经济报酬

经济报酬是指员工获得的各种工资、奖金和福利等。

工资的主要形式有基本工资、绩效工资（如计件工资、销售佣金）和技能工资。基本工资常根据职位、学历、资历、责任、工作条件等付酬因素确定，绩效工资是将工资和绩效水平挂钩，技能工资是根据员工所掌握技能的种类多少和水平高低来确定。

奖金可用于奖励某些员工的特殊贡献。关于组织整体的奖励计划，国际比较流行的有分红计划（profit-sharing plan）、员工持股计划（employee stock ownership plan）和利益分享计划（gain-sharing plan）。分红计划是把利润根据某一比例分配给员工，员工持股计划是提供给员工一定比例的公司股票，利益分享计划是指根据某一比例与员工共享绩效改进（如成本降低、库存降低、效率提高、质量提高）所得。

福利的种类很多，如人身保险、退休金、带薪休假等。当前，许多国外组织正在推行弹性福利（flexible benefits）制度，即允许员工从众多福利项目中选择自己偏好的一组。例如：（1）可以选择社会补贴、托儿服务、公司产品折扣等项目；（2）可以选择娱乐设施、牙科保健、解雇费等项目。

2. 非经济报酬

非经济报酬包括工作内容和工作环境两个方面。前者如工作有兴趣、有挑战性等；后者如单独办公室、专用停车位等（参阅知识库 3—4）。

【知识库 3—4】　激励下属的 10 个“便宜”手段

一、不断认可

杰克·韦尔奇说：“我的经营理论是要让每个人都能感觉到自己的贡献，这种贡献看得见，摸得着，还能数得清。”当员工完成了某项工作时，最需要得到的是上司对其工作的肯定。上司的认可就是对其工作成绩的最大肯定。

二、真诚赞美

其实，称赞员工并不复杂，根本无须考虑时间与地点的问题，随处随时都可以称赞员工。如在会议上或公司主持的社会性集会上、午宴上或办公室里，在轮班结束或轮班前、轮班之中的任何可能之时，都可以给予一句话的称赞，达到意想不到的激励效果。当成绩在员工头脑中还很新奇的时候，表扬员工会起到非常奇特的效果。最有效的做法就是走到下属中间，告诉你的下属：“这是一个令人激动的创意!”“你做得太棒了，再加把劲创造咱们公司的吉尼斯纪录，到那时我要给你开庆功会!”……要抓住任何一个立即传达的赞扬能带来积极影响的机会。

三、荣誉和头衔

为工作成绩突出的员工授予荣誉称号，强调公司对其工作的认可，让员工知道自己是出类拔萃的，更能激发他们工作的热情。

四、给予一对一的指导

指导意味着员工的发展，而主管人员花费的仅仅是时间。但这一花费的时间传递给员工的信息却是你非常在乎他们！而且，对于员工来说，并不在乎上级能教给他多少工作技巧，而在乎你究竟有多关注他。

五、领导角色和授权

给员工领导角色以酬劳其表现，不仅可以有效地激励员工，还有助于识别未来的备选人才。让员工主持短的会议；通过组织培训会议发挥员工的力量及技能，并让其中的一名员工领导这个培训；当某位员工参加外面的研究会或考察后，指派其担任培训会议的领导，让他简短地对其他员工说明与研究会相关的内容及重点等都是不错的方式，还可考虑让员工领导一个方案小组来改善内部程序。

授权是一种十分有效的激励方式。授权可以让下属感到自己担当大任，感到自己受到重视和尊重，感到自己与众不同，感到自己受到了上司的偏爱和重用。在这种心理作用下，被授权的下属自然会被激发出潜在的能力，甚至为此赴汤蹈火也在所不辞。

六、团队集会

不定期的办公室聚会可以增强凝聚力，同时也有助于增强团队精神，而这样做最终会对工作环境产生影响，营造一个积极向上的工作氛围。如中秋节前夕的晚会、元旦前的聚餐、重阳节的爬山、三八节的出游、员工的生日聚会、团队庆功会等，这些都可以成功地将员工聚到一起度过快乐的时光。

七、休假

实行争取休假时间的竞赛。为争取15分钟或者半个小时的休息，员工会像争取现金的奖励一样努力工作。在许多情况下，当员工面临选择现金和休假奖励时，他们都会选择休假。如果一个业绩目标是由团队或所有员工来完成的，最适合的奖励就是休假。

八、主题竞赛

组织内部的主题竞赛不仅可以促进员工绩效的提升，更重要的是，这种方法有助于保持一种积极向上的环境，对降低员工的人事变动率效果非常明显。一般来说，可将周年纪念日、运动会以及文化作为一些竞赛的主题，还可以以人生价值的探讨、工作中问题、价值创新等作为主题。定期举办小型或大型运动会无疑会给员工带来快乐和团队的感觉，文化也可以用来创造一些主题竞赛。

九、榜样

标杆学习是经理人团队领导的一个重要武器。榜样的力量是无穷的，通过树立榜样，可以促进群体每位成员的学习积极性。

十、传递激情

“激情分子”杰克·韦尔奇登上通用电气总裁宝座时说：“我很有激情。通过我的激情来感染我的团队，让我的团队也有激情，这才是我真正的激情所在。”

（二）报酬的公平

著名心理学家亚当斯认为，报酬的公平比报酬的种类和数量更能激发员工的工作动机与行为。他提出的公平理论认为，员工判断公平的依据是自己得到的报酬与投入的比率是否等于别人得到的报酬与投入的比率（见表3—7）。如果两个比率相等则感觉公平，否则会感到不公平。

表3—7　投入与报酬的种类

投入	报酬
年龄	工作分配
出勤	额外福利
人际技巧	工作特权
工作努力	工作保障
技能水平	工作单调性

续前表

投入	报酬
工作经验	晋升
绩效状况	认可
个人外表	责任感
资历	工资
社会地位	资历、福利
技术能力	地位
培训状况	工作条件

如果感觉公平，员工会继续保持以前的贡献水平；如果感觉不公平，员工会想方设法减少不公平。如果感觉自己得到的报酬太多，员工会：(1) 工作更努力；(2) 给报酬的价值打折扣；(3) 鼓励他人要求增加报酬；(4) 改变参照对象。如果感觉自己得到的报酬过少，员工会：(1) 降低绩效水平；(2) 高估报酬的价值；(3) 要求增加报酬或跳槽；(4) 改变参照对象。

二、工作再设计

赫茨伯格的激励—保健理论使人们意识到内部动机是员工的主要工作动机，那么要激发工作动机就应把注意力集中在工作本身的因素上，这引发了工作再设计的热潮。工作再设计是指重新设计员工的工作职责、内容和方式等，以提高工作绩效。工作再设计的途径主要有：

1. 工作轮换

工作轮换（job rotation）是让员工从执行一项任务转移到执行另一项任务，以克服工作的单调感。工作轮换能使员工发挥多种才能、尝试新的工作职责、获取新的工作经验，所以有助于工作动机的激发。应当注意的是，如果员工不具备完成新任务的技能和知识，工作轮换很难产生预期绩效。

2. 工作扩大化

工作扩大化（job enlargement）是指员工完成各项任务的数目。例如，原先承担一项工作任务，现在同时承担两项甚至三项工作任务。工作扩大化使员工有机会施展多种技能，也加强了工作责任感。但是如果不增加相应的经济报酬，员工会感到吃亏，这将极大减弱工作扩大化的效果。

3. 工作丰富化

工作丰富化（job enrichment）是指增大员工计划、组织、控制和评估自己工作的自主性与责任感。与工作扩大化主要是改变员工的工作内容和职责不同，工作丰富化主要是改变员工完成工作任务的方式。工作丰富化让员工拥有确定的工作方法、进度、报酬等的自主权，其本质是把部分或全部传统的管理权授予员工。工作丰富化的途径不少，哈佛大学教授J·理查德·哈克曼（J. Richard Hackman）和格雷·奥尔德姆（Greg Oldham）提出的工作特征模型（job characteristics model）认为，可从五个核心任务维度和两个人际维度来考虑丰富工作（见图3—5）。

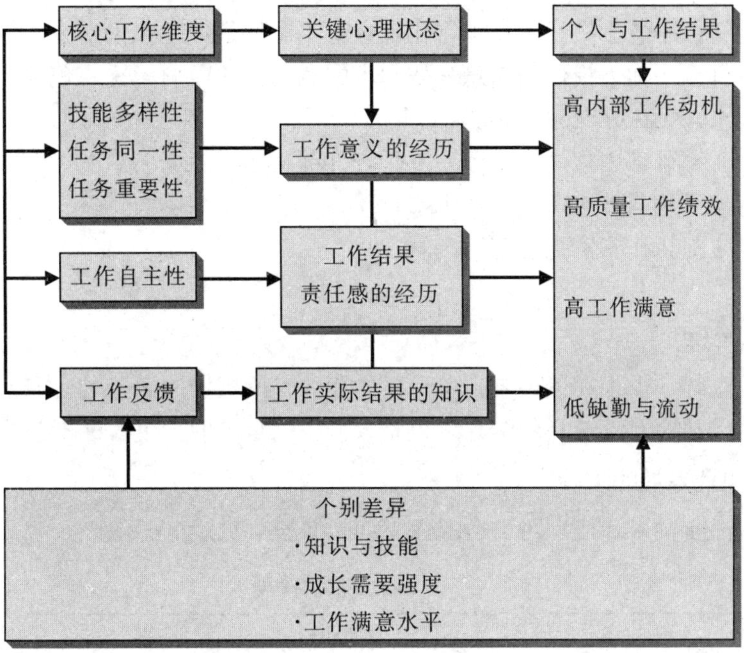

图3—5　工作特征模型

(1) 五个核心维度。1) 技能多样性 (skill variety)，指工作要求员工完成各项作业的种类或使用各种设备的种类；2) 任务同一性 (task identity)，指员工完成一件完整工作的程度；3) 任务重要性 (task significance)，指某项工作对他人工作及生活的影响程度；4) 工作自主性 (job autonomy)，指员工安排工作日程，选择设备、程序的自由度；5) 工作反馈 (job feedback)，指员工获得工作绩效相关信息的情况。

(2) 两个人际维度。1) 与他人交往情况，指工作中要求处理好与员工等的关系的程度；2) 友谊机会，指工作中允许员工和同事谈话或建立友谊的程度。

哈克曼和奥尔德姆指出，运用工作诊断问卷 (job diagnostic survey) 可测量五个核心维度的状况，进而计算出动机潜在分数 (MPS)，即

$$\text{动机潜在分数}=\frac{\text{技能多样性}+\text{任务同一性}+\text{任务重要性}}{3}\times\text{工作自主性}\times\text{工作反馈}$$

工作丰富化的执行策略包括：

(1) 垂直工作承担 (vertical loading)，如员工被授权自己决定工作日程、方法，自己解决工作难题等；

(2) 自然团队 (natural team)，指员工以团队形式工作；

(3) 顾客关系 (customer relationships)，指让员工多接触顾客；

(4) 生产所有权 (ownership of product)，指让员工完成一项完整的工作；

(5) 直接反馈 (direct feedback)，指员工的工作绩效直接传送给本人，而不仅仅是员工的上司。

工作丰富化计划的执行条件是：

（1）员工感到在五个核心任务维度和两个人际维度上存在缺陷。如果员工没有抱怨工作单调，则一般不急于实行工作丰富化。这里强调的是员工自己对工作的感知。当然，员工的感知受社会中他人提供的信息（如同事的意见）的影响，这一现象被称作社会信息加工（social information processing）。

（2）员工对外部因素，如工资、工作条件等已相当满意。

（3）组织结构与技术适应工作丰富化。

（4）员工对工作丰富化满意。

三、事业管理

事业是个体一生中在各种组织所从事的职业、所担任的职务的总和。事业既是人们根据环境提供的机会主动选择的结果，也是人们根据自己的人生目标不断追求的过程。

（一）事业发展的阶段

一个人一生的事业历程可以分成以下四个阶段（见表 3—8）。

表 3—8　　事业发展的阶段

项目	建立阶段（17～25 岁）	发展阶段（26～39 岁）	维持阶段（40～59 岁）	退休阶段（60 岁以上）
工作相关需求	获得工作相关知识与技能	成为独立贡献者	开发其他技能	与他人分享工作经验
初始心理需要	依赖他人回报	依赖自我回报	依赖别人满足需要	告别工作认同
初始需要实现	安全	成就、自主	尊重	自我焕发活力

（1）建立阶段。建立（establishment）意味着一个人事业的开始。本阶段个体获得了第一份工作，开始应用自己的技能并慢慢适应环境，结交同事与朋友。本阶段要注意寻找能发挥自己才能的工作，逐渐积累工作经验，编织人际关系网络。

（2）发展阶段。处于发展（advancement）阶段的个体主要追求独立性和责任感的增强。个体可以通过抓住各种晋升机会来扩展自己的能力，满足自己的需求。

（3）维持阶段。维持（maintenance）阶段的主要特征是个体保持稳定的绩效水平、创造力和成就感。然而，本阶段也可能会出现中年危机，例如过早出现事业停滞（career plateau）会导致焦虑增加和身体疾病。事业停滞的发生是由于高层职位的相对缺少，大部分人不能再晋升。因此，本阶段只有少数人的事业得到了进一步的发展，大多数人的事业保持原状。

（4）退休阶段。退休（retirement）阶段对于许多人来说是艰难的，尤其是那些曾经辉煌过的人士。大多数人需要适应退出工作舞台的生活。有些人通过寻找业余工作继续发挥余热，有些人把时间花在休闲、旅游上来享受人生最后的时光。

（二）事业锚

事业锚（career anchors）是指导、限制个体事业决策的关于动机价值观、才能的自我形象（self-image）。一个人在明确自己的事业锚时，可以问以下的问题：我的独特才能是什么？我的长处、短处是什么？我的人生动机、内驱力、目标是什么？我的价值观和偏爱是什么？这些问题有助于个体弄清自己的优势与劣势、需要与偏好，从而确定自己的事业计划。事业锚的种类有很多，著名的管理学家埃德加·沙因（Edgar Schein）总结出八种事业锚（见表3—9）。

表3—9 事业锚的类型

事业锚	偏爱的工作	偏爱的工资与福利	偏爱的晋升	偏爱的认可
安全、稳定型	可预测、稳定，关心工作外部报酬	根据工作年限确定工资、保险与退休项目	资历	忠诚与稳定绩效
自主、独立型	项目工作，低监督	绩效工资、弹性福利	绩效	奖赏、奖励
技术、职能型	挑战有趣的工作，低监督	技能与教育工资，弹性福利	专业晋升阶梯	自我发展机会，同事认可
管理型	挑战性高、责任感强的工作	和同事比较工资、奖金与退休项目	绩效	晋升与金钱
创业型	创造性、灵活性强，新机会	所有权	弹性大	自我与公众认可
服务导向型	帮助他人,个人喜欢	公平工资，方便福利	绩效	同事、上司认可
挑战型	过度竞争与挑战	赢得回报	绩效	公众认可
生活方式型	个人与事业生活平衡	允许个人、家庭、事业之间的整合	弹性大	个人与家庭承诺

（1）安全、稳定型：偏爱稳定、有保障的工作；

（2）自主、独立型：追求工作自主，不喜欢被束缚得太紧；

（3）技术、职能型：追求业务、专业上的精益求精；

（4）管理型：具有控制、影响、监督他人的强烈愿望；

（5）创业型：渴望创建完全属于自己的事业；

（6）服务导向型：喜欢帮助他人完成任务并获得认可；

（7）挑战型：不断追求具有挑战性的工作；

（8）生活方式型：希望从事那些能兼顾家庭的工作。

（三）员工事业管理

管理者应当采取多种措施促进员工的事业发展，这不仅有助于员工的成长，更有利于组织目标的实现。

（1）设立多种事业发展阶梯。应根据员工不同的事业锚设置相应的事业阶梯，如管理、研发等，以使员工选择适合自己的发展道路。

（2）制定公平的晋升政策。垂直向上一直是众人事业发展的目标，应当建立以绩效、才能为基础的晋升制度，这样才能激发员工的干劲。

（3）做好横向调动。由于组织层级越高职位越少，许多人挤不上独木桥。组织可采取横向调动的方法来增加员工的工作经验与挑战性。

（4）掌握每位员工的优缺点。应通过人格、能力等测验来摸清所有员工的长处与短处，以便做好工作安置与调动。

（5）提供职位空缺信息。如果某一职位出现空缺，可通过各种沟通渠道让员工知道。

（6）安排事业发展导师。为每位员工配备一个有经验的导师（如资深员工、专家等），以指导员工的事业发展。

（7）建立人力资源信息系统。存储有关每位员工的才能、兴趣、绩效等方面的信息。

（8）确定每一职位的候补人选。一旦出现机会，迅速补缺。

□ 小　结

需要层次论认为，人的需要有生理、安全、社会、尊重、自我实现等五种。期望理论指出，个体动机强度取决于效价、期望值和工具性三者的乘积。强化理论认为，行为依赖于其结果，认为强化有正强化、负强化、惩罚和消退四种类型。

多维动机模型认为除需要，诱因、目标、期望、情绪、强化等都是构成动机的重要因素。

确定公平、合理的报酬结构，对工作进行再设计，促进员工事业的发展，实行目标管理，以及管理好员工的工作绩效，能够有效地干预员工的动机过程，从而达到激发员工动机的目的。

□ 复习题

1. 评述多维动机模型。
2. 评述需要层次论。
3. 期望理论的主要内容是什么？
4. 强化的程序有哪些？
5. 报酬的种类有哪些？
6. 工作特征模型的主要观点是什么？
7. 事业锚有哪些类型？

□ 技能训练

工作再设计

步骤1　确定一个目标工作。班上的同学自愿描述他们现在拥有或曾经拥有的工作。推选出的学生应该全面地解释该工作，让所有的人都熟悉它。如果有几位自愿者，班上的同学和/或老师可以挑选出曾从事过最有趣工作的一位。（10分钟）

为了确定将成为工作再设计的较好的一项候选工作，确定它是否符合以下标准：

1. 确定一个具体的问题或可以开发的机会。除非可以确定一个组织中具体的问题，否则就此终止判断。

2. 问题和机遇涉及员工的工作动机、满意程度或工作效率。如果候选工作与这些问题无关，那么工作的再设计就不会有什么帮助。

3. 工作的重新设计可能会帮助解决问题。许多因素影响了不良的工作绩效、工作动机以及对工作的满意程度。工作的设计是其中的一个原因吗？

4. 可以检查出工作的一些具体方面是最成问题的。什么方面值得这样特殊的关注？

5. 员工准备好了迎接工作的变化。检验员工的知识和技能的水平、发展需要的强度以及整体的满意程度。如果一个或多个因素较低，要慎重地就继续进行工作再设计作出决定。

6. 组织渴望变革。如果提倡重新设计工作，该组织必须准备好欢迎它。

步骤 2　全班同学与从事（或从事过，或了解）目标工作的人会面交谈，这样每个人都会了解该工作。在进行再设计之前，保证你的小组成员都同意从事该工作的人执行的工作。看看是否有人对该工作还有什么疑问。(10 分钟)

步骤 3　组成 3～7 人的小组。共同想出你们所能够想到的尽可能多的方法。(20 分钟)

集思广益的规则

1. 写下你们想出的所有建议。

2. 表扬彼此的建议，帮助每个人想出建议，如果可能，增加其他人的建议。

3. 不要评估或批评任何人的建议。创造性的过程是敏感的。建议——没有批评——是必需的。

在你们完成集思广益之后，可以开始评论。检查你们集思广益的建议清单并删除以下被提议的变革：(1) 不会影响主要的工作特征；(2) 技术上不可行或明显不能产生效果的；(3) 太笼统抽象的。

然后选出一位发言人来向班上的其他同学汇报你们所建议的变革。

步骤 4　每个小组的代表读完该小组的所有建议。(10 分钟)

步骤 5　工作职责的反应。让从事（或从事过，或了解）目标工作的人对大家提出的工作再设计的建议进行评论。它们实际吗？它们对工作会产生什么影响？它们被尝试过吗？它们会提高员工工作的热情、对工作的满意程度或工作绩效吗？(5 分钟)

资料来源：菲利浦·L·胡萨克尔：《管理技能实战训练手册》，212～213 页。

□ 行为测量

成就动机

请判断下面各题与你的情况的吻合程度，并在相应答案的括号中打√。

成就动机问卷	完全对	基本正确	有点对	完全不对
1. 我喜欢对我没有把握解决的问题坚持不懈地努力。	(　)	(　)	(　)	(　)
2. 我喜欢新奇的、有困难的任务，甚至不惜冒风险。	(　)	(　)	(　)	(　)
3. 给我的任务即使有充裕的时间，我也喜欢立即开始工作。	(　)	(　)	(　)	(　)
4. 面临我没有把握克服的难题时，我会非常兴奋、快乐。	(　)	(　)	(　)	(　)

5. 我会被那些能了解自己有多大才智的工作吸引。	( )	( )	( )	( )
6. 我会被有困难的任务吸引。	( )	( )	( )	( )
7. 面对能测量我能力的机会，我感到是一种鞭策和挑战。	( )	( )	( )	( )
8. 我在完成有困难的任务时，感到快乐。	( )	( )	( )	( )
9. 对于困难的活动，即使没有什么意义，我也很容易参与进去。	( )	( )	( )	( )
10. 能够测量我能力的机会，对我是有吸引力的。	( )	( )	( )	( )
11. 我希望把有困难的工作分配给我。	( )	( )	( )	( )
12. 我喜欢尽最大努力才能完成的工作。	( )	( )	( )	( )
13. 如果有些事不能立刻理解，我会很快对它产生兴趣。	( )	( )	( )	( )
14. 那些我不能确定能否成功的工作，最能吸引我。	( )	( )	( )	( )
15. 对我来说重要的是做有困难的事，即使没人知道也无关紧要。	( )	( )	( )	( )
16. 我讨厌在完全不能确定会不会失败的情境中工作。	( )	( )	( )	( )
17. 在结果不明的情况下，我担心失败。	( )	( )	( )	( )
18. 在完成我认为是困难的任务时，我担心失败。	( )	( )	( )	( )
19. 一想到要去做那些新奇的、有困难的工作，我就感到不安。	( )	( )	( )	( )
20. 我不喜欢那些测量我能力的场合。	( )	( )	( )	( )
21. 我对那些没有把握胜任的工作感到忧虑。	( )	( )	( )	( )
22. 我不喜欢做我不知道能否完成的事，即使别人不知道也一样。	( )	( )	( )	( )
23. 在那些测量我能力的情境中，我感到不安。	( )	( )	( )	( )
24. 对需要有特定机会才能解决的问题，我会害怕失败。	( )	( )	( )	( )
25. 那些看起来相当困难的事，我做时很担心。	( )	( )	( )	( )
26. 我不喜欢在不熟悉的环境下工作，即使没人知道也一样。	( )	( )	( )	( )
27. 如果有困难的工作要做，我希望不要分配给我。	( )	( )	( )	( )
28. 我不希望做那些要发挥我能力的工作。	( )	( )	( )	( )
29. 我不喜欢做那些我不知道我能否胜任的事。	( )	( )	( )	( )
30. 当我遇到我不能立即弄懂的问题，我会焦虑不安。	( )	( )	( )	( )

说明：前15题为追求成功（Ms），后15题为害怕失败（Maf）；记分，“完全对”记4

分，“完全不对”记1分。T=Ms−Maf。当T为正值时，成就动机较高；当T为负值时，成就动机较低，当T为0时，追求成功与害怕失败相当。

资料来源：张爱卿：《当代组织行为学：理论与实践》，91～92页，北京，人民邮电出版社，2006。

□案　例

华为的员工激励

一、从两万元到千亿元

1. 两万元神话

这是一个今天很多外人都津津乐道的故事：1987年，43岁的退役解放军团级干部任正非，与几个志同道合的中年人，以凑来的2万元创立了华为公司。当时，除了任正非，可能谁都没有想到，这家诞生在一间破旧厂房里的小公司，即将改写中国乃至世界通信制造业的历史。

创立初期，华为靠代理香港某公司的程控交换机得到了第一桶金。此时，国内在程控交换机技术领域基本是空白。任正非敏感地意识到了这项技术的重要性，他将华为的所有资金投入到研制自有技术中。此次孤注一掷没有让任正非失望——华为研制出了C&C08交换机，由于价格比国外同类产品低2/3，功能与之类似，C&C08交换机的市场前景十分可观。成立之初确立的自主研制技术的策略让华为冒了极大的风险，但也最终奠定了华为适度领先的技术基础，成为华为日后傲视同业的一大资本。

但是，当时国际电信巨头大部分已经进入中国，盘踞在各个省市多年，华为要与这些拥有雄厚财力、先进技术的百年老店直接交火，未免是以卵击石。最严峻的是，由于国内市场迅速进入恶性竞争阶段，国际电信巨头依仗雄厚财力，也开始大幅降价，妄图将华为等国内新兴电信制造企业扼杀在摇篮里。

熟读毛泽东著作的任正非选择了一条后来被称为“农村包围城市”的销售策略——华为先占领国际电信巨头没有能力深入的广大农村市场，步步为营，最后占领城市。

2. 独门绝技

如果说小客户还可以单靠价格打动，但对于欧美等发达国家的主流客户，单纯的价格战就很难起作用了。这些客户更关注的是设备提供商的综合实力，也就是说，从设备的设计、生产，到运输、安装、调试，以及到后期的服务，都要有完善的持续的解决方案。

华为独家中标QSC的NGN项目后，在与华为一起召开的项目中标发布会上，QSC总工弗兰克·西伦（Frank Thelen）这样解释他们最终选择华为的原因：“以提供全面的商业通信解决方案而著称的QSC将为客户提供更加丰富、便捷和经济的通信服务。华为公司以其快速的需求响应能力和技术创新能力给我们留下了非常深刻的印象，其端到端的完善解决方案能够满足我们客户化的需求。”

任正非与外国大公司交谈时，对方都陈述自己有一个多么大的服务网络，这显然已经成为他们竞争的杀手锏。一个欧洲老牌电信运营商这样说：“我们最怕的就是设备买回来几年后，设备供应商倒闭了，没有人来升级、维护，因此我们购买设备要综合考察设备供应商，只有那些具有持续发展的可能、在产品和服务上不用我们担心的供应商才会进入我们的视野。”这就要求华为提升综合实力，为客户提供持续稳定的服务，并且能够在最短时间内响应客户的需求。

本着贴近客户的原则，早在1998年，华为就在全国建有33个办事处和33个用户服务中心，与22个省管局建有合资公司，在莫斯科设立代表处，在东欧10多个国家安装了设备，为中国香港提供了商业网、智能网和接入网。

在中国，做一个企业，竞争对手是全球各发达国家的世界级巨子，它们有几十年甚至近百年的积累，有欧美数百年以来发展形成的工业基础和产业环境，有世界发达国家的商业底蕴、雄厚的人力资源和社会基础，有世界一流的专业技术人才和研发体系，有雄厚的资金和全球著名的品牌，有深厚的市场地位和客户基础，有世界级的管理体系和运营经验，有覆盖全球客户的庞大的营销和服务网络。面对这样的竞争格局，面对如此的技术及市场壁垒，在中国，华为没有任何经验可以借鉴，只有通过勤奋弥补。

总结华为18年来的快速发展，任正非这样说：“18年来，公司高层管理团队夜以继日地工作，有许多高级干部几乎没有节假日，24小时不能关手机，随时随地都在处理随时发生的问题。现在，更因为全球化后的时差问题，总是夜里开会。我们没有国际大公司积累了几十年的市场地位、人脉和品牌，没有什么可以依赖，只有比别人更多一点奋斗，只有在别人喝咖啡和休闲的时间努力工作，只有更虔诚对待客户，否则我们怎么能拿到订单？”

2007年8月6日，华为发布2006年年报，其2006年的实际销售额为672亿元。有研究机构预测，华为的销售额将在2007年年度达到1 000亿元。从两万元资金起步，到1 000亿元销售额，华为用了18年时间。

任正非曾经说：“进了华为就是进了坟墓。”以这种精神提供的低成本快速服务，或许就是华为快速成长、在国际市场迅速推进的最大秘密。

二、激励制度

华为的人才激励机制，主要有以下几个方面：

1. 建立以自由雇佣为基础的人力资源管理体系，不搞终身雇佣制

在1996年通信市场爆发大战前，华为的市场体系有30%的人下岗，其中有曾经立下汗马功劳而又变为落后者的员工。这一次变革让华为人认识到：“在市场一线的人，不允许有思想上、技术上的沉淀。必须让最明白的人、最有能力的人来承担最大的责任。”从此，华为形成了干部没有任期的说法。那些居功自傲、故步自封的人不得不在企业快速发展的压力下，不断提高个人素质，不断提高工作能力。

2. 建立内部劳动市场，允许和鼓励员工更换工作岗位，实现内部竞争与选择，促进人才的有效配置，激活员工，最大限度地发现和开发员工潜能

对于一个空出或即将空出的职位，公司会发布内部招聘信息，并且召开竞聘大会。应聘者要做15分钟的演讲，接受评委和观众的提问，由高层领导和专家组成评审委员会，根据竞聘报告和现场表现，当场拍板任职人选。这给了希望向上发展的员工以机

会，也为公司发现了人才，整个竞聘过程更是激励了全体员工奋发向上的精神。

3. 高工资

华为被称为“三高”企业，指的是高效率、高压力和高工资。任正非坚信高工资是第一推动力，因而华为提供的是外企般的待遇。除了高工资，还有奖金与股票分红，内部职工的投资回报率每年都超过70%，有时甚至高达80%。经济利益是最直接、最明显的激励方式，高收入是高付出的有效诱因。

4. 提供持续的开发培训

华为实行在职培训与脱产培训相结合、自我开发与教育开发相结合的开发方式，让员工素质适应企业的发展，同时充分让员工有机会提高个人能力。每年华为都要派遣大量的管理人员、技术人员到国外考察、学习、交流，优化了重要领域的人员素质，为有进取精神的人才提供了优厚的提高知识和素质的机会，这个机会是当前高素质人才最看重的，有着很强的激励效果。

5. 公平竞争，不唯学历，注重实际才干

华为看重理论，更看重实际工作能力，大量起用高学历人才，也提拔读函大的高中生。在华为有年仅19岁的高级工程师，也有工作7天就提升为高级工程师的。不论资排辈，只重实际能力，华为大胆地起用年轻人。一位只有25岁的华中理工大学毕业生就当上了带领500多人的中央研究部主任，这在其他企业是难以想象的。中国科技大学毕业的李一南到华为的第二天就被提升为工程师，两个星期后成为主任工程师，半年后任中研部副总经理，一年后升任中研部总经理，次年成为公司最年轻的副总裁。华为大胆的用人策略让员工看到了希望，激发了员工的事业心，使大批年轻人成为公司的中坚力量。

6. 客观、公正的考评

考评工作有着严格的标准和程序，是对员工全方位的考评，考核的依据依次是：才能、责任、贡献、工作态度与风险承诺。对于绩效的考评是重点，宜细不宜粗；对于工作态度和工作能力看重长期表现，宜粗不宜细。客观、公正的考评是对人才工作绩效的正确评价，是实行激励方案的保证。根据斯金纳的强化理论，人的行为会受到外界正强化、负强化和消退强化的影响，而对员工采用的强化手段要以考评结果为依据。

7. 知识资本化、知识职权化

华为的员工持股制度是按知分配的，把员工的知识劳动应得的一部分回报转化为股权，即转化为资本，股金的分配又使得由股权转化来的资本的收益得到体现，通过股权和股金的分配来实现知识资本化。组织权力也按照知识的价值来分配，组织权力的分配形式是机会和职权，因而知识可以通过职权分配来表现。员工的股份是不可转让的，如果要退出公司，只能以初始出资价出售给公司，这样想离开公司的代价就会变得很高。越是公司重要的人员，持有的股份越多，离开的代价也越大，所以这是企业的一种长期激励方法，体现了知识的价值，保证了企业的稳定。

人才激励机制体现了企业的用人之道，其中渗入了企业的价值观念和经营理念。由于颇有成效的激励机制，调动了华为员工的工作热情，特别是在销售和研发两个重要部门，激发了一批为事业执著追求的人才。他们是企业核心力的生命和源泉，是华为跟随世界先进技术、局部技术领先及市场竞争中胜出的核心力量。他们对事业的敏感、对事业的追求、团结奋进的精神，正是狼性文化的再现。华为今天的核心竞争力就是这群“华为狼”奋发的功绩。

资料来源：改编自文丽颜、张继辰：《华为的人力资源管理（第三版）》，深圳，海天出版社，2012。

思考题：

1. 华为的激励制度有哪些值得借鉴的地方？
2. 中国企业在激励方面普遍存在哪些问题？

第4章 员工态度

本章重点

- 双满意理论
- 员工满意管理
- 态度的概念与功能
- 平衡理论与认知失调理论
- 改变态度的方法
- 工作满意的维度和测量
- 组织承诺的概念与决定因素

引　例

SAS公司员工的工作环境是这样的：铺着大理石地面的豪华宾馆式大楼，大楼的四周是山峦、绿树与湖泊；每周工作35小时，休病假没有限制，还可以休假照顾患病的家人；使用让NBA教练都瞠目结舌的运动健身中心；定期参加高尔夫球、非洲舞蹈和太极拳学习班；每周按摩几次；享用免费洗衣房；孩子送到最好的幼儿园而费用却很低。

SAS公司在美国《财富》杂志评选出的“全美国人最乐意为之工作的100家公司”中，1996年、1997年连续两年位居第三，在高科技公司中排名第一，超过了微软公司（第27位）与英特尔公司（第49位）。

大多数人会想，公司哪有这么多闲钱给员工谋福利？结论也许会令人吃惊：这样做节省了一大笔钱。SAS公司对员工的高度注重换取了员工对公司的忠诚，与SAS规模相当的一家软件公司每年约有1 000名员工流动，而SAS只有130人左右。这样，在招聘、面试、培训新人方面节省了大量开支，也大大避免了由于人才流失造成的职位空缺给公司带来的损失。

据估计，重新雇一名新员工的成本是这份工作薪酬的1～2.5倍。工作复杂性越高，成本也越高。公司员工的平均年薪是5万美元，仅此一项，SAS公司一年就节省了6 750万美元，这意味着每人可以拿出额外的13 500美元来提高福利水平。用SAS员工福利主管的话来说就是："我怎么也没法花掉我们节省下来的钱。"

赢得员工的心就等于留住了客户。1998年美国《财富》杂志评选出的全球100家最大公司中有98家都在应用SAS软件，而且它们大部分会长期稳定地使用它。

如果有人认为SAS公司的制度宽松，那就错了。它有一套严密的管理体制，在产品、工作伦理、标准方面绝对没有任何松懈。听听员工福利主管的话："如果你连续生了6个月的病，你将会收到慰问卡片和鲜花，会有人来帮你做饭，但如果你每周的星期一都生病，你将会被公司解雇。"

资料来源：改编自《最适宜工作的公司——SAS》，财富中文网，2010-04-16。

SAS公司坚信"赢得员工的心就等于留住了客户"，说明SAS公司已经深深懂得员工满意与客户满意的重要性，特别是两者之间的关系。本书先概述作者提出的双满意理论，再介绍态度的基本概念，最后追踪工作满意和组织承诺的最新进展。

第1节 双满意理论

双满意理论由李剑锋博士于2000年12月正式创立（参见本书第一版）。几年来，双满意理论得到了广大企业管理人员、政府官员、读者的广泛认可。

一、理论构建

激烈的市场竞争使企业经理认识到了顾客满意（customer satisfaction）的重要性，于是他们喊出了"顾客第一"、"顾客是上帝"、"顾客永远是对的"等一系列口号。相应地，营销学者构建了"顾客中心"理论。让顾客百分之百满意成为众多企业获取竞争优势的法宝。

顾客满意理论毫无疑问是正确的。然而，问题的关键是如何让顾客满意。实际上，任何组织都是用自己的产品或服务来赢得顾客满意的。如果组织生产的产品或提供的服务顾客不满意或满意水平比竞争对手低，组织就无法生存与发展。可制造产品的人是谁呢？提供服务的人是谁呢？答案只有一个，那就是员工。如果员工不满意，就很难制造出令顾客满意的产品，更难以提供优质的、令顾客满意的服务。从这个意义上说，没有员工满意，就没有顾客满意；离开了员工满意，顾客满意就成了无本之木、无源之水。因此，对于管理者来说，首先要做的就是让每一位员工满意，然后通过员工的卓越工作达到让顾客满意的目的（见图4—1）。

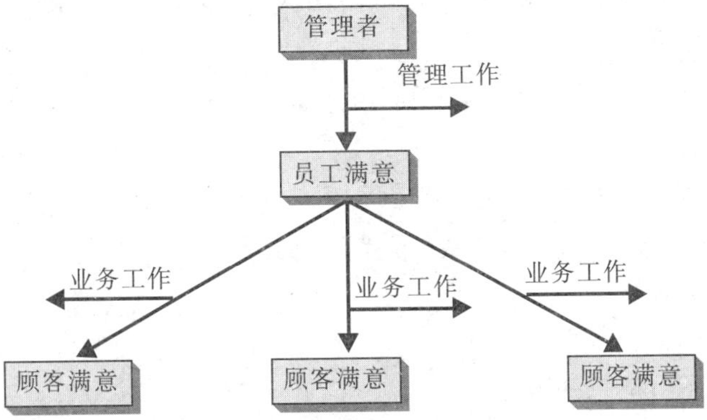

图 4—1 员工满意与顾客满意

另外，一般情况下，管理者的工作对象是所有员工，员工的工作对象是众多顾客。只有所有管理者的管理工作做好了，才会使员工满意。同样，只有每位员工的业务工作做好了，才会使顾客满意。而且，员工业务工作的绩效如何，也与管理工作的好坏密切相关。所以，管理者必须以员工为中心来开展工作，在管理中要求员工以顾客为中心，只有这样才能达到管理目的。

综上所述，双满意理论认为在组织管理过程中，应当树立以员工为中心、以顾客为中心的理念，通过员工满意的提高达到顾客满意的效果。

二、全面员工满意

所谓全面员工满意（total employee satisfaction），是指所有管理者都应从员工与组织的各个方面入手，分析影响员工满意的各种因素，并采取各种措施全面提高员工满意水平。

影响员工满意水平的因素很多，主要有：

（1）报酬结构。公平、合理的报酬制度是员工满意的关键因素。虽然人们在意报酬的绝对数量，但更看重报酬的公平性。

（2）工作内容。一般来说，员工喜欢具有挑战性的、自己感兴趣的工作，不喜欢单调乏味、不能发挥才能的工作。此外，人们还喜欢自主性大、能提供准确绩效反馈的工作，不喜欢被人严密监督甚至不被信任的工作，不喜欢才干、成绩得不到认可与奖励的工作。

（3）人际关系。友好、合作的同事关系是员工满意的重要原因之一。另外，如果与上司、下属相处和睦，也会令员工满意。

（4）事业发展。员工喜欢有机会晋升与发展的组织和工作。如果事业发展不顺利或晋升政策不公平，就会产生不满。

（5）工作条件。良好的工作条件，如适宜的温度、湿度、通风、照明等是影响员工满意的重要因素。

（6）管理状况。组织的管理状况，如领导方式是否适当、规章制度是否合理、责权是否明晰、沟通是否通达等，也是员工满意与否的关键因素。

（7）人格特征。有些员工性格开朗，即使是环境欠佳，也乐观向上；有些员工性格抑郁，即使是条件不错，也会牢骚满腹。此外，如果一个人的人格特征与职位、组织文化不匹配，也容易滋生不满。

三、员工满意管理

员工是组织最重要的资源，只有充分发挥人力资源才能提高组织绩效。有效开发人力资源的具体操作方法是通过多种管理措施的运用来全面增进员工满意。这些措施包括：

（1）制定公平的报酬制度；

（2）重新设计每位员工的工作；

（3）建立融洽的人际关系，及时解决人际冲突；

（4）促进员工的事业发展；

（5）改善员工的工作条件；

（6）正确选择领导方式；

（7）建立责权明确的组织结构；

（8）塑造适宜的组织文化；

（9）招聘人格特征与职位相匹配的员工；

（10）减轻员工的工作压力。

这些措施还表明，提高员工满意程度是一项系统工程，是组织行为管理的中心任务与关键目标。

第 2 节　态度一般分析

一、态度的概念

员工满意本质上是员工的一种态度。本节专门论述态度的概念、理论与改变，以加深对员工满意的理解。

（一）态度的定义

态度是个体对某一具体对象相对持久的情感、认知和行为意向。首先，态度指向一定对象。态度的对象包括他人、他事、他物、群体、制度、民族、国家以及自我等一切社会存在。其次，态度是一种内在的心理倾向。虽然态度可以从表露于外的意见、看法、主张，甚至表情、举止等中探测，但其本身是一种心理状态。

一般认为，态度包括三种组成因素：

（1）情感成分，指个体对某一对象的情绪体验，如喜欢、鄙视、敬畏等；

（2）认知成分，指个体对某一对象的知识、信息、理解和评价等；

（3）意向成分，指个体对某一对象可能作出的行为的准备状态。

在这三种组成因素中，情感成分是主要的，例如许多态度测量实际上仅仅问及喜欢与不喜欢。最后，态度是相对稳定的。态度一旦形成，就不易改变（参阅知识库 4—1）。

【知识库 4—1】　态度对社会判断与学习的影响

社会心理学家兰伯特曾让加拿大大学生根据声音判断说话者的人格特征。他让被试听 10 人朗读同一篇文章的录音带（实际上只有 5 人朗读，只不过每人用英、法两种语言各读一次），然后判断这 10 人的人格特征。结果发现，同一个人用英语朗读比用法语朗读获得了更高的评价。说英语时被认为个子高、有风度、聪明、可靠、亲切、有抱负；而说法语时被认为有幽默感。实践证明，人们根据已有态度来判断他人，因为英裔加拿大人的社会背景优于法裔加拿大人，大学生对英裔加拿大人的态度也优于法裔加拿大人。

社会心理学家琼斯让两组白人大学生背诵几篇反对黑人与白人分校方面的文章，其中第一组被试平时反对种族歧视、反对黑人与白人分校，第二组被试平时主张黑人与白人分校。实验结果发现，第一组学生的成绩明显优于第二组。其深层原因是，与态度一致的材料容易被接受、记忆，与态度相悖的材料则通常被人们过滤、歪曲或遗忘。

（二）态度与行为

社会心理学家普遍认为，态度与行为的关系遵循下列原则：

（1）一般态度能够有效预测一般行为；

（2）具体态度能够有效预测特殊行为；

（3）态度测量与实际行为的间隔时间越短，态度与行为就越一致。

社会心理学家费希本和艾赞 1980 年提出的行为意向模型（behavioral intentions model）进一步解释了，态度与行为的关系为什么时强时弱（见图 4—2）。费希本和艾赞认为，预测行为最佳的方法是关注行为意向，而意向取决于有关行为的态度和规范。规范是社会或群体接受或允许的行为的准则。很明显，一个人的行为首先必须符合群体或社会规范。只有当态度和规范都是正向的，意向才可能强烈。如果态度和规范相冲突，两者的相对强度决定着意向或行为。

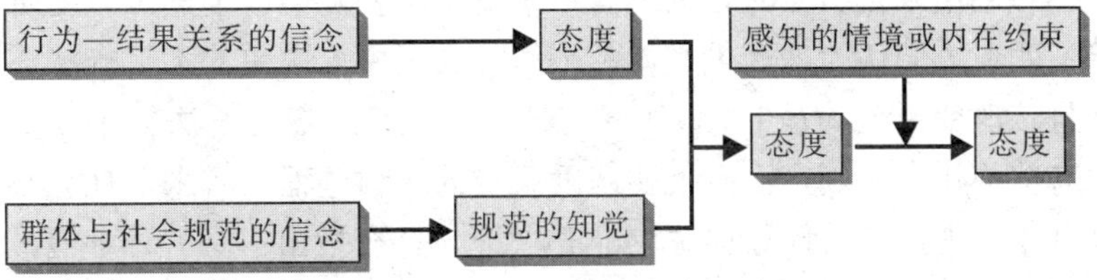

图 4—2　行为意向模型

根据行为意向模型，个体有关具体行为的信念影响态度和规范。对于态度来说，信念涉及行为与后果的关系。对于规范来说，信念涉及个体对别人期望他如何行动的感知。行为意向模型同样显示，实际的或感知的情境以及内在障碍或约束和意向一起影响某一具体行为。例如，某员工愿意把工作做好，但缺乏客观条件或个人技能。

二、态度理论

社会心理学家开发了许多理论来解释态度的形成与变化，下面只介绍比较著名的平衡理论和认知失调理论。

（一）平衡理论

平衡理论（balance theory）由著名社会心理学家海德创立。海德认为，某人（用P表示）与别人（用O表示）的关系是通过某些事情（用X表示）形成的。例如，P和O均喜欢体育锻炼，两人容易建立友好关系。此时，P，O，X三者之间均是正向关系，所以P的心理是平衡的（见图4—3（a））。P，O两人成为良友后，如果P赞成工资制度改革，O反对改革，P就会处于心理不平衡的状态，容易产生焦虑与不安，因为此时P—O—X是两正一负关系（见图4—3（e））。为了恢复平衡，消除矛盾，P可以：(1) 劝说O改变态度，赞成改革。如果O听从了劝说，则冲突消失（恢复至图4—3（a））。(2) 改变自己对O或对X的态度，即疏远O（见图4—3（c））或自己转向反对改革（见图4—3（b））。

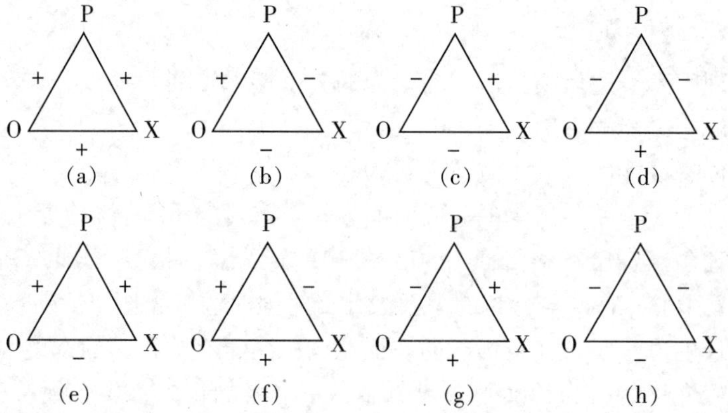

图4—3　平衡状态示意图

海德认为，P，O，X三者之间的关系符号（＋或－）相乘结果是正号时，三者处于平衡状态；相乘结果是负号时，则三者不平衡。不平衡会产生焦虑，促使其恢复平衡。

实验证明，人们认为平衡关系比不平衡关系更令人愉快，不平衡状态比平衡状态更易改变。而且，改变更多的是P，O关系，P，O对X的各自看法较难改变。平衡理论简明实用，但有些简化，尤其是没有说明态度改变的详细过程。后来，社会心理学家纽科姆发展了平衡理论（他用A，B分别替代了P，O），补充指出：(1) A越喜欢B，不一致时两人关系越紧张；(2) X越重要，不一致时A，B关系越紧张；(3) A，B为了X的交往次数越多，不一致时关系越紧张；(4) A，B对X的替代差异越大，不一致时关系越紧张；(5) A或B越自信，不一致时关系越紧张。可见，纽科姆重点描述了态度改变的基本规律。

（二）认知失调理论

认知失调理论（cognitive dissonance theory）是著名社会心理学家费斯廷格于20世纪

50 年代提出的。这里，认知是指思想、信念、看法、知觉等多种元素，认知失调是指个体所拥有的多种认知元素彼此冲突、相互对立。例如“员工应当准时上班”与“我经常迟到”两者之间就存在失调现象。

费斯廷格认为，人们在经历认知失调后，会主动地驱使自己减少矛盾，恢复平衡。通常的途径包括：

（1）改变或否定其中一个元素，如将“员工应当准时上班”改为“员工不必准时上班”，或将“我经常迟到”改成“我从不迟到”。

（2）降低一个或两个元素的重要性或强度，如将“我经常迟到”改成“我偶尔迟到”。

（3）增加新的认知元素，如“应实行弹性工作时间”、“应当大力推行在家办公制度”等。

认知失调理论得到了众多实验的严格验证，是态度理论中最突出、最著名的一种（参阅知识库 4—2）。

【知识库 4—2】　真实的谎言

费斯廷格等人曾以大学生为被试做了一项著名实验。他们先让所有被试参加一个小时单调枯燥的活动，而后把被试分成三组。第一、二组被试完成任务后被要求对门外的一位女性撒谎，说刚才的活动非常有趣、愉快。其中第一组被试说谎后得到了 1 美元奖励，第二组被试说谎后得到了 20 美元奖励。第三组被试未被要求说谎。最后，要求这三组被试真实回答在多大程度上喜欢该项活动。结果发现，第二、三组被试大多认为活动枯燥无味，而第一组被试大多认为活动生动有趣。

研究者分析说，第三组被试没有说过谎，因而回答真实可信。第一、二组被试均经历了活动单调的认知与撒谎行为的知觉的认知失调。对于第二组来说，由于说谎获得了高报酬，认为说谎值得而活动的确是单调乏味的。对于第一组来说，由于认为不值得为 1 美元撒谎，于是改变了自己对活动的认知，认为活动不单调乏味。

三、态度的改变

态度的改变是指个体已有的态度在质或量上的变化。改变态度的方法常用的有信息沟通法、群体影响法、活动参与法。我们先概括介绍后两种方法，然后着重分析第一种方法。

（一）群体影响法

一个人所在的群体通过规范、压力等机制约束着他的一言一行，迫使其行为和态度符合群体成员的期望。所以，运用群体的力量可以改变一个人的态度（参阅知识库 4—3）。

【知识库 4—3】　不受欢迎的食品

著名社会心理学家勒温在第二次世界大战期间比较了两种让家庭主妇购买不受欢迎的食品（如牛心、甜面包等）的方法的优劣。第一种方法是由能言善辩的人向主妇们讲解上述食品的营养价值，以及食用这些食品对国家的贡献（当时物资极度缺乏）。第二种方法是让主妇们进行群体讨论，讨论的结果是大家一致决定购买。一段时间后，派人调查实际购买情况。结果发现，听讲解的主妇只有3%购买了上述食品，而参与群体讨论的主妇有32%购买了原先不爱吃的上述食品。

（二）活动参与法

通过活动可以改变一个人的态度。例如，角色扮演法就是通过扮演者设身处地地理解他人的心理，来达到改变态度和行为的目的。又如，让持有偏见的人与对方共同进行文体活动或游戏，以促进了解、消除偏见。

（三）信息沟通法

通过信息沟通来说服他人改变态度是最常用的方法。信息沟通的效果受沟通者的特点、沟通方式、接受者的特点、沟通情境等因素的影响。

1. 沟通者的特点

沟通者作为信息源，其本身所具有的某些特点将影响劝说的效果。

（1）可信性。可信性包括专长性、无私性两个方面。专长性是指沟通者是不是某领域的专家、权威。一般来说，专家传播的信息比其他人更易被人接受、更令人信服（参阅知识库4—4）。但是，如果专家传播信息是为了自己的私利，其影响力将大大降低。

【知识库4—4】　诗歌评论

社会心理学家阿伦森等曾让被试评价一位无名诗人的一首诗。作出评价后，再让被试阅读一篇别人的评论文章。阅读前，对第一组被试说，这篇评论出自一位著名诗人之手；而对第二组被试说，这篇评论是一位大学生的习作。最后，让所有被试重新评论这首诗。实验结果表明，第一组被试比第二组被试的看法发生了更大的变化。

（2）可爱性。可爱性包括吸引力（attractiveness）和相似性（similarity）两个维度。一般而言，人们都喜欢外表、人格等有魅力的人，以及和自己有相似之处的人。同时，人们容易接受自己喜欢的人的影响。

2. 沟通方式

沟通本身的方式也制约着沟通的效果。研究较多的变量有：

（1）恐惧唤醒。恐惧唤醒（fear arousal）是人们常用的改变态度的方式。问题是，到底是唤醒高度恐惧还是中度恐惧、低度恐惧更能改变人们的态度呢？实验表明，中度恐惧唤醒最利于态度改变（参阅知识库4—5）。

【知识库4—5】　吸烟有害

社会心理学家利文萨尔把被试分成三组，分别引起他们对肺癌高、中、低三种程度的恐惧。第一组被试观看肺癌病人接受手术的电影：胸腔被切开、糜烂的肺被取出；第二组被试也看电影，但手术过程大大省略，主要是口头介绍；第三组被试仅阅读有关肺癌的书面材料。实验结束时，呼吁被试停止吸烟，并尽快去照X光片。结果发现，停止吸烟的人以中度恐惧组的被试为最多。

(2) 单面或双面沟通。信息沟通时是只讲自己的观点好，还是同时介绍反对意见好呢？社会心理学家霍夫兰德发现，当接受者原有的态度与沟通者的观点一致时，单面沟通好；反之，双面沟通好。当接受者对所说问题缺乏信息或意见时，单面沟通效果好；反之，双面沟通好。

(3) 新颖与重复。一般而言，新颖的观点容易给人以较深的印象。但重复必不可少，因为大部分情况下，人们不太可能第一次就被新观点说服。值得注意的是，重复次数过多，会使人产生逆反心理。

3. 接受者的特点

接受者的特点，如原有态度、人格特质等，也会影响信息沟通的效果。

(1) 原有态度。接受者原有态度与沟通信息的差异制约着说服的效果。研究发现，中等差异度引起的态度变化最大。此外，接受者已有态度的特点也会影响沟通的效果。例如，从小形成的、根据亲身经历形成的、高度承诺的态度不易改变。

(2) 人格特质。独立性强的人、智商高的人、自信心强的人不易被改变态度；反之，则容易被改变。

4. 沟通情境

沟通情境方面的一些因素或多或少影响态度改变，这些因素有：

(1) 强化。贾尼斯和吉尔摩发现，欢快、愉悦的气氛会对被试态度的改变起强化作用。他们让被试阅读四篇关于癌症治疗、军队规模、月球探测、三维动画等论题的劝说性材料，其中为第一组被试在休息时提供花生和可乐，第二组被试不给吃喝。阅读完后，让被试对材料发表意见。结果发现，第一组被试对材料持更肯定的态度。

(2) 预先警告。弗里德和西尔斯发现，预先告知会使人产生防御心理。他们在报告开始前几分钟告知第一组青少年报告的主题是“为什么不允许青少年开车”，第二组青少年则在报告开始后才得知此主题。结果发现，第一组青少年较少受报告的影响。

(3) 分心。分心是指由于无关刺激的干扰而使注意力分散。在沟通时，如果有情境因素使接受者分心，就会影响沟通的效果。

第3节 工作满意与组织承诺

在对态度进行总体分析后，本节集中讨论组织成员对工作和组织的态度，主要包括工作满意与组织承诺。

一、工作满意

工作满意是研究最多的工作态度。下面分别介绍工作满意的概念、维度、调查以及与工作行为的关系。

（一）工作满意的概念

工作满意（job satisfaction）是一组员工对本职工作各个方面的积极或消极的感情。工作满意无疑是一种工作态度，只不过强调了态度的感情成分，即是否喜欢自己的工作。工作满意可以是一般的，也可以是具体的。前者如“总的来说，我对工作比较满意”，后者如“我对待遇比较满意，对其他方面不太满意”。

从本质上说，工作满意与否取决于员工的期望与实际结果的比较。如果期望很高，而与实际得到不一致，就会产生不满。心理契约（psychological contracts）理论有助于说明员工期望（见图 4—4）。

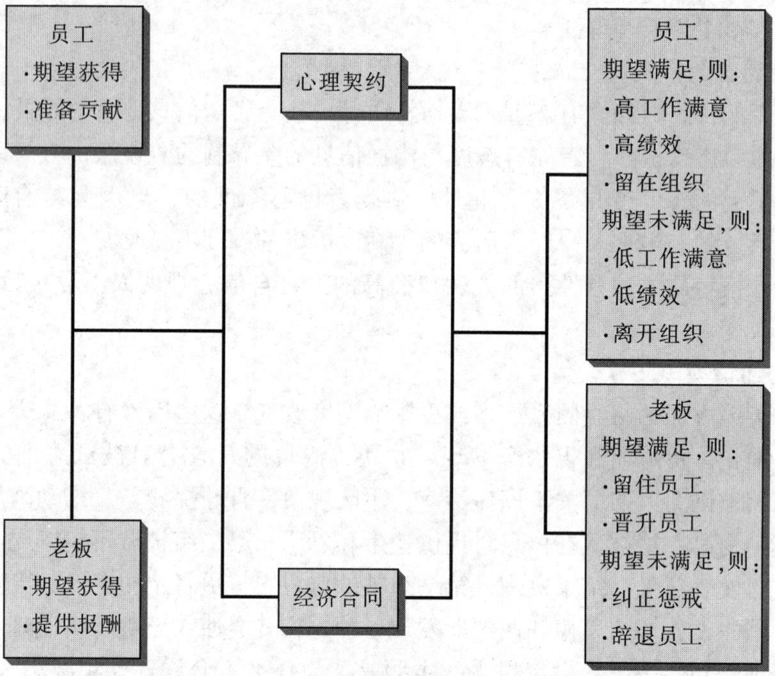

图 4—4　心理契约与经济合同

所谓心理契约，是指员工与组织之间不成文的协议，协议内容涉及彼此之间关于付出与获得的期望。例如，组织期望员工付出忠诚、创造力以及额外的努力等，员工期望获得工作安全、公平对待、事业发展等。心理契约是经济合同的重要补充。当员工进入某一组织工作，签订的经济合同规定了双方的权利与义务。例如，员工应当付出时间、才能和工作热忱，应当获得工资、奖金和良好的工作条件。除正式经济合同外，员工和组织之间还形成了一整套相互的期望，这些期望如果被彼此认可，就构成了心理契约。过高、不合理的期望只能是空想。

如果组织只履行经济合同、不履行心理契约，员工的工作满意程度就会很低，因为员工的许多期望落了空。只有既履行经济合同又履行心理契约，员工才会满意。

（二）工作满意的维度

一般认为，工作满意包括五个方面。

（1）工作本身：如当前的工作是否吸引人、有创造性、令人愉快、简单重复、令人厌倦等。

（2）工资：如薪水是否优厚、公平、稳定、足够维持日常支出等（参阅知识库 4—6）。

（3）晋升：如机会是多是少、是否依据能力晋升等。

（4）监督：如上司是否征求下属意见、是否内行、是否聪明等。

（5）工作同伴：如同事是否懒惰、愚蠢、忠诚、有责任感等。

【知识库 4—6】　　工资满意

工资满意（pay satisfaction）是人们关注较多的课题。研究发现，首先，公平感是决定工资满意与否的关键变量，即人们越相信自己得到了应该得到的工资，就越对工资满意；其次，物质利益的多少也影响工资满意水平。

常用的测量工资满意的工具是工资满意问卷（PSQ），是由赫诺曼和舒沃伯于 1985 年开发的。工资满意问卷包含五个维度：（1）工资水平；（2）工资增加；（3）工资结构；（4）工资管理（即如何发放）；（5）福利状况（如假期、病假、保险、津贴等）。

（三）工作满意的调查

调查工作满意状况有助于发现管理中存在的问题，以便对症下药，加以改进。

调查工作满意最常用的方法是量表法。国际最流行的工作满意量表是明尼苏达满意问卷（MSQ）（见表 4—1）。

表 4—1　　明尼苏达满意问卷的维度

明尼苏达满意问卷共有 100 题，从下列 20 个方面调查工作满意状况：	
（1）能力发挥	（2）成就
（3）主动性	（4）自我发展
（5）权力	（6）政策及实施
（7）报酬	（8）同事
（9）创造力	（10）独立性
（11）道德准则	（12）承认
（13）责任	（14）安全
（15）社会服务	（16）社会地位
（17）人际关系	（18）管理技术
（19）多样性	（20）工作条件

二、组织承诺

组织承诺是工作满意之后新兴的涉及员工态度的热点研究课题。下面分别介绍组织承诺的概念与决定因素。

（一）组织承诺的概念

组织承诺（organizational commitment）是指员工对组织的归属、认同、忠诚和投入的程度。高组织承诺意味着一名员工：(1) 愿意继续作为组织的一员；(2) 认可组织的价值观和目标；(3) 愿意付出高水平的工作努力。

组织承诺包括三种基本成分：

(1) 感情承诺（affective commitment），上述定义即强调了组织承诺的这一组成部分，即员工对组织的情感依赖、认同感以及投入意向。

(2) 持续承诺（continuance commitment），是指员工因考虑到跳槽的成本而不愿流动的态度与行为。持续承诺又包括两个因素，第一，个人牺牲（personal sacrifice），是指如果离开某组织，代价太高；第二，缺乏选择（lack of alternatives），是指暂无更佳的工作机会。

(3) 标准承诺（normative commitment），是指员工觉得有义务留在组织继续工作。

（二）组织承诺的决定因素

研究表明，组织承诺的高低与下列因素有关。

1. 个人特点

教育水平与组织承诺负相关，即学历越高，承诺越低。高学历的员工可能觉得自己有更多的选择机会，所以对某一组织的承诺不高。此外，资历与组织承诺正相关，即在某组织的工作时间越长，组织承诺越高。资历深表明，一个人已为某一组织付出了大量的时间与努力，更可能已晋升到某一重要职位，所以不愿轻易流动。

2. 角色状况

角色模糊（role ambiguity）、角色冲突（role conflict）与组织承诺负相关。这是因为角色模糊与冲突会使员工之间角色不清、互相推诿，这既影响员工的成就感，又导致工作压力，从而使员工对组织产生消极情绪。

3. 工作特征

工作的某些特征如任务自主性（task autonomy）和技能多样性（skill variety）与组织承诺正相关。因为任务自主性减少了监督，增加了信任，技能多样性成分发挥了员工的多种才能，这有利于提高员工对组织的认同感。

4. 工作经历

个人重要性（personal importance）、群体凝聚力（group cohesion）、组织可信性（organizational dependability）、参与管理（participatory management）与组织承诺正相关。

(1) 个人重要性是指员工对贡献大小、职位关键性的感知。如果员工感觉自己对组织的发展贡献很大，就会增加自我尊重。相信自己的工作对组织至关重要也可满足员工的内在工作动机，从而增加对组织的情感依赖。

(2) 凝聚力高的群体的员工之间互相帮助、互相喜爱、合作默契，使员工舍不得离开。

(3) 组织可信性是指组织为员工办事时说到做到、言行一致。如果管理者说话不算数，会使员工对组织彻底失望。

(4) 参与管理可增加信任与责任，从而提高员工对组织的认同与依恋。

□ 小　结

双满意理论认为，组织管理者应当树立员工中心、顾客中心的观念，并采取多种措施提高员工满意，以达到顾客满意的目的。

员工满意其实是一种态度。态度是个体对某一具体对象相对持久的情感、认知和行为意向。比较著名的态度理论有海德的平衡理论和费斯廷格的认知失调理论。改变态度常用的方法是信念沟通法，沟通的效果取决于沟通者的特点、沟通方式、接受者的特点和沟通情境等。测量态度的常见方法是量表法。

工作满意和组织承诺是研究最多的两种员工态度。提高工作满意和组织承诺有利于减少员工流动，有助于增进工作绩效。

□ 复习题

1. 评述双满意理论。
2. 影响员工满意的因素有哪些?
3. 如何提高员工满意水平?
4. 什么是态度?
5. 试分析态度与行为的关系。
6. 平衡理论与认知失调理论的主要内容是什么?
7. 改变态度的方法有哪些?
8. 影响信息沟通效果的因素有哪些?
9. 试分析工作满意与工作行为的关系。
10. 影响组织承诺的因素有哪些?

□ 技能训练

绩效考评

作为角色的扮演者，你有两项职责。首先，只阅读该练习的背景信息以及你自己的角色。阅读与你配戏的人物角色会减少练习的有效性。然后，进入角色。演出开始。该角色的描写说明了你的性格。遵循以下角色指导。不要改变或省略提供给你的事实。如果在练习中你是观察者，你应该阅读所有的内容并且仔细浏览观察者的评分单。

演员 达纳（人事主管）

布莱尔（员工关系经理）

达纳的角色 你是一家生产型公司的人事主管。你在公司受人尊敬，并且和上司相处很好，你的上司是主管行政的副总。布莱尔是你的员工关系经理。你知道布莱尔有理由工作得很好，但是你同样知道布莱尔认为她自己很“出色”，这不是事实。布莱尔被安排与你进行5分钟的会谈，你希望进行更清楚的沟通，同时让布莱尔坚信她的自我形象并不像她想象的那样伟大。

你认为布莱尔正在循规蹈矩地工作，但是那将会用去她大约两年的时间来获得提升。对于布莱尔的绩效，你接到了一些好的报告，也有三封投诉信。布莱尔准备了四份研究报告，你认为达到了平均水平以上，但是为了保持她的动力并使她高兴，你夸张地说她的工作完成得很“出色”，也许这是种错误。

你担心如果提拔了布莱尔，会影响其他与她的工作表现差不多的员工。因此，你打算在今年为布莱尔制定有意义的目标，从现在开始用一年或两年的时间来评估她的绩效，然后，如果值得就提拔她。

布莱尔的角色 你是一家生产型公司的员工关系经理。达纳是你的上司，而且她的职位是人事经理。你知道你是部门中表现最好的员工之一，甚至可能是最好的。但是，你去年并没有被提拔，即使你很希望被提拔，因此你希望今年能够得到提拔。

你猜想你的上司将举出一些阻碍你提升的事情。例如，达纳一定会提到那三封对你的投诉信。看来达纳只会举出你的错误。你要预先提醒达纳你写了四份她曾评价为很“出色”的研究报告。如果达纳一再延迟对你的提拔，你将会与她对抗；如果有必要，你会将此事告到达纳的上司主管行政的副总裁那里。你认为有很多例子都可以说明你的绩效考评要比本部门的其他同事好。你已经决定坚定地坚持你的观点，但同时要有理性，用一种专业的方式。

时间 不超过15分钟。

观察者的评分单

在完成这一练习时，评估扮演达纳的同学的绩效考评反馈技能。在以下1～5的评分范围内为绩效标准的反馈提供者——达纳的技能评分。在每个标准技能下面的空白处写出具体实例，以便用来解释你的反馈。

1	2	3	4	5
不满意	不太满意	一般	好	出色

______使用以前与员工一起制定的具体目标作为标准来衡量过程。

______让员工放松并且向他们解释反馈会谈的目的。

______将威胁减到最小时，要鼓励和支持员工。

______当提供不利的反馈时，批评员工的绩效，而不是个人。

______获得员工的参与并鼓励他们进行自我评估。

______用具体的实例来说明评分。

______让员工总结反馈来保证他对反馈的理解。

______与接受反馈的人一起制定未来的发展计划。

资料来源：菲利浦·L·胡萨克尔：《管理技能实战训练手册》，167～168页。

□ 行为测量

工作满意

请您根据自己的实际情况，回答下列问题。请仔细阅读各题，并在可以选择的、与您的情况或想法一致的“答案”上画圈，每题只可选一个，第12，13题除外。

1. 您工作时看表吗?
   A. 不断地看。
   B. 不忙的时候看。
   C. 不看。
2. 到了星期一早晨，您——
   A. 觉得自己愿意回到工作中去。
   B. 渴望摔伤腿而躺到医院里。
   C. 开始工作时觉得有些勉强，但马上就无所谓了。
3. 到了一天工作快要结束时，您感觉如何?
   A. 疲惫不堪，全身不舒服。
   B. 为能维持生活而感到高兴。
   C. 有时感到累，但通常很满足。
4. 您对自己的工作感到忧虑吗?
   A. 偶尔。
   B. 从来没有。
   C. 经常。
5. 您认为您的工作——
   A. 对您来说是大材小用。
   B. 使您很难胜任。
   C. 使您做了您从来没想到您能做的事。
6. 您——
   A. 不讨厌自己的工作。
   B. 通常对自己的工作感兴趣，但有一些困难。
   C. 工作时总觉得心烦。
7. 您用多少工作时间打电话或做些与工作无关的事?
   A. 很少一点。
   B. 一些，特别是在个人生活遇到麻烦时。
   C. 很多。
8. 您想换个职业吗?
   A. 不太想。
   B. 不是换职业，而是在本行业中找个好职位。
   C. 想换个职业。
9. 您觉得——
   A. 总是很有能力。
   B. 有时很有能力。
   C. 总是没有能力。
10. 您认为自己——
   A. 喜欢并尊敬您的同事。

B. 不喜欢您的同事。

C. 比您的同事差得多。

11. 哪种情况同您最相符?

A. 不想为自己的工作再学习了。

B. 一开始工作时，就很喜欢学习。

C. 愿就自己的工作尽力多学点东西。

12. 指出您认为您具有的特点：（可选三项）

A. 有同情心。

B. 思维敏捷。

C. 镇定。

D. 记忆力好。

E. 专心。

F. 好体力。

G. 好创新。

H. 有专长。

I. 有魅力。

J. 幽默。

13. 根据上题列出的特点，指出您的工作需要哪些?（可选三项）

14. 您最赞成哪种说法?

A. 工作就是赚钱谋生。

B. 工作主要是为了赚钱，但如果可能，应当有令人满意的工作。

C. 工作就是生活。

15. 您工作加班加点吗?

A. 如果付加班费，就加班。

B. 从不。

C. 经常超时工作，即使没有加班费也一样。

16. 您在过去一年中除了病假，还有过缺勤吗?

A. 一点也没有。

B. 仅仅几天。

C. 经常。

17. 您认为自己——

A. 工作劲头十足。

B. 工作没劲头。

C. 工作劲头时有时无。

18. 您认为您的同事们——

A. 喜欢您。

B. 不喜欢您。

C. 并非不喜欢您，只是不特别友好。

19. 您——
    A. 只跟同事们谈工作上的事。
    B. 同家里人或朋友谈工作上的事。
    C. 如果能避免的话，就不谈。
20. 您得过小病或说不清的病吗？
    A. 几乎没得过。
    B. 不太经常。
    C. 经常。
21. 对于目前的工作，您原来是怎样选择的？
    A. 由父母或老师帮助决定的。
    B. 是自己唯一能找到的。
    C. 当时就觉得很合适。
22. 在家庭与工作发生矛盾时哪一方获胜？
    A. 每次都是家庭一方。
    B. 每次都是工作一方。
    C. 如果家里真有紧急情况则是家庭一方，反之大概是工作一方。
23. 如果少付您 1/3 的工资，您还愿意干这项工作吗？
    A. 本来愿意，但若负担不了家庭生活，只好作罢。
    B. 愿意。
    C. 不愿意。
24. 如果您被列为富余人员而必须回家，您最舍不得——
    A. 钱。
    B. 工作本身。
    C. 您的公司。
25. 您会为了消遣一下而请一天事假吗？
    A. 会的。
    B. 不会。
    C. 如果工作不太忙，有可能。
26. 您觉得自己在工作中不受赏识吗？
    A. 偶尔这样想。
    B. 经常这样想。
    C. 很少这样想。
27. 关于您的职业，您最不喜欢哪一点？
    A. 时间安排总由不得自己。
    B. 乏味。
    C. 总是不能按自己的办法做事。
28. 您把个人生活与工作分开吗？
    A. 严格地分开。

B. 时常分开，但也有一些分不开的地方。

C. 完全没有。

29. 您建议自己的孩子也做您这种工作吗？

A. 是的，如果他有能力并且合适的话。

B. 不会的，而且警告他不要这样做。

C. 不劝他做，也不阻拦他。

30. 如果您赚了或继承了一大笔钱，您会——

A. 辞职，后半辈子不工作。

B. 找一份您一直想做的工作。

C. 继续做您现在的工作。

评分标准

1. A：1；B：3；C：5
2. A：5；B：1；C：3
3. A：3；B：1；C：5
4. A：5；B：3；C：1
5. A：1；B：3；C：5
6. A：5；B：3；C：1
7. A：5；B：3；C：1
8. A：5；B：3；C：1
9. A：5；B：3；C：1
10. A：5；B：1；C：3
11. A：5；B：3；C：5

12，13 两题的答案选择每重叠一项得 5 分

14. A：1；B：3；C：5
15. A：3；C：1；C：5
16. A：5；B：3；C：1
17. A：5；B：3；C：3
18. A：5；B：1；C：3
19. A：5；B：3；C：1
20. A：5；B：3；C：1
21. A：3；B：1；C：5
22. A：1；C：5；C：3
23. A：3；B：5；C：1
24. A：1；B：5；C：3
25. A：1；B：5；C：3
26. A：3；B：1；C：5
27. A：3；B：1；C：5
28. A：1；B：3；C：5

29. A：5；B：1；C：3

30. A：1；B：3；C：5

结果解释 请您把您获得的各题得分加起来，它应该在30～195分之间。您的得分越高，说明您对自己现有的职业或工作越满意。您可以用自己的总得分与下面的分析相对照。

● 175分以上 过高满意。您把工作看得高于一切，您应该静心想一想：这份工作真的对您有那么重要吗？您是否把这份工作看得如此重而忽视了其他一些事情呢？您非得如此深地沉浸在工作中，才能说明您的工作真正令您满意吗？

● 145～175分 高度满意。您认为工作对您十分重要并显示出对这份工作的高度责任心和满意。实际上，您的特点和这份工作要求非常符合，您敢于响应工作中各种复杂情况的挑战并取得成功，星期一早晨很可能是您最愉快的时候。

● 85～144分 一般满意。您像现代社会中大多数人一样，认为您的工作对您挺合适，尽管您觉得自己的工资不够高，或觉得若做另一种工作肯定能干得更好些。对您来说，您觉得您的同事是否喜欢您，与您的才能在那里能否得到正常发挥同等重要。如果您对工作和个人生活加以比较，您可能两者都喜欢。您会在这份工作中做出成绩，您也有可能会得到迅速提升，但您可能不想做那种紧张、艰难的领导工作，而希望等一等、看一看、试一试再说。

● 51～84分 低度满意。您似乎对目前的工作不太满意，这可能是由于您选错了职业或工作，也可能是您对自己的估价太高了。您总是对工作上的事情感到不满，这可能是您的才能未能在工作中得到发挥。您应该为此仔细想想，有无必要换一个职业或工作做做。如果您讨厌目前的领导或同事，那您还是换个地方比较好。新环境可能会有新的开端，并可消除觉得每天都像星期一那样的痛苦感觉。

● 30～50分 过低满意。您对现在的工作极为不满，毫无疑问，您必须另找一个职业或工作，才能消除工作给您带来的痛苦。如果您现在已有50多岁了，那就意味着您在工作上因没有取得预期目标而泄了气，这里只能祝愿您退休后能够快乐。如果您还年轻，无论如何您都应该去另找一份工作，寻找能令您满意的工作。

资料来源：张爱卿：《当代组织行为学：理论与实践》，174～179页。

□ 案 例

正泰集团

正泰集团始创于1984年，主要经营高低压电器、输配电设备、工业自动化、仪器仪表、建筑电器和汽车电器六大产业，年产值超百亿元，占近30%市场份额。现辖6大专业公司、50余家持股企业、800多家专业协作厂、2 000多家销售公司和特约经销处，在国外设有5家分公司及30多家销售总代理，产品畅销世界70多个国家和地区。

一、选人求专不求全　复合人才最青睐

“面对同样一片森林，木匠师傅会选择高大挺拔的树木，因为那是建造房屋的栋梁，而工艺美术大师会对那些奇形怪状的歪脖子树情有独钟，因为那是做木雕和根雕艺术的理想素材，正泰人才选聘工作也是同样的道理。”正泰集团股份有限公司人力资源部汤彪经理如是说。

为确保“人适其岗，职能相符”，正泰对所有岗位都规定了明确的胜任能力要求，并针对不同的岗位设置不同的任职资格条件，根据周期性的绩效考核，对不同表现的员工进行升职、调岗和岗位轮换，以确保合适的人在最合适的岗位上。正泰 2006 年有近千人的招聘计划，从应届大学毕业生到具备国际化背景的中高端人才，涉及电气产品研发、战略规划、资本运营、国内外营销、企业管理等多种岗位，其中，能够适应“科技化、产业化、国际化”战略要求的复合型人才是正泰的热门需求。

二、做最快的羚羊　以后做最快的狮子

非洲草原上，每天迎着朝阳升起而努力奔跑的是羚羊，因为它知道只有自己奔跑的速度超过了狮子，才能保证躲过狮子的追杀而活命。正泰前面有狮子——同样强大和凶猛的跨国企业，后面有羚羊——同样迅速和灵活的国内企业，“为了获得超过竞争对手的优势，我们必须比竞争对手学习得更快”。

早在 1995 年，正泰就提出创建学习型组织的口号，1997 年与大学联合建立企业学院，同年引入 MBA 课程体系，如今正泰已按照 ISO 10015 国际培训管理体系的要求建立了三级培训体系。正泰更加鼓励员工的自我学习和内部知识共享，以“师父带徒弟”的形式保证知识的传承和发展，同时建立了网络化的学习和培训系统，不定期举办管理沙龙和正泰讲坛，促进内部的知识共享和交流。

三、有能耐就有舞台　有作为就有地位

正泰在人才的使用上“重学历，不唯学历，更重能力；重文凭，不唯文凭，更重水平”，通过严格的绩效考评对员工进行科学合理的评价，通过竞聘上岗和岗位技能竞赛，在公司内部塑造出一种公开、公正、公平的“赛马”机制，给予人才充分发展的空间，真正做到“人尽其才，才尽其用”。

汤经理说：“年轻人在正泰拥有无限的发展空间和舞台。”正泰经理级干部的平均年龄在 30 岁左右，总裁班子的平均年龄也才 40 岁出头而已。20 世纪 90 年代初毕业于浙江大学的高总，最初只是一名普通技术员，几经历练，成长为今天统领着数千名精英的技术总经理和最年轻的副总裁。生产采购部的总经理寿总，原来只有高中文化，推过板车，干过仓库保管和电工，在担任某产品公司总经理期间，带领几百名员工创造了数亿元的产值，现在已经成为公司的核心骨干和行业内知名的专家。在正泰，不怕你想当官，就怕你当不了好官；不怕你有野心，就怕你没能力；不怕你锋芒毕露，就怕你藏愚守拙！几年来从普通员工走上经理、总经理甚至副总裁岗位的正泰人有数百位。

四、奖就奖他个心花怒放　罚就罚他个心惊肉跳

正泰深谙“财散才聚，财聚才散”的辩证思维，因此薪酬制度以岗位年薪为基准，通过技能薪酬制度平衡专业技术队伍的岗位差异，同时以绩效薪酬平衡经营管理队伍的贡献差异，在薪酬分配中重实绩、重贡献，分配向关键岗位和技能突出的人才倾斜，构建以经营业绩为核心的多元分配体系。

正泰的奖罚可谓严明，奖就奖他个心花怒放。“让更多的员工成为百万富翁乃至千万富翁”的口号落实在具体的行动上，正泰每年拿出超额利润的10%奖励管理人员，拿出新产品一次性直接经济效益的5%～10%奖励技术人员。2001年，一位派驻控股公司的总经理，因其出色的工作业绩，领走100多万元的绩效奖金。2002年，正泰的增长远远超过了目标，又一批百万富翁诞生了。2003年、2004年、2005年……不断有新的百万富翁在正泰诞生。

罚就罚他个心惊肉跳。正泰规定：完不成当年经营绩效指标的，按照与目标差距的百分比扣减相关人员的绩效奖金，直至为零；同样对于未能按要求完成的技术项目，按照差距大小扣减相应的项目奖金，直至为零。这里面有一个细节问题，即惩罚仅仅是针对绩效奖金部分而言，不会对基于岗位和技能的年薪造成影响，尊重人才的基本价值，这种人格上的尊重和制度上的保证也充分体现了“以人为本，关爱员工”的精神。

正泰经历了从家族企业到企业家族的革命性转变，先后进行了4次股权稀释，董事长南存辉身先士卒，将个人的股份比例稀释到20%多，一大批优秀的管理和技术人员成为“老板”。正泰虽然“革了自己的命”，却大大增强了凝聚力，多年来实现了超常规的跳跃式发展。

五、留人千万招　招招在留心

正泰有两个上帝，一个是顾客，一个是员工，首先有满意的员工，之后才有满意的顾客。正泰强调“沟通是最有力的武器”，对于员工，正泰设置了合理化建议奖，积极鼓励基层员工参与公司管理；每年都进行员工满意度调查，建立一个与员工沟通和对话的平台；在员工的每个发展阶段，上级总能及时给予下级必要的指导和帮助，主动进行工作交流和沟通。

“我们围绕公司发展战略和员工需求，着力培育温情的企业文化”，切实帮助员工解决实际问题。正泰是第一家成立党委的民营企业，在党委领导下的工会、团委、妇联、精神文明委等群团组织，积极开展多项活动：定期的党群系统“员工接待日”、团委的“青年热线”、文工团、图书馆和工会的“正泰运动会”、周末影院、舞会等各种文体娱乐活动，使员工切实感受到生活的舒适与企业的关爱，从而主动融入企业，使个人与企业共同发展。

资料来源：褚明鹤：《正泰是用什么留住员工》，中国人力资源开发网，2006-06-16。

思考题：

1. 正泰集团采用哪些方法提高员工满意度？
2. 为什么说“首先有满意的员工，之后才有满意的顾客”？

第5章 工作压力

本章重点

- 压力的概念与来源
- 压力的结果
- 心理咨询阶段与手段
- 心理治疗的方法
- 工作压力的管理措施

引 例

近年来，随着烟草行业改革发展的全面推进，企业员工承担的工作任务愈加繁重，工作节奏明显加快。面对节奏快、要求高、压力大的新形势，部分干部职工思想波动较大，畏难心理突出，松懈厌战的情绪比较明显。

在2010年1月份召开的云南玉溪烟草公司二届二次职工（工会）代表大会上，部分职工代表在提案中提出要“更加重视和关注工作、生活和心理健康”；在公司博客论坛上，不少干部职工通过发帖、跟帖等形式反映了在工作中任务过重、压力过大，造成个人思想情绪波动等情况，这一系列问题引起了党委的高度重视。

高效的工作需要有充沛的精力作保障。玉溪烟草公司一直以来将保持职工心理健康摆在队伍建设的首要位置，密切关注职工思想动态，引导员工健康全面发展，努力将企业发展建立在员工的身心健康之上，保持干部职工队伍良好精神状态。为切实掌握干部职工思想动向，疏导员工不良情绪，促进干部职工身心健康，近日，公司要求将职工身心健康问题摆在突出位置，切实做到“三个结合”：

第一，将促进职工身心健康与提高工作效率和工作质量结合起来。公司要求，每一位干部职工要按照人事用工制度改革设定的岗位职责开展工作，做到“今日事，今日毕”，在八小时工作时间内完成工作任务。公司推行“工作日志”管理，按照“日有记录、周有小结、月有评价”的要求，培养职工的计划意识和时间观念，科学高效地安排工作任务，达到时间和效率上的最优。

第二，将促进职工身心健康与保障和落实职工合法权益结合起来。公司要求职工处理好工作与生活，平衡好事业与家庭，既要兢兢业业，又要劳娱结合，保持健康积极向上的心态；要求各级人事部门和工会组织要切实履行职责，依法保障和落实干部职工带薪年休假等合法权益，认真开展各类文体活动，丰富职工业余文化生活，组织好节假日的慰问活动。

第三，将促进职工身心健康与减少文山会海、报告材料、迎来送往结合起来。公司要求，要坚持科学分析、科学管理，提高会议和材料的质量和效率，要减少文山会海，减少文案写作，尽量召开电视电话会议和桌面视频会议，控制会议时间和参会人数，提高会议的针对性和实效性；要提倡精简实用、简洁短小的“文风”，进一步减少公文数量，能以办公室名义下发的，不以公司名义下发；能以电报、电话通知的，不以文件形式下发；一页纸能说清楚的，不超过三页纸；要从迎来送往中解脱出来，各级领导干部要牢记责任、不辱使命，将心思用在谋发展上，将干劲用在促工作上，将工作用在抓落实上，踏踏实实为广大职工办好事、做实事、解难事。

资料来源：石晶宇：《云南玉溪烟草关注职工身心健康 构建和谐企业》，烟草在线，2010-04-13。

玉溪烟草公司的案例表明企业工作压力过大不仅会影响员工身心健康，更会影响公司业绩。本章研究工作压力，分析解决压力问题的管理对策。

第1节 压力模型

压力是由多种压力源（stressor）引起的。不同的压力源作用于个体，激起不同的心理、生理反应。强烈、持久的压力最终将导致严重的结果（见图5—1）。

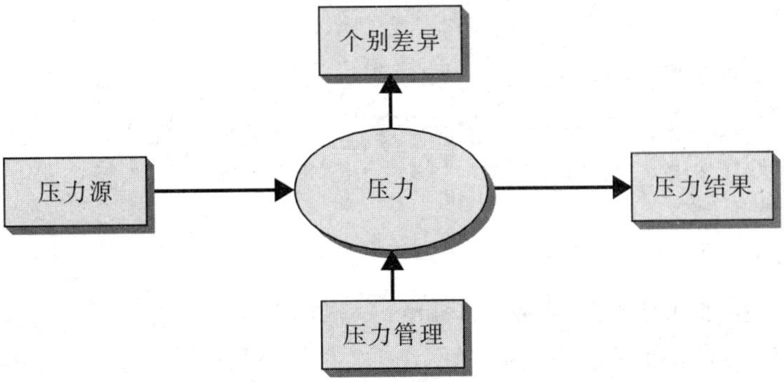

图5—1 压力模型

一、压力的定义

压力（stress）首先由坎农（Cannon）于1925年使用。坎农观察了在实验条件下处于寒冷、缺氧、失血状态中的个体表现出来的战斗—逃避反应（fight-flight reaction），认为此时个体处于压力之下。杰出的生理学家谢尔耶率先系统地研究了压力过程，指出压力是内外环境中各种因素作用于有机体时所产生的非特异反应。所谓非特异反应，是指各种因素，如冷热、缺氧、情绪冲突、水及电解质失衡等，都可引起同一反应。谢尔耶认为，非特异反应的发生包括三个阶段，即一般适应综合征（general adaptation sydrome）。

第一阶段称为警告反应，是为了唤起体内的防御能力，与坎农所说的战斗—逃避模式很相似。为了应对应激性的处境，个体或者准备战斗，或者准备逃避。

如果持续处于有害刺激之下，在产生过警告反应之后，机体就转入第二阶段，即适应或抵抗阶段。此阶段以对应激源的适应为特征，机体对应激源抵抗程度增强。

如果继续处于有害刺激作用之下，或者有害刺激过于严重，机体会丧失所获得的抵抗能力而进入第三阶段，称为衰竭期。此时，警告反应期的症状可再次出现。如果应激源不能消除，这些症状将成为不可逆的，甚至造成死亡，除非机体能重新取得适应技巧或找到应对这种应激性处境的新方法。

综上所述，压力是个体对某一没有足够能力应对的重要情境的情绪与生理反应。

（1）压力首先是指个体感知到的、体验到的情绪反应（如焦虑、忧愁）和生理反应（如血压升高、呼吸加快）。

（2）压力是个体对某一不能较好地应对的情境的反应。如果个体能够从容应对，则某一情境不会使人产生压力。

（3）压力是个体对某一重要情境的反应。所谓重要，是指如果处理不好，可能会给个体带来危害或使目标不能实现。例如，失业不仅会给人带来严重的情绪困扰，而且因涉及个体的生活安定与事业发展，会使人处于过度压力状态。对那些由于能力、学历、知识等问题而一时找不到工作的人来说，失业引起的压力反应将极为强烈。

二、压力源

导致压力反应的情境、刺激、活动等叫做压力源。压力源有多种类型，包括：（1）化学因素，如药物、毒品、烟酒等；（2）生物物理因素，如高低温、噪音、照明等；（3）文化因素，如政治变革、生活压力等；（4）心理社会因素，如疾病、疲劳、亲人死亡、人际矛盾、消极情绪等。

1. 生活压力源

美国著名精神病学家赫姆斯（Holmes）根据对 5 000 多人的社会调查，列出了 43 种生活危机事件，并以生活变化单位（LCU）为指标对每一生活危机事件评分，编制了社会再适应评定量表（SRRS）（见表 5—1）。赫姆斯指出，如果一年内 LCU 不超过 150 分，下一年一般健康无病；如果 LCU 为 150～300 分，下一年患病的概率为 50%；如果 LCU 超过 300 分，下一年患病的概率达 70%。调查表明，高 LCU 与心脏病猝死、心肌梗塞、结核病、白血病、糖尿病等关系明显。

表 5—1　社会再适应评定量表

生活危机事件	LCU	生活危机事件	LCU
(1) 配偶死亡	100	(22) 职别改变	29
(2) 离婚	78	(23) 子女离家	29
(3) 夫妻分居	65	(24) 司法纠纷	29
(4) 拘禁	63	(25) 个人突出成就	28
(5) 家庭成员死亡	63	(26) 妻子开始工作或离职	26
(6) 外伤或生病	53	(27) 上学或转业	26
(7) 结婚	50	(28) 生活条件变化	25
(8) 解雇	47	(29) 个人习惯改变	24
(9) 复婚	45	(30) 与上级有矛盾	23
(10) 退休	45	(31) 工作时间或条件改变	20
(11) 家庭成员患病	44	(32) 搬家	20
(12) 怀孕	40	(33) 转学	20
(13) 性生活问题	39	(34) 娱乐改变	19
(14) 家庭成员增加	39	(35) 宗教活动改变	18
(15) 调换工作岗位	39	(36) 小量借贷	17
(16) 经济状况改变	38	(37) 睡眠习惯改变	16
(17) 好友去世	37	(38) 家庭成员数量改变	15
(18) 工作性质改变	36	(39) 饮食习惯改变	15
(19) 夫妻不和	35	(40) 休假	13
(20) 中量借贷	31	(41) 过圣诞节	12
(21) 归还借贷	30	(42) 轻微的违法行为	11

2. 工作压力源

引起工作压力的因素主要有如下几个。

(1) 工作负担。有太多太多的任务需要完成被称作工作超载（work overload），这是导致压力产生的重要因素之一。如果再加上时间压力（time pressures），即没有足够的时间去完成工作，员工的工作压力将会更大。据一项全球范围的压力调查，55%的员工指出时间压力、52%的员工指出工作负担过重是最大的压力源。如果是没有足够的能力去完成任务则叫角色超载（role overload），也是一个常见的压力源。值得提及的是，有时工作欠载（work underload），即无事可做也会使人产生厌倦与无聊。

(2) 工作条件。恶劣的工作条件，如太热或太冷、噪音过高、照明不足、放射、事故、空气污染、频繁出差、工作时间长、上下班不便、经常倒班等，都可以使人处于压力状态。

(3) 角色冲突与模糊。不同的人对某一个体有各种不同的角色期待和要求，导致角色冲突。角色冲突会使人感到无所适从，或虽使出浑身解数仍无法令人满意。角色模糊是指员工不清楚自己的工作职责、权力。这种不确定性会使人产生不安与困惑。

(4) 人际关系。与同事、上司、下属良好的工作关系可以促进个人目标的实现。如果缺乏，则会成为压力源之一。例如，办公室人员常常抱怨工作经常被电话铃声、同事及其他进出办公室的人打断。此外，无法适应团队工作引起了许多压力。

(5) 组织变革。当前，组织变革如并购、重组、裁员等是一种国际潮流。在这种潮流之下，许多员工不得不重新考虑自己的事业发展、学习新的技能、适应新的角色、结识新的同事。这些都将引起很强的压力反应。

（6）攻击行为。攻击行为（aggressive behavior），如工作场所暴力（workplace violence）、性骚扰（sexual harassment）正在变成日益严重的压力问题。例如，美国管理协会调查发现，近25%的组织承认曾经发生暴力事件。据《纽约时代》调查发现，高达30%的女员工曾经是性骚扰的对象。

（7）工作与家庭的冲突。据调查，有80%的美国员工工作时不得不花时间处理家庭问题。对于那些夫妻双方皆在工作的配偶（dual-career couple）来说，工作、事业与家庭的矛盾尤为突出，这更增大了工作压力（参阅知识库5—1）。

【知识库5—1】　　工作压力测试

测试指导语：

1. 下面的调查表是对你的工作压力源进行的一系列测试项目。测试项目包括五个工作压力源：角色模糊、角色冲突、角色负荷超载、事业生涯开发及个人职责。

2. 本测试由一系列陈述语句组成，请根据你的实际情况，选择最符合自己特征的描述。

3. 在选择时，请根据自己的第一印象回答，不要做过多的思考。

4. 以下问题的目的在于指出各种个体压力源对你而言作为压力的程度。每一个项目，你都应该指出它作为压力来源的频率，然后在每个项目后面写下1～7中的一个数字。这个数字必须能够最准确地描述这个条件作为压力来源的频率。

评分值	压力程度具体描述
1分	表示给出的条件从来未成为压力来源
2分	表示给出的条件很少是压力来源
3分	表示给出的条件偶尔是压力来源
4分	表示给出的条件有时是压力来源
5分	表示给出的条件经常是压力来源
6分	表示给出的条件一般是压力来源
7分	表示给出的条件总是压力来源

如果你已经明白这个测试的规则，请开始答题：

问题	分数
1. 我不清楚我的工作任务和工作目标	
2. 我为一些没有必要的任务或目标工作	
3. 为了赶上进度，我不得不在晚上或周末加班	
4. 对我而言，对工作质量的要求毫无道理	
5. 我在组织中缺乏正常发展的机会	
6. 我对其他员工的发展负责	
7. 我不清楚该向谁汇报工作，也不清楚谁该向我汇报工作	
8. 我被夹在上司与下属之间	

续前表

问题	分数
9. 我在一些无关紧要的会议上耗时太多，影响了正常工作	
10. 我接受的任务有时太困难或太复杂	
11. 要得到提升，我得另找一家企业	
12. 我有责任听取下属的意见，并帮助下属解决问题	
13. 我缺乏行使职责的权威	
14. 正式指令渠道并未形成有机的整体	
15. 我同时负责数量多得几乎无法管理的项目或任务	
16. 任务似乎越来越复杂	
17. 继续留在这个组织中会损害我的职业生涯	
18. 我的行动或决策会影响其他人的安全和良好的工作	
19. 我不能完全理解对我的期望	
20. 我的工作只由一个人负责，与他人无关	
21. 我常完成超过正常工作日工作量的工作	
22. 组织对我的期望超过我的能力与技能的范围	
23. 我缺乏足够的训练和经验去正确授权	
24. 我感到我的事业生涯处于停顿状态	
25. 我在组织中的职责更多地与人而不是与事有关	
26. 在工作中我几乎没有成长的机会，也学不到什么新知识或技能	
27. 我无法理解在我的工作中包含全部组织目标	
28. 我从两个或两个以上的人那里接到相互冲突的要求	
29. 我必须对他人的未来（职业生涯）负责	
30. 我感到我甚至没有时间偶尔休息一下	

测试答案：

每个项目都与特定的压力有关，这些项目和有关内容的种类列在下面。将每个项目的得分相加，得到你在该种情况的总分。

你的得分：

角色模糊：1，7，13，19，25　　合计：

角色冲突：2，8，14，20，26　　合计：

角色负荷超载：3，9，15，21，27　　合计：

职业生涯开发：5，11，17，23，29　　合计：

个人职责：6，12，18，24，30　　合计：

结果分析：总分低于 10 分表示压力水平低；总分在 20～24 分之间表示中等程度的压力；总分在 25 及 25 分以上表明压力水平高。

资料来源：中国管理整合网，2005－10－16。

三、个别差异

压力源能否导致压力反应、能引起多大强度的压力，关键看个体各方面的情况。对某一情境，有人感到压力很大，有人则感到是小事一桩。很明显，压力的产生存在个别差异。

1. A 型行为

研究发现，具有 A 型行为（type-A behavior pattern）或 A 型人格（type-A personality）的人比 B 型行为（type-B behavior pattern）的人更能承受压力。

A 型行为的特征是：

（1）极大的抱负和雄心壮志；

（2）过重的工作要求，常对工作成就不满足；

（3）情绪易波动；

（4）有闯劲，表现好斗，思维敏捷，有进取心；

（5）过分竞争性与好胜心；

（6）常有时间紧迫感与匆忙感；

（7）变动不定的敌意；

（8）习惯做艰苦紧张的工作，即使休息时也难以松弛下来；

（9）不耐烦；

（10）常同时进行多种思维与动作；

（11）言语与动作的节奏快。

相反，B 型行为的特征是性情温和，言语与动作节奏慢，缺少竞争性。

2. 刚强人格

近年来，刚强人格（the hardy personality）与压力的关系得到了深入研究。所谓刚强人格，是指一组人格特质，包括承诺感、把困难看做挑战与机会、感觉自己能控制自己的生活与命运等。

具体来说，刚强人格包括三个基本成分：

（1）承诺，是指个体对工作及其他生活事件的投入；

（2）控制，是指相信自己能够对生活中重大事件与结果施加影响；

（3）挑战，是指把生活的变故当作成长的挑战和机会，而不是威胁。

刚强人格的概念能够较好地解释个体对压力源反应的个别差异。比较刚强的人只把很少的事件当作压力源，比较脆弱的人把许多事件看作压力源。刚强的人不会被困难和挫折吓倒，相反，面对压力源，他们会努力找到解决途径。

3. 乐观主义

乐观主义者对生活充满希望，总是看到生活中积极的一面，悲观主义者则正好相反。乐观主义者用建设性的方法处理各种压力，努力征求各种意见与建议，从不放弃解决问题的努力。研究发现，较乐观的工人对待失业的态度更积极向上。

4. 自我吹毛求疵

自我吹毛求疵（self-criticism）是另一个与压力有关的人格特质。自我吹毛求疵者往往对自己要求过高，觉得自己应该取得更高绩效，应该把工作做得更好。

5. 知觉控制水平（perceived level of control）

当员工感觉他们能够控制自己的工作活动而不是被动应对时，压力会明显减少。如果一个人自愿花长时间开发软件，他不会感到压力。而当他被强制分派到软件开发项目组中工作时，他会感到非常不满。

6. 紧张释放率

紧张释放率（tension discharge rate）是指个体能否把以前经历的紧张、困扰等迅速抛开。调查表明，紧张释放率高的人较少存在健康问题。这说明尽快把烦恼抛于脑后应是明智的选择。

7. 过去经验

如果个体对某一压力源曾经面对多次，由于学习与适应，压力反应将会大大降低。

8. 社会支持

家人、朋友、同事等的鼓励、支持会增加一个人战胜困难的信心和勇气，从而减轻压力（参阅知识库5—2）。

【知识库5—2】　十步一杀：消工作压力于无形

第一步，精神超越——价值观和人生定位。卡耐基说："我非常相信，这是获得心理平静的最大秘密之一——要有正确的价值观。而我也相信，只要我们能定出一种个人的标准——就是和我们的生活比起来，什么样的事情才值得的标准，我们的忧虑有50%可以立刻消除。"

第二步，心态调整——以积极乐观的心态拥抱压力。法国作家雨果曾说过："思想可以使天堂变成地狱，也可以使地狱变成天堂。"

第三步，理性反思——自我反省和压力日记。理性反思，积极进行自我对话和反省。对于一个积极进取的人而言，面对压力时可以自问："如果没做成又如何？"这样的想法并非找借口，而是一种有效疏解压力的方式。但如果本身个性较容易趋向于逃避，则应该要求自己以较积极的态度面对压力，告诉自己，适度的压力能够帮助自我成长。

同时，记压力日记也是一种简单有效的理性反思方法。它可以帮助你确定是什么刺激引起了压力，通过翻看日记，你可以发现你是怎样应对压力的。

第四步，建立平衡——留出休整的空间，不要把工作压力带回家。

第五步，时间管理——关键是不要让你的安排左右你，你要自己安排你的事。工作压力的产生往往与时间的紧张感相生相伴，总是觉得很多事情十分紧迫，时间不够用。解决这种紧迫感的有效方法是时间管理，关键是不要让你的安排左右你，你要自己安排你的事。

第六步，加强沟通——不要试图一个人就把所有压力承担下来。平时要积极改善人际关系，特别是要加强与上级、同事及下属的沟通，要随时切记，压力过大时要寻求主管的协助，不要试图一个人就把所有压力承担下来。同时在压力到来时，还可采取主动寻求心理援助，如与家人、朋友倾诉交流、进行心理咨询等方式来积极应对。

第七步，提升能力——疏解压力最直接有效的方法是设法提升自身的能力。既然压力是自身对事物的不熟悉、不确定感，或是对于目标的达成感到力不从心所致，那么，疏解压力最直接有效的方法，便是了解、掌握状况，并且设法提升自身的能力。

第八步，活在当下——集中你所有的智慧、热忱，把今天的工作做得尽善尽美。压力，其实都有一个相同的特质，就是突出表现在对明天和将来的焦虑和担心。而要应对压力，我们首先要做的事情不是去观望遥远的将来，而是去做手边的清晰之事，因为为明日做好准备的最佳办法就是集中你所有的智慧、热忱，把今天的工作做到尽善尽美。

第九步，生理调节——保持健康，学会放松。另外一个管理压力的方法集中在控制一些生理变化，如逐步肌肉放松、深呼吸、加强锻炼、充足的睡眠、保持健康和营养。

第十步，日常减压。以下是帮助你在日常生活中减轻压力的10种具体方法，简单方便，经常运用可以起到很好的效果：

1. 早睡早起。在你的家人醒来前一小时起床，做好一天的准备工作。
2. 与你的家人和同事分享工作的快乐。
3. 一天中要多休息，从而使头脑清醒，呼吸通畅。
4. 利用空闲时间锻炼身体。
5. 不要急切地、过多地表现自己。
6. 提醒自己任何事不可能都是尽善尽美的。
7. 学会说“不”。
8. 生活中的顾虑不要太多。
9. 偶尔可听音乐放松自己。
10. 培养豁达的心胸。

资料来源：中国招聘联盟，2006-12-04。

四、压力的结果

长期、过重的压力不仅能使人精神衰竭，而且会危害个体的身体健康（如患心身疾病）、心理健康（如患神经症与精神病），更会影响到工作绩效。

1. 心身疾病

压力能引起植物神经和内脏功能的变化。当这些变化成为持续性的病理性改变时，则称为心身疾病。心身疾病的种类很多，主要包括以下几种。

（1）心血管系统心身疾病。属于心血管系统心身疾病的有原发性高血压、冠心病、心率失常、神经性心绞痛、低血压、心脏神经症等。

多数研究认为，高血压病与病前性格有关。一般认为，容易激动、具有冲动性、求全责备、刻板主观的人易患高血压病。这种性格很可能与遗传有关。各种引起精神紧张的情绪因素，特别是愤怒、恐惧、焦虑均可使血压升高；而沮丧或失望时，血压的变化相对较小。

冠心病已成为人类的第一杀手。研究结果表明，冠心病是多种因素作用的结果。社会心理应激、精神紧张、噪声等因素，不仅同大量吸烟、高血压、高胆固醇血症、肥胖和不合理的膳食、环境污染等一样，都是冠心病的前因，而且是重要的诱因。恐惧、愤怒、焦虑、兴奋、激动等情绪变化，都可能影响心跳的速率、节律与搏出量，而诱发心绞痛、心肌梗塞。

（2）消化系统心身疾病。属于消化系统心身疾病的有消化性溃疡、溃疡性结肠炎、神经性厌食、肥胖病、神经性多饮、神经性呕吐、过敏性结肠炎等。

（3）呼吸系统心身疾病。属于呼吸系统心身疾病的有支气管哮喘、过度换气综合征、神经性咳嗽等。

（4）皮肤心身疾病。属于皮肤心身疾病的有神经性皮炎、荨麻疹、瘙痒症、湿疹、斑秃、牛皮癣、多汗症等。

（5）神经系统心身疾病。属于神经系统心身疾病的有肌紧张性头痛、偏头痛、抽搐、书写痉挛、痉挛性斜颈等。

（6）癌症。被人称做“绝症”的恶性肿瘤的病因有很多。以前，人们仅仅注重理化因素（如放射线、化学致癌物）和生物因素（如病毒、慢性感染、机体衰老、免疫缺陷、内分泌紊乱、遗传）等，现在很多人已经认识到心理、社会因素的重要性。

专家认为，重大生活事件中的精神紧张压力所引起的绝望情绪体验，是导致癌症的主要心理社会因素。此外，一致认为某些癌症患者的行为特征是：过分耐心、回避冲突、过分合作、屈从让步、不作决定、负性情绪控制强、追求完美、生活单调等。

2. 神经症

神经症（neurosis）是一组以不健康的人格特征构成发病基础，在各种精神因素的作用下，导致个体神经系统机能状态削弱，大脑功能活动暂时性失调的疾病总称。神经症的种类很多，下面仅讨论最常见的几种。

（1）神经衰弱。神经衰弱（neurasthenis）是由于大脑神经活动长期持续性过度紧张，导致中枢神经系统的兴奋和抑制功能失调而产生的。临床上患者常易兴奋、易激怒，同时又易疲劳、易衰弱，常有失眠、头痛、抑郁、注意力涣散、记忆力减退和情感脆弱，而且随着疲乏无力或衰弱程度的加重或减轻而产生相应的改变。

（2）焦虑症。焦虑症以并非实际的威胁所致的焦虑、紧张、恐惧等情绪障碍为特征，伴有植物神经系统症状和运动不安。

（3）强迫症。强迫症是以强迫观念、强迫意向及动作为主要特征的一种神经症。

（4）恐惧症。恐惧症的中心症状是恐惧，并因恐惧引起剧烈焦虑，甚至达到惊恐程度。

（5）抑郁症。抑郁症是一种以持久的心境低落状态为特征的神经症，常伴有焦虑、躯体不适感和睡眠障碍。

3. 精神病

常见的精神病有精神分裂症、情感性精神障碍、偏执性精神障碍、反应性精神障碍等（参阅知识库5—3）。

【知识库5—3】 **精神分裂症**

精神分裂症（schizophrenia）是一种常见的精神病，据世界卫生组织估计，全球精神分裂症的终身患病率为3.8‰～8.4‰。

按照中国精神障碍分类与诊断标准第三版（CCMD－3），根据占主导地位的临床表现，精神分裂症分为：偏执型分裂症、青春型分裂症、紧张型分裂症、单纯型分裂症、未定型分裂症；根据所处疾病的病期和预后分为：精神分裂症后抑郁、精神分裂症缓解期、精神分裂症残留期、慢性精神分裂症、精神分裂症衰退期。

精神分裂症诊断标准如下：

一、症状标准

至少有下列2项，并非继发于意识障碍、智能障碍、情感高涨或低落，单纯型分裂症另规定：

（1）反复出现的言语性幻听；

（2）明显的思维松弛、思维破裂、言语不连贯，或思维贫乏或思维内容贫乏；

（3）思想被插入、被撤走、被播散、思维中断，或强制性思维；

（4）被动、被控制，或被洞悉体验；

（5）原发性妄想（包括妄想知觉，妄想心境）或其他荒谬的妄想；

（6）思维逻辑倒错、病理性象征性思维，或语词新作；

（7）情感倒错，或明显的情感淡漠；

（8）紧张综合征、怪异行为，或愚蠢行为；

（9）明显的意志减退或缺乏。

二、药物治疗

（1）药物治疗可以缓解绝大部分症状，抗精神病药物治疗应作为首选的治疗措施。

（2）第二代（非典型）抗精神病药物，应作为一线治疗药物选用，副反应相对较小，具有较高的5—羟色胺受体阻断作用，同时也阻断多巴胺受体，称为多巴胺/5—羟色胺拮抗剂。包括利培酮、奥氮平、氯氮平、喹硫平、齐拉西酮、阿立哌唑、帕利哌酮、氨磺必利。氯氮平因其副反应大，作为二线药物使用。

（3）第一代（典型）抗精神病药物，应作为二线治疗药物选用，主要作用机制是脑内多巴胺受体的阻断剂，目前常用种类包括：氯丙嗪、氟哌啶醇、五氟利多、奋乃静、氟奋乃静、舒必利。

（4）长效药物，主要用于维持治疗和服药依从性不好的患者。第一代药物长效针剂包括氟哌啶醇葵酸酯、氟奋乃静葵酸酯、哌普嗪棕榈酸酯，五氟利多为口服氟哌啶醇长效制剂。第二代药物利培酮、帕利哌酮的长效针剂已在我国应用。

4．工作绩效

研究表明，中等水平的压力能使员工的工作绩效最高（见图5—2）。如果完全没有压力，工作缺乏挑战性，绩效将会很低。随着压力的增加，绩效相应提高，因为此时个体会调动自身资源去适应工作要求。绩效达到最高点后，不再提高。此后，如果压力继续增加，将会削弱工作绩效。因为过重的压力使个体无力处理，最终使绩效大大降低。

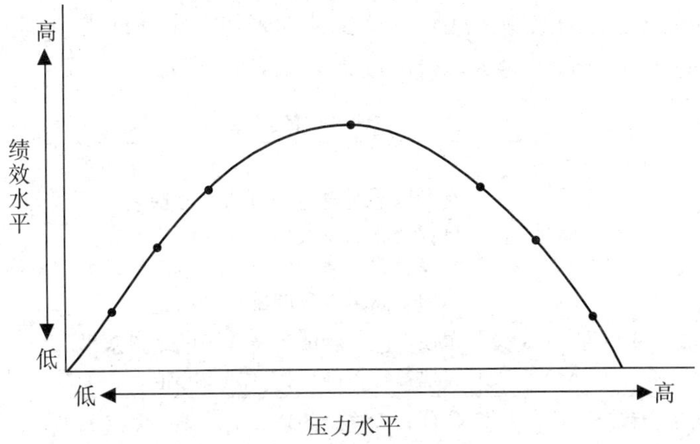

图 5—2　压力与绩效的关系

第 2 节　工作压力管理

一、心理咨询

心理咨询是通过人际影响、运用心理学知识帮助来访者提高社会适应能力的过程。

(一) 心理咨询的阶段

一般来说，心理咨询包括以下六个阶段。

(1) 信息收集。本阶段的主要任务是深入收集与来访者及其问题有关的资料。一般说来，咨询者收集到的资料越多，对于下一阶段所要进行的心理诊断就越有利。在此阶段，咨询者对对方谈话的耐心倾听，对对方所谈内容的真诚关注，友好的面部表情，对对方思维、情感活动的理解达到相通的境界，这些都是良好的咨询关系建立的必要条件。

(2) 心理诊断。本阶段的主要任务是运用心理测验及其他工具发现来访者的问题。据调查，来访者最突出的问题是苦恼体验，其次是人际关系问题，再次是工作或学习问题等。

(3) 信息反馈。本阶段的目的是将信息反馈给来访者，得以证实或肯定，并使来访者能够作出进一步决定，以考虑是否继续进行咨询。在这一阶段，咨询者给予来访者的信息反馈应尽可能清晰、简短、具体，不要用过多术语，以简明的话语说明咨询者对其接收到的信息的分析。

(4) 确立目标。在咨询实践中，咨询者要在心理诊断的基础上与来访者共同制定咨询目标。可以这样问来访者：通过咨询，你希望解决什么问题、有什么改变、达到什么程度等。

(5) 帮助与改变。本阶段咨询者的角色是提供一种对来访者有利的外在环境和良好的人际关系，提出某些说明、解释、意见、建议，教其某些方法等，通过改变学习的方式，促进来访者不断进步。

（6）结束。在本阶段，咨询者要向来访者指出他在咨询中已取得的成绩和进步，并向其指出还有哪些应注意的问题。此外，还要帮助来访者重新回顾咨询要点，检查咨询目标实现的情况，进一步巩固咨询所取得的成果（见表5—2）。

表5—2 心理健康的标准

概念范畴	标准说明
对自身的态度	有意识地对自身进行适当的探索 自我概念的现实性 接受自我，能现实地评价自己的长处和短处 心理认同感觉的明确性和稳定性
成长、发展或自我实现的方式及程度	实现自己各种能力及才干的动机水平 实现各种较高目标（如关心他人、工作、理想、兴趣）的程度
主要心理机能的整合程度	各种心理能量的适宜的动态平衡（如本我、自我、超我） 有完整的生活哲学 在应激条件下能坚持并具有忍耐能力和应付焦虑的能力
自主性或对于各种社会影响的独立性	遵从自身的内部标准，行为有一定之规 行为独立的程度
对现实知觉的适应性	没有错误的知觉，对于所预期及所见的事物重视其实际证据 对于他人的内心活动有敏锐的观察力
对环境的控制能力	具有爱的能力并建立了令人满意的性关系 有足够的爱、工作和娱乐 人际关系适宜 能够适应环境的要求 具有适应和调节自身的能力 能有效地解决问题

（二）影响手段

咨询者需要运用各种方式与手段影响来访者以使其改变。常见的影响技术有以下几种。

（1）解释。解释是最重要的影响技术，能给来访者提供一种新的认识他们的问题和其自身的方式。解释还可以使来访者的世界观产生认知性的改变。

（2）指导。指导被人们认为是最有影响力的技巧。简而言之，指导就是告诉来访者做某事。指导最直接的形式是咨询者让来访者做某些事情或说某些话，或以某种方式行事。咨询者还可以引导来访者进行想象，进行放松训练，教其某些特定的行为方式，或使来访者进行自由联想等。

（3）忠告与信息。这是一组非常有用的影响技巧。咨询者借助为来访者提供建议，给予指导性的信息，或为其提供具有指导意义的思想观点等帮助来访者。这可以说起到了为来访者提供新的信息的作用，对来访者的思维与行动具有潜在的影响力。

（4）自我暴露。自我暴露是指把自己个人的有关信息讲出来使别人知道的过程。咨询会谈中最初只重视来访者的自我暴露，认为这在咨询中是必需的，是使咨询成功的必备条件。后来人们开始重视咨询者的自我暴露，认为这与来访者的自我暴露同样重要。自我暴露对咨询者来说，是有助于与来访者建立相互信任和开诚布公的良好关系的影响技术。

（5）反馈。反馈是指咨询者为来访者提供自己或他人会怎样看待来访者的问题的特殊的信息。应用反馈技巧的目的是帮助来访者开阔眼界，看看其他人是怎样想、怎样处理同类事情的。采用反馈这样的方式可以为对方提供与之不同的感知思维模式，以达到影响对方的目的。

（6）逻辑推论。这是咨询者根据来访者提供的有关信息，运用逻辑推理的原则，引导来访者认识其思维及行动可能引出的结果。运用这种技巧时，咨询者可以用“如果……就会……”这一类条件句。逻辑推理是在为来访者提供另一种思维方式，引导对方从不同的角度、不同的方式思维预先想到事情发生的可能结果，进而使其意识到自己思维、言行的不妥之处，从而加以改变。

（7）影响性总结。这是对每次会谈中咨询者给来访者所做咨询的总结。咨询者可先总结此次会谈中发现来访者有什么样的问题，然后讲此次咨询中重点对哪几个问题进行工作，第三步概括本次会谈的咨询要点。这样做有利于会谈双方对此次会谈的情况有更为清楚、全面的了解，更重要的是有利于来访者抓住会谈要点，加深其对在会谈中所学到的东西的印象。

二、心理治疗

心理治疗的方法很多，最常用的主要有以下几种。

（一）精神分析疗法

精神分析疗法（psychoanalysis）是著名的精神病学家弗洛伊德创立的治疗方法，就是要把压抑在“潜意识”中那些童年的创伤和痛苦挖掘、暴露出来，变成意识的东西，加以分析、疏导、解释，使患者从分析者那里重新认识自己，并改造自己人格的不足，改变不良的行为模式，以实现治疗目的。

（二）行为疗法

行为疗法（behavior therapy）是根据行为科学的原理开发出来的治疗方法，包括多种技术，主要有：

1. 放松训练

肌肉放松技术是由雅克布森（Jacobson）于 20 世纪 30 年代提出的，对于应对紧张、焦虑等情绪十分有用。训练时，应逐一放松身体的每一部分肌肉。顺序是：手臂—头—躯干—腿，步骤是：集中注意—肌肉紧张—保持紧张—解除紧张—肌肉松弛。例如，手臂放松的指示语是：伸出你的右手，使劲地握，就好像要握碎什么东西一样，注意手臂紧张的感觉（集中注意和肌肉紧张）……坚持一下……再坚持一下（保持紧张）……好，放松……现在感到手臂很放松了（解除紧张和肌肉松弛）……

2. 系统脱敏

系统脱敏技术（systematic desensitization）由沃尔普（Wolpe）和拉扎勒斯（Lazarus）创立。主要步骤有：

（1）建立恐怖（或焦虑）等级层次：根据患者感到恐怖或焦虑的主观程度列出等级层次，一般从 0 到 100。

（2）现实脱敏：从最低层次的恐怖或焦虑开始，让病人实际体验引起恐怖或焦虑的情况，反复数次直到正常。每次体验后可用肌肉放松技术摆脱恐怖或焦虑情绪。

（3）想象脱敏：从引起最低水平的恐怖或焦虑刺激开始，让病人想象，待病人报告自己已处于恐怖或焦虑状态后，让病人进行肌肉放松训练。反复数次直至病人报告说自己对某一情境不再感到恐怖或焦虑。

（三）认知疗法

认知疗法（cognitive therapy）的主要观点是：认知过程是行为和情感的中介，适应不良性行为及情感与适应不良性认知有关。医生的任务是找出这些不良的认知，并提供学习或训练方法以矫正这些认知。由于适应不良性认知被矫正，从而引起心理障碍的好转。

认知疗法的种类很多，比较著名的是理性情绪疗法（rational-emotive therapy）。理性情绪疗法由美国临床心理学家埃利斯（A. Ellis）创立。他认为，情绪障碍等行为的结果（consequences）不是由某一诱发事件（activating）本身引起的，而是由个体对这一事件的解释与评价即信念（beliefs）引起的，这就是著名的 ABC 理论。要想消除情绪障碍以及由此引发的其他精神行为障碍，主要应改变或消除个体的不合理信念。改变不合理信念的途径主要是辩论。通过辩论，让来访者树立合理信念，从而达到治疗目的。

（四）催眠疗法

催眠疗法（hypnosis therapy）是指用催眠的方法使求治者的意识范围变得极度狭窄，借助暗示性语言，以消除心理和躯体障碍的一种心理治疗方法。

催眠治疗一般要求房间内光线柔和，室温适中，安静。让求治者坐在舒适的沙发上，先调整呼吸，使其平静有规则，进而使全身肌肉处于放松状态，然后进行催眠。一般催眠治疗多采用间接法，即令求治者凝视或倾听某一物体或某些单调的节拍器声或水滴声，同时催眠者给予言语暗示，用单调、低沉、肯定、柔和的言语反复暗示："你的眼皮发紧了，越来越疲倦，你已睁不开眼睛了，闭上眼睛吧……你的手、腿也开始放松了，全身都已放松了……眼皮发沉，头脑也开始模糊了……你越来越困倦了，你要睡了……睡吧……"

在催眠状态中，显意识的所有散漫的活动都将得到抑制，而潜意识活动却相应增加，上升到主导地位。这时，由催眠者发出的暗示便深深印入潜意识里，从而产生心理和生理上的反应。可根据求治者的症状，让其回忆已遗忘的过去的经历，宣泄其存在的创伤体验，可以询问其病史、生活和工作的挫折等，为治疗收集资料，可以暗示其做一些动作或讲话，如通过讲话来纠正其缄默症，也可以告诉求治者某些症状很快就会消失。

（五）生物反馈疗法

生物反馈疗法（biofeedback therapy）是利用现代生理科学仪器，通过人体内生理或病理信息的自身反馈，使普通条件下人们不能明显意识到如何活动的内脏功能（如血压、心跳、胃蠕动、生物电活动等）借助灵敏的电子仪器进行放大并显示出来，使病人学会在某种程度上自我控制调节这些机能，以达到治疗的目的。

三、组织对策

各类组织可以从以下两方面减轻压力的消极影响。

1. 识别、改变或消除压力源

主要措施包括：

(1) 改善工作条件；

(2) 工作再设计；

(3) 重新分派工作，以避免工作超载或欠载；

(4) 结构重组（structural reorganization），以明确责权利；

(5) 改变工作日程，实行弹性工作时间；

(6) 实行目标管理，减少严密监督，改变经营方式；

(7) 实施员工参与计划，以应对多种变革；

(8) 重新界定角色，解决角色冲突与模糊。

2. 减轻压力带来的不良后果

主要措施包括：

(1) 团队建设；

(2) 行为塑造；

(3) 事业咨询（career counseling）；

(4) 帮助员工处理精神衰竭；

(5) 实行放松训练；

(6) 提供健康项目（wellness programs）。

所谓健康项目，是指组织发起的旨在促进良好健康习惯的各项活动。健康项目有三种形式：第一，引起警觉与提供信息。这些项目不直接促进心身健康，其主要目的是让员工明白自己行为的后果。例如，通过举办各类讲座与报告，告知员工如何加强营养、防止疾病等。第二，改变生活方式。例如，参加体育活动（如散步、长跑），戒烟，控制体重等。第三，保持良好的生活方式。例如，美国 AT&T 公司的员工创立了各种支持群体，相互帮助以共同形成良好的生活方式。贝尔实验室提供各种锻炼、放松设备，让员工免费使用，还有一名专职的健康主管全面负责公司的健康项目。

各种健康项目的实施有助于事故、缺勤、迟到的减少，有助于医疗费用的降低，更有助于员工满意与组织绩效的提高。

□ 小　结

压力是个体对某一没有足够能力应对的重要情境的情绪与生理反应。引起工作压力的主要来源有工作负担、工作条件、角色冲突与模糊、人际关系、组织变革、攻击行为、工作与家庭的冲突以及价值观的差异。

压力存在显著的个别差异。A 型行为、刚强人格、乐观主义、自我吹毛求疵、知觉控制水平、紧张释放率、过去经验以及社会支持等个人特征，都是影响压力反应的主要变量。

压力不仅影响工作绩效，而且危害个体的心身健康，如导致各种心身疾病、神经症、神经病的发生。

心理咨询与治疗是缓解与根除压力产生的不良结果的主要方法。心理治疗的方法主要有精神分析、行为疗法、认知疗法、催眠疗法、生物反馈疗法等。

组织应采用各种方法减轻或消除压力，如改善工作条件、对工作进行再设计、结构重组、员工参与管理、事业咨询以及提供各类健康项目等。

□ 复习题

1. 什么是压力？
2. 工作压力的来源有哪些？
3. 心身疾病的种类有哪些？
4. 神经症的种类有哪些？
5. 心理咨询的影响技术有哪些？
6. 心理治疗的方法有哪些？
7. 论述组织应如何管理员工的工作压力。

□ 技能训练

深度放松

下面的深度放松技巧结合了几个知名模式的关键要素。专家建议这个技巧应该一星期练习 3 次，每次 20 分钟。第一次练习这个技巧至少需要 30 分钟的时间。

和你的伙伴（第一次你可能想先在教室中自己进行）找一个安静的场所，让你的伙伴给你读下面的指示。不要匆匆读过。每一步之间都要有充分的时间以避免匆忙进行。在你完成之后，和他交换角色（你以后也许会在其他不同的地点练习这个技巧，因此你可以将这段指示语做成录音。或者，你也可以和一个朋友或配偶经常性地做这个练习）。

第一步：找一个舒适的位置。你可能想躺下，松开所有较紧的衣服。闭上眼睛并保持安静。

第二步：将精力集中在自己的身体上并且放松肌肉。排除所有其他思想。调整到一个较顺从的心态。

第三步：将你的每一个肌肉群紧张再放松 5～10 秒，按照下面的顺序：

前额：皱起前额，努力使眉毛接近发际，保持 5 秒钟，然后放松。

眼：紧闭眼睛 5 秒钟，然后放松。

嘴唇、面颊和下巴：将嘴角向后拉，保持这种状态 5 秒钟，然后放松。

手：将手臂向前伸出，紧握拳头 5 秒钟，然后放松。

前臂：将手臂向前伸，假想前面有一堵墙，用手推这堵墙，保持 5 秒钟，然后放松。

上臂：弯起肘臂。让肱二头肌紧张。保持 5 秒钟，然后放松。

肩部：将肩部向上耸，靠近耳朵，保持 5 秒钟，然后放松。

背部：将背部拱离地面，保持 5 秒钟，然后放松。

腹部：将腿抬离地面以使腹部紧张，保持 5 秒钟，然后放松。

臀部：收紧臀部的肌肉，保持 5 秒钟，然后放松。

腿：把腿尽量紧地并在一起。保持 5 秒钟，然后放松。

脚：尽量弯曲脚腕，保持 5 秒钟，然后伸展脚。

脚趾：尽量弯曲脚趾，保持 5 秒钟，然后放松。

第四步：集中注意任何仍然紧张的肌肉，对这些肌肉群重复上面的练习 3～4 次，直至放松。

第五步：现在注意呼吸，不要刻意地改变它，但注意使呼吸缓慢延长。专心注意自己呼吸的节律，不要管其他的事情，最少进行 45 次。

第六步：现在注意你的身体的重量和温度，释放身体上所有的能量。不要再想去控制或移动你的身体。

第七步：身体彻底放松之后，放松你的思想。在头脑中构想一个简单的物品，比如玻璃球、空的白色花瓶、月亮或你喜欢的其他物品。不要分析它，不要研究它，只是构想它。让思想完全集中在这个物品上至少 3 分钟，不要让其他的想法进入头脑。现在就开始练习。

第八步：现在睁开眼睛，慢慢地起来，以良好的精神状态去面对充满压力、令人焦虑的 A 型环境。

资料来源：大卫・A・威坦、金・S・卡梅伦：《管理技能开发》，151～152 页，北京，清华大学出版社，2004。

□ 行为测量

抑郁量表

请根据您在过去几天内的感受来填答本问卷中所有的题目。请针对每一个句子选择“是”或“否”，并将之画圈。

抑郁感（depression）

1. 我精神状态很好。（否）
2. 我的心情很坏，或经常想哭。（是）
3. 我认为我是不可救药了。（是）
4. 我的前途一片凄惨。（是）

内疚（guilt）

5. 我认为自己是一个像别人一样好的人。（否）
6. 我感到自己毫无价值并为此感到羞愧。（是）
7. 一生中那些令我后悔的事，在我脑中挥之不去。（是）
8. 我正在为我过去所犯的错误受惩罚。（是）

自杀（suicide）

9. 我感到还是值得活下去的。（否）
10. 我经常希望自己已经死了。（是）

11. 我一直在考虑如何自杀。（是）

12. 死对我来说是最好的解脱。（是）

睡初失眠（initial insomnia）

13. 晚上我要花比平常更多的时间才能入睡。（是）

14. 我要花半个小时以上才能入睡。（是）

睡中失眠（middle insomnia）

15. 我的睡眠是不安宁、容易惊醒的。（是）

16. 我经常半夜醒来。（是）

早醒失眠（delayed insomnia）

17. 早晨我比平时醒得早。（是）

18. 早上我比预定的时间早很多就醒来了。（是）

工作和兴趣（work and interests）

19. 我从自己所做的事情中得到乐趣和满足。（否）

20. 我仍然喜欢外出与人交往。（否）

21. 我已经放弃了许多我的兴趣和活动。（是）

22. 我仍然能够继续从事我该去做的工作。（否）

迟钝（retardation）

23. 我的思维还像往常一样敏捷活跃。（否）

24. 我的声音单调，缺乏活力。（是）

25. 我最近好像什么事也干不成。（是）

26. 我的动作迟缓到连洗澡、穿衣都需要人帮忙。（是）

激躁（agitation）

27. 我认为我从外表看起来很平静。（否）

28. 我激荡不安，烦躁难忍。（是）

29. 我内心的困扰及烦躁，外人一定很快就看出来了。（是）

30. 大部分时间，我一定要走来走去才行。（是）

心理焦虑（psychological anxiety）

31. 在看报纸时，我很容易就可以聚精会神。（否）

32. 我感到易怒和紧张不安。（是）

33. 很多时候，我无缘无故地感到害怕。（是）

34. 我感到恐惧，并几近惊慌。（是）

身体焦虑（somatic anxiety）

35. 我有消化不良的毛病。（是）

36. 有时我的心跳得比平常快。（是）

37. 我经常有头昏目眩、昏晕虚弱的感觉。（是）

38. 我的手颤抖得厉害，人们很容易就会注意到。（是）

饮食状况（gastrointestinal）

39. 我仍然像平常一样很享受我吃的食物。（否）

40. 即便是一点点食物，我都必须强迫自己才吃得下。（是）

一般的身体状况（general somatic）

41. 我感到像往常一样精力充沛。（否）

42. 大部分时候我都感到精疲力竭。（是）

性欲（libido）

43. 我的性欲还像生病前一样强。（否）

44. 自从生病开始，我对性事已完全失去了兴趣。（是）

疑病症（hypochondriasis）

45. 我经常很担忧自己的身体状况。（是）

46. 我特别关心自己身体的运作情况。（是）

47. 我的毛病是由某种严重的内科疾病所引起的。（是）

48. 我的身体里面很糟糕、很腐坏。（是）

洞察力衰退（loss of insight）

49. 我所需要的只是好好休息一下，然后就可恢复过来了。（是）

50. 我之所以生病是因为这一阵子这里的天气一直很坏。（是）

体重减轻（loss of weight）

51. 我的体重正在下降。（是）

52. 我意识到我的体重已减轻了很多。（是）

说明：量表中有40题从正面表达，回答“是”代表抑郁；有12题从反面表达，回答“否”代表抑郁。总分为52分，超过10分表明存在抑郁。

资料来源：内奥米·斯隆克：《人格测评》，152～155页，北京，华夏出版社，2003。

□ 案　例

大唐电信

5月28日、29日晚，南宁会展中心健身馆热闹非凡，大唐广西分公司机关在这里举行精彩纷呈的迎七一“争创杯”气排球比赛。

连场不断的赛事丝毫未减运动员高昂的激情和矫健的步履。“想不到我们坐办公室的员工也有了如此好的体能和乐观自信的表现。”同为运动员的分公司党组成员、工会主席吴启良感慨良多，也从中感受到了分公司多方面、全方位关心员工身心健康带来的新气象。

关心员工的身心健康，就是关心企业的健康成长和持续发展。一直以来，广西分公司高度重视人本管理、人性关怀，从对企业内部关系进行评估入手，并据此采取相应的改进措施，最大限度地发挥员工的潜能，尽一切可能为员工提供适当的帮助，以更好地关心员工的身心健康。

一、重视身体健康保“本钱”

广西分公司关心员工从关心他们的身体健康入手，每年定期免费为员工进行健康体检，建立员工个人健康档案，进行跟踪观察；成立乒乓球、气排球、广场舞、登山运动等协会团体组织，经常开展以强身健体为目的的集体活动，向员工提供保障式健康项目，鼓励员工养成良好的、健康的生活方式，为他们创造放松身心、锻炼体魄的机会，以更好地带动所有员工在工作之余加入到锻炼身体的行列中来；每年还组织开展全系统气排球、羽毛球、乒乓球等一些大型球类比赛活动，给员工一个展现身体素质和沟通的平台，营造积极向上的健康氛围。

二、加强教育培养提素质

第一，通过宣传板报、报纸、OA系统、QQ群、辩论赛、技能竞赛、学历教育等形式，加强政治理论、企业文化、安全生产、先进典型等宣传教育，帮助员工消除理论上的困惑、思想上的疑虑、认识上的误区，提高他们的技术业务和科学文化素质，彻底消除心理障碍的根源。

第二，认真分析员工在人际沟通中出现的心理问题及原因和表现形式，充分利用现有的"职工书屋"向员工提供压力管理的信息、知识，通过"生日聚会"、"谈心活动"、"拓展训练"等形式，为员工提供精神支持和心理辅导，加强员工心理素质的培养和训练，提高他们的沟通减压能力和工作自信心，解决人际关系沟通给员工带来的心理问题。

第三，借助宣传媒体及邀请有关专家开展健康知识讲座，在员工中普及心理健康教育，提高待人处世能力和个性心理品质，同时给员工提供赏心悦目的工作空间，提高员工的安全感和舒适感，减轻压力。

三、营造和谐氛围利成长

在解放思想大讨论活动中，分公司各级领导创新思路，以身作则，在深入基层调研中和员工同甘共苦，作出表率，用榜样的力量影响带动群众；重视与员工交朋友，开展谈心交心活动，倾听员工的意见和建议，从员工最需要、最紧迫的事情做起；加强人力资源管理中的沟通，向员工提供"两全"考核结果，通过职代会让员工参与与他们息息相关的决策，使员工知道企业正在发生什么事，他们的工作完成得如何等，从而增加其控制感，减轻由于不可控、不确定性带来的压力。

同时针对社会环境、企业发展变化，分公司还积极拓展思想政治工作的覆盖面，主动向一线班组和员工八小时工作时间外的空间延伸，通过开通员工诉求热线，开展温馨行动等形式，加强正面引导和感情交流，真心实意地将解决员工的感情问题与解决心理、工作生活等实际问题结合起来，尽一切可能营造快乐氛围。

资料来源：谢波：《大唐广西公司全天候关心员工身心健康》，中国电力新闻网，2012-05-31。

思考题：

1. 试评价大唐广西分公司的压力管理工作。
2. 对于身心健康的关心，你建议该公司还可以组织哪些活动？

第Ⅲ篇

群体行为

第6章 团体管理

本章重点

- 群体的概念、类型与发展阶段
- 角色、规范、地位与凝聚力
- 工作团队的概念、类型与创建
- 影响团队绩效的因素
- 高效团队的建设
- 团队决策的障碍与技术

引 例

外界常常用“沉浮”、“动荡”来形容对史玉柱团队的印象，但谁也不能否认其“嫡系”十分稳固。陈国、费拥军、刘伟和程晨被称为史玉柱的“四个火枪手”，史在二次创业初期，身边人很长一段时间没领到一分钱工资，但这四人始终不离不弃，一直追随其左右。

据刘伟介绍，尽管经历了巨人公司数年的停业，但脑白金分公司的经理有一半都是最初跟随史玉柱起家的人马，这些人在脑白金已工作六七年，而脑白金和征途的多数副总更是早在1992—1994年期间便是巨人公司的员工。

人们的疑惑在于，史玉柱，这位出身于技术而又近乎偏执的独裁者，何以在“巨人”倒下之时，整个团队二十余人几乎都没有离开他，却追随他蛰伏了数年而后东山再起？从最早的计算机产品到保健品，再到现在的网游，几乎是同一帮人马在策划运作。究竟是什么原因，使这批人才聚集在这个鬼才身边？

作为史玉柱“新嫡系”的征途项目负责人，纪学锋是史玉柱成立征途公司时挖来的第一批网游骨干之一，对此他的看法是：“公司各方面都很开明公平，只要有实力，就会有机会。在管理上不会拘泥于太多的规则，大家做事的时候拼命做，小事则不拘泥于细节，整个过程能够让人实现个人价值。很多企业包括外企规则管理，但把人管得太死。”巨人大厦失败后，对于怎样维系团队的奋斗向上、保证企业的向前发展，史玉柱的做法是：不定目标，缜密论证，步步推进，一咬到底。这一习惯，贯穿着征途两年多的发展轨迹。

脑白金2001年销量突破了13亿，史玉柱随即授权大学时睡在他上铺、时任上海健特总经理的陈国打理日常事务。翌年，陈国发生车祸。据知情人士透露，当时史玉柱正在兰州开会，撂下电话后连夜飞回上海，赶到医院时陈国已奄奄一息。和巨人的倒掉相比，这件事对于史玉柱的打击同样巨大，公司把所有业务全都停掉专门处理陈的后事。史玉柱在后来回忆时表示，那是一种“断臂之痛”。从此，史玉柱对车要求很高，“坐SUV为主，另外加了一条规定，干部离开上海禁止自己驾车”，他和公司高层每年清明都要去给陈国扫墓。

史没有在陈国去世后重新接管脑白金，而是将担子交给了文秘出身的刘伟。“刘伟做上海健特副总，她分管那一块，花钱就是比别人少很多。”史玉柱说，“跟了我十几年，没在经济上犯过一回错，我自然非常相信她。”刘伟表示，自己虽然能叫出这300多个县、市、省办事处经理的名字，但具体管理还需要史玉柱提供思想和方法。

早期，珠海巨人的时候，史玉柱实行的是军事化管理，后来他渐渐明白：“大多数员工的使命是打工挣钱，养家糊口。虽然军人有对国家和民族的义务，但员工没有对老板效忠的义务。”他有时甚至使用极端的管理方式，比如脑白金战役时，员工疯狂地工作、疯狂地加班，史玉柱经常会在员工加班的时候动不动就发上几千元的奖金，让人惊喜不已。

史玉柱力求让每一个员工明白，评价做事的成果“最终凭的是功劳而不是苦劳”。公司只有一个考核标准，就是量化的结果。正是以结果论英雄，他才锻就了一支强有力的队伍。不过，如何在保证结果的同时，保证管理的人性，史玉柱的一个管理思路就是：制度无情，人有情。“老板是刀子嘴豆腐心，骂人归骂人，不会夹杂其他。并且，老板做错了也会自我检讨。”

他用人的一个原则是“坚决不用空降兵，只提拔内部系统培养的人”。他认定的理由是，内部人员毕竟对企业文化的理解和传承更到位，并且执行力相对更有保障。对于一个商业模式定形、管理到位的企业来说，执行的保障比创造的超越更为重要。从这个方面来讲，史玉柱是个典型且极端的实用主义者。

在中国，以亲情文化和家长式管理为纲的企业并不在少数。家长式或长官式管理的另一种表现形式就是独裁性领导。在检讨巨人集团失败的教训时，史玉柱曾表示，原来的公司董事会是个空壳，决策就是由自己一人说了算，认识到了“决策权过度集中危险很大”。

今天，这位自诩为“著名的失败者”的成功者似乎已经洗心革面，他说：“独裁专断是不会了，现在不管有什么不同想法，我都会充分尊重手下人的意见。”由此，他成立了七人投资委员会，任何一个项目，只要赞成票不过半数就一定放弃，否决率高达2/3。

资料来源：改编自《史玉柱是如何管理团队的》，世界经理人，2010-08-06。

史玉柱重新崛起和辉煌源于其稳定、强大的工作团队。当前，工作团队这种工作形式已十分普遍。因此，要想把公司管理成功，首先应能把团队管理好。而要想管理好团队，应首先熟悉群体的基本行为过程。本章先介绍群体的基础理论，然后重点论述工作团队的创建与管理。

第 1 节　群体基础理论

团队管理是组织行为学最重要的领域之一。下面先分析群体的一般理论，再着重探讨工作团队管理。

一、群体的定义与类型

(一) 群体的定义

群体是由两人或两人以上互动的个体组成、个体之间具有稳定的关系与共同的目标、彼此意识到同属一群的集体。

(1) 群体是由两人或两人以上的个体构成的。只有一个人不能叫做群体。而且，个体之间要有互动（interaction），不管是言语的，还是非言语的。

(2) 群体具有稳定的结构。尽管群体成员可能会变化，但群体成员之间必须具备相对稳定的关系，如角色分工。

(3) 群体成员具有共同的目标或兴趣。个体之所以组成一个群体，是因为他们需要共同努力才能达到共同的目标。没有共同的目标或兴趣，群体必将是一盘散沙。

(4) 群体成员彼此意识到他们都是同一个群体的成员，并能区分非群体成员（见图 6—1）。

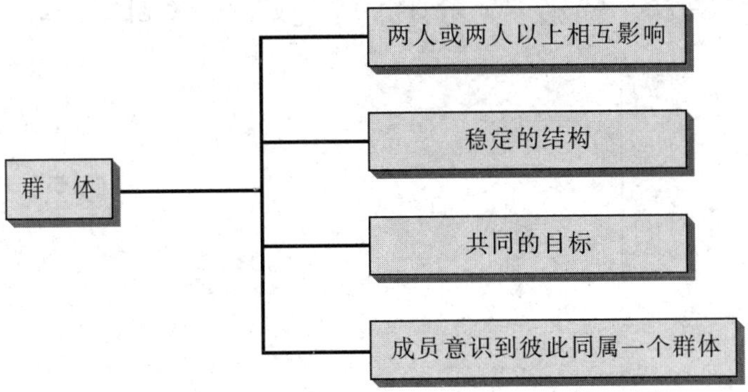

图 6—1　群体的四个标准

(二) 群体的类型

群体的种类很多。根据不同的标准，主要可以划分成以下几类。

1. 正式群体与非正式群体

正式群体是由组织设立的、旨在指导成员努力实现组织目标的群体。正式群体有两种类型：命令群体（command group）和任务群体（task group）。命令群体是由组织的第一管理者和向他直接汇报工作的下属共同组成的群体。任务群体是由为完成某项任务而共同工作的人组成的群体。

非正式群体是为了满足某些心理需求而自发形成的群体，如兴趣群体（interest group）和友谊群体（friend group）。兴趣群体是由志趣和目标相同的人组成的群体。友谊群体是指基于友情形成的群体（见表6—1）。

表6—1　　正式群体与非正式群体的差异

维度	正式群体	非正式群体
一般性质	官方	非官方
主要概念	权威与责任	权力与政治
初始关注	职位	个人
领导权力来源	管理代表	群体给予
行为指南	准则	规范
控制来源	报酬与惩罚	约束

2. 永久群体与临时群体

顾名思义，永久群体（permanent group）是指成立后长期存在的群体，如某部门或工作单位。临时群体（temporary group）是指为了解决某一问题、执行某一任务而组建的群体，问题解决、任务完成后，该群体便解散。

3. 成员群体与参照群体

成员群体（membership group）是指个体是其正式成员的群体。相反，参照群体（reference group）是指个体向往成为其成员的群体或个体视其成员为行为典范的群体。

二、群体的发展

群体的形式与发展需要经过一系列相互联系的阶段（见图6—2）。

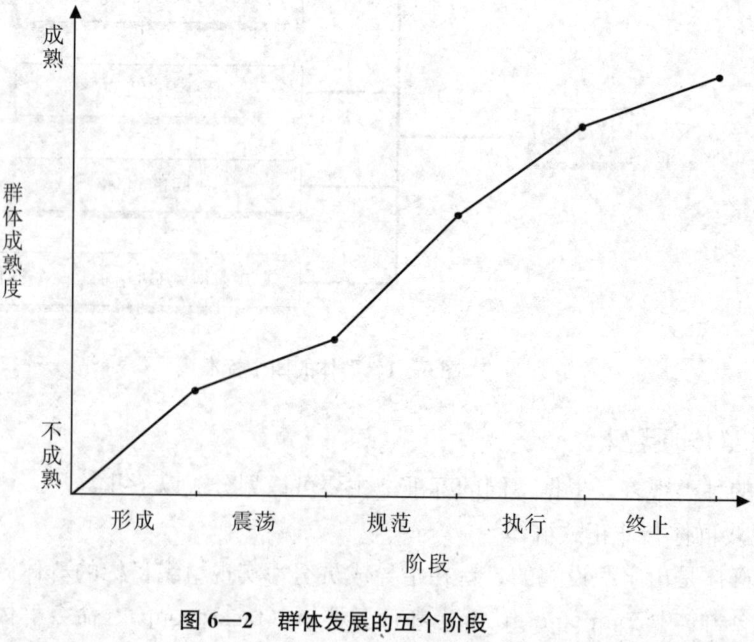

图6—2　群体发展的五个阶段

第一阶段是形成阶段。本阶段的主要特征是群体成员开始彼此熟悉并建立行为准则。在本阶段，往往有些混乱，人们不清楚如何在群体中行动，也不知道作为群体成员有哪些好处。当个体把自己当做群体一员时，形成阶段便已结束。

第二阶段是震荡阶段。本阶段的关键特征是群体内部冲突不断。群体成员常常抵制群体领导者的控制，并彼此存有敌意。如果冲突得以解决，领导者被广泛接受，震荡阶段便随之结束。

第三阶段是规范阶段。本阶段群体开始有凝聚力，成员开始对群体有较强的认同感。成员之间关系变得密切，友爱和共同的责任感开始树立。

第四阶段是执行阶段。本阶段群体开始把主要精力用于完成任务。良好的成员关系和对领导者的高接受性有助于群体绩效的提高。

最后一个阶段是终止阶段。因为并不是所有的群体都是永远持续存在的，所以群体发展的第五个阶段是终止阶段。此阶段群体被解散或自动消失。

三、群体动力

群体动力是指群体成员之间的相互关系与互动过程。群体动力的主要维度有角色、规范、地位和凝聚力四方面。

（一）角色

角色（role）原指演员所扮演的某一特定人物，后被社会心理学家引入社会学和社会心理学。下面讨论有关角色的几个问题。

1. 角色的定义

关于什么是角色，可谓众说纷纭。一般认为，角色是指处于某一地位的个体根据他人的期望所表现出的一套行为模式。

（1）角色是指个体的行为模式。所谓行为模式，是指个体表现出了相对固定、持久的外显行为。

（2）个体展示自己的行为时要考虑别人对自己的期望（角色期望，role expectations），即个体在某一情境下应当如何行动受他人预期的影响。

（3）角色的扮演者是处于某一社会地位的个体。社会地位不同，角色就会不同。而且，扮演者本人对在某一情境下应如何表现行为有自己的认识和观念（角色知觉，role perceptions）。

2. 角色的分类

根据不同的标准，可以把角色分成以下几类。

（1）期望角色、领悟角色和实践角色。期望角色是指社会或团体对某一特定社会角色所设定的理想的规范和公认的行为模式，或者说是一种“应该如何”的社会观点。领悟角色是指个体对其所扮演的社会角色的行为模式的理解。实践角色是指个体根据自己对角色的理解而在执行角色规范过程中所表现出来的实际行为。

（2）规定角色和开放角色。规定角色是指那些规范比较严格且有明确规定的角色，即对角色的责任、权利和义务，以及处理各种关系的需求等方面的行为规范，都有明确的规定。开放角色是指那些没有严格的角色规范，个人可以根据自己对其地位和社会期望的理解而较自由地履行角色行为的角色。

（3）支配角色和受支配角色。群体中必然有一部分人拥有支配力，而另一部分人则被支配。具有支配他人的权力的就是支配角色，而受他人支配的即是受支配角色。

3. 角色的分工

群体成员在群体中承担和表现的角色可分成任务导向角色（task-oriented roles）、关系导向角色（relations-oriented roles）和自我导向角色（self-oriented roles）三类（见表6—2）。

表6—2 群体成员的角色分工

任务导向角色	关系导向角色	自我导向角色
创新者—贡献者	调和者	阻碍者
信息寻求者	折中者	认可寻求者
意见提出者	鼓励者	统治者
能量供应者	加速者	回避者

（1）任务导向角色。包括的主要角色有创新者—贡献者（initiators contributors）、信息寻求者（information seekers）、意见提出者（opinion givers）和能量供应者（energizers）。创新者—贡献者的作用是为群体遇到的难题提出新的解决办法；信息寻求者的作用是努力获得群体需要的事实与数据；意见提出者的作用是提出自己的意见与他人分享；能量供应者的作用是当群体的兴趣下降时，鼓励群体继续努力。

（2）关系导向角色。包括的主要角色有调和者（harmonizers）、折中者（compromisers）、鼓励者（encouragers）和加速者（expediters）。调和者的作用是调解群体矛盾；折中者的作用是为了群体一致而改变自己的意见；鼓励者的作用是赞美与鼓励他人；加速者的作用是提出群体能够更加有效运作的方法。

（3）自我导向角色。包括的主要角色有阻碍者（blockers）、认可寻求者（recognition seekers）、统治者（dominators）和回避者（avoiders）。阻碍者的作用是抵制群体，和群体对着干；认可寻求者的作用是促使别人注意自己的成就；统治者的作用是操纵群体听命于自己；回避者的作用是和群体其他成员保持距离，孤芳自赏。

（二）群体规范

群体规范（norms）是一个群体未说出的准则，对群体行为有很大影响。下面主要论述群体规范的概念、形成以及相关的从众行为。

1. 规范的概念

规范是群体成员普遍认可、指导群体成员行为的非正式准则。规范和组织准则（organizational rules）不同，后者通常是正式的、书面的。此外，规范既可以是规定性的（prescriptive），说明哪些行为应当执行，也可以是禁止性的（proscriptive），说明哪些行为应当避免。

群体规范尽管多种多样，但大致涉及以下几个方面：

（1）关于工作绩效，如成员应完成多少任务、应当付出多大努力、不要偷懒等；

（2）关于仪表形象，如成员应如何着装、不要穿拖鞋等；

（3）关于人际交往，如应和哪些人交往、不能和谁走得太近等；

（4）关于资源分配，如哪些人的收入应多一些、晋升机会可以轮流等。

2. 规范的形成

群体规范的形成是一个复杂的过程（参阅知识库 6—1）。一般而论，规范的来源有四个。

（1）前例。例如，第一次群体会议时的行为往往成为以后的标准。

（2）其他情境的迁移。群体成员通常从先前经历中提取某些准则用于指导新情况下的行为。

（3）上司的明确指导。在什么情况下应当如何做，上司往往有明确的指令。这些指令停留下来成为群体规范。

（4）以往的关键事件。例如，由于某员工的泄密使组织蒙受巨大损失后，保密规范便被制定出来。

【知识库 6—1】　　群体规范形成实验

美国心理学家 M. 谢里夫的实验说明了群体规范的形成过程。实验在暗室内进行。一个被试坐在暗室里，面前的一段距离内出现一个光点。光点出现几分钟后熄灭。然后让被试判断光点移动多远。实际上，光点并没有动，但在暗室中看光点，每个人都会觉得光点在移动，这是心理学中典型的视错觉实验。这样的实验进行几次，每个被试都建立了个人的反应模式。有的人觉得光点向右上方移动，有的人觉得光点向左下方移动，有的人认为光点向上移动，等等。每个人的反应模式各不相同。

随后，让这些被试一起在暗室内看出现的光点，大家可以互相讨论，说出自己的判断。实验反复进行，一段时间之后，大家对光点移动方向的判断逐渐趋于一致。这就是说，群体的规范代替了个人的反应模式。这种规范的形成显然是受了模仿、暗示等心理机制的影响。

3. 从众

在群体规范的压力下，个体会改变自己的态度与行为，从而与其他成员保持一致，这就是从众（conformity）（参阅知识库 6—2）。

【知识库 6—2】　　阿希从众实验

美国心理学家阿希把被试置于一种群体压力之下，系统地观察了被试在群体压力下的顺从行为，从而揭示了社会从众心理现象。

实验以大学生为对象，把他们分成若干组，每组 7～8 人。在每组中，只有一个人是真正的被试，而其他人则都是事先串通好的合作者。他们围桌而坐，有意让被试坐在靠后的位置。实验开始，让大家看两张卡片（见图 6—A），看完以后请他们一个接一个地（按照座位顺序）指出右边卡片中的哪一条线段与左边卡片中的X等长。

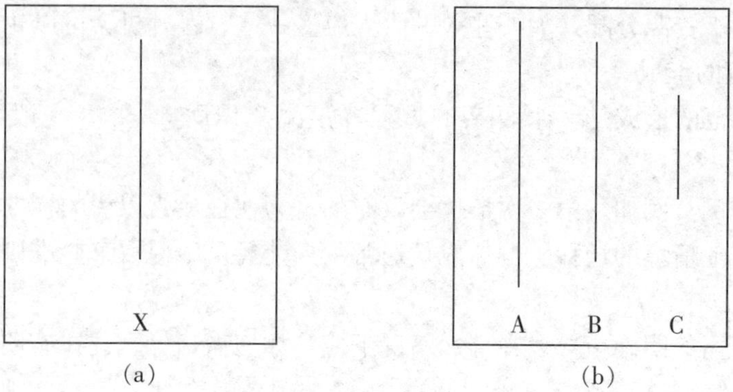

图6—A 从众实验

回答时因实验的合作者已经预先商议过，开始几次合作者作出了正确的回答，以后就故意作出一致的错误判断。阿希曾组织了许多实验组进行这样的实验，结果发现：在正常情况下，被试都能作出正确判断，错误率小于1%，但在合作者作出一致的错误判断的情况下，被试作出错误判断的概率提高到了37%。

实验结束后，实验者对作出错误判断的被试作了调查，询问他们为何产生错误反应。根据他们的回答，作出错误判断的原因大致可以归纳为以下三种类型。

(1) 出于知觉的歪曲，把多数人的错误判断看成是正确的，误以为是自己看错了。

(2) 出于判断的歪曲，被试对自己的判断缺乏自信，看到自己的判断与众不同，以为自己看错了，因而更改自己的看法，跟从大家，以求心安。此类情况占大多数。

(3) 出于行为的歪曲，被试相信自己的判断没有错，别人的判断是错误的，但因不敢标新立异，或怕别人讽刺、讥笑，因此采取了表面从众、内心保留的判断。

（三）地位

地位（status）是个体在群体中的相对社会职位（social position）或等级（social rank）。众所周知，追求高地位是人们的基本动机。在一个群体中，地位高的个体通常拥有更大的权力和影响力，他们也能获得更多的特权、参与更多的群体活动。而且，高地位能带来更多的机会以便在组织中担任重要角色，相反，地位低的成员常常感到被疏远和遗忘。

一个人的地位高低常可运用地位符号（status symbols）来判断，如头衔、工作条件、工作服等。地位符号可时刻提醒群体成员目前所处的位置，从而减少不确定性。同时，它能激励地位低的成员努力奋斗。当然，对那些暂时不拥有某种符号的个体来说，地位符号会使人产生挫折感，尤其是在晋升政策不公平时。

个人在群体中地位的高低由多种因素决定。正式地位（formal status）主要与职权有关；非正式地位（informal status）主要与个体的威望有关。影响威望的因素可能有年龄、资历、机能等。

（四）凝聚力

凝聚力（cohesiveness）是群体成员愿意留在群体中的强度。对于凝聚力强的群体，成员之间彼此吸引、相互喜欢，接受群体的目标并愿意为之努力；相反，对于凝聚力弱的群体，成员之间彼此不喜欢、各自为政。

一个群体的凝聚力强弱有多种影响因素：

（1）加入难度。研究表明，成为一个群体的成员时克服的困难越大，群体的凝聚力就越大。

（2）外部威胁或竞争。面对其他群体的威胁或竞争，群体成员会把以前内部的不快、冲突暂时忘记，协作起来共同对外。

（3）成员沟通时间。如大家在一起工作、活动、游玩的时间越多，凝聚力就越强。

（4）群体规模。一般来说，小群体的凝聚力强，大群体的凝聚力弱，因为大群体成员之间互动比较困难。

（5）成功经验。具有光荣历史的群体凝聚力较强，这是因为成功的群体有助于成员个人目标的实现。

第 2 节　团队管理

一、团队的定义与类型

团队是目前国际流行的生产、作业形式。本节在介绍团队概念的基础上，论述团队的创建与管理、团队绩效、团队决策与领导。

（一）团队的定义

团队是由数名知识与技能互补、彼此承诺协作完成某一共同目标的员工组成的特殊群体。团队和普通群体的区别如下：

（1）普通群体的绩效仅仅依赖于每一个体成员的贡献；团队的绩效既依赖于个体的贡献，也依赖于集体的协作成果。

（2）对于普通群体来说，工作成果由个体自己负责；对于工作团队来说，工作成果既要由个体负责，又要共同负责。

（3）团队不仅要像普通群体那样具有共同的兴趣目标，而且要有共同的承诺。

（4）普通群体一般由管理者严密监控；团队常常具有自主权。

（二）团队的类型

常见的团队有以下三种类型。

1. 问题解决团队

问题解决团队（problem-solving teams）致力于解决责任范围内的某一特殊问题，成员的任务是提出解决方案，但采取行动的权力有限。问题解决团队最经常讨论的问题是质量或成本问题。成员通常是某一具体部门的员工，他们每周至少开一两次会，每次一小时左右。团队有权执行自己的方案，但执行时不能有涉及其他部门的重大变化。

2. 跨职能团队

跨职能团队（cross-functional teams）把各种工作领域具有不同知识、技能的员工组合起来识别和解决共同的问题。跨职能团队的成员通常来自几个部门，任务是解决需各个部门共同协作才能解决的问题。跨职能团队可能会设计与实施质量改进方案、开发新产品和技术、提高作业效率或把各个职能联系起来，以增加产品创新、服务创新。

3. 自我管理团队

自我管理团队（self-managed teams）一般由日常一起工作、生产一种完整产品或提供一项完整服务的员工组成，其特点是承担一系列管理任务：

（1）制定工作计划日程；

（2）实行工作轮换；

（3）采购原材料；

（4）决定团队领导者；

（5）设置主要团队目标；

（6）编制预算；

（7）雇用新成员；

（8）评估成员工作绩效。

自我管理团队的导入既能提高生产率，也可减少管理层级（见图6—3）。

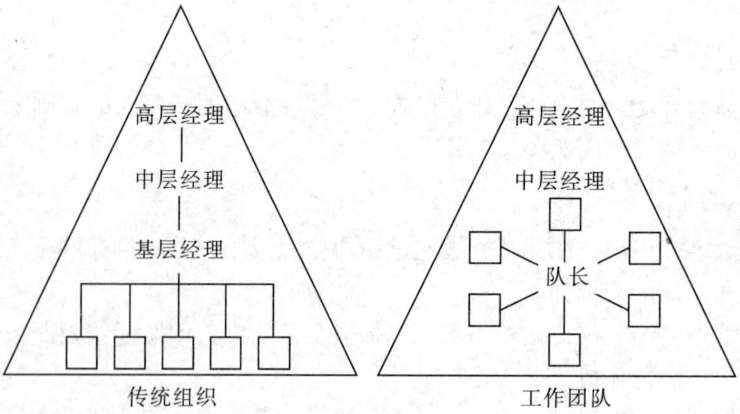

图6—3 工作团队与传统组织的比较

二、团队的创建

团队的创建包括以下四个阶段。

（1）准备工作。本阶段首当其冲的任务是决定团队是否为完成任务所必需，这要看任务的性质。应当明白，有些任务由个体独自完成效率可能更高。此外，本阶段还要明确团队的目标与职权。

(2) 创造条件。本阶段组织管理者应保证为团队提供完成任务所需要的各种资源，如物质资源、人力资源、财务资源等。如果没有足够的相关资源，团队不可能成功。

(3) 形成团队。本阶段的任务是让团队开始运作。此时，必须做三件事：1) 管理者确定谁是团队成员、谁不是团队成员；2) 让成员接受团队的使命与目标；3) 管理者公开宣布团队的职责与权力。

(4) 提供持续支持。团队开始运行后，尽管可以自我管理、自我指导，但也离不开上级领导者的大力支持，以帮助团队克服困难、战胜危机、消除障碍。

三、团队的绩效

影响团队绩效的因素有：

1. 外部环境

应该明白，团队是组织这个大系统中的一个小系统，组织状况制约着团队的行为与绩效。例如，组织的技术、设备等影响团队的运作。当前，信息技术已用于团队任务的完成，如计算机支持合作工作（computer-supported cooperative work)、团队支持系统等。此外，组织的规章制度、报酬、结构、物质环境等都与团队绩效有关。

2. 团队目标

目标不仅能够引导个体的行为，也是团队行为的推动力量。团队的目标不清或没有挑战性将会严重削弱团队的有效性。更为关键的是，如果团队目标无法与个体目标相容，团队成员便不会齐心协力。因此，要设置一个团队和个体都能接受的共同目标，以使该团队成员合作完成。

3. 任务的性质

研究表明，团队任务的复杂性和依赖性是影响团队绩效的重要变量。团队任务可分成简单和复杂两类。可以假设，任务越复杂，团队的绩效会越低。但与个体相比，团队解决复杂问题效率更高。另外，如果完成任务时对成员的相互依赖要求较高，而团队的凝聚力又不强，团队的绩效肯定就会比较低。

4. 团队规模

一般认为，5～7 人的团队执行任务最有效。如果少于 5 人，因为势单力薄，发挥不了群体的优势；如果多于 7 人，不但成员参与的机会减少，而且各方面组成小团体，会导致团队绩效的下降。

5. 团队构成

专家指出，异质团队，即成员在年龄、性别、种族、人格、能力、民族、经验、教育水平等方面各不相同的团队，虽然需要一段时间相互适应，但一旦学会一起共事，则具有很高的潜在绩效。

相反，同质团队，即成员在各个方面比较类似的团队，尽管彼此容易相容，但如果缺乏完成任务相应的技能与经验，绩效也可能不高。这表明具有解决问题的能力是团队成功的关键之一。当然，人格的融合对团队同样重要。研究指出，人们在互动时，需要表达与接受包容（inclusion）、控制（control）和喜欢（affection）三种感情。如果团队成员在这三种需要上相容，团队绩效就高；反之，就低。

6. 社会影响

社会影响（social influence）是指个体在他人的影响下心理、行为以及绩效的变化。社会影响的表现形式很多，这里先分析社会促进（social facilitation）和社会懒惰（social loafing）。

（1）社会促进。社会促进是指个体在他人在场的情况下，绩效有时会提高、有时会降低的现象。早在19世纪就有学者研究社会促进。1888年，美国心理学家特里普利特在考察自行车的速度时发现，选手在有伙伴时比单独一人时的骑行速度快，即伙伴效应。之后，社会心理学家还发现了观众效应，即如果有人现场观看活动的进行，个体的工作效率也会发生变化（有些情况下提高，有些情况下降低）。

为了解释社会促进现象，心理学家罗伯特·查容克提出了驱力理论（drive theory）。驱力理论认为，他人在场可以提高个体的激活水平，如感到紧张和兴奋。在激活状态下，个体趋向于表现最具优势的反应（most dominant responses）。所谓最具优势的反应，是指在当前环境下最可能出现的行为（如面对别人的微笑，以微笑来反应）。假如某人正在完成一个熟练动作，优势反应就是正确的（例如演员在第10次演出时说对台词），绩效因此而提高；假如某人正在完成一个不熟练动作，优势反应就可能是错的（如演员在试听时说错台词），绩效因此而降低。至于激活的产生，根据后来的研究，认为源于评价恐惧（evaluation apprehension），即个体害怕被别人评价与判断。对于动作不熟练的个体，尤其害怕被人看轻（参阅知识库6—3）。

【知识库6—3】　　他人评价的作用

马斯顿和兰德斯设计了一个巧妙的实验证明了他人评价的作用。他们让男大学生被试用两根小棍把一个圆球从某装置的下方拨到上方。这是一个相当困难的工作，需要一定的操作技巧。

实验在三种情境中进行：在第一种情境中，被试可以看到自己的得分，也能够看到别人的操作与得分，这可以称为“直接评价”的条件；在第二种情境中，被试只能看到彼此的得分，但是看不到别人的操作，这可以称为“间接评价”的条件；在第三种情境中，被试既看不到彼此的得分，也看不到别人的操作，这可以称为“无评价”的条件。实验结果证明，在“直接评价”的条件下，被试操作成绩最差，因为被试被他人直接评价，动机被大大地唤醒，以致产生了严重的抑制作用。

（2）社会懒惰。社会懒惰是指随着团队规模的增大，个体在完成团队任务时的努力将减小。社会懒惰现象首先由德国科学家马克斯·林格尔曼（Max Ringelmann）观察到。在拉绳实验中，他发现一个人单独拉绳时的拉力为63公斤，3个人拉绳时每人的平均拉力为53公斤，8个人一起拉绳时每人的平均拉力为31公斤（见图6—4）。

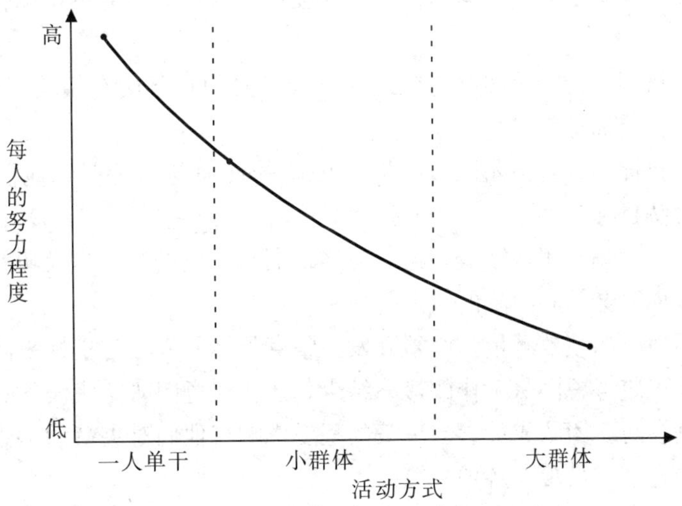

图6—4 社会懒惰现象

社会懒惰可用责任分散理论来解释。随着团队规模的扩大，个体对团队的贡献越难分清，个体对努力完成团队任务的责任感就越小。这样，社会懒惰现象就发生了。还有一种解释也说得通，即由于其他团队成员的存在，个体会感到自己的贡献可有可无或大小无关紧要，因此付出的努力就少了。

四、高效团队的建设

虽然团队是一种较好的生产、作业形式，但要使团队持久高效地运行却不容易。

(一) 高效团队的特征

高效团队（high-performance teams）具有如下几个特征。

(1) 具有很强的核心价值观（core values)。这些价值观决定着每个成员的态度与行为，并与团队的目标保持一致。

(2) 把总的目标转变成各种具体的绩效指标。团队成员不仅要承诺共同的目标，还要善于把目标分解成量化的、可测量的指标，以使其更能激励与评估成员的行为。

(3) 成员具有多种技能组合，如技术能力、问题解决与决策能力、人际技能等。

(4) 具有高度创造力。团队常常利用成员的创造力来提高生产作业水平，以及开发新产品、新服务、新市场的能力。

(二) 高效团队的建设对策

塑造高效团队应遵循以下原则。

(1) 团队成员多样化。高效团队应由具有各种不同技能、知识、经验、专长的成员组成。

(2) 保持最佳规模。成员过多会造成协调困难，成员太少会导致负担过重。一般而言，理想的人数为10～12人。

(3) 正确选拔成员。有些个体不喜欢团队工作，应避免把他们选入团队。同样重要的是，应根据技能来确定人选，同时注意技能互补。这里，技能不仅指作业技能，还包括人际交往技能。

（4）加强培训。为了使团队有效运作，成员必须具备所有相关工作技能和人际技能。为此，应该重视培训工作。

（5）明确目标。只有当团队成员明了团队的使命与目标时，他们才能为之奋斗。所以，应强调团队目标。

（6）把个体报酬与团队绩效相连。应当根据每位成员对群体成功的贡献来确定个体的报酬，否则他们不会关心团队的成败得失。

（7）运用适当的绩效测量。必须开发一整套具体的方法与指标来测量团队的绩效。这些测量工具不仅应考虑团队工作的最终结果，还应注意团队完成任务的过程。

（8）鼓励参与。团队成员参与决策的程度影响着他们对决策的承诺。为使决策得到顺利执行，必须允许成员参与各项决策。

（9）提供支持。应让团队成员相信自己能够成功，为此，上级领导者要提供各种物质、精神支持。如果成员得不到支持与鼓励，他们就不可能全力以赴地工作。

（10）重视沟通。为完成共同的目标与任务，团队成员必须及时沟通、相互合作，因此应当千方百计地促进沟通。

（11）激发士气。当团队面临挑战时，成员会焕发斗志，取得优异成绩。所以，当团队完成某项任务时，可为团队设置更具挑战性的目标。

（12）制定行为规则。有效的团队都有明确的准则，告诉成员允许做什么、禁止做什么，因此必须事先制定详细、具体的行为规则。

（13）及时告知新信息。新的信息可能代表着一种挑战，使团队保持创新状态。同时，常与外界交往，团队不会失去进取精神。

（14）承认并回报作出重大贡献的成员。对于那些为团队成功作出重大贡献的成员，必须予以重奖。当然，奖励既可以是物质的，也可以是精神的。

五、团队的决策

团队决策是影响团队绩效的重要方面。下面分析团队决策的障碍与技术。

（一）团队决策的障碍

尽管团队决策有许多潜在优势，如信息多、方案多、质量高、被接受的可能性大等，但也会受到一些潜在障碍的威胁。

1. 团队思维

团队思维是指在团队决策过程中，个别成员的不同意见得不到团队的重视与客观评价。团队思维最早由欧文·L·贾尼斯（Irving L. Janis）命名。它的主要特征有：

（1）无懈可击错觉（illusion of invulnerability），过分乐观，盲目自信，认为自己永远不会失败；

（2）集体合理化（collective rationalization），忽视决策可能有误的警告；

（3）毋庸置疑信念（unquestioned belief），团队固有的道德标准使成员认为自己是完全正义的；

(4) 刻板观点（stereotypical views），认为对手太软弱、太愚蠢，不堪一击；

(5) 直接压力（direct pressure），告知持有异议的成员持异议意味着不忠诚；

(6) 自我审查（self-censorship），检查任何偏离团队一致的思想与行为，以最大限度地减少疑问，使成员不敢提相反意见；

(7) 全体一致错觉（illusion of unanimity），由于自我审查，使人认为沉默意味着同意；

(8) 自我任命心理卫士，团队成员自觉防止反面意见到处扩散。

团队思维极易导致团队决策质量的下降，应想办法消除与避免。

2. 团队极化

团队极化是指团队在决策时容易走向两个极端，即经过团队讨论，团队可能更加保守或更加冒险，这就是风险转移（risky shift）。至于转移的方向，取决于团队成员最初的风险倾向。团队极化现象可用价值观理论来解释。当个体面对一个风险决策时，他会衡量冒险与保守哪个更被人们推崇。如在有些社会文化、组织文化情境下，强调竞争、个人奋斗与冒险精神，团队成员知道保守会被人嘲笑，因此拼命支持风险大、收益也大的决策方案，一致反对风险小、收益也小的方案。结果，团队变得更加冒险。在相反的社会文化、组织文化情境下，即使有个别人主张冒险，团队也会选择风险较小的决策方案（参阅知识库 6—4）。

【知识库 6—4】　“三重一大”集体决策制度

为了加强对国有资产的监督管理，进一步规范企业重大问题的决策制度，保证企业决策的科学化、民主化，实现科学决策、民主决策，有效规避市场风险，避免企业改革、发展和用人方面出现大的失误，现就各监管企业规范和执行“三重一大”集体决策制度提出如下实施意见。

一、“三重一大”的范围

“三重一大”是指企业的重大决策、重要人事任免、重要项目安排和大额度资金的使用。

（一）重大决策，包括：

1. 企业贯彻执行党和国家的路线、方针、政策和上级重要决定、指示的主要措施；

2. 企业的经营、发展方针，中长期发展规划、年度计划；

3. 企业财务年度预算和决算；

4. 企业机构设置调整、人员编制，重要管理规章制度的制定、修改及废除；

5. 企业重大技术改造方案以及引进重要技术和设备；

6. 企业党的建设、精神文明建设和企业文化建设中的重要问题；

7. 涉及企业领导人员及职工的工资、奖金、住房、分流安置、劳动保护和劳动保险等事关职工切身利益的重大问题；

8. 企业改制、重组，企业资产变动处置方案；

9. 全局性的对本企业有着重要影响的其他重要问题，企业应对重大突发事件方案。

（二）重要人事任免，是指各监管企业管理的中层干部和下属单位领导人员的任命、免职或者聘用、解除聘用；外派董事、监事人员的选派；各监管企业领导人员后备干部的推荐上报。

（三）重要项目安排，是指企业在国（境）内外对外投资、联营、合资、合作项目；基本建设项目，楼堂馆所的新建、改造及装修；涉及房地产、重大设备等资产的开发、出租、承包、转让、变现等项目。

（四）大额度资金使用，是指所有对外投融资借款、担保、贷款计划、固定资产投资、大宗材料、设备采购资金和预算外资金；预算外较大额度的非生产性资金使用；大额度生产经营性资金的使用。

重大决策、重要项目、大额度资金的界定按市国资委及各监管企业有关规定执行。企业大额度资金的使用要全部纳入预算管理。

二、“三重一大”决策的形式、原则和程序

（一）集体决策的形式

根据企业现状，集体决策形式主要有：职工代表大会、党委会、党政联席会、经理办公会等。

党政联席会或经理办公会研究决定涉及职工切身利益的重大问题时，应当事先听取工会组织和职工的意见。法律法规规定应当提交职工代表大会或职工大会审议、通过、决定的事项，应当依法办理。

（二）“三重一大”决策的原则

1. 依法决策的原则，企业“三重一大”决策必须遵循国家的法律法规，遵循党的方针政策和党的纪律。

2. 依权限决策的原则，企业“三重一大”决策必须按照职责和权限进行。企业党政班子要按照各自的职责和权限进行决策。

3. 民主决策的原则。企业“三重一大”决策必须实行集体讨论，充分发扬民主，不能少数人或者个人决策。要充分发挥职工代表大会的作用，听取职工的意见。

（三）“三重一大”决策的程序

1. 企业重大决策、重要项目安排和大额度资金使用应当履行以下程序：

（1）可行性研究。在就企业重大决策、重要项目安排和大额度资金使用做出决策前，应由有关部门对所涉及的事项进行科学、审慎的可行性研究、论证。必要时应当聘请有相应资质的科研机构、中介机构或有关专家进行咨询或参与评估、论证。在议决事项的过程中要注意信息充分披露，提交议案的部门或有关负责人要确保信息的真实性和全面性，避免因信息不准确而造成决策失误。

（2）党组织参与。各监管企业党组织应当积极参与企业重大决策、重要项目安排和大额度资金使用的决策工作。党政主要领导在决策前应就决策议题协商一致，并在调查研究、发扬民主的基础上作出决策。

(3) 集体研究决策。企业重大决策、重要项目安排和大额度资金使用，均应实行集体决策。必须有2/3以上的应到会成员到会，对拟表决的事项要逐一表决，以应到会成员过半数同意形成决定。做好会议记录。

2. 企业重要人事任免应当履行以下程序：

(1) 确定人选。采用民主推荐、党组织推荐、董事长（总经理）提名或其他形式确定人选。

(2) 组织考察。组织人事等部门组成考察组，对确定的人选进行考察，没有经过组织考察的干部人选不得上会。

(3) 征求纪委和监察部门意见。考察结果提交会议讨论决定前，要征求纪委和监察部门意见。

(4) 党委会或党政联席会讨论推荐或任免干部，必须有2/3以上的应到会成员到会，对拟任免人员要逐一表决，以应到会成员过半数同意形成决定。

(5) 严格执行任职回避、任前公示等制度。

三、建立“三重一大”决策的监督制度

各单位要从实际出发，建立党内外结合、全员参与的监督约束体系，不断强化和完善对企业执行“三重一大”民主决策程序的监督。

各单位党组织及纪检监察部门要切实履行监督保证职责。当发现企业“三重一大”中有不符合党和国家的方针政策、法律法规现象时，必须及时提出意见，如果所提意见不被接受，要负责向市国资委党委报告。

四、建立健全责任制和责任追究制度

有下列行为之一，情节轻微，未造成不良后果的，应对负有直接责任的主管人员和企业负责人采取组织处理措施；情节较重，造成不良后果的，依有关规定给予党纪政纪处分；构成犯罪的，依法移送司法机关处理：

(一) 违反集体决策原则，个人或少数人擅自决定企业重大决策、重要干部任免、重要项目安排和大额度资金使用并造成损失的；

(二) 重大决策、重要项目安排和大额度资金使用因未做深入调查研究、科学论证而盲目决策，造成重大损失的；

(三) 违反国家法律法规政策和干部管理规定进行决策，造成严重后果的。

各监管企业应根据本实施意见，并结合实际，制定执行“三重一大”民主决策程序具体实施办法。

(二) 团队决策的技术

有多种方法和技术可用来提高团队决策的质量。

1. 头脑风暴

头脑风暴（brainstorming）是一种激发团队成员创造性思维的常用方法，参与者通常有5～12人，时间为20～60分钟。问题与任务明确后，参与者应尽可能多地想出并提出多种解决方案。应遵循的原则是：(1) 思想越新奇越好；(2) 不能批驳别人的想法；

(3) 结合前面的观点，尽量加以拓展、创新。

在面对面头脑风暴中，参与者会因顾忌他人对自己的看法而不能畅所欲言。如今，信息技术的发展使电子头脑风暴（electronic brainstorming）的方法得以运用。在电子头脑风暴中，参与者每人拥有一台计算机终端和网络中心相连，新的方案和意见可以随时输入计算机，其他人可立即看到。

2. 名义团队技术

除了和头脑风暴一样可促进每位成员思考、表达各种意见外，名义团队技术还能让大家共同选择最佳方案。其步骤是：

(1) 产生想法。每位参与者单独写下对问题的看法和意见。

(2) 记录想法。参与者轮流说出自己的想法，每次仅说一种。所有的看法被记录下来。

(3) 澄清想法。包括逐一讨论所有想法，以澄清每一种想法的真实含义，避免误解。

(4) 投票选择方案。投票程序可以是让参与者从所有的想法中选出几个自己认为重要的方案进行排序，将每位参与者的排序结果结合起来得出一个最终方案。

3. 德尔菲技术

德尔菲技术（Delphi tcchnique）是让有关专家组成一个团队，根据不见面的原则进行决策的方法。具体程序是：参与者先根据要求分别填写包括相关问题的问卷；问卷完成后，由组织者收回加以统计整理；之后反馈给所有参与者，让其在参考别人意见的基础上修改自己原有的解决方案。如果有必要，统计反馈步骤可反复进行。

4. 辩证决策法

辩证决策法（dialectic decision method）是一种有效抑制团队思维的决策术。运作程序是：先明确需解决的问题，然后提出两个以上相互竞争的建议，并弄清每一个建议的内外在假设。根据建议的数目，把团队分成相应的几个小组，每一小组强调一种建议的相对优点。最后，团队根据参与者的情况进行决策，决策方案既可以是原有建议中的一种，也可以是一种折中方案，或者产生一种新建议。

□ 小　结

群体是由两人或两人以上互动的个体组成、个体之间具有稳定的关系与共同的目标、彼此意识到同属一群的集体。群体有正式群体与非正式群体、永久群体与临时群体、成员群体与参照群体之分。群体的发展有形成、震荡、规范、执行和终止五个阶段。

群体动力的主要维度有角色、规范、地位和凝聚力。角色是指处于某一地位的个体根据他人的期望所表现出的一套行为模式。规范是群体成员普遍认可、指导群体成员行为的非正式准则。地位是个体在群体中的相对社会职位或等级。凝聚力是群体成员愿意留在群体中的强度。

工作团队是由数名知识与技能互补、彼此承诺协作完成某一共同目标的员工组成的特殊群体。工作团队的主要类型有问题解决团队、跨职能团队、自我管理团队等。影响团队绩效的因素除了团队结构、领导外，还有外部环境、团队目标、任务的性质、团队规模、团队构成和社会影响等。

管理高效团队应当遵循多项原则，如团队成员多样化、保持最佳规模、正确选拔成员、加强培训、明确目标、把个体报酬与团队绩效相连、选用适当的绩效测量、鼓励参与、提供支持重视沟通、激发士气、制定行为规则、及时告知新信息、承认并回报作出重大贡献的成员等。

团队决策的障碍主要有团队思维和团队极化。提高团队决策质量的技术包括头脑风暴、名义群体技术、德尔菲技术和辩证决策法。

□ 复习题

1. 什么是群体？群体有哪些类型？
2. 群体动力的主要维度有哪些？
3. 什么是团队？团队有哪些类型？
4. 影响团队绩效的因素有哪些？
5. 团队思维有哪些特征？
6. 如何建设高效工作团队？
7. 提高团队决策质量的技术有哪些？

□ 技能训练

角色观察

观察一个小规模群体的会议情况。将每个成员的名字写在顶端，将每个人在团队中所扮演的不同角色以及每个角色出现的次数记下来。下一页提供了这些角色的详细说明。

促进任务完成方面的角色							
发起者/贡献者							
寻求信息者/征求意见者							
发表意见、建议者							
详细阐述者							
协调者							
指导方向者							
评估者/评判者							
积极分子							
维持秩序者							
记录员							
维护关系方面的角色							
鼓劲打气者							
协调妥协者							
守门人							
标准制定者							
观察员							
追随者							
妨碍团队运行的角色							
好大喜功/设置障碍者							
利己主义者							

弱者							
寻欢作乐者							
操纵者							
寻求自我利益者							

讨论题：

每个成员所扮演的角色互相联系吗？

哪些角色行为有助于群体中领导作用的发挥？他们以何种方式发挥这种作用？

哪些人充当领导角色？他们在扮演哪些角色？

与会成员在什么时候，用什么方式与其他人扮演的角色进行平衡？

当其中一些人扮演妨碍型角色时，其他人对此是如何反应的？

与会者所扮演的这些角色反映了哪些伦理问题？对决策有影响吗？

说明：促进任务完成方面的角色

发起者/贡献者 …… 提出建议或对策

寻求信息者/征求意见者 …… 寻求事实、信息、意见、价值观等

发表意见、建议者 …… 提供事实、数据、事例、意见、信仰等

详细阐述者 …… 补充想法，用事例做进一步论证

协调者 …… 整合各种想法关系

指导方向者 …… 概括归纳、坚持将其他人的注意力吸引到任务上

评估者/评判者 …… 分析数据、推理、结论

积极分子 …… 积极推动团体工作

维持秩序者 …… 做一些杂事如发放材料等

记录员 …… 做记录

维护关系方面的角色

鼓劲打气者 …… 给予支持理解

协调妥协者 …… 寻求解决冲突的途径

守门人 …… 鼓励参与、制止退出行为

标准制定者 …… 就任务、伦理、目标各方面设定标准

观察员 …… 在会议进行过程中，仔细观察，积极提供反馈

追随者 …… 跟随其他人

妨碍团队运行的角色

好大喜功/设置障碍者 …… 喜欢打击别人，看问题的态度消极

利己主义者 …… 利用群体满足自我需求

弱者 …… 发泄自己的不幸，在群体中寻求同情

寻欢作乐者 …… 不愿参与群体中的活动，心不在焉

操纵者 …… 控制操纵欲望强烈

寻求自我利益者 …… 利用团队满足自己或其他利益群体的利益

资料来源：盖伊·拉姆斯登、唐纳德·拉姆斯登：《群体与团队沟通》，35～36 页，北京，机械工业出版社，2001。

□ 行为测量

群体凝聚力

考虑一下你曾经为之工作过的学生社团并回答下面的问题：

	强烈反对				非常赞同
1. 有规律地召开会议，而且每个成员都会参加。	1	2	3	4	5
2. 我们进行探讨并达成一致的团队工作与评级目标。	1	2	3	4	5

3. 我们将会议的大部分时间都花在了业务问题的讨论上，但讨论是多元而积极的。	1	2	3	4	5
4. 我们讨论任何冲突与矛盾直至将其解决。	1	2	3	4	5
5. 团队成员彼此仔细倾听。	1	2	3	4	5
6. 我们真的彼此信任，并坦诚说出我们的真情实感。	1	2	3	4	5
7. 领导角色是轮换和共享的，每个成员在适当的时候都能够为了团体的利益而发挥首创精神。	1	2	3	4	5
8. 每个人都为最终的工作成果而努力。	1	2	3	4	5
9. 我确实为作为团队的一员而感到欣慰。	1	2	3	4	5
10. 对于完成得好的工作，我们自由地彼此互相夸奖。	1	2	3	4	5
11. 团队成员给予并接受彼此的反馈，以使团队的工作做得更好。	1	2	3	4	5
12. 我们相互承担责任；每个成员都要对团队负责。	1	2	3	4	5
13. 团队成员的确互相欣赏，相互尊重。	1	2	3	4	5

总分______

说明：如果你的得分大于或者等于52分，你的团队就是一个真正的团队，祝贺你。倘若你的得分在39～51分之间，你的团队已经具备了积极的团体认同感，但是还需要进一步开发。如果你的得分在26～38分之间，那你的团队的团体认同感是很脆弱的，可能也不那么令人满意。一旦你的得分低于26分，那你的团队仅仅是一个群体而已，类似于一盘散沙。

资料来源：理查德·L·达夫特、多萝西·马西克：《管理学原理》，332～333页，北京，机械工业出版社，2005。

□案　例

复星集团的管理团队

2007年7月16日复星国际（0656.HK）上市，首日开盘报10.98港元，高出招股价19%。董事长、实际控制人郭广昌持有复星国际共计29亿股，市值超过318亿港元，成为内地第三富。

从1995年，几个复旦毕业生几万元起家，到如今作为中国最大的综合类民营企业集团之一，领域涉及钢铁、房地产、医药、零售、金融服务及战略投资，复星只用了12年的时间。而尤其值得关注的并不是复星财富累积的速度。一个异常年轻的团队，除了郭广昌40岁，最年轻的谈剑只有37岁，其他都在38～39岁之间。然而，就是这样一个团队却在10年中创造了近百亿净资产的神话。如此年轻的团队是如何实现自己的财富梦想的呢？

相比团队中梁信军、汪群斌、范伟等复旦遗传学毕业的人来看，郭广昌的哲学专业显然不具备优势，但综合素质和情商高的郭广昌却当仁不让成了最具领导力、当之无愧的“一把手”。另外，这一条件似乎也是适合复星多元化发展的有利因素。

“身无长技”反而给了郭广昌最大的“特长”，那就是什么问题都要去请教人，什么事都要找专家，这就逼得郭广昌必须学会用人。现在，郭广昌已经在复星提出了一套自己的用人哲学——把引进人才当作引进“老师”，认为企业家经营的过程其实就是一个不断找老师的过程。

郭广昌还郑重强调，企业各级领导一定要学会使用比自己强的人，要学会用在某个领域比自己强的人，这些人往往就是专家。如此一来，对于多数经理、员工而言，引进老师意味着引进领导、引进比自己能力更强的人，从而可以避免引进的人才在薪酬福利、工作能力、知识结构等方面对原有员工造成压力，还可以在一定程度上将压力转化为动力，激发经理、员工的学习热情和主动性，使其自觉地保持终身学习的劲头，不断提升自己的才干，从而提高团队的整体素质。复星能够快速发展到今天，也就是老师找得多、找得准。

企业高层的核心任务是什么？不同的企业任务不同，但多数企业往往还是在强调“做对事”，通常意味着选项目，而复星高层的主要任务是选人，而不是做事。他们认为企业最大的投资失误，不在于一个项目的得失，而在于找错了人。

按通常的惯例，集团要创办一个新项目，首先是由董事会找几个人调查，研究新项目的市场空间，然后出资，最后招个总经理就开始干了。而在复星却不同，一件事要不要做，一个项目要不要投资，复星的标准有两条：一是从事的行业、开发的产品有没有机会做到前三名，这是从产业的角度看的。二是企业是否拥有国内一流的团队，去实现经营目标。二者缺一不可，否则再好的机会他们也不去做。复星的程序是：在经过前期调研和初步决策后，把同领域内的能人找过来，让他们谈谈复星能不能办这家公司。如果能，复星会组织两个或更多的团队去论证并分别听取他们的意见，复星只要判断他们说得对不对就行。这两者的差别是复星主要发挥决策作用，至于如何做事，则是复星选择的团队要考虑的问题。

复星的医疗器械产业就经历了这么一次严格的考验。复星实业总经理汪群斌在1997年就看好这个行业，但是直到2000年他们找到一个非常优秀的团队时才开始涉足。在他们看来，好的团队比产业机会更重要。有了好的团队，产业机会总是有的，但如果团队没有抓住，即使你抓住了现在的产业机会，将来也会失去。这是因为企业竞争实际上就是人的竞争，没有人就缺乏核心竞争力。再好的行业也有很差的企业，再差的行业也有好的企业。

那么，什么样的团队是复星需要的呢？汪群斌总结了这样几个标准：首先看这个团队有没有一个行业领军人物；其次，这个核心团队有没有过往业绩，其业绩有没有非常好的口碑；第三是有没有理想和抱负；第四就是讲不讲游戏规则。

由于各个行业的专业性很强，特别是对多元化产业集团来说。而且即使请来了各行业专家，决策是如何做的，最终也会影响到决策的效果和效率。

在复星，为了避免外行领导内行，团队管理流于原则，也为了解决集体领导下最不熟悉情况的人在作决策，而专业化的意见无法得到及时采纳的问题，复星采取了分工授权的团队管理方式，决策权下放给了最专业的人士。这使得团队决策都是由团队里智商最高、最熟悉情况的人制定的，真正实现了决策的群体智商高于个人智商。这就是使复星失败的绝对值尽可能小的重要原因，也是“复星系”茁壮成长的根源所在。

在复星的团队决策机制中，专业人士和“一把手”的权重比较大，采纳的是最专业的那部分人的意见。目前，复星董事会有7人，对于房地产3人是内行，4人是外行。若一人一票，决策某块已经经专业人员鉴定过的地，投票结果可能是4∶3，有4人投反对票，原因可能有以下几点：(1) 谦虚，知道自己不懂，所以弃权；(2) 负责，认为自己没想明白对公司有利的事就反对；(3) 自私，涉及公司外更多的个人利益，或被收买。最后结果表现为在这次决策上尊重了非专业人士的意见，实际上就是决策不明了。而复星实施的是团队决策机制，同样一块地，4个非专业人士先讲出自己认为存在的问题，说出自己反对的理由。再由3位专业人士中的两人回答这些疑问，并反思自己在做决策时，是否考虑到了这4个人所提的意见，自己采取了什么对策，最后再由“一把手”拍板。这一决策机制中，最大限度地尊重了专业人士和“一把手”的决定，同时又兼顾了专业外的风险，考虑了可能的解决方案。

一、高层治理方略

既然要找，就要找专家。怎样才能吸引各方专家光顾并流连忘返呢？复星集团副董事长梁信军称：“我们是通过合适的激励机制，让那些我们需要的人才与复星整体的利益高度一致。”

对于以复旦师生为主的元老们稍微好办，但是随着复星事业的高速扩张，要引进大量知名的企业家空降兵怎么办？很多企业家在引进空降兵和职业经理人的时候都有顾忌，主要不是怀疑他们的智慧和能力，而是担心他们缺乏对企业的激情和感情，因为激情和感情是需要时间来培养的。为了找到合适的人选，复星在找人的时候，首选就是那种充满激情的人，并且宁愿长时间与对方耐心沟通，沟通工作做足了，对方对复星有了充分的了解和认同以后再进来，否则即使暂时割爱也在所不惜。

另外，“空降兵”还会带来很多其他问题：一是“空降兵”着陆后如何迅速转变为地面部队；二是怎么磨合“空降兵”与“元老”之间的差异。复星的经验是在组织架构上，预留空间。郭广昌说：“企业就像一个小孩，每天都在成长，衣服永远是偏小，因此企业的组织架构搭建得大一些，甚至说是浪费一些，这样才能适应企业的迅速长大。”所以，复星在建设组织架构时，充分考虑到了既可以不断吸收新的精英进来，又能保持“空降兵”与“元老”积极互动、动态平衡的问题，以给企业急剧扩张准备空间。事实上，很多知名“空降兵”的进入也为复星带来了相当可观的发展空间。

复星从来不对高级人才实行定编、定岗、定责式的管理，这种“三定”管理方式只在复星的底层员工管理中才用。高级人才的激励方案不与纵向比（同一岗位的历史比）、不与横向比（集团同一级别、规模的其他人比），主要应与这个人才的市场行情比，与他进入企业后可能带来的价值比。高级人才引进上的“一人一议”政策，极大地加强了复星与国有企业甚至外资企业的人才竞争力。

与“空降兵”不同，对于被收购而进入复星集团的管理人员怎样激励呢？这个问题解决不好，很容易导致收购或整合困难，甚至由于他们的阻挠而失败。

复星采取的是一种很专业化的人才运作体系。复星集团为进入钢材行业，以控股的形式进入南钢后，原来的专业管理团队继续存在，只是充实了更多国际化的团队进去，让公司变得更专业，在财务管理等各方面让它变得更优秀，并提供各方面的资源支持。复星在人才的运用上破除“老死不相往来”，不用南钢人的观念，而是全方位考察南钢的人才结构，从全世界的范围来吸引最合适的人才。

对于管理层，复星的解决方式是在收购一家新的企业时，通过让管理层持有部分股权的方式来达到整合的目的。现在，除了集团层面仅郭广昌5个人有股份，新来的人都会在他分管的专业公司里面有股份，这样既有激励，也使得他必须把他分管的业务做上去。

“复星医学”的股份就是这样安排的。该公司原本为上海复瑞房地产开发经营公司，后转向诊断试剂，于2002年11月进行增资，“复星实业”增资8 075万元，占95%股份，“广信科技”和自然人朱耀毅各出资200万元和300万元，分别占2%和3%的股权，将“复星医学”的注册资本增至1亿元。这里，自然人朱耀毅目前是“复星实业”的副总经理，同时还是“复星长征”的总经理，而“复星长征”原本由“复星实业”直接持有75%的股权。为了使作为总经理的朱耀毅的利益与“复星长征”保持一致，“复星实业”在2005年6月将持有的“复星长征”75%股权以账面值5 721万元转给了“复星医学”，由于朱耀毅持有“复星医学”3%的股权，这样他也就间接持有“复星长征”的股权。

此外，在“复星朝晖”、“复星药业”等企业中，也可发现“复星实业”及其关联公司持有的股份一般都是90%多，而剩下的百分之几则很可能就是管理层持有的股份。

有激励并不一定能保证经理人的忠诚和效率，因此必须辅以监督。有监督自然也就得有明确的授权，否则就会一放就乱，一收就死。

对此，郭广昌认为：“一定要解决信息不对称的问题。如果我要投资一家企业，最好的监督不是要我太太进去，而是信息对称，是他的情况我都了解。比如，复星实业的财务系统，下面投资的任何一家企业的老总，报销任何东西，在我们的账上随时都可以看到。而实现信息对称最好的方式是提供服务。我对他进行财务、法律等全方位服务的过程中，实际上就是不断完善信息对称的过程。”

复星通过董事会行使监管权，对董事长、总经理进行授权。但授权的前提是透明，复星通过三个保障来保证透明：一是人事保障，复星对于投资控股企业至少要派两个人，财务总监和监事，财务总监是专职的，监事可以是兼职的，有条件还会派个管法律和管公章的法律总监或办公室副主任。二是制度保障，明确什么层级的人盖什么章，不管什么章，任何人批准都要经法律总监的审核，另外所有章都必须留档，两个人在的情况下才可以使用公章。三是信息抄送制度，即报告打给总经理后，还要分别抄送两份给总经理上司和自己的职别上司，并且批复也抄送。这样做的好处在于：干部得到充分授权，但明白行使权力的过程是有人监督的。有抄送件的人不干预其决策，但要了解决策过程。

复星的授权跟国有企业不同，国有企业授权非常多，是规定可以干哪些事。在复星，只规定不许干哪些事，其他的自己把握，只要不越“红线”就可以。复星的分权有三层意思：第一层意思，集团公司学会跟子公司分权；集团公司严格界定子公司应做什么，必须做什么，同时监督好子公司，把该下放的权力授权给它；第二层意思，领导层要学会分权，提倡多个层级的一支笔，避免权握在一个人的手里；第三层意思，经营上的放权和加强监控调节能力是互为因果的，一般要先有监控体系，再有放权机制。

复星对出资人代表的管理机制也是以复星三层级管理体制紧密相连的。复星在产业板块层面和产业公司层面都会派有出资人代表。出资人代表（专职监事）并不直接参加和干预日常的经营管理。专职监事的主要职责是配合、支持、监督具有高度专业性的管理团队。复星出资人管理的机构是公司的董事会，由公司董事会组织战略部、财务部和审计部门进行出资人代表管理。

在复星的管理体系中，对于产业板块和产业公司层面的经营者有着系统的绩效管理办法。但是，任何复杂、精密的绩效管理办法，必然需要较多的基础管理数据，必然消耗更多的管理资源，没有相应的基础管理支持系统配合，这套机制将难以实现。

复星的出资人代表在很大程度上就是为了保障这套系统的正常运行：他们负责保障基础管理系统，特别是复星所特有的经营环境管理系统、经营计划执行系统、公司治理的监事系统、财务预算管理预警系统和审计稽核系统的正常运行，能够稳定地提供绩效管理和公司经营决策所需要的各种数据，并保证数据的真实性。

复星对于出资人代表的管理采取了一种平衡管理团队和出资人代表关系的复合管理模式。出资人代表不仅具有监督功能，还具有服务功能，因此与专业的管理团队之间的沟通和协调显得尤为重要。

在具体操作上，复星对于出资人代表采用了结合财务指标和非财务指标，蕴涵平衡计分卡思想的系统考核体系，重点考察在监管、服务两个领域的工作表现。

二、人才增值体系

复星一是把人才作为资产来管理，即把好人才资产的保值增值关。以前企业丢了一部相机都会有人赔偿负责，可走了一个人才却很少有人承担责任，这种制度最大的缺陷是没有把人才当成资产来管理，容易造成人才流失。他们力图通过切实的措施，把人力资源落实为资产，在企业资产表中建立“人才报表”。要像保管有形资产一样，“领用”、“维护”、“保管”好人力资源，流失了一个人才，相关领导都是要负责任的，并形成一种制度。这样才能实现人力资源最大限度的开发、管理和维护，并使人才不断保值增值。近年来，复星中高层人才的流动率一直都能保持在很低的水平就缘于这种理念。

二是把引进人才作为一种投资行为，并且是回报率很高的投资行为。因此，人才养护就对留住人才显得非常重要。复星已经形成了一套制度，每60天由各级领导与他所领导的人才逐一进行一个小时的谈话，并记录在案。谈话的内容主要集中在人才对薪酬、岗位、环境的满意度三方面。之所以以60天为一个周期，是因为科学研究发现，激励政策对一个人的积极性一般只能维持60天左右，在这个周期内，与员工进行一次思想交流，可以及时发现问题、解决问题，将人才的消极、抵触情绪减到最低限度。

为了尽快构建复星的人才资源高地，复星制定并实施了以职业发展、职业培训、职业福利为重要内容的全方位的“人才培养计划”。其中最重要的一项就是员工梯队建设计划，也就是关键岗位的接班人培训计划。在这套计划中，每个关键岗位，他们都会选择1～3位继任者，并通过各部门轮岗或外派方式，对他们进行培训和锻炼。此外，他们还会帮助每位员工规划3～5年的发展轨迹，使员工明确不同阶段的个人定位与相应任务。复星每年还拿出约占工资总额4%的培训费用，专门成立了自学成才奖励基金。在薪资方面，复星实行“个性化工资”的薪资政策体系，让每一位员工都可以有机会扩大自身的价值贡献度。此外，复星还积极探索股权、期权等激励模式，以充分调动员工的积极性，提高员工的满意度和成就意识。

在复星的人才经营理念中，牢牢地树立了一个观念，那就是人力资源管理部门是企业经营战略的合作伙伴，为其他部门提供战略上的支持和保证。

复星的人力资源管理部门已经不再限于完成日常的招聘、培训、员工发展、薪金福利设计等任务，而是和其他业务部门一样，深入了解企业的业务状况，洞察企业发展的走向，研究、预测、分析制定计划，解决企业的根本问题。人力资源部门已成为复星人才经营的“策划师”，为企业组织维持生命力和竞争力提供有力的人力支持。

近年来，复星已实现人力资源部门的重新定位。集团、各产业部及各下属企业都设立了人力资源管理系统，且各有侧重点。集团人力资源管理部门注重于整体人力资源发展战略的制定，参与企业战略目标的确定。各产业部、各企业人力资源管理部门则在集团的授权下开展日常工作，并按照集团制定的总体规划，结合各自的经营战略，设定人力资源工作重点。为了使人力资源部门有更多的时间用于“策划师”工作，复星积极与一些专业化公司合作，将一部分行政事务，如某些专业人才的招聘、员工培训、薪资设计等，交由专业化的公司来运作，以提高人力资源部门的工作效率。

为了让所属企业领导班子发挥团队的组合作用，引导每个人正确认识自己的缺点，并让每个人正确认识他人的优点，复星采取了一套卓有成效的办法，即复星的“360度评价法”：在专业管理水平、拓展能力、领导艺术和战略思考能力四个方面各出3～4题，拿同样的这几道题询问这个人的上级，对其进行署名评价；询问这个人的同事对其进行不署名评价；还询问这个人的直接下属并对其进行不署名评价。为保证评价的正确性，取样时，若同事有6人，一定只能访问5人，且不署名。但评价是不跟工资挂钩的，仅仅用来评价其能力的强弱。

另外，让被评价人自己也做三份问卷：预测他的上级、平级和下级分别是怎样评价他的。这样，作为被评价人的上级就拿到了两份问卷：其他人对他的评价和自己预测的其他人对他的评价。“360度评价法”得出的结果是自估总是比外界评价要好。拿到这两个问卷，每季度或每月，上级经理就可向他指出问题所在，比如，被评价人认为自己领导艺术水平高，人际关系不错，但同事和下属却反映其不行，问题在哪里？只能说明被评价人这方面能力有缺陷。怎么改？其上级领导会和被评价人推心置腹地谈一次，然后把结果撕掉，下季度再来。通过这种方式可引导被评价人正确认识并接受自己是有缺点的，也能引导其逐步改进，必要时还可以向其透露某领导艺术水平高等，以引导其认识到别人的优点，并多向别人的长处学习。

靠着人才的三把斧，复星将适合的人才源源不断地输送给迅速扩张的企业，保证了企业持续健康地运行和发展。新鲜健康的血液为人们提供生命的养料，而企业健康运行同样也是依靠人才输血。复星如今的发展并不是像人们简单认为的那样是资本魔方的作用，背后的秘密其实是人才战略。

资料来源：企业管理世界，2007-07-25。

思考题：

1. 如何评价复星集团的团队管理?
2. 你觉得复星集团的人才增值体系如何?

第7章 人际沟通

本章重点

- 沟通的步骤与障碍
- 促进沟通的途径
- 印象的形成
- 知觉偏差
- 印象管理
- 人际关系的状态与类型
- 影响人际吸引的因素

引 例

万科企业股份有限公司成立于1984年5月，是目前中国最大的专业住宅开发企业。2010年公司完成新开工面积1 248万平方米，实现销售面积897.7万平方米，销售金额1 081.6亿元，营业收入507.1亿元，净利润72.8亿元。

万科认为，坚守价值底线、拒绝利益诱惑，坚持以专业能力从市场获取公平回报，是万科获得成功的基石。公司致力于通过规范、透明的企业文化和稳健、专注的发展模式，成为最受客户、最受投资者、最受员工、最受合作伙伴欢迎，最受社会尊重的企业。凭借公司治理和道德准则上的表现，公司连续8次获得“中国最受尊敬企业”称号。

万科开辟了12条员工与公司的沟通渠道，分别是：

1.（上级经理）门户开放

公司倡议所有经理人员“门户开放”，欢迎员工直接提出想法和疑问，同时也要求经理人员主动关注下属的想法和情绪。

2. 吹风会

高层管理人员面向基层，关注一线，让员工及时了解公司业务发展方向及动态，并现场解答员工关心的问题。

3. 员工关系专员

公司设员工关系专员岗，接受和处理员工表达的想法、意见和建议，保证在正常工作日36小时内给予答复，并为员工的身份保密。

4. 我与总经理有个约会

如员工需要与公司高层管理人员单独面谈，可以通过员工关系专员提出申请，员工关系专员保证在正常工作日36小时内给予答复。

5. 职工委员会

职工委员会是代表全体员工利益并为之服务的机构，它的基本职能是参与、沟通、监督。如果员工有意见和想法，可以向职委会委员反映。

6. 工作面谈

新员工转正、员工调薪或岗位变动、进行工作评估、职业发展规划以及员工提出辞职等情形下，员工的上司都将与员工进行面谈，了解情况，听取意见。

7. 工作讨论和会议

公司提倡团队工作模式，团队必须拥有共同的工作目标和共享的价值观。公司的绩效管理体系倡导管理者在制定目标的时候通过工作讨论和会议倾听团队的意见，共同分享愿景。

8. E-mail给任何人

当面对面的交流不适合时，员工可以给任何人发送邮件，以迅速反映问题或解决工作中的疑惑。电子邮件应简洁明了，并只发给真正需要联系的人员。

9. 网上论坛

如员工有任何意见和建议，或希望能与其他同事进行观点交流分享，均可通过内部网论坛直接发表。

10. 员工申诉通道

当员工认为个人利益受到不应有的侵犯，或需要检举揭发其他员工违反《职员职务行为准则》的行为，可以通过申诉通道进行投诉和检举揭发。

11. 员工满意度调查

公司通过定期的不记名意见调查向员工征询对公司业务、管理等方面的意见，了解员工对工作环境的整体满意程度，员工可按照自己的真实想法反馈而无须有任何顾虑。

12. 公司的信息发布渠道

公司有网站、周刊、业务简报、公告板等多种形式的信息发布渠道，员工可以方便、快捷地了解业界动态、公司业务发展动态和重要事件、通知。

资料来源：万科网站，http：//www.vanke.com/docs/snow/_zoujinwanke.aspx。

万科的12条沟通渠道表明了沟通的重要性。目前，很多学者认为管理等于沟通。本章先诠释沟通的基本原理，接着介绍社会知觉的作用，最后论述最为重要的人际关系。

第1节 沟通的基本原理

沟通是思想、事实、信息、态度和感受等的传递与接收。沟通的目的是让接收者理解发送者所要传递的信息。如果沟通是有效的，它将在两人之间搭建一座桥梁，以使他们共享认识与感受。

一、沟通步骤

任何一次完整的沟通，均包括以下八个步骤（见图7—1）。

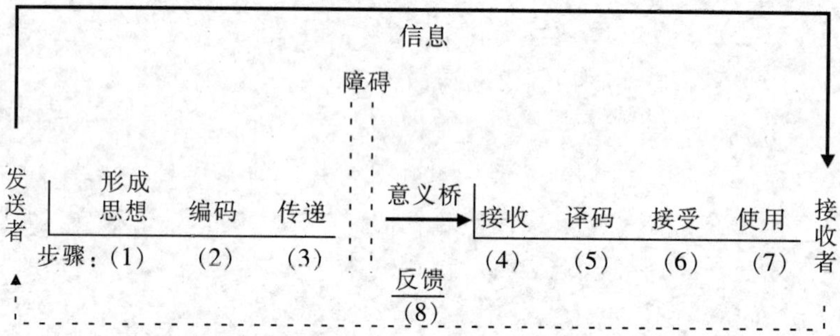

图7—1 沟通过程

（1）形成思想。沟通的最初一步是形成一种想传递给别人的思想。如果大脑空空，就没有可传递的信息，其余步骤便也无从谈起。

（2）编码。编码是把第一步形成的思想转换成适当的词语、图表或其他符号。

（3）传递。沟通的第三步是用某种方式把信息传递出去，如写信、发传真、打电话、交谈、演讲等（见图7—2）。

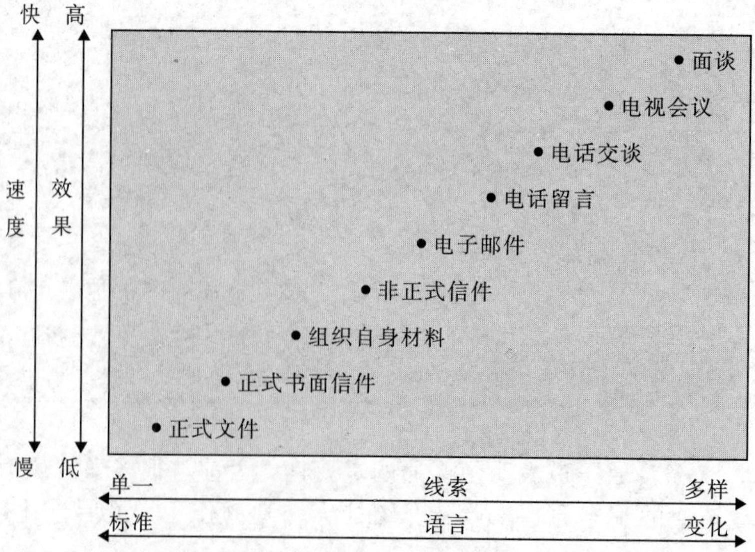

图7—2 媒介传递信息的丰富性

（4）接收。这是指接收者利用自己的感觉器官，尤其是听觉和视觉感知发送者传递过来的信息。如果接收者注意力不集中，信息就会流失。

（5）译码。译码是接收者对感知的信息进行理解的过程。接收者的能力、知识、经验等个人因素极大地影响着理解的准确性、完整性。

（6）接受。接受意味着接收者同意发送者的意见、观点或看法；相反，拒绝意味着接收者无法赞同发送者的主张和思想。

（7）使用。这是接收者使用接收信息的过程。此时，接收者可能会根据指示执行任务，也可能会抛弃信息或暂时把信息存储起来以备后用。本步骤是关键的行动阶段，接收者决定是否做、做什么、如何做。

（8）提供反馈。当接收者认可信息并对发送者作出反应，反馈即刻发生。反馈阶段完成了沟通环，因为信息从发送者流向接收者，再从接收者返回发送者，发送者需要反馈，因为它告知信息是否已被接收、准确译码、接受或使用。如有必要，发送者应当从接收者那里寻求反馈。

二、沟通障碍

常见的沟通障碍（communication barriers）主要有以下几种。

1. 个人障碍

个人障碍（personal barriers）源于人们在情绪、价值观、教育、种族、性别、社会经济地位等方面的差异。这些因素常使两人之间产生心理距离（psychological distance），从而阻碍人们的有效沟通。

2. 物质障碍

物质障碍（physical barriers）常常产生于沟通的环境因素，如刺耳的噪音、身体距离、隔墙壁、静电等。物质障碍常常通过生态控制（ecological control），即改变环境，以便让发送者能够影响接收者的感受与行为来消除。

3. 语义障碍

语义障碍（semantic barriers）源于双方对沟通所用符号，如词语、图像或动作的定义的不同理解（见表 7—1）。符号通常具有多种含义，沟通时人们不得不选择其一。一旦选错，误解即刻发生。

表 7—1　　非言语线索的类型

类型	示例
身体运动	手势、表情、眼神、触摸
个体身体特征	体态、身高、体重、肤色、发色、体味
超语言	音色、语调、体格、姿势、声音大小、笑声、哈欠、呻吟、讲话速度
空间使用	座位安排、谈话距离、领地倾向
物理环境	建筑物与房间设计、家具陈设、内部装饰、清洁度、光线
时间	迟到、早退、让别人等待、时间知觉

三、促进沟通

消除沟通障碍除了应注意沟通的每一步骤（见表 7—2），还可运用以下各种途径。

表 7—2 沟通障碍的消除

消除障碍的有效办法是在沟通过程中不断检查信息的真实性。为此，应做到： （1）发送者 • 信息是传递给谁的？ • 为什么要进行沟通？动机是什么？ • 选择和明白需要沟通什么信息。 • 使用接收者能够理解的语言。 • 选择不妨碍信息接收、理解和接受的地点（秘密地点，如家中或远处；公开地点，如工作地点或室外）。 （2）接收者 • 密切关注发送者。 • 积极倾听正在传递的信息。 • 如有必要，请求解释或重复。 • 与发送者保持联系。 （3）发送者和接收者 • 认识到误解是在所难免的，留意所有应该正确理解的次要刺激。 • 反复听，不厌其烦地听。 • 检验信息理解是否有误。 • 共享由信息产生的观点与情感。

1. 开放的沟通

从封闭的沟通（closed communication）到开放的沟通（open communication）是一个连续体。对于封闭的沟通来说，发送者和接收者之间缺乏相互信任，彼此隐瞒各自的真实意图；对于开放的沟通来说，双方是坦诚的，沟通的信息是明晰的，沟通的意图是显而易见的，个体根据自己的真实想法来表达、传递。很明显，开放的沟通有利于提高沟通的效果。

2. 建设性反馈

通过反馈，人们之间共享思想与感受。反馈应当是建设性的，即有助于沟通的持续进行。建设性反馈的原则有：

（1）建立在发送者与接收者双方信任的基础上；

（2）应当具体、明确，不要泛泛而论；

（3）在接收者准备接收的适当时间提供；

（4）应当和接收者一起检查并确定反馈是否有效；

（5）应当指出接收者有能力完成的某种行为；

（6）不要包含超过接收者在某一特殊时刻能够控制的事情。

3. 适当自我暴露

自我暴露（self-disclosure）是指个体把有关自己的信息同别人进行沟通。自我暴露与沟通有效性的关系是曲线的：一点也不暴露自己的人可能会压抑自己的真实感受，从而无法和他人沟通；相反，过于暴露自己的人因为他们对遇见的任何人都透露自我信息，实际上也难以和他人沟通，原因是他们总想着自己。

4. 主动倾听

主动倾听（active listening）对于增加建设性反馈和开放沟通都是必不可少的。倾听是一个综合运用身体、情绪、智力寻求意义和理解的过程。只有接收者理解发送者所要传递的信息，倾听才是有效的。

第 2 节　人际知觉

个体在与他人沟通的过程中，要观察、了解对方的外貌长相、人格特征、行为意向以及双方的人际关系状况，这一过程就是人际知觉。

一、印象形成

对他人形成印象是社会知觉的关键环节，印象的好坏直接影响双方的沟通过程与人际关系。

（一）评价维度

社会心理学家奥斯古德（C. E. Osgood）发现，个体在与他人交往时常常从三个维度去描述和把握人格：

（1）评价（evaluation），如好—坏；

（2）力度（potency），如强—弱；

（3）活动（activity），如主动—被动。

这三个维度中，评价维度最为重要。此维度一旦确定，其余两个维度随之确定。

罗森伯格（S. Rosenberg）等人后来发现，人们往往从社会特征和智慧特征两方面评价他人（见表 7—3），而且，如果给认知者提供较多关于被认知者社会特性的资料，将影响认知者对被认知者作喜欢与否的评定；若向认知者提供较多关于被认知者智慧特性的资料，将影响认知者对被认知者作是否尊敬的评定。此外，社会心理学家发现，各种信息完成特征对印象形成的作用的差异不同，其中对印象形成具有重大影响的特质称作中心特质（central trait）（参阅知识库 7—1）。因此，准确地应当说，个体将所有特质综合起来形成印象，但在综合之前，对中心特质给予更多的权重。

表 7—3　　好恶评价的社会特征和智慧特征

评价	社会特征	智慧特征
（1）好的评价	乐于助人	科学
	诚实	坚决
	宽容	熟练
	平易近人	聪明
	幽默感	坚持不懈
（2）不好的评价	不快乐	愚蠢
	自负	轻浮
	易怒	动摇不定
	令人厌烦	不可靠
	人缘不好	笨拙

【知识库 7—1】 **中心特质的作用**

阿希将大学生分成两组，每人拿到一张描写某人特征的包括7个形容词的表。第一组被试的表上写着“聪明、灵巧、勤奋、热情、果断、实际、谨慎”，第二组被试表上的词除了将“热情”换成“冷淡”，其他的与第一组被试的相同。然后，让被试评价该人。结果发现，第一组被试多数认为此人慷慨、幸福、人道；而第二组的评价几乎相反。阿希又分别用“文雅”和“粗鲁”代替了“热情”和“冷淡”，发现两组被试的评价几乎没有多大差别。这说明“热情—冷淡”是核心品质，而“文雅—粗鲁”则不是。

凯利用现场实验证明了“热情—冷淡”具有核心品质的作用。他告诉心理学专业的学生，一位客座教师要来指导他们的讨论，在他到来之前，将关于他的特征描写的材料发给大家，学生拿到的材料与阿希用的完全一样，即一半学生拿到的是包括“热情”一词的表，另一半拿到的是包含“冷淡”一词的表，其余的词完全一样。该教师到来后指导学生进行了20分钟的讨论。他走后，学生对他的评价差别很大。不仅如此，得知该教师“热情”的学生与其交流更自由、谈话更多（见表7—A）。

表 7—A **“热情”、“冷淡”对印象形成的作用**

特质	热情	冷淡
自我中心	6.3	9.6
不易接近	5.6	10.4
人缘不好	4.0	7.4
刻板	6.3	9.6
易怒	9.4	12.0
缺乏幽默	8.3	11.7
无情	8.6	11.0

（二）整合原则

个体在收到他人的大量信息后，将根据平均法则（averaging principle）进行整合，即在印象形成过程中，个体收到有关信息后对其进行单独加工，然后将其平均起来形成一个总体印象。例如，有两个人，如果用－5～＋5的尺度对他们的特质进行评价，甲机智、学识渊博、沉着、自信，给他的打分分别是＋4，＋4，＋2，＋3；乙除了具有上述品质，还有坦率、不讲究衣着两个特点，对他的打分分别是＋4，＋4，＋2，＋3，＋3，－2。那么，根据平均法则，甲的得分是（4＋4＋2＋3）÷4＝3.25，乙的得分是［4＋4＋2＋3＋3＋（－2）］÷6≈2.33。甲的得分比乙的得分高，因而对甲的印象更好。

二、知觉偏差

受知觉者、被知觉者、知觉情境等多种因素的影响，知觉常常发生偏差。常见的偏差有：

1. 晕轮效应

当知觉者对一个人的某种特征形成印象后，倾向于据此推论该人其他方面的特征，这就是晕轮效应（halo effect）。好恶评价是印象形成中最重要的方面，在知觉他人时，人们往往根据少量的信息将人分为好或坏两种，如果认为某人是“好”的，他就被一种好的光环笼罩，被赋予一切好的品质；如果认为某人“坏”，他就被一种坏的光环笼罩，被认为所有的品质都很坏。

戴恩等人曾分别让被试看相貌好看、一般和丑陋的人的照片，然后要求被试评定这些人若干其他特征。结果发现，容貌好看的人得到了很高的评价，长得难看的人则得到了较低的评价（见表 7—4）。

表 7—4　晕轮效应的作用（%）

特征	相貌俊美者	相貌一般者	相貌丑陋者
人格的社会合意性	65.39	62.42	56.31
职业地位	2.25	2.02	1.70
婚姻状况	1.70	0.71	0.37
做父母的能力	3.54	4.55	3.91
社会与职业幸福程度	6.37	6.34	5.28
总的幸福程度	11.60	11.60	8.83
结婚的可能性	2.17	1.82	1.52

2. 刻板印象

刻板印象（stereotype）是指人们对某个群体中的人形成的一种概括而固定的看法。生活在同一地域或文化背景中的人常表现出许多相似性，人们在社会知觉中便将这种相似的特点加以归纳，概括到认识中并固定下来，形成了刻板印象。例如，认为商人都很精明，知识分子文质彬彬，女性很温柔等。刻板印象一旦形成，不仅很难改变，而且人们在社会知觉中会用它去“同化”某一个体，只要某一个体被“同化”到群体中，对群体的刻板印象自然也适合于这个人（见表 7—5）。

表 7—5　中国人对各国人的刻板印象

美国人	日本人	俄罗斯人	中国人
民主的	善模仿的	狡猾的	爱好和平的
天真的	爱国的	欺诈的	保守的
乐观的	尚武的	有野心的	传统的
友善的	进取的	残酷的	耐劳的
热情的	有野心的	不择手段的	友善的
进取的	有礼貌的	唯物的	容忍的
坦率的	小气的	野蛮的	无效率的
喜欢夸耀的	耐劳的	好战的	仁慈的
爱冒险的	狡猾的	冷漠的	迷信的
慷慨的	勇敢的	投机分子	勤奋的

3. 首因效应和近因效应

人们根据最初获得的信息所形成的印象不易改变，甚至会左右对后来获得的新信息的解释，这就是首因效应。卢钦斯（A. S. Luchins）的实验证明了首因效应的存在。

他用两小段文章描述一个叫吉姆的男孩一天中的部分行为。其中一段是写吉姆和朋友们一起去上学，他在路上晒太阳，在商店和一个熟人聊天，问候一个他最近才认识的姑娘。另一段写吉姆独自一人从学校走回家，在树荫下歇凉，在商店里默默地排队购物，没有去问候那个新近结识的姑娘。第一段（E）暗示吉姆是一个性格外向的人，而第二段（I）则使人觉得他是个性格内向的人。然后，卢钦斯以 E—I 或 I—E 的不同顺序将两段文章连接起来。他要求被试在读过这两段文章以后对吉姆作出评价。尽管文章的内容完全相同，但是假如被试首先读到段落 E，他们就会认为吉姆的性格较为外向；而假如首先读到段落 I，他们则会认为吉姆的性格较为内向。可见，在认知过程中，个人尽管可以获得多种信息，但最终决定他形成印象的却是最初信息，其余信息则被忽略。也就是说，第一印象是难以改变的。

但是，卢钦斯也发现，如果事先提醒被试避免作出草率判断，并告诉他们要考虑到全部有用信息，首因效应就可以减弱。如果在段落 E 和段落 I 之间加入一些附加描述，那么段落 I 所提供的信息对于被试形成印象就会有更强的作用。在这种情况下，近因效应就会发生，我们就可能注意对方的“现在”表现，而忘记他在过去给自己留下的印象。

4. 宽大效应

个体在评价他人时，往往更多地对他人作出积极的、肯定的评价，即评价他人时总有一种特别宽大的倾向，这就是宽大效应（leniency effect）。宽大效应的发生是因为人们在社会生活中遵循“波利安纳原则”（Pollyanna principle），愉快的事情总比不愉快的事情更平常。

5. 投射

投射（projection）是指个体把自己所拥有的特质推而广之到他人身上的倾向，即认为他人也拥有和自己一样的感受、人格特质、态度、动机等。

6. 证实偏差

人们既有的观念或期望会影响其社会知觉和行为。人们有选择地去解释并记忆某些能够证实自己既存的信念的信息，这就是认知证实偏差（cognitive confirmatory bias）。例如，如果认为某个人是外向型的，就会对其所表现出的与外向有关的特质（如热情、好交际等）注意得更多，并容易回忆起来。

人们对某人的社会行为总有一定的图式，这种既有的图式会使该人交往时做出符合图式的行为，也就是说其行为表现符合他人对其行为的期望，这就是行为证实偏差（behavioral confirmatory bias）。

三、印象管理

印象管理（impression management）是指个体努力操纵或控制他人对自己形成印象的过程。著名社会心理学家考夫曼指出，人际交往就像戏剧舞台，每个人都在扮演某个角色、演出一定的节目。所谓节目，是指一整套经过精心选择的用来表现自我的语言或非语言的活动。表演时，每个人都竭力维持一种与当前的社会情境相吻合的形象，以确保他人对其作出使之愉快的评价。如果能够成功地维持良好的形象，就会受到他人的赞许，会“有面子”，否则就会“丢脸”。

1. 自我表现

留给别人什么样的印象最终取决于个体在特定的情境中如何表现自己。研究表明，个体在不同的人面前的行为表现有所差异。格根（K. J. Gergen）和威什诺夫（B. Wishnov）让被试描述自己的有关特征。一个月后，再安排这些被试在他人面前描述自己的特征。被试分两组，其中一组被试的交谈对象很自负，而另一组被试面对的谈话者很谦逊。比较被试两次关于自我的描述后发现，与夸张自大的对象交谈的被试的第二次自我描述比一个月前的描述更积极，叙述的优点更多；而在谦逊的对象面前作自我描述的被试与一个月前相比，不但减少了优点的叙述，而且强调自己的短处。

此外，交往的情境也影响自我表现。格根和泰勒（M. G. Taylor）让海军军校学员一起完成某项任务，对其中一半被试强调工作人员之间的团结和睦，对另一半被试则强调效率和结果，然后让被试在小组里向同伴作自我介绍。结果发现，强调工作效率的那组被试作更多的肯定性的自我描述，告诉别人自己的能力、特长和优点；而强调和睦的那组被试的自我描述则谦虚得多，甚至包含自我批评的成分。

2. 印象管理策略

关于如何赢得他人的喜欢，社会心理学家琼斯提出了四种策略。

（1）恭维他人。人们不会喜欢那些低看他们的人，所以恭维是必要的。但恭维要真诚、自然、抓住时机。

（2）遵从别人。人们喜欢那些在信念、态度和行为方面与其相似的人，因此遵从他人往往会给其留下好的印象。

（3）自我表现。要表现出一种令人喜欢、受人赞许的形象，但自我表现不能过火，适当的谦虚很有必要。

（4）给予好处。“投之以桃，报之以李”，人们喜欢那些给予其礼物或为其办好事的人。

第 3 节　人际关系

一、人际关系状态

人际关系是个体之间在社会活动中形成的以情感为纽带的相互联系。人际关系的好坏既是人际沟通的结果，也是影响人际沟通过程的主要因素。沟通之间的相互联系状态从无关到密切，是一个逐渐加深的过程（见图 7—3）。

（1）零接触。这是指两个个体彼此均没有意识到对方的存在。此时，双方完全无关。

（2）注意。分单向注意和双向注意两种。单向注意是指个体开始注意到对方，而对方则没有注意到自己的存在。双向注意是指双方均注意到对方。

（3）表面接触。如果双方开始直接对话，直接接触就已出现。然而，最初的直接接触是表面的，彼此之间几乎没有感情投入。

（4）感情投入。随着沟通的进一步深入，双方的感情开始加深。根据感情融洽的程度，可把感情投入分成轻度、中度和深度三种。如果是轻度投入，则双方的心理世界只有

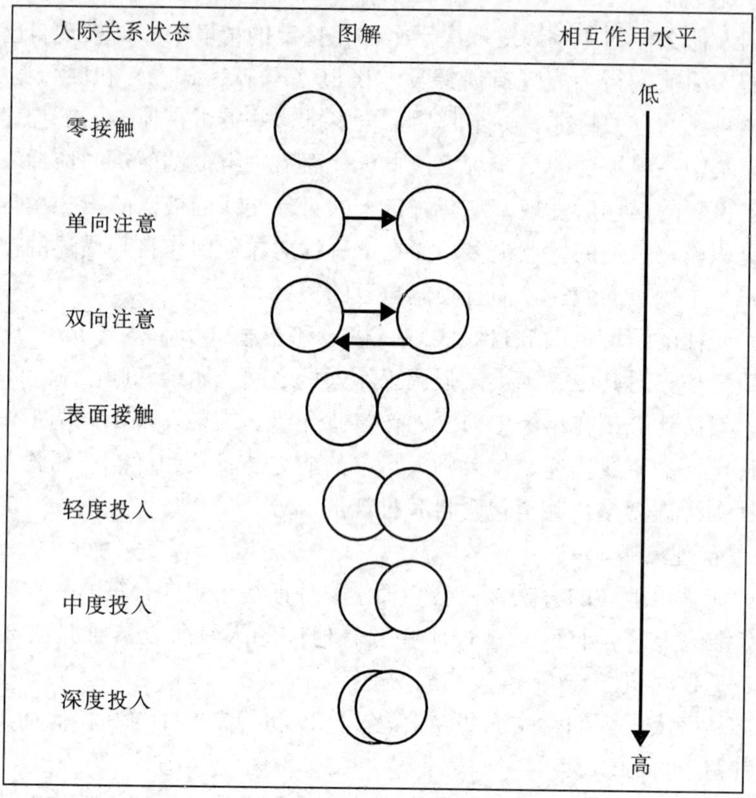

图 7—3　人际关系状态与相互作用水平

小部分重合，在此范围内双方的感情是融洽的。如果是中度投入，则双方的心理世界有较大部分的重合，彼此感情融洽的空间也较大。如果是深度投入，则双方共同的心理领域已大于相异部分，彼此的心理世界高度重合。

二、人际关系的类型

美国心理学家舒尔茨（W. C. Schultz）根据交往需要中包容需要、控制需要、感情需要以哪一种需要为主，以及满足需要的行为倾向（主动、被动），将人际反应倾向分为六种类型。

（1）主动包容型。这种类型的人主动与他人交往，希望与他人建立并维持相互容纳的和睦关系，他们的人际行为特征是待人宽容、忍让，主动大胆地交往、沟通、参与等。

（2）被动包容型。这种类型的人虽然希望与他人交往并保持和谐关系，但在行动上表现为只是被动地期待别人接纳自己，缺乏主动性。

（3）主动控制型。这种类型的人总想控制、支配别人，将自己摆在交际活动的中心或左右局势的位置。其人际行为特征是运用权力和权威，超越和领导别人。

（4）被动控制型。这种类型的人易追随他人，愿意受人支配，善于与他人携手合作。

（5）主动感情型。这种类型的人喜欢并主动与别人建立感情，主动与人表示亲密、友好，并乐于向别人表达自己的感情。

(6) 被动感情型。这种类型的人虽希望与别人建立情谊，但在行动上只是期待他人对自己表示亲密，不能主动大胆地表露自己的感情。

三、人际吸引

吸引是个体对他人的积极评价和感受。如果被某人吸引，人们会想与他相识并喜欢同他在一起。影响人际吸引的因素主要有以下七个。

1. 外表

一般来说，外表美丽的人更有吸引力。人们为什么更加喜欢长得漂亮的人呢？有四个理由：

(1) 我们从各方面的习惯知道，漂亮的人才值得爱，不论电影还是其他文学作品中，被爱的人常常是漂亮的，因此，美貌起到了爱的反应线索的作用。

(2) 同漂亮的人在一起，在别人面前就显得荣耀和光彩。

(3) 人们认为漂亮的人还有其他方面好的属性。

(4) 漂亮的人看着就舒服，使人有美的满足感（参阅知识库 7—2）。

【知识库 7—2】　外貌的辐射效应

社会心理学实验表明，外貌的魅力会引发明显的“辐射效应”（radiating effect）。心理学家兰迪（D. Landy）等人进行了一项研究。他们让男性被试评价有关电视影响社会的短文。被试被告知短文的作者都是女性。论文的客观质量有好坏两种。实验分为有魅力组、无魅力组和控制组。有魅力组接到的短文附有作者照片，照片为一个公认有魅力的女性。无魅力组所附的照片则是没有魅力的女性。控制组所读的短文没有附照片。

结果表明，由于辐射效应的作用，同样的文章当被认为是有魅力的作者所写的时候，得到的评价更高，文章本身质量并不好时尤其如此。

2. 能力

一般来说，在其他条件相当时，一个人越有能力，就越受人喜欢。但是，能力与喜欢并不永远成正比。

阿伦森（E. Aronson）等人的实验研究揭示了能力与吸引之间的关系。实验中让被试听一组录音。录音带有四种，显示四种不同能力条件的人：(1) 能力超凡的人；(2) 能力超凡但是犯了错误的人；(3) 能力平庸的人；(4) 能力平庸而又犯了错误的人。

结果发现，最受人喜欢的并不是能力非凡的超人，而是有着非凡的能力但也犯了错误的人；对仅仅是具有非凡能力的人的喜欢处在第二位；第三位是能力一般的人；最不受喜欢的当然是能力平庸而又犯了错误的人。犯错误导致人们对有能力的人更加喜欢，这叫做“犯错误效应”。这或许是人们感到，犯了错误的有能力的人比那些十全十美、白璧无瑕的人更加亲切。

3. 人格特质

研究发现，人们大多喜欢那些具有真诚、诚实、热情、友好等特质的人，而不喜欢那些具有古怪、不友好、自私、贪婪等特质的人（见表 7—6）。

表 7—6 影响人际吸引的主要人格特质

次序	最受喜欢的特质	最不受喜欢的特质
(1)	真诚	古怪
(2)	诚实	不友好
(3)	理解	敌意
(4)	忠诚	饶舌
(5)	真实	自私
(6)	可信	粗鲁
(7)	智慧	自负
(8)	可信赖	贪婪
(9)	有思想	不真诚
(10)	体贴	不善良
(11)	热情	不可信
(12)	善良	恶毒
(13)	友好	虚假
(14)	快乐	令人讨厌
(15)	不自私	不老实
(16)	幽默	冷酷
(17)	负责	邪恶
(18)	开朗	装假
(19)	信任	说谎

4. 邻近

两人之间在空间方面的邻近性也是人际吸引的重要条件。费斯汀格等人发现，居住在同一楼层的人认为他们和隔壁邻居要比隔一个门的邻居更亲密一些。人们选择朋友有 41% 是隔壁邻居，而隔一个门的邻居只有 22%，住在走廊尽头的只被选择了 10%。

邻近为什么会增加吸引力呢？首先，邻近会使人们的接触增多，从而导致熟悉程度的提高，而彼此越熟悉，就越相互吸引。其次，邻近会使彼此的互动成本降低，即付出的努力少于相距较远者。

5. 交互

主要有以下三个方面：

（1）喜欢与否通常遵循交互律（reciprocity principle），即人们倾向于喜欢那些喜欢自己的人，不喜欢那些不喜欢自己的人。凯利和迪茨在一项实验中让一组学生相信另一组学生喜欢或不喜欢他们。结果显示，被告知另一组学生喜欢自己的学生比被告知另一组学生不喜欢自己的学生更喜欢另一组学生。

（2）研究发现，个体在交互性方面存在个别差异。例如，高自我尊重的人比低自我尊重的人更不易受他人接受或排斥的影响。

（3）实验显示交互性遵循得失原则（gain-loss principle），即人们最喜欢那些对自己的喜爱不断加深的人，最不喜欢那些对自己的喜爱不断减少的人（参阅知识库 7—3）。

【知识库 7—3】　　得失原则

社会心理学家阿伦森与林德在实验中让被试每次都可以听到合作伙伴怎样评价自己。实验情境有四种：（1）肯定，即被试始终得到好的评价；（2）否定，即评价始终是否定的；（3）提高，即前几次评价是否定的，后几次则由否定逐渐转向肯定，并最终达到第一种情况的肯定水平；（4）降低，即前几次评价是肯定的，后几次则肯定水平逐渐下降，最后降到第二种情况的否定水平。实验最后，让被试评价自己喜欢合作伙伴的程度。

结果显示，人们对于原来否定自己而最终变得肯定自己的交往对象的喜欢程度最高，明显高于一直肯定自己的交往对象，而对于从肯定到否定变化的交往对象的喜欢程度最低，大大低于一直否定自己的交往对象（见表 7—B）。

表 7—B　　喜欢水平的增降趋势

条件	喜欢水平
肯定⟶否定	+0.87
否定⟶肯定	+7.67
否定⟶否定	+2.52
肯定⟶肯定	+6.42

6. 相似

相同或相似的态度、价值观、兴趣、语言、种族、职业、学历等是人际吸引的重要决定因素。著名社会心理学家 T. 纽科姆（T. Newcomb）曾以大学新生为对象进行过一项实验。实验为参加研究的大学新生免费提供普通学生公寓住房，交换条件是他们接受调查和参加研究工作必需的面谈（并非真实研究目的）。纽科姆根据测验和问卷获得的结果，分配一部分特征相似的学生住在一起，而将另一部分特征相异的学生安排在一起居住。此后，研究不再干扰这些被试的正常生活。结果，一起居住的特征相似的学生倾向于彼此相互接受和喜欢，并成为好友，而一起居住但特征相异的学生虽然同样朝夕相处，还是倾向于难以相互喜欢及建立友谊。

7. 互补

和相似理论相反，温奇（Winch，1958）发现，当双方的需要构成互补时，人际吸引增加。互补常常发生在配偶之间。例如，一个依赖性强的女性喜欢找一个独立、刚毅的男性作伴侣。

□小　结

沟通是思想、事实、信息、态度和感受等的传递与接收。沟通有形成思想、编码、传递、接收、译码、接收、使用、提供反馈八个步骤。沟通的障碍有个人障碍、物质障碍和语义障碍三类。开放的沟通、建设性反馈、适当自我暴露、主动倾听等有助于促进沟通。

社会知觉是指个体对他人、人际关系、社会事件等的知觉。印象的形成遵循加权平均原则，印象形成、印象管理、知觉偏差是社会知觉研究的主要内容。印象管理是个体努力操纵或控制他人对自己形成印象的过程。在社会知觉过程中，常常出现晕轮效应、刻板印象、首因效应、近因效应、宽大效应、投射、证实偏差等现象。

人际关系是个体之间在社会活动中形成的以情感为纽带的相互联系。人际关系状态从无关到密切是一个逐渐加深的过程。根据个体的人际关系需求可以把人际关系分成主动包容型、被动包容型、主动控制型、被动控制型、主动感情型、被动感情型六种。群体中的人际关系状况可用社会测量法把握与表示。影响人际吸引的因素有外表、能力、人格特质、邻近、交互、相似和互补等。

□ 复习题

1. 沟通的步骤与障碍有哪些？
2. 促进沟通的方式有哪些？
3. 社会知觉的偏差有哪些？
4. 人际关系的种类有哪些？
5. 影响人际吸引的因素是什么？
6. 如何测量人际关系？

□ 技能训练

倾听与提问

在观察一次会议时，记下每次观察到的下列每个障碍以及消除障碍的过程。

障碍：

1. 讲话时挖苦、贬低别人。
2. 唐突地打断别人。
3. 忽视别人的发言机会。
4. 提出的问题别有用心。
5. 对发言者抱有成见并据此对其作出评价。
6. 对人（而非问题）品头论足。
7. 总打岔。
8. 对别有用心的言词作出反应。
9. 不是在倾听而是去反驳别人。
10. 注重细节而丢了主题思想。

消除障碍的对话过程：

11. 帮助团队某一成员获得发言权。
12. 提一些显示你深入的问题。
13. 给予发言者无声的支持。

14. 复述并确认。
15. 提旨在弄清意思的问题。
16. 提一些测试对方的推理和依据的问题但不要攻击别人。
17. 提一些旨在探究信息的问题。
18. 向发言者提一些有关内容背景方面的问题。
19. 以剖析自我的方式支持发言者。
20. 检测团队沟通过程的道德规范。

资料来源：盖伊·拉姆斯登、唐纳德·拉姆斯登：《群体与团队沟通》，177页。

□ 行为测量

沟通类型

思考一下你在日常事务中是如何与他人沟通的。下面有18组论述，根据你的性格类型，为每组中A，B两个论述评分，评分的范围为0～3分：0＝从不；1＝很少；2＝有时；3＝经常。每组论述的评分相加应该等于3。

1A ____ 我坦诚地去了解每个人并且与他们建立关系。
1B ____ 我不会坦诚地去了解每个人并且与他们建立关系。
2A ____ 我的反应很慢而且会慎重地作出反应。
2B ____ 我的反应很快而且会自然而然地作出反应。
3A ____ 我对别人占用我的时间并不在意。
3B ____ 我不会轻易地让别人占用我的时间。
4A ____ 我在社交性聚会中向别人介绍自己。
4B ____ 我在社交性聚会中等待别人向我介绍他们。
5A ____ 我与别人交谈时，注重他们感兴趣的话题，即使交谈偏离即将进行的业务或主题。
5B ____ 我与别人交谈的重点总是离不开即将面临的工作、事务、业务或主题。
6A ____ 我并不果敢，而且对别人慢条斯理很有耐心。
6B ____ 我很果敢，而且有时对别人慢条斯理很不耐烦。
7A ____ 我依据事实或证据作出决定。
7B ____ 我依据感情、经验或人际关系作出决定。
8A ____ 我经常在群体中交谈。
8B ____ 我很少在群体中交谈。
9A ____ 我比较喜欢与别人一起完成工作，在可能的时候向他们提供帮助。
9B ____ 我比较喜欢独立地工作或根据其他相关人员的工作表现对他们进行指导。
10A ____ 我以提问的方式或者用更加试探性的、含蓄的谈话与别人沟通。
10B ____ 在与别人沟通时，我会作出有力的陈述并且直截了当地表达我的观点。
11A ____ 我主要注重沟通中的想法、观念或结果。

11B____ 我主要注重与我沟通的人、我们之间的关系及感情。
12A____ 我用手势、面部表情以及语调来强调重点。
12B____ 我不用手势、面部表情以及语调来强调重点。
13A____ 我接受别人的观点（想法、感情和所关心的事情）。
13B____ 我不接受别人的观点（想法、感情和所关心的事情）。
14A____ 我用小心谨慎的态度对待危险和变化或者对它们作出事先的预见。
14B____ 我用不断改变的态度对待危险和变化或者对它们不作出事先的预见。
15A____ 我比较喜欢将自己的感情和思想藏在心底，只有在我愿意的时候才与别人分享。
15B____ 我发现与别人分享和谈论我的感情十分自然而且简单。
16A____ 我想获得新鲜的或不同的经历和环境。
16B____ 我选择已经了解的或相似的环境和人际关系。
17A____ 我对别人要做的事情、兴趣以及关心的问题很敏感。
17B____ 我只注意自己要做的事情、兴趣以及关心的问题。
18A____ 我对冲突的反应慢而且不直截了当。
18B____ 我对冲突的反应快并且直截了当。

评分与说明

人们在成长过程中巩固其行为并培养出与别人沟通的习惯方式。可以通过观察你有多么坦率或沉默寡言以及多么直截了当或拐弯抹角来了解你的沟通类型。

为了确定你的坦率和直截了当的程度，把你在上面问卷中的得分填到下面的表中。然后，计算 O，S，D，I 每列的总分。

沟通类型评分表

O	S	D	I
1A	1B	2B	2A
3B	3A	4A	4B
5A	5B	6B	6A
7B	7A	8A	8B
9A	9B	10B	10A
11B	11A	12A	12B
13A	13B	14B	14A
15B	15A	16A	16B
17A	17B	18B	18A
O	S	D	I
总计____	总计____	总计____	总计____

对比 O 列和 S 列的总分，哪个较高？将较高的分数写在下面的横线上并在相应的字母上画圈：____ O S

对比 D 列和 I 列的总分，哪个较高？将较高的分数写在下面的横线上并在相应的字母上画圈：____ D I

在沟通的时候，你是更坦率（O 列的总分较高），还是更沉默（S 列的总分较高）呢？当一个坦率的人进行沟通时，他倾向于人际关系，支持别人的需要，并且愿意与别人分享感情。一个沉默寡言的人倾向于工作，他的态度很冷淡并且不喜欢与别人分享感情。

在你与别人沟通的时候，是更直截了当（D列的总分较高），还是更拐弯抹角（I列的总分较高）呢？直截了当的人性格外向，并且非常强烈地表达他们的思想和感情。拐弯抹角的人性格抑郁，并且显得更加内向。直截了当的人十分果断甚至非常自信，而拐弯抹角的人则相反，他们不太果断甚至很被动。

这四种不同的沟通类型可以通过你的直截了当和坦率的程度辨别出来。如果你在这两方面得了最高分，你就是一个果断的并且倾向于人际关系的社交者。如果你在沉默寡言和直截了当方面得到的分数最高，说明你是一个果断的并且倾向于工作的领导者。如果你在拐弯抹角和沉默寡言方面得分最高，说明你是一个倾向于工作但不够果断的思想家。如果你在拐弯抹角和坦率方面得分最高，你就是一个不够果断并且倾向于人际关系的健谈者。

资料来源：菲利浦·L·胡萨克尔：《管理技能实战训练手册》，46～48页。

□案　例

西门子

西门子为其国际性的文化氛围而自豪。作为一家不断进取的跨国公司，西门子努力改善管理方式及行为，加强开放式的沟通，建立良好的工作环境与氛围。为此，西门子建立有众多员工沟通渠道。西门子的沟通渠道包括：

一、内部媒体

西门子内部办有许多媒体，是传达各种信息、进行员工间沟通的重要渠道之一。这些内部媒体包括：《西门子之声》（*Siemens Newsletter*）、《西门子世界》（*Siemens World*），以及各业务集团主办的各种内部沟通杂志。

《西门子世界》是西门子面向全球员工的内部沟通刊物，肩负着沟通西门子全球员工的重任。《西门子世界》一般包括以下栏目：封面故事、业务、团队、合作伙伴、趋势、家庭等。

《西门子之声》是专门面对西门子中国员工的内部刊物，由西门子中国公司公关部编辑出版。《西门子之声》一般包括：视点聚焦（Spotlight）、新闻回顾（Newsbits）、人物写真（People）、领导才能（Leadership）、创新前沿（Innovation）、万花筒（Spectrum）等栏目。《西门子之声》起到了沟通西门子中国员工的重要作用。

二、内部网站

西门子内部网站是一个庞大而高效的沟通平台。比如，2003年“非典”（SARS）期间，关于SARS的最新消息每时每刻都会在西门子的网站上更新，关于事态的最新报道、公司的政策、领导层写给员工的信等内容都会及时发布，让每一名西门子员工在第一时间获取最新信息。

又如，西门子人事部建立有专门的网页，新员工可以登录了解如何融入公司，还分别为外国员工、合资工厂、各地区开辟专门的链接。其他方面，关于人事上的招聘、培训、出差、发展、投诉等内容一应俱全，一览无遗，并随时更新。

强大的E-mail系统——西门子内部网络建立有强大的员工电子邮件系统，为员工之间的沟通提供了最便捷的渠道。

知情的员工的积极性更高。为了让每名西门子员工了解公司的最新信息，西门子为世界各地的西门子员工建立了“今日西门子”（Siemens Today）在线平台。“今日西门子”不仅包含西门子主题新闻故事和广泛的报道，而且开辟了交互式聊天室、论坛和调查。

三、员工对话机制

在西门子，每名员工每年至少要与上司有一次非常系统的对话（即CPD员工对话），特别是表现突出的重点、核心员工。通过员工对话，公司可以了解员工的想法，并针对其提出的问题制定解决之道。事实上，员工与上司的对话随时都在进行。

四、员工沟通信息会

公司每年至少进行一次“员工沟通信息会”（Information Session to Employee），在公司政策、员工福利、职业发展等众多问题上听取员工的意见，与员工进行双向的沟通。

五、直接与高层沟通

员工在工作上若有不同的意见，也可以越过自己的直接上级向公司高层直接反映，与他们直接进行沟通。

六、新员工导入研讨会

西门子公司为新员工开设了“新员工导入研讨会”，公司的CEO会参加每一期“新员工导入研讨会”，向新员工介绍企业文化、公司背景等信息。CEO等高层直接面对面地与新员工进行交流。

七、员工培训

无论是新员工培训，还是经理人培训，都为员工之间进行沟通提供了机会。在所有的集体培训上，公司的CEO等高层领导都会亲自参加，与员工进行面对面的交流。

八、员工建议制度

这是让西门子引以为豪的做法。西门子鼓励员工为公司提出合理化建议与意见，为改善公司业务与管理出谋划策。被采纳的建议将迅速在公司中实施与推广，而提出合理化建议被公司采纳的员工，将得到公司从小礼物到10余万元现金不等的奖励。

好建议的标准很简单，包括三方面：节省费用、节省时间、提高质量。比如，员工A提出某个建议可以缩短外国员工签证时间，员工B提出某个建议可以为西门子每年节省5%的差旅费用，员工C提出某项方案可以提高西门子手机的产品质量与服务质量……诸如此类的宝贵建议只要员工提出来，将很快被公司采纳。

通过员工建议，西门子营造了非常活跃的气氛，鼓励大家发挥自己的聪明才智，为公司业务的发展与组织的健全出谋划策。更重要的是，不论员工的建议是否被公司接受，这种沟通为每位员工都提供了“说话、参与”的机会，大大增强了大家的主人翁意识，真正使每位员工能够成为西门子“企业内部的企业家”。

九、员工满意度调查

西门子全球各地每年都会进行员工满意度调查，以了解全球员工的想法。通常，由一个 12 人组成的小组负责员工满意度调查的进行，从启动到操作与实施，全由小组负责。小组的成员每年都要更新，每年有 6 个人从小组中退出，再补进 6 个人。

通过各种有效的沟通渠道，信息与思想在西门子的机构里迅速地流动，就像肌肉和筋脉为西门子的庞大机体带来活力，使西门子这个产业巨头变得灵活而敏锐。

资料来源：《西门子的沟通机制》，中人网，2004-06-23。

思考题：

1. 如何评价西门子的沟通机制？
2. 你觉得西门子的沟通还有哪些可以提高和改进的地方？

第8章 领导行为

本章重点

- 领导的概念
- 路径—目标理论
- 领导行为理论
- LPC 理论
- 标准决策理论
- LMX 模型
- 领导替代模型
- 转变型领导和战略领导

引 例

沙钢通过坚定不移地贯彻“创新、转型、提升”的发展思路，坚持科技创新，调优产品结构，拓展市场领域，深化节能减排，促进转型升级，进一步壮大了生产集约化、品种多元化、市场高端化、经贸国际化的独特优势。

从 45 万元起家到年销售收入 2 075 亿元，从一家名不见经传的民营钢铁企业一跃成为世界 500 强。江苏沙钢集团如何在钢铁行业激烈的市场竞争中脱颖而出、站稳脚跟并一路高歌猛进的呢？近日，笔者走进这家传奇式的苏南企业，采访董事局主席沈文荣，实地感受了这位钢铁大亨的“炼钢之情”。

一、辉煌战绩

目前，沙钢集团年产钢能力 3 500 万吨，成为全国最大的民营钢铁企业。2012 年 7 月 9 日，《财富》世界 500 强排行榜公布，沙钢集团以上年年销售收入 2 075 亿元位列第 346 位，比 2011 年的 366 位上升 20 位，至此，沙钢集团已连续 4 年上榜。一家默默无闻的乡镇企业，历经 37 年的发展，昂首阔步坐上了世界 500 强企业的“交椅”！

“沙钢这艘航船始终以钢铁为核心，认真做事、创新思维、领先一步，才有今日的大发展。”江苏沙钢集团董事局主席沈文荣自豪地说。

二、成长节拍

正是在沈文荣的独特思路指引下，无论是率先引进世界先进水平的生产线、建立局部技术优势，还是最早引入循环经济技术……沙钢发展的每一步点都走在正确的节拍上。

2011年2月，沙钢集团规划斥资300亿元打造玖隆钢铁物流园项目。该项目总占地面积6～8平方公里，集现货和期货交易、剪切加工、运输配送、进出口保税等功能于一体，预计5～10年内营业额达到2 000亿元。

“我们必须围绕钢铁发展物流，培育新的增长点。”沈文荣这样分析，“我们并不是一开始就想进入世界500强的。从客观来看，沙钢的目标是不断调整的，我们是想先做到张家港第一，当做到张家港第一时，又开始琢磨能不能做到江苏第一……不断调整目标，实现新的跨越。”

为生产稳定运行和降本增效，企业每年都要进口设备和铁矿石、焦煤、废钢等生产原材料。据统计，2012年以来，该集团先后进口了3 000多万美元的设备及2.5亿美元的煤炭和铁矿石。

目前，沙钢出口总量在全国同行业中排第三位，其中高碳优质线材和中厚板出口量位列国内同行业第一，“沙钢”牌盘条出口量连续多年位居全国同品种出口第一名。

三、美丽蓝图

面对成绩，沙钢集团没有自我满足，而是不断自加压力。

“你比别人认真，就能领先一步；你比别人务实，就能稳步成长；你比别人有均衡的创新思维，就能持续地创造竞争优势。”沈文荣向笔者表示，“沙钢‘十二五’规划的主要奋斗目标就是通过并购联合、资产重组、工艺创新等，力争年产钢量保持在国内外钢铁同行第一方阵、名列国际同行前10名、综合实力进入世界500强前300名，努力实现年销售收入3 000亿元、力争3 500亿元的目标，把企业建设成为具有强大国际竞争力的钢铁企业。”

为实现“十二五”规划目标，沙钢集团坚持实施“两个转移”、“四个坚持”，加速企业的结构调整和转型升级，进一步做优、做强企业。沈文荣告诉笔者“两个转移”，一是从过去30年钢铁产能供不应求转移到未来30年钢铁产能供大于求的发展思路上来；二是从传统型管理转移到精细化、信息化管理上来。围绕钢铁主业做好“四个坚持”：坚持延伸产业链，坚持建设配套企业，坚持发展钢铁大物流，坚持搞好资本运作。

资料来源：改编自施向军、吴亚波：《钢铁是这样炼成的：访江苏沙钢集团董事局主席沈文荣》，载《中国国门时报》，2013-01-21。

沈文荣是一位卓有成效的领导者。首先，他为沙钢公司描绘了清晰的愿景，设定了远大目标。其次，他通过沟通、授权、激励等手段，带领公司员工为这一愿景的实现而努力工作，并最终实现了目标。本章论述领导的概念和各种理论，探索领导有效性的奥秘。

第1节 经典领导理论

有效领导是一个群体、一个组织乃至一个国家成功的关键因素，所以，领导研究的历史源远流长，有关领导的理论百花齐放。本节在给出领导的定义之后，选择几种有广泛影响的经典理论加以介绍。

一、领导的概念

关于什么是领导，各个学科的专家众说纷纭。本书认为，领导是个体运用非强迫性手段影响其他人自愿努力去完成群体或组织目标的过程。

（1）领导是一种过程，而不是某一个体。担任某一管理职位的某人叫做领导者。通常，很容易根据正式职位或头衔，如总统、市长、总裁、处长、主任、经理、队长等来识别（准确地说，这些人应叫管理者）。然而，不能认为领导者的行为就是领导。

（2）领导的本质是人际影响，即改变其他群体成员的态度或行为。虽然影响下属的方法有多种（见第9章），但是如果运用强制手段便不能叫领导。领导意味着下属乐意接受影响，愿意听从指挥，愿意付出努力。从这个意义上可以说，最成功的领导是所有下属愿意为他们所爱戴的领导者赴汤蹈火。因此，领导的反义词是跟随（followership），领导者的反义词是跟随者（follower）。

（3）领导的目的是群体或组织目标的实现。下属之所以愿意接受领导者的影响，是因为他们认识到这有利于群体或组织目标的实现，而群体或组织目标的实现与其自己的利益息息相关（参阅知识库8—1）。

【知识库8—1】　领导力是如何炼成的？

中欧领导行为实验中心与美国创造性领导力中心（亚洲）在2007年联手启动了新兴市场领导力经验—学习（Learning of Experience）研究项目，在中国采访了100位成功的企业高级管理者，了解并研究他们在职业成长过程中的“关键事件”和“关键体验”，试图解析它们是如何成为领导力的“催化剂”的。

第一，炼就领导力的八大关键事件（critical events）。

（1）“变”：面对变化，适应变化，拥抱变化。我们在研究中发现，“变”是访谈中提及频率最高的关键词，绝大多数的被访者都会或多或少地提到自己在职业生涯中曾经面对的变化，主要包括以下几个方面：转换企业/行业、转变职能、体制改革、管理变革、企业上市和重组/并购。

（2）“冲”：碰撞、矛盾、冲突中成长。在采访中，我们发现冲突是许多管理者都会面对的困惑和挑战。在快速变化的环境中，冲突和矛盾愈加不可避免，管理者该如何面对：妥协、回避、强迫还是合作？在访谈中，冲突事件包括：与上级的冲突、与下属的冲突、与同级的冲突、与外部客户/政府的冲突以及跨文化导致的冲突。由于它们各自存在的前提和依据不同，其表现形式和解决方式也有所不同。

(3)“危”：临危受命，扭转局势。在新兴市场中，企业的快速发展必然会面对许多的变化和挑战，管理者时刻需要做好准备应对危机。被访者提及的危机事件包括：临危受命、扭转局面、客户投诉和诚信危机。因此，如何面对危机、处变不惊、扭转局势甚至力挽狂澜，是许多新兴市场管理者必须练就的能力。

(4)“磨”：吃得苦中苦，方为人上人。在中西方的文化中，患难和磨炼被认为是造就人才的最好学校。同样，在访谈中，不少管理者认为，他们在职业生涯初期的工作磨炼对其今后的领导力发展起到了至关重要的作用，例如在基层岗位上的锻炼、在条件艰苦的高山微波站驻岗、顶着暴雨拜访客户做销售，等等。吃得苦中苦，方为人上人。这些管理者正是通过早期磨炼收获了金钱也买不到的丰富阅历，同时培养了自己坚强的意志以及承受压力的良好心态。

(5)“挫”：失败乃成功之母。访谈中，受访者提及的失败挫折包括工作失误、受挫、降职和辞退/处分/裁员等。我们发现，优秀管理者之所以能把失败经历转化为成功的契机，秘诀在于他们能够直面自己的失败，积极总结教训，并且做到孔子所赞赏的“不二过”。

(6)“拓”：开疆辟土，开拓创新。与成熟稳定的市场环境相比，在诸如中国这样的新兴市场里，企业管理者是否具备开拓创新精神显得尤为重要。在访谈中，被访者也多次提到了有关开拓与创新的事件，亲历了从无到有的过程，其中包括开发新产品、开拓新市场、实施新方案以及开设新分支机构。

(7)“学习”：更新知识，提升能力。在访谈中，不少被访者反复提到“不断学习”的重要性。在他们眼中，学习不仅仅是参加培训课程，还包括自学、阅读和工作中的特派项目等，例如看了一本有用的书；参加整理审计规范的特别小组；负责一个临床试验项目；设计年度财务培训课程；负责财务数据分析项目等。面对快速变化的市场环境，管理者常常发现，原有的所“知”所“能”已不够用，只有不断学习、更新知识、提升能力，才能与时俱进。

(8)“楷模”：典范领导，以身作则。在我们的访谈中，楷模既包括对被访者产生深刻影响的典范领导，也包括一些负面的领导或人物。但典范领导的提及频率明显是最高的，言传身教的影响力不可小觑。典范领导往往能够将远大卓越的目标融入企业文化，并通过自己的言行、气质和风度来影响和引领其他员工的行为改变。

第二，关键体会（key learning）中炼就的八大关键领导力。

(1) 商业决策力：商业决策是企业领导人必须具备的领导能力。在我们的访谈中，受访者提及有关商业决策方面的体会包括战略目标清晰、准确判断、有效决策、眼光长远、注重事实、勤于思考、善于分析、客户导向等。

缺乏执行力的企业好比是纸上谈兵，寸步难行。如何有效推动和贯彻战略的实施，也是管理者所关注的重要领导力之一。在访谈中，有关推动执行的经验体会包括：以结果为导向、争取和整合资源、周密的计划、执行力、完善和规范制度/流程、重视细节和严谨的工作作风等。

（2）创新变革力：新兴市场变化快速，内外部环境日新月异，企业的变革、重组、并购也频频发生。因此，在访谈中，我们也发现不少受访者会强调创新变革的能力，包括创新的方法、转变思维模式、适应环境、文化的融合、变革带来的压力和动力以及变革中的沟通与协调等。在我们的访谈中，沟通协调能力是提及频率非常高的关键体会之一，其中尤以外企管理者最为突出。受访者提出，要达成有效沟通，不仅要掌握合适的沟通方式，还要注意沟通的度和及时性。另外，换位思考和注重人际关系也是沟通协调方面的关键体会。

（3）引领团队能力：领导力的一种解释，就是领导者如何带领团队在组织中做出卓越成就的能力。因此，在访谈中许多管理者都提到了有关引领团队的体会，比如鼓舞团队士气、培养人才、团队成员配备、团队领导很重要、重视团队合作等。

（4）人性化管理：受中国传统文化的影响，在我们的访谈中，管理者提及人性化管理的频率甚至超过了创新变革和商业决策，其中尤以国企和民企的受访者最为突出。他们多次强调，管理者在处理与下属的关系时，必须表现出尊重、信任、鼓励和关怀，并且要以身作则，感受基层，通过有效的方式进行授权和激励。

（5）诚信负责：在访谈中，我们发现，诚信与责任是管理者颇为重视的领导力素质之一，强调“言必信，行必果”，有着强烈的责任感和社会使命感。其中，受访者提及频率较高的关键词包括：遵纪守法、职业操守、坚持原则底线、兑现承诺和勇于承担责任等。

（6）自我修炼：除了专业技能与行业知识，企业领导更要求具备较高的综合素质。显然，在我们的访谈中，受访者对于自我修炼的重要性体现了高度的共识。因此，自我修炼在访谈中的提及频率异军突起，远远高于其他类别。被提及的关键词包括：获取新知识、提升自我能力、不断学习、自我反思与自我认识、价值观、面对困难的心态、自我压力管理、自信心、坚持和决心等。

根据上述定义，领导和管理有所区别（见图 8—1）。一般而言，领导是管理的四大主要活动之一。但是，如果一个管理者仅仅精于计划、组织与控制，他可能是一个无效的领导者。同时，领导与管理在类似活动上的侧重点各不相同（见表 8—1）。例如，管理意味着操纵事情、维持秩序、控制偏差；领导意味着前进、指挥、带领跟随者探索新领域。管理者通过计划与预算处理复杂问题，设置目标，确定完成目标的方法，分配资源以实现目标。相反，领导者首先规划组织的愿景以引导下属的行为，然后开发创新战略去实现愿景。

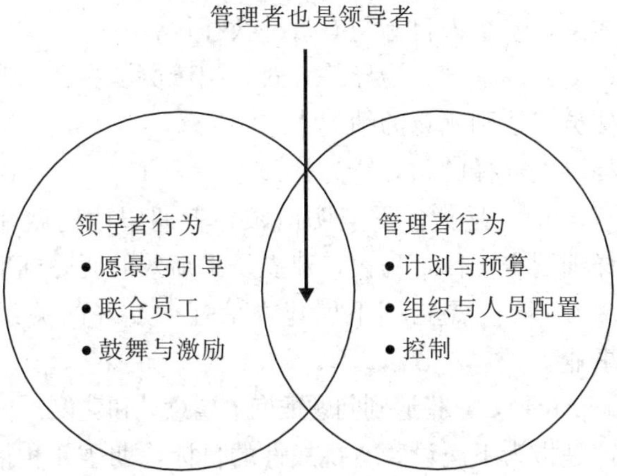

图 8—1　领导者与管理者的行为

表 8—1　领导与管理的区别

活动	管理	领导
制定工作日程计划	计划与预算：建立实现预期结果的详细步骤与时间表，分配必要资源，保证预期结果发生	建立愿景：开发未来愿景以及实现愿景的战略
为完成工作日程计划开发人员网络	组织与人员配置：建立完成计划的结构，配备与结构相应的人员，制定政策与程序，指导员工开展工作	联合人员：运用各种方式与各工作团队的成员沟通，使他们理解与认同愿景和战略
执行计划	控制与问题解决：仔细监控工作结果，识别偏差，纠正偏差	激励与鼓舞：供给员工克服各种障碍的能量，满足他们的各种需要
结果	产生各种可预测的结果，如按时提供顾客所需产品	产生各种巨大变化，如顾客所需新产品、员工所求的劳资新关系

有效领导者通过组织与人员配置去完成目标，他们创建组织结构、设计工作职位、配备合格员工、沟通相关信息，以保证目标实现。领导者招聘、留住那些认同组织愿景的员工，让员工组成工作团队，自主决定如何达成组织愿景。

此外，管理者通过控制员工行为来保证员工完成目标。他们运用各种形式的报告和会议监控员工的工作绩效，时刻注意工作偏差。有效领导需要激励和鼓舞员工团队，帮助他们克服各种困难，支持他们出色地完成各项任务。

二、路径—目标理论

由罗伯特·豪斯（Robert House）等人提出的路径—目标理论（path-goal theory）有助于理解领导的内涵。以工作动机的期望理论为渊源，路径—目标理论认为，领导的作用在于促进努力与绩效、绩效与报酬之间的联系，进而达到满足员工需求、激发员工动机、增加工作满意、提高工作绩效的目的。

领导者的具体任务包括：

（1）识别每位下属的个人目标；

（2）建立报酬体系，使个人目标与有效绩效挂钩；

（3）通过帮助、支持、辅导、指导等方式，扫清员工在通向高绩效的道路中遇到的各种障碍与困难，促使员工达到满意的绩效水平。

豪斯指出了四种可以选择的领导行为：

（1）指导（direction），是指让下属明白领导者期望他们做什么，对下属如何完成任务给予具体指示，详细制定工作日程表，建立员工绩效的明确标准。

（2）支持（supportive），是指同下属建立信任、友好的关系，关心员工的需求、福利、幸福、地位和事业。

（3）参与（participative），是指遇到问题征询下属意见和建议，允许和鼓励下属参与决策。

（4）成就导向，是指为下属设置有挑战性的目标，期望并相信下属会尽力完成这些目标，从而大幅提高绩效水平（见图 8—2）。

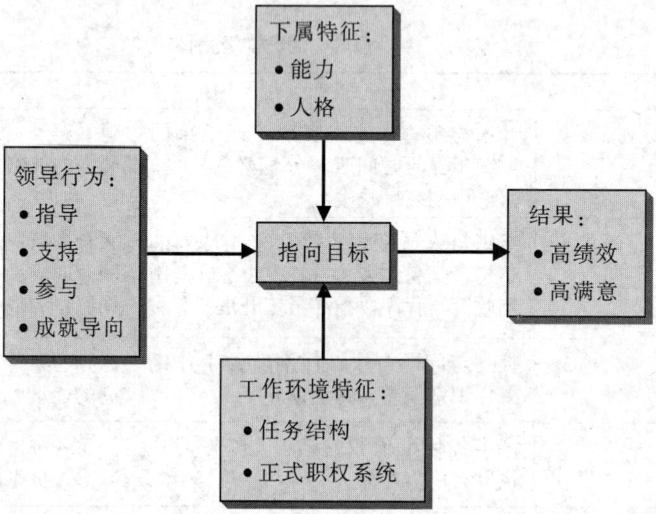

图 8—2　路径—目标理论示意图

路径—目标理论认为，领导行为的选择依赖于下属的特征和工作环境特征两类权变因素。关于前者，下属的能力和人格特征都影响领导行为的运用。例如，对于能力强的跟随者来说，指导型领导没有必要；对于成就动机强的下属来说，成就导向型领导最匹配。关于后者，任务结构和职权系统等因素制约着领导行为的采用。例如，如果任务是新的、无结构的、非常规的，指导型领导比较合适；如果正式职权系统是高度集权的，参与型领导便不易运行。尽管一些验证性研究的结果存在矛盾，路径—目标理论让人明白了领导者的主要作用是为跟随者提供支持与指导，以扫清目标完成过程中的障碍，为提高领导有效性提供了有益的启示。

三、领导行为理论

对领导的行为研究始于 20 世纪 40 年代，主要研究领导者实际做什么、如何做。下面依次介绍几项比较著名的研究。

1. 俄亥俄州立大学的研究

该校从 1945 年开始，由著名学者拉尔夫·斯托格迪尔（Ralph Stogdill）主持，利用领导者行为描述问卷（LBDQ）来识别领导行为的基本维度。通过统计分析，发现领导者的行为可分成体贴（consideration）和主动结构（initiative structure）两个方面。前者是指关心下属的感受，尊重下属的想法；后者是指明确上下级各自的角色，通过计划、沟通、日程安排、分派任务、给予指示等方式指导群体完成任务。俄亥俄州立大学的研究还指出，最有效的领导者是那些在体贴和主动结构两方面都做得很好的人。

2. 密歇根大学的研究

20 世纪 40 年代末，在著名学者利克特的带领下，密歇根大学的研究人员开始识别导致有效群体绩效的领导行为模式。通过对众多高效或低效群体的比较，他们发现领导者的行为有两种基本形式：生产中心（production-centered）和员工中心（employee-centered）。前者是指领导者主要关心任务的完成，后者是指领导者主要关心员工的福利。利克特等人同时指出，员工中心的领导者比生产中心的领导者更有效。

3. 管理方格

1965 年，罗伯特·布莱克（Robert Blake）和简·莫顿（Jane Monton）在俄亥俄州立大学和密歇根大学研究成果的基础上，根据关心生产（concern for production）和关心人（concern for people）两个维度构建了关于领导行为类型的管理方格（managerial grid）（见图 8—3）。因为每一维度都有 9 个等级，理论上应有 81 种领导方式，但常见的主要有团队管理（team management）、乡村俱乐部管理（country club management）、中庸之道管理（middle-of-the-road management）、贫瘠管理（impoverished management）和任务管理（task management）五种，其中团队管理为最佳领导方式。

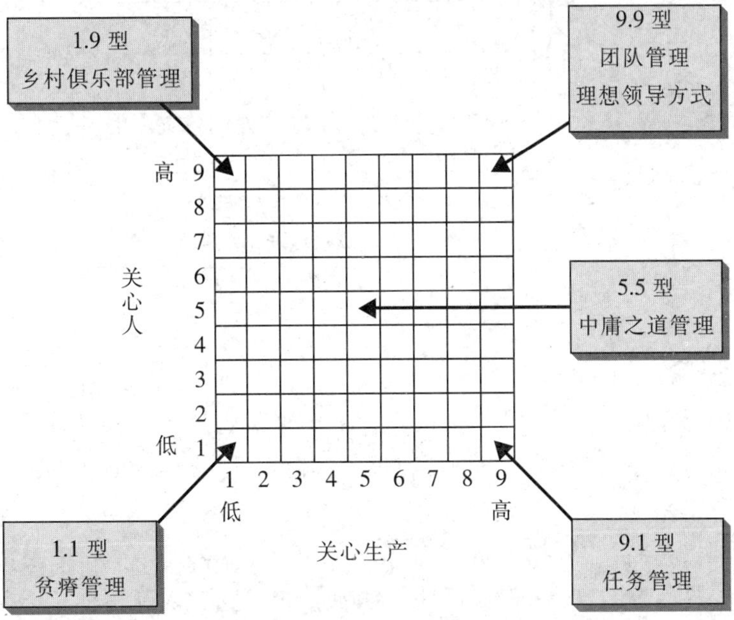

图 8—3 管理方格图

4. 情境领导理论

保罗·赫西（Paul Hersey）和肯尼思·布兰查德（Kenneth Blanchard）提出的情境领导理论（situational leadership theory）认为，领导者的关系行为（relationship behavior）和任务行为（task behavior）的水平要适应跟随者的准备状态（readiness）或成熟度（maturity）。

所谓准备状态，是指下属完成某一具体任务的能力和意愿。四种领导方式应分别和四种准备状态相对应，即如果下属既无能力，也无意愿完成任务（R1），应采用指示（telling）方式；如果下属有意愿，但无能力完成任务（R2），应采用推销（selling）方式；如果下属有能力，但无意愿完成任务（R3），应采用参与（participating）方式；如果下属既有能力，也有意愿完成任务（R4），应采用授权（delegating）方式（见图 8—4）。

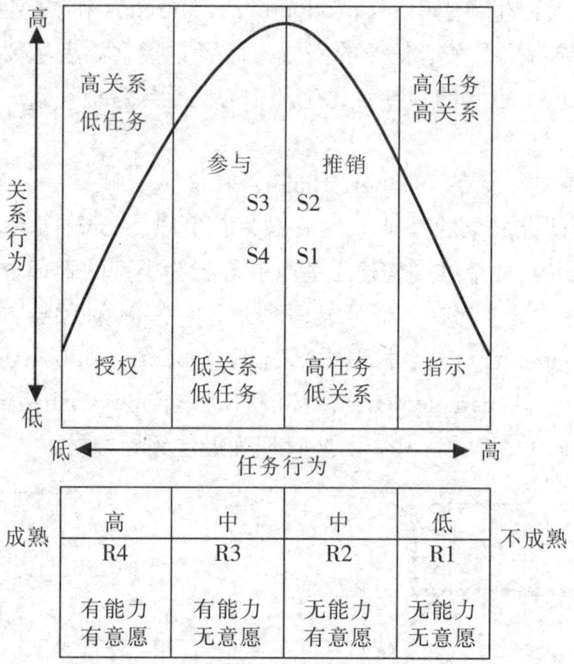

图 8—4 情境领导理论示意图

四、LPC 理论

弗雷德·费德勒创立的 LPC 理论是几十年来最为流行的领导理论。该理论认为，领导的有效性依赖于领导者的人格特征与情境控制（situational control）的匹配（见图 8—5）。

费德勒把领导者的人格分成任务激励（task motivation）和关系激励（relationship motivation）两类，认为任务激励和关系激励是领导者的人格特征，不易改变。费德勒还开发了一种名为最难共事者（LPC）的量表来测量任务激励和关系激励。如果 LPC 得分高，该领导者是关系激励，反之是任务激励。低 LPC 领导者最初被完成任务激励，并在

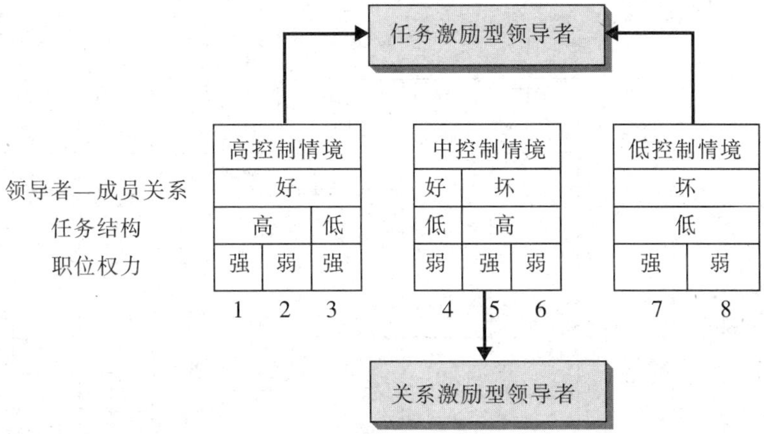

图 8—5　LPC 理论示意图

任务完成后获得满意。一旦任务得以圆满完成，低 LPC 领导者就会把注意力放在改善与下属的关系上。高 LPC 领导者最初被建立与维持同下属的亲密的人际关系激励，如果良好关系得以建立，高 LPC 领导者就会把注意力放在任务完成上。

任务激励型领导者和关系激励型领导者的领导有效性如何，取决于他们对情境的控制度。所谓情境控制度，是指领导者决定与影响群体成员的工作内容和工作结果的程度。情境控制度有高、中、低三种水平，与下述三种情境因素的状况有关。

（1）领导者—成员关系。是指下属和领导者的个人关系是否亲密，例如是否相互信任、尊敬与关心。

（2）任务结构。有结构是指任务简单、常规、清晰；无结构是指任务复杂、非常规、模糊。

（3）职位权力。是指领导者有无分派工作、决定奖惩、推荐晋升等权力。

LPC 理论预言，当情境控制高或低时，低 LPC 领导者的领导绩效优于高 LPC 领导者。当情境控制为中等时，高 LPC 领导者的领导绩效优于低 LPC 领导者。为什么呢？在低情境控制条件下，群体需要大量的有关如何开展工作的具体指示，低 LPC 领导者最可能提供相关的指导。而在高情境控制条件下，低 LPC 领导者由于认识到工作条件良好、绩效达成有保证，而把注意力放在改善和下属的关系上，且经常会放手让员工去工作。同时，在中等情境控制条件下，通常需要领导者把注意力集中在良好的人际关系上。此时，高 LPC 领导者具有明显优势。

如果领导者的人格类型与情境控制不匹配，费德勒认为除了更换领导者，只有采取切实可行的措施。例如，工作重组（job engineering），改变情境因素（如协调与下属的关系，增加或减少职位权力，提高或降低任务结构等）。

五、标准决策理论

受著名学者勒温的民主—独裁领导方式研究以及坦嫩鲍姆、施密特领导行为连续体概念的启发，维克多·弗鲁姆等人于 20 世纪 70 年代初提出了标准决策理论（normative decision theory），指出下属参与决策的假设要和各种情境相适应。员工参与决策的水平有五种（见图 8—6）。

<table>
<tr><th></th><th>决策重要性</th><th>承诺重要性</th><th>领导者专长</th><th>承诺可能性</th><th>群体支持</th><th>群体专长</th><th>团体能力</th><th></th></tr>
<tr><td rowspan="22">问题状态</td><td rowspan="18">高</td><td rowspan="13">高</td><td rowspan="5">高</td><td colspan="4">高</td><td>决定</td></tr>
<tr><td rowspan="4">低</td><td rowspan="3">高</td><td rowspan="2">高</td><td>高</td><td>授权</td></tr>
<tr><td>低</td><td rowspan="3">群体咨询</td></tr>
<tr><td colspan="2">低</td></tr>
<tr><td colspan="3">低</td></tr>
<tr><td rowspan="8">低</td><td rowspan="4">高</td><td rowspan="3">高</td><td rowspan="2">高</td><td>高</td><td>促进</td></tr>
<tr><td>低</td><td rowspan="3">个体咨询</td></tr>
<tr><td colspan="2">低</td></tr>
<tr><td colspan="3">低</td></tr>
<tr><td rowspan="4">低</td><td rowspan="3">高</td><td rowspan="2">高</td><td>高</td><td>促进</td></tr>
<tr><td>低</td><td rowspan="3">群体咨询</td></tr>
<tr><td colspan="2">低</td></tr>
<tr><td colspan="3">低</td></tr>
<tr><td rowspan="5">低</td><td colspan="5">高</td><td>决定</td></tr>
<tr><td colspan="2" rowspan="4">低</td><td rowspan="3">高</td><td rowspan="2">高</td><td>高</td><td>促进</td></tr>
<tr><td>低</td><td rowspan="3">个体咨询</td></tr>
<tr><td colspan="2">低</td></tr>
<tr><td colspan="3">低</td></tr>
<tr><td rowspan="4">低</td><td colspan="2" rowspan="3">高</td><td colspan="4">高</td><td>决定</td></tr>
<tr><td colspan="3" rowspan="2">低</td><td>高</td><td>授权</td></tr>
<tr><td>低</td><td>促进</td></tr>
<tr><td colspan="7">低</td><td>决定</td></tr>
</table>

图 8—6　决策矩阵

（1）决定（decide），是指领导者独自作出决策，不管下属是否提供信息。

（2）个体咨询（consult individually），是指征求个别群体成员的意见与建议，然后领导者作出决策，不管决策是否反映下属的影响。

（3）群体咨询（consult group），是指和群体所有成员通过会议讨论问题，获得他们的意见和建议，然后领导者作出决策，不管决策是否反映下属的影响。

（4）促进（facilitate），是指和所有群体成员一起解决问题，鼓励大家多提方案，控制与协调讨论过程，最后达成一致意见。

（5）授权（delegate），是指把问题交给群体解决。

五种领导方式何者为优，取决于问题的性质。弗鲁姆等人认为，需考虑下列七种因素。

（1）决策重要性（decision significance），是指决策质量的高低是否重要。

（2）承诺重要性（importance of commitment），是指下属接受决策对于决策者执行是否关键。

（3）领导者专长（leader expertise），是指领导者有无解决问题的知识、经验与技能。

（4）承诺可能性（likelihood of commitment），是指下属接受决策、执行决策的概率有多大。

（5）群体支持（group support），是指群体是否支持领导者的个人决策。

（6）群体专长（group expertise），是指群体是否具备解决问题的专门知识与技能。

（7）团队能力（team competence），是指团队能否胜任问题的解决。

第 2 节　最新领导模型

最近 20 年来，不同专业的学者从不同角度研究领导问题，提出了许多新理论，大大加深了人们对领导过程的理解。其中，比较著名的有 LMX 模型、替代模型、转变型领导和战略领导等。

一、LMX 模型

乔治·格雷恩（George Graen）等人从领导者与每位下属的人际关系出发研究领导，提出了领导者—成员交换（leader-member exchange，LMX）模型。该模型认为，领导者和不同下属的个人关系有所差异，那些和领导者关系密切的下属被称做圈内人员，其他人则属于圈外人员（见图 8—7）。

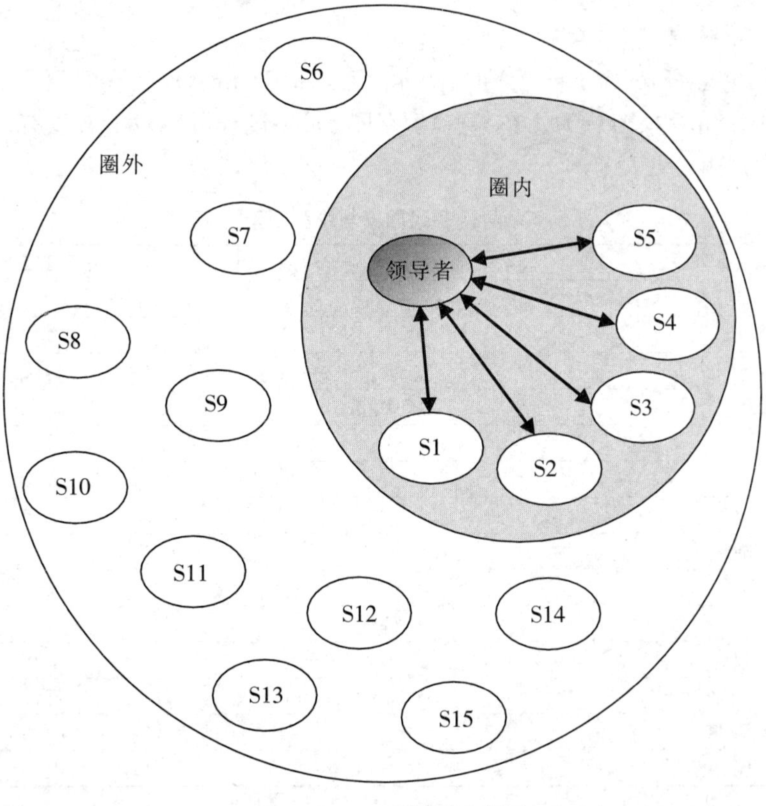

图 8—7　LMX 模型示意图

圈内下属会比圈外下属得到更多的信息、注意、信任、关心、支持以及晋升机会。作为交换，圈内下属将会对领导者忠心耿耿，支持领导者的决策，工作也更加卖力，因此绩效和满意也会比圈外下属高。相反，领导者与圈外下属的关系仅限于正式工作关系，双方较少沟通。同时，领导者可能会认为圈外下属的能力和动机都比圈内下属差。

研究表明，领导者一般早在和某位下属交往之初就将其区分为圈内或圈外。至于为什么有人成为圈内下属，有人则成为圈外下属，目前尚不完全清楚。根据观察，在年龄、性别、态度、观点等方面与领导者的相似性，以及具备某些才能、人格特征和社会背景等，是决定某位下属能否进入圈内的主要因素。当然，圈内、圈外的下属是可以相互流动的。

格雷恩等人提出，领导者和下属关系的建立经过三个阶段。

(1) 陌生阶段，此时双方的相互关系严格限定于组织角色的范围内，彼此交换的质量较低。

(2) 熟悉阶段，此时双方开始共享资源与信息，彼此的关系开始超越工作职责的界限，尝试建立相互信任与尊重。

(3) 成熟伙伴阶段，此时双方交换的质量已经很高，彼此高度信任、关心与尊重。领导者可能会让下属承担一些额外任务，下属也可能要求领导者给予其更多的支持与鼓励。

LMX 模型认为，高质量的领导者—成员交换将导致员工流动率低、绩效评估好、晋升频率高、组织承诺高、事业发展快、工作态度佳等良好结果。因此，开发与每位下属高质量的交换关系将有助于群体与组织绩效的提高。这意味着，应当努力让所有下属都觉得自己是圈内人员。完全做到这一点很难，但应当尽最大努力。

二、领导替代模型

史蒂文·科尔（Steven Kerr）和杰迈尔（J. M. Jermier）创立的领导替代（substitutes for leadership）模型认为，在某些情境下，领导过程可能对下属没有产生影响，或者被其他因素替代（见表 8—2）。

表 8—2 领导的替代因素与中和因素

因素	支持型领导	指导型领导
下属特征		
• 经验与训练		替代
• 职业化	替代	替代
• 轻看组织报酬	中和	中和
任务特征		
• 任务明确		替代
• 反馈直接		替代
• 工作任务挑战性强	替代	
组织特征		
• 团队有凝聚力	替代	替代
• 领导者缺乏权力	中和	中和
• 标准化与正规化		替代
• 组织缺乏灵活性		中和
• 领导者与下属相距远	中和	中和

使领导过程失去作用的变量称作中和因素（neutralizer）。例如，对领导者提供的报酬漠不关心会使领导者运用报酬影响下属的方法失败；领导者与员工之间的身体距离远，容易导致下属没有太多的机会接受领导者的指示与命令；领导者本身缺乏权力会使下属减少对领导者的依赖；组织的政策、准则太死板会使下属仅按工作准则办事而不求助于领导者等。

科尔等人发现，许多替代因素将使领导变得可有可无。例如，如果员工的能力强、经验多、知识广，根本不需要任何人告诉他们如何工作；如果工作任务明确、工作内容有趣并具有挑战性，领导者的指导与鼓励便成了画蛇添足；如果工作团队凝聚力强、组织结构明晰（如标准化、正规化水平高），领导者可能会成为多余人员。

三、转变型领导

巴斯认为，领导有两类：交换型领导和转变型领导。所谓交换型领导，是指领导者以下属所需要的报酬来换取自己所期望的下属的努力与绩效。领导者与追随者之间的交换关系是不少领导理论（如路径—目标理论、LMX 模型）研究的核心。所谓转变型领导，是指领导者通过改变下属的动机与价值观（如提升需要层次、超越自我兴趣等）来促进绩效的提高和整个组织的变革。毫无疑问，转变型领导对下属的影响比交换型领导要大得多（见图 8—8）。

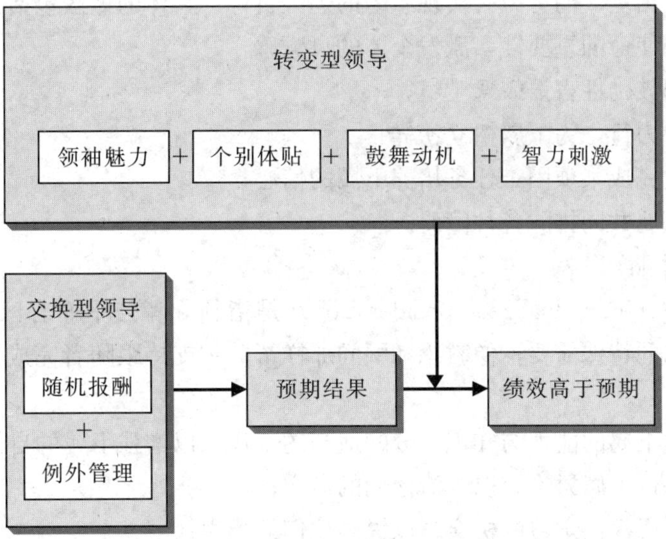

图 8—8　转变型领导的影响

（一）交换型领导

交换型领导主要包括以下两个维度。

1. 随机报酬

随机报酬（contingent reward）是指领导者根据努力状况和绩效水平奖惩下属。随机报酬的原则是：

（1）清晰表述与解释目标；

（2）指出与目标相关的具体行为和结果；

（3）主动监控、测量与目标相关的行为与结果；

（4）经常提供正或负的绩效反馈。

2. 例外管理

例外管理（management by exception）是指领导者仅在下属工作出现失误的情况下才进行干预。例外管理有主动与被动之分。主动例外管理是指领导者仔细观察和寻找下属的错误与偏差，并即时采取纠正措施。被动例外管理是指领导者只在被告知下属违反了规则、没有完成预定任务后，才出面惩处。

（二）转变型领导

转变型领导涉及以下四个维度。

1. 领袖魅力

领袖魅力（charisma）是指领导者所具有的能对跟随者产生巨大、超凡影响（如接受、支持、追随、忠诚等）的个人吸引力。具有领袖魅力的领导者（charismatic leaders）是指能对下属产生不同寻常影响的领导人，如罗斯福、丘吉尔、戴高乐、甘地等。

2. 鼓舞动机

鼓舞动机（inspirational motivation）是指领导者对追随者表达很高的期望，利用口号等鼓励下属付出更大的努力去实现组织的远大目标。具体的做法包括：

（1）强调使命的重要性，激发个体的自豪感；

（2）使用鼓励性言语鼓舞士气；

（3）身体力行，为下属树立榜样；

（4）通过完成某项困难任务培养下属的信心；

（5）与下属共同排除各种障碍。

3. 个别体贴

个别体贴（individualized consideration）是指领导者公平而有区别地对待每位下属，关注每位下属的特殊需要，像教练和顾问那样帮助、支持跟随者完成任务和实现自我。具体的做法如下：

（1）根据下属的能力与知识，分配适当的工作，以增强下属的自信；

（2）与每位下属讨论，以弄清他们的需求；

（3）为下属提供学习的机会，以提高他们的能力；

（4）关心下属的事业发展，提供相应的事业咨询；

（5）和下属进行面对面、一对一的沟通。

4. 智力刺激

在智力刺激（intellectual stimulation）方面，转变型领导者鼓励下属尝试用崭新的、创造性的方法和途径来解决工作中遇到的问题。交换型领导者则强调政策连续性和维持原状。巴斯开发了一种名为多因素领导问卷（multifactor leadership questionnaire）的工具来测量转变型领导。测量发现，转变型领导者比交换型领导者更有效。

四、战略领导

战略领导（strategic leadership）是战略管理与组织行为管理的交叉研究领域，主要研究高级主管（不管是作为群体还是作为个人）的行为对战略选择和组织绩效的关键影响。

1. 人格特征

公司高级主管的人格特征与战略选择的关系一直是战略领导的热点问题。诺荷凡蒂和马莱泽岱根据寻求挑战（challenge seeking）和控制需要（need for control）两个维度，把战略领导分成四种类型（见图8—9）。

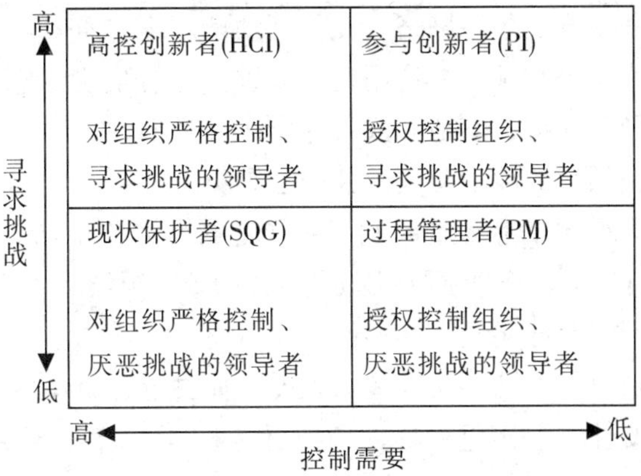

图8—9　战略领导的类型

所谓寻求挑战，是指个体寻求、接受挑战与风险的程度。一般来说，喜欢寻求挑战的个体可能乐于选择有风险的战略，追求产品、技术与管理的创新；不喜欢寻求挑战的个体通常厌恶风险，只愿循规蹈矩。所谓控制需要，是指个体是否愿意授权、允许他人参与决策。控制需要高的领导者强调集权，控制需要低的领导者偏爱分权。

（1）高控创新者。高控创新者（high-control innovator）型高级主管既喜欢寻求挑战，又偏爱紧紧控制组织运作。他们常制定风险高、创新性强的战略，因为这些战略能满足他们的挑战、创新需要。与此同时，高控创新者型领导者在管理其组织时，倾向于保守，决策高度集权。

（2）现状保护者。现状保护者（status-quo guardian）型高级主管不喜欢寻求挑战，偏爱维持控制。他们不愿尝试战略创新，主要采用防御者战略（defender strategy），把注意力放在效率上。现状保护者型领导者希望下属执行现有的政策与程序，决策高度集权。

（3）参与创新者。参与创新者（participative innovator）型高级主管对外寻求挑战与创新，对内创造一种宽松、开放、参与的文化和结构。他们更偏爱风险高的战略，因此，参与创新者型领导者所在组织常常被认为是技术领先者。同时，参与创新者型领导者倾向于授权，能够容忍不同的思想与实践，并提倡工作自觉性。

（4）过程管理者。过程管理者（process manager）型领导者偏爱保守的战略，但控制需要低使他们允许组织的多样性、开放性，鼓励员工工作的自主性。

2. 经验

研究发现，高级主管的资历、任职的职能部门（如营销、财务、工程）等工作经验影响战略的选择。例如，资历深的主管倾向于采用防御者战略（强调稳定与效率），资历浅的主管倾向于采用探索者战略（强调产品和市场创新）。最初在营销、研发等部门任职的高级主管倾向于采用探索者战略，最初在制造、会计、财务等部门任职的高级主管倾向于采用防御者战略。

□ 小　结

领导是个体运用非强迫手段影响其他人自愿努力去实现群体或组织目标的过程。领导过程在创建工作日程、开发人际网络、执行行动计划等方面有别于管理。

路径—目标理论认为，领导的作用在于促进努力与绩效、绩效与报酬之间的联系。领导者的行为包括领导、支持、参与和成就导向四种类型。

领导行为理论把领导的活动分成任务中心和员工中心。

LPC 理论认为，领导的有效性有利于领导者的人格特征与情境控制的匹配。当情境控制高或低时，低 LPC 领导者的领导绩效优于高 LPC 领导者；当情境控制为中等时，高 LPC 领导者的领导绩效优于低 LPC 领导者。

标准决策理论指出，下属参与决策的程度，如决定、个体咨询、群体咨询、促进、授权，要根据决策重要性、承诺重要性、领导者专长、承诺可能性、群体支持、群体专长、团队能力等因素来确定。

领导的最新理论有 LMX 模型、领导替代模型等。LMX 模型指出，领导者倾向于把下属分成圈内人士和圈外人士并区别对待；领导替代模型认为，在某些情境下，许多替代因素的存在使领导过程失去其必要性。

转变型领导是指领导者通过改变下属的动机与价值观来促进员工绩效的提高和整个组织的变革。转变型领导包括领袖魅力、鼓舞动机、个别体贴和智力刺激四种因素。

战略领导研究的重点是，高级主管（不管是作为个体还是作为团队）的行为过程与特征对战略选择和组织绩效的影响。根据寻求挑战和控制需要两个维度，可把战略领导分成高控创新者、现状保护者、参与创新者和过程管理者四种类型。

□ 复习题

1. 领导与管理有何区别？
2. 路径—目标理论的主要内容是什么？
3. LPC 理论的主要内容是什么？
4. 简述标准决策理论的主要内容。
5. 最新的领导模型有哪些？
6. 转变型领导有哪几个维度？
7. 战略领导有几种类型？

□ 技能训练

领导场级

参阅下图领导发展的四个场级（监督、管理、领导、突破领导），回答下面的问题。

	监督	管理	领导	突破领导
游戏场 →	(1)	(2)	(3)	(4)
领导战略	在政策范围内工作。	制定政策，获得优势。	用愿景、价值观和目标来激励。	创造新标准、新战略优势和新公理。
领导目标	强化由他人制定的规则。	为他人制定符合组织准则的规则。	确定组织准则，组织内最看重什么。	用新目标、新手段和新战略来创造新的、更好的组织方式。
对成功的衡量	规则被遵守。	建立并强化新规则。	组织在接受的基准下良好运行。	建立新的组织范例和基准。
主要关注点	如何有效监督。	如何建立起制定规则和控制奖励的权力基础。	如何建立或改变对组织重要的一些方面。	如何改变整个系统，使之成为你想象中的样子。
领导过程	监督技术和标准。	权力和控制技术，特别是对游戏场（1）中的监督者。	理解整体、指导、强化和集体活动。	洞察力，系统改变，改变范例。

1. 仔细阅读前面每一场级的描述，判断您自己目前处于哪一领导场级。您能看到哪些迹象？其他人会得出与您相同的判断吗？

2. 您对自己所处的这一领导场级满意吗？

——如果满意，您认为什么是成功？

——如果满意，您应该有哪些改进来获得更大成功？

3. 如果不满意，为了进入到另一场级，您需要发展哪些技巧？

资料来源：墨里·希伯特、布鲁斯·克莱特：《图解领导百科》，20～21 页。

□ 行为测量

领导方式

仔细阅读每一项。思考你在当领导时通常如何表现。然后利用下面的答案，在最接近描述你的领导方式的字母上画圈，每个问题只在一个选择上画圈。

A=总是 O=经常 ？=有时 S=很少 N=从不

1. 我花时间解释一项工作应该如何实施。 A O ? S N
2. 我解释同事应在群体中扮演的角色。 A O ? S N
3. 我把别人遵守的规则和程序详细地说清楚。 A O ? S N
4. 我组织自己的工作活动。 A O ? S N
5. 我让人们知道他们做得多么好。 A O ? S N
6. 我让人们知道他们被期待做什么。 A O ? S N
7. 我鼓励别人遵守详细统一的程序。 A O ? S N
8. 我对别人和蔼可亲。 A O ? S N
9. 我分派别人执行具体的任务。 A O ? S N
10. 我确保别人明白他们在群体中的角色。 A O ? S N
11. 我制定雇员工作时间表。 A O ? S N
12. 我要求别人遵守标准规则和规定。 A O ? S N
13. 我使工作更愉快。 A O ? S N
14. 我尽力做到帮助别人。 A O ? S N
15. 我尊重别人的感情和观点。 A O ? S N
16. 我考虑周到替别人着想。 A O ? S N
17. 我在群体中维持一种友好的气氛。 A O ? S N
18. 我不努力使别人对成为我群体中的一员而感到更快乐。 A O ? S N
19. 我平等待人。 A O ? S N
20. 我事先告知别人变化并解释它将如何影响他们。 A O ? S N
21. 我关心别人的个人福利。 A O ? S N
22. 我容易接近，对别人友好。 A O ? S N

评分：

下面方框内的编号与问题项一致。请在所选字母旁边的数字上画圈。

第一栏

1	2
A=5	A=5
O=4	O=4
？=3	？=3
S=2	S=2
N=1	N=1
3	4
A=5	A=5
O=4	O=4
？=3	？=3
S=2	S=2

第二栏

13	14
A=5	A=5
O=4	O=4
？=3	？=3
S=2	S=2
N=1	N=1
15	16
A=5	A=5
O=4	O=4
？=3	？=3
S=2	S=2

N=1	N=1
5	6
A=5	A=5
O=4	O=4
? =3	? =3
S=2	S=2
N=1	N=1
7	8
A=5	A=5
O=4	O=4
? =3	? =3
S=2	S=2
N=1	N=1
9	10
A=5	A=5
O=4	O=4
? =3	? =3
S=2	S=2
N=1	N=1
11	12
A=5	A=5
O=4	O=4
? =3	? =3
S=2	S=2
N=1	N=1

第一栏总分=______

N=1	N=1
17	18
A=5	A=5
O=4	O=4
? =3	? =3
S=2	S=2
N=1	N=1
19	20
A=5	A=5
O=4	O=4
? =3	? =3
S=2	S=2
N=1	N=1
21	22
A=5	A=5
O=4	O=4
? =3	? =3
S=2	S=2
N=1	N=1

第二栏总分=______

说明

第一栏反映任务导向领导方式。得分超过 47 分，表明你是任务导向领导者。第二栏反映关系导向领导方式。得分超过 40 分，表明你是一个关系导向领导者。

资料来源：唐·荷尔瑞格、小约翰·W·斯劳卡姆、理查德·W·渥德曼：《组织行为学（第二版）》，263～264 页。

□ 案 例

海航集团

2013 年，陈峰六十“花甲”，海航二十“弱冠”。一身黑色中山装、双目炯炯有神的陈峰，精气神十足。而海航的成长则更为惊人，20 年间资产总额已从 1 000 万元猛增至近 3 600 亿元，增长 3.6 万倍。“当势到了，谁都挡不住。”陈峰是那种善于度势之人。

踩准中国经济崛起的大势，陈峰发展势头强劲。从一家地方航空公司，扩张为航空、实业、金融、旅业、物流五大板块的大型企业集团，成为中国资产规模最大的航空集团。

一、抓住所有资本机会

对于海航来说，资本无疑为其实业发展提供了巨大动力。海航的迅猛扩张，给外界的印象充满“饥饿感”。但陈峰却认为海航是“以无我的心态”来做事，“只问因，不问果，因上努力，果上随缘”。

然而，海航高速扩张之因是什么？创业者之一的海航集团首席执行官李先华的看法是，海航自诞生之日，便走了一条与国内民航企业完全不一样的路，作为中国第一家非国有的航空公司，海航从一开始就与市场、与资本紧密相连。

因为靠海南省融资不现实，靠银行贷款又没有抵押，拿到了民航总局颁发的经营许可证之后，海航便开始了第一轮融资。1992 年，国家对股份制暂时还没有明确的指导性文件，当时海航便开始尝试自称叫“内联股份制”的融资模式，也就是现在通常所说的私募。

在此后不长时间，国家体改委出台了《股份公司暂行条例》、《有限责任公司暂行条例》，允许企业组建股份公司，在社会上募集资金。于是，海航抓住机遇，进行企业股份制改造，募集了 2.5 亿元资金，很快于 1993 年在全国证券交易自动报价系统（STAQ）上市。

凭着这笔 2.5 亿元的资金，海航此后又获得了 6 亿元贷款，购买了两架飞机。从此，海航走上了依靠外部融资的金融化发展道路。

海航的定向募集，使海航获得了发展的第一桶金，而此后，基本上每两年有一次资本运作。

采访中，一位曾经参与大新华航空定向募资的投资公司董事长告诉《英才》记者：“航空业和其他运输业一样，在国际上都是依靠金融支撑来进行资产的扩张，如果没有资本支持，很难依靠企业自身积累购买飞机，所以单纯对海航资金链的质疑，其实并不一定科学。”

但是大规模的贷款融资可以扩大机队规模，同时也带来了负债率高企的问题，所以海航在成立之后，非常注意直接融资，来降低资产负债率。

“高负债率运营实际上是航空运输业的行业特性，并不是海航的战略性选择。相反，海航一直强调控制负债率，开展相关产业多元化运营也是为了规避单一航空产业的行业风险。事实上，海航的负债率在资产规模快速增长的情况下，始终控制在一个合理的水平。”李先华说。

陈峰和王健二人曾远赴美国，成功说服了索罗斯旗下基金公司参与到海航的融资中。当时打动索罗斯公司投资总监的并不是陈峰蹩脚的英语，也不是仅有几架飞机的机队，而是中国蓬勃发展的经济和海航市场化的经营理念。

索罗斯对海航的第一次投资，可能是其投资史上最小的一笔融资，仅 2 500 万美元，这并非索罗斯不愿意大手笔投资，而是因为当时规定，在航空运输业的中外合资企业中，外资占股不能超过25%。此后，在海航的融资过程中，索罗斯又第二次参与了海航的增发。

“索罗斯有一次跟我说，对海航的投资收益率低了点儿，每年只有20%左右，达不到他们对冲基金的要求，我说没办法，谁让大新华航空要上市，就闹金融危机了呢？你赶的时间太不好了。”陈峰对《英才》记者戏说着索罗斯的抱怨：“我告诉他，中国人讲信誉也厚道，等以后日子好了，一定考虑你的贡献。”

与国内外资本市场成功对接，为海航的扩张提供了资金保障，使海航的资产规模呈现几何级数的增长。海航“几乎抓住了中国资本市场的所有机会，法人股、STAQ系统上市股、A股、B股、外资股、H股，整个儿是中国股票大全！”一位业内人士如此评价。

二、不计代价地做大

比较客观地说，海航的历史历尽艰险。除创业时险些遭遇的灭顶之灾，还有两次比较大的危机。这两次危机均出现在1999年上市之后，且都与海航的并购扩张相关。

第一次危机是在2003年前后，这次危机与国家产业政策的调整有着直接关系。2000年，民航总局在经过充分调研之后，决定对全行业进行战略重组，将民航总局直属的十家航空公司，合并为国航、南航、东航三大航空集团。“十并三”极大地改变了整个中国民航业的格局，三大航空公司建立之后，很多地方性航空公司很可能面临市场被挤压，进而被三大航空巨头吞并的危险。对于1999年上市的海航来说，路有两条，一是选择壮大自己，不被并购，二是选择归附于大航空公司。对于陈峰等人而言，显然不可能选择第二条路，白白放弃自己创立的海航。那么，剩下的路只有一条。

2000年重组长安航空，2001年重组新华航空、山西航空，2003年重组西安民生，为了获得独立的生存空间，海航不计代价的收购避免了自己被吃掉。

就在海航铆足劲大步前行时，2003年“非典”不期而至，这场灾难使连续10年盈利的海航，第一次尝到了亏损的滋味。

“每架飞机每月租金40万美元，飞机停飞，很多员工没事做，惨不忍睹！”李先华说。危难时刻，海南省政府拿出15亿元，大举注资海航，帮助海航挺过了“严冬”。

直至2006年，海航再度发力，重组香港中富航空（现已更名为香港航空）、重组香港快运。2007年，海航收购了比利时Sode、Edipras、Data Wavre酒店，并在同期进行了资产结构整理，希望将其麾下的海南航空、新华航空、长安航空、山西航空四家航空公司重组为大新华航空，并计划2008年在香港上市，以降低资产负债率。

然而，挑战还在继续，接踵而来的金融危机，使民航业再次受创。“三大航”获国资委巨额补贴，海航也再次获得了海南省政府15亿元的注资。凭借这有力的援助，凭借之前的未雨绸缪和之后的准确把握，海航化危为机，度势成长，再创奇迹。

“中央4万亿投资拉动，银行催着给你钱，迅速的扩张，按照我们的相关产业链进行发展。跑马圈地，一路吃下去，那段太精彩了，都便宜到家了。”陈峰提及那段扩张，兴奋之情溢于言表。

2008年之后，海航成立了八大业务板块：航空、旅业、商业、物流、实业、机场、置业、酒店。同时利用银行信贷资金收购兼并，形成了“万马奔腾”之势，同时推出了“超级X计划”，这一计划的核心是在第一阶段，力争进入世界500强的前100强左右；第二阶段，力争进入世界500强的前50强左右。

可以看到的是，海航在2008年的扩张比以往更为“激进”。“2008年下半年至今的全球金融危机和欧美债务危机，导致发达国家经济举步维艰，被迫进行战略性产业调整，这为海航国际并购带来了难得的机遇。”陈峰说。比如投资2 700万美元收购土耳其ACT货运航空公司（后更名为MY CARGO），成为中国民航“走出去”的里程碑；斥资11.5亿美元收购世界第四大集装箱租赁公司GE SEACO（后更名为SEACO）100%股权，成为当年全球最大并购案之一。

三、密集的海外并购

四大航空公司中，2012年海航、东航分别实现净利润19.28亿元、34.3亿元，同比下滑26.7%，29.8%；国航、南航分别实现盈利49.5亿元、26.3亿元，同比下滑33.8%，48.22%。

“这是一个多么好的时代，但是我们的机会有限”，虽然海航净利润下滑最少，但陈峰依然无法释然。海航虽已经成为国内第四大航空公司，但是“国内根本不公平，好码头都被人占了。北京一个时刻就值多少钱。人家全占完了，北上广这仨地，人家的航线比我们的好。”

“在国内，新疆、内蒙全是我的，兔子不拉屎的地方都是我们去。国内支线的半壁江山，都在我们手里。”陈峰感慨颇多。

为了获得更高的利润率，海航在国内携手地方政府，发力支线航空的同时，从金融危机之始，就把目光转移到了国外。

2008年全球金融危机爆发以来，海外股市大幅缩水，资产价格大幅下降，这让陈峰看到了国外并购的机会。“国外的基金两三年就要退，因为要还人家钱，没办法，只好甩卖。”陈峰说。

2010年并购澳大利亚AllCO集团航空租赁业务（现更名为香港航空租赁有限责任公司），收购土耳其飞机维修公司MYTECHNIC，收购挪威上市公司GTB。

2011年收购新加坡GE Seaco集装箱租赁公司，收购香港康泰旅行社。

2012年收购法国蓝鹰航空48%的股权，投资非洲加纳AWA航空公司。

2013年收购西班牙NH酒店集团20%的股权，与现有海航酒店合并后规模有望排名全国第一。

在航空产业海外布局上，陈峰着重欧洲和非洲两个市场。“目前海南航空是中俄市场上运营航线数量最多的承运人，也是中方唯一运营非洲航线的承运人。非洲跟中国经济联系日益紧密，我们希望以后开通直航，不要老转来转去。投资法国的航空企业，可由此获得国际航权，并与国内航线市场更好地衔接。”陈峰希望借助收购带动国际航线，因为国际航线才是航空业利润最大的业务。

截至2012年年底，海航在境外实体运营企业28家，境外资产逾750亿元，占集团总资产的 21%。

对于海外并购，陈峰认为从资金上控股是一方面，关键是能否整合。“第一，并购的资源能不能与你现有的产业构成整合能力；第二，它的文化和你能不能交融；第三，你是不是能够把它的管理模式 format（格式化）。当然，你控股，自然具备上述条件，不控股，符合以上条件才能做。而核心是你的文化。”

海航并购法国蓝鹰，是中国航空公司第一次走出去，把航权拿到。为此，陈峰还特意嘱咐制作了法文版的海航员工十条。“我做完报告之后，群情振奋，法国员工集体背诵法文版的海航员工十条。”陈峰的企业文化演讲颇具煽动性。

海航的海外并购不仅获得了“外势”，也获得了“实地”，切实赚了钱。“我们购买的澳大利亚 AllCO 公司航空租赁业务，已将优质资产顺利装入了国内目前唯一的租赁上市公司渤海租赁。我们 2011 年用 10.5 亿美元投资的 GE SEACO 集装箱租赁公司，去年底收入就有 3.7 亿美元、利润 1.8 亿美元。”陈峰说。

资料来源：改编自朱雪尘：《陈峰：海航借势》，载《英才》，2013-04-28。

思考题：

1. 陈峰是有效的领导者吗？
2. 你如何评价海航的发展战略？

第9章 权力与冲突

本章重点

- 权力的概念与性质
- 个体权力的来源
- 资源依赖理论与战略权变理论
- 社会影响策略
- 组织政治的决定因素与策略
- 冲突的概念、类型和过程
- 人际冲突、部门间冲突与组织间冲突
- 冲突管理技术

引　例

"我们应该可以领先苹果。"HTC（宏达电）董事长王雪红曾这样自信地说，她被业内称作"女版乔布斯"。《纽约时报》称她为"全球科技界最有权势的女人"。

2011年5月，王雪红被人发现和老公陈文琦逛加州苹果商店，并购买MacBookAir，AppleTV，iPad2等一大批苹果产品。休养中的乔布斯得知这一信息后，主动致电苹果公司营销部门询问真实性，在得到确认后，乔布斯很高兴，他表示非常乐意看到竞争对手光临和消费。

王雪红是想"示敌以弱"还是施展知己知彼的阳谋？

一、首轮对手是英特尔

1992年的一天，时任英特尔首席执行官的安迪·格鲁夫与王雪红会面。见面时，格鲁夫向王雪红发出警告："你不该做这个，英特尔对芯片组的挑战者会非常严厉。"正所谓"卧榻之旁，岂容他人鼾睡"。

王雪红的威盛公司随后遭到了英特尔的强烈阻击。从1999年起，威盛每推出一款新品，"英特尔都会站出来说，威盛又侵权了，"王雪红这样回忆。1999年6月，英特尔在美国、英国、新加坡等地对威盛提出控告，要求禁止威盛将与英特尔相兼容的芯片组出口到美国。结果，王雪红前前后后在全球各地出席了 100 多场听证会。

“我压力大，却非常乐观。如果我整天担心，那英特尔就真的赢了。”王雪红曾这样说。

“每当遇到挫折的时候，我就想父亲会怎么做呢？会不会放弃？”这给了王雪红振作的勇气。而其父王永庆曾有一个著名的瘦鹅理论：“忍饥耐饿，坚韧不屈，等待机会的到来。”王永庆还说过：“天下的事情，没有轻轻松松、舒舒服服让你能获得的，凡事一定要经过苦心追求、经历，才能真正明了其中的奥妙而有所收获。”

王雪红决定“以其人之道还治其人之身”。她开始进军英特尔腹地，进入 CPU 领域，她制定了并购 Cyrix 的战略。Cyrix 是一家生产英特尔兼容芯片的厂商，1997 年被美国国家半导体公司收购。1999 年 7 月，威盛与国家半导体公司签署协议，收购 Cyrix 的 PC 处理器生产部门。1999 年 8 月，威盛又并购了另外一家 CPU 生产厂商 IDT。随后，威盛又收购了图形、影像及多媒体加速器供应商 S3 公司，S3 与英特尔曾签订交叉授权协议，这也就是说，威盛将共享 S3 和英特尔之间的所有交叉授权的专利技术。

陈文琦曾对《纽约时报》记者这样形容自己的妻子王雪红：“该强势时绝不退让，对想要达成的改变会力争到底！”

二、一度为盖茨所青睐

“当比尔·盖茨看到我们研发的智能手机后，他说了一句‘你们真是最伟大的硬件公司’。他不愿说我们是最伟大的公司，因为他理所当然地认为微软是最伟大的公司。”王雪红这样回忆。

1997 年，王雪红在经营威盛的同时，忙里偷闲地创办了主营 PDA、智能手机的 HTC 公司。“因为以前我总到处去秀电脑，那时的电脑都很大，我从西班牙坐火车到德国，上上下下搬盒子，非常累。”PDA、智能手机开始进入她的视线。

但王雪红也没有点石成金的能力，看中哪个行业哪个行业就能迅速开花结果。HTC 很快陷入巨额亏损，严重的时候，亏损额高达 10 亿台币。“所有的资本金都亏进去了。”但王雪红还是决定做下去，“威盛这边还有钱，我就继续给宏达电注资。”诚如苏格兰作家罗伯特·史蒂文森所说的那样：“不要用收获来判断每一天，要用播下的种子来判断。”

在这段时间里，王雪红接触了盖茨，“那时，微软出了 Windows CE，我们决定用这套系统来做 PDA。”起初，微软瞧不上这家来自中国台湾的小厂，后来王雪红把 HTC 做的样机拿给盖茨看，盖茨很惊奇 HTC 把他的概念落地实现了。后来，盖茨成为王雪红的朋友，并喜欢咧着嘴、拿着 HTC 的产品做广告。

王雪红说：“我和盖茨是生意上的伙伴，也是每年见两次面的老朋友。盖茨是一个很聪明、很直接的人。你不要只把他看成是一个科技天才，事实上他的视野是很开阔的，他最喜欢看的刊物是《经济学人》，他并不会局限在互联网。”

HTC 的发展让王雪红很欣慰，HTC 也成为她旗下集团中的明星企业。然而在这期间，出现了一个更强劲的对手，其发力强度让她和周永明始料未及。

三、选择谷歌抗衡苹果

“我觉得最大的意外是2007年1月苹果突然公布推出iPhone……很多人会拿我们跟苹果比，有时候会讲我们没有苹果好……可不公平的是，有些人就只会拿苹果比较强的地方跟我们的弱点比，没有拿我们的优势去跟苹果比。”周永明有些自嘲地讲，“至少还有一家能跟苹果打一架吧，那就是HTC。”

话虽这样讲，苹果iPhone还是对采用微软操作系统的HTC形成了巨大的压力，乔布斯亲手调教出来的苹果手机操作系统还是胜微软一筹。而与苹果手机操作系统能够抗衡的还有一家，那就是微软的死敌——谷歌的“机器人”——安卓（Android）。

得到盖茨的首肯后，HTC开始大量生产基于微软操作系统Windows CE的掌上设备，并成为康柏、惠普、索尼和Palm等知名品牌的代工厂。

HTC做了几年代工后，2006年年中，公司宣布将企业核心战略转向塑造自己的品牌。当时，台湾的明基公司在发展自我品牌的道路上遭遇挫折，它收购西门子移动设备业务后陷入困境。在此参照下，HTC品牌战略一发布，股价连日走低甚至跌停，HTC首席执行官周永明坚定地说：“要渺小存在，还是耀眼发光？我们选了后者。”此后几年，HTC在手机市场发展得很快。

很有意思，HTC竟然在微软与谷歌之间成功地形成“脚踩两条船”的局面，不同的产品线分别采用了微软与谷歌的系统。周永明曾解释说：“我们中国人的想法有时候不太一样，不觉得商场上永远都是竞争关系，除了竞争其实还有很多合作的机会，为什么不多想一点，也许可以往合作这方面看。他们觉得我这种说法蛮有趣的，也许我可以变成一个桥梁。”

资料来源：《王雪红：科技界最有权势的女人》，总裁网，2012-09-29。

王雪红作为全球科技界最有权势的女人，其影响力自然不同凡响；HTC与英特尔、苹果的竞争也引发了冲突。本章先研究产生影响力的基础和来源，探讨社会影响的策略，分析公司政治现象，最后集中剖析组织冲突。

第1节　权力

权力是个体（或群体）影响其他个体（或群体）行为的能力。首先，权力是潜在的，即只有在使用时，权力才会发挥作用；其次，权力是相对的，即只有当其他个体或群体依赖掌握某种资源的个体或群体时，权力才会存在；最后，权力是动态的，即权力的大小随时间的变化而变化。

一、个体权力

个体权力（individual power）是指某一个体（如首席执行官、人力资源副总裁、工程师、秘书等）所拥有的权力。下面先分析个体权力的各种来源，再分别讨论高层主管、中层主管、基层人员等各类职位的权力基础。

（一）权力来源

权力来源（sources of power）是指使某个人具有影响其他个体或群体的能力的因素。权力的来源有两类，一是职位；二是个人（见图 9—1）。

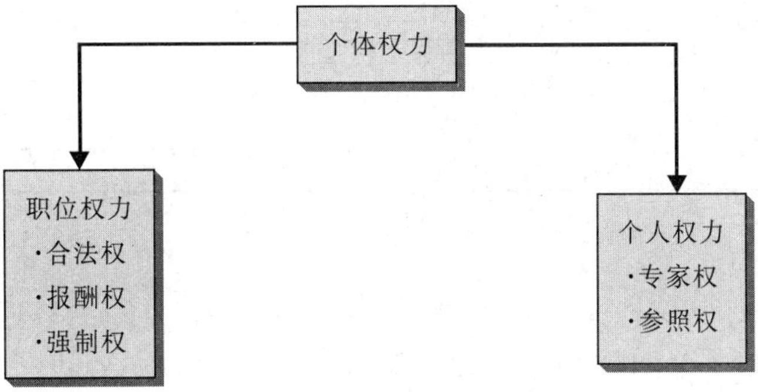

图 9—1　个体权力的类型

1. 职位权力

职位权力（position power）是指由工作职位带来的权力。包括以下三类。

（1）合法权（legitimate power）。这是指由于拥有其他个体或群体认可和接受的正式职权（formal authority）而产生的权力。很明显，合法权类似于职权。二者的不同之处在于，职权强调上下级的报告关系；合法权则强调个体的命令、指示只有在合法的情况下，才会对他人产生影响。

（2）报酬权（reward power）。这是指一个人拥有的给予他人报酬的能力。任何人都有所追求的东西，谁能提供，谁的权力就大。

（3）强制权（coercive power）。这是指个体操纵惩罚手段的能力。强制权的基础是人的恐惧，只是因为员工害怕被降职或开除，这些措施才会见效（见表 9—1）。

表 9—1　职位权力的有效使用

权力类型	使用指南
合法权	要求应彬彬有礼
	要求应采用信任的语气
	要求应清晰、明确且应检查对方是否理解
	要求应合情合理
	说明要求的具体原因
	有规则地使用职权
	检查下属是否已经遵从
	留心下属关心什么
报酬权	确认依从已经实现
	确认所提要求下属可以做到
	提供有吸引力的诱因
	表明你能够兑现承诺
	确信你的要求正当

续前表

权力类型	使用指南
强制权	告知下属有关规则
	惩罚应一致、及时
	惩罚前给予足够警告
	惩罚前摆明事实
	保持镇静，避免敌意
	维持可信性
	使用适当手段
	注意批评的场合

2. 个人权力

个人权力（personal power）是指源于个人特征的权力。包括以下两类。

（1）专家权（expert power）。这是指由于具有他人承认的知识、技能而产生的权力。下属听从有专家权力的上司的意见，是因为他认为这些意见有助于自己更好地完成工作。

（2）参照权（referent power）。这是指由于具有他人喜欢、仰慕的人格特质而产生的权力。下属听从有参照权的上司的指示，是因为对上司高度认同，愿意学习、模仿上司的言行（见表9—2）。

表9—2　　个人权力的有效使用

权力类型	使用指南
参照权	关心下属的需要和感受
	公平对待每一位下属
	保护下属的利益
	选拔认同你的下属
	当下属有求于你时，乐于帮忙
	严于律己
专家权	塑造才华横溢的形象
	维持可信性
	危机时镇定自若
	保持开放的沟通
	弄清下属关心什么
	不伤害下属的自尊

（二）各类人员的权力

下面分别分析组织中各类人员的权力状况。

1. 高级主管

高级管理者的权力有以下几种来源。

（1）正式职位（formal position）。高级主管拥有多种合法权力，如设置目标、制定战略、指挥他人等。同时，大多数高层经理喜欢利用各种地位符号，如宽敞的办公室等来展示自己的权力。

（2）资源。高级主管掌握着组织的各种资源。这些资源既可用于奖励和惩罚，也是其他人员完成工作的依赖条件。

（3）控制决策前提。决策前提（decision premise）是指决策应遵循的框架和原则。高级主管常常通过制定决策前提来规范和约束下属的决策。例如，高级主管决定通过提高市场份额来增加利润，下属则具体决定如何提高市场份额。

（4）网络中心性（network centrality）。高级主管通常位于整个组织的中心位置。他们既掌握着大量的信息，又便于接近周围的下属，很容易成为权力中心。

2. 中层主管

如果没有足够的权力，中层领导便无法有效地开展工作。中层主管的权力与任务活动（task activities）和网络互动（network interactions）两类因素有关（见表 9—3）。研究表明，如果任务的灵活性强、无须批准的非常规决策多、与高级主管接触多、经常参加各种会议，权力就大；反之就小。

表 9—3　　中层主管权力的决定因素

因素	权力大	权力小
（1）任务活动		
● 工作规则、程序	少	多
● 任务灵活性	强	弱
● 创新报酬	多	少
● 非常规决策的批准需要	少	多
● 与当前关键问题的关系	中心	外围
（2）网络互动		
● 办公位置	中心	距离很远
● 工作公开性	高	低
● 参与会议	多	少
● 参与问题解决小组	多	少

3. 基层员工

一般来说，处于组织基层的普通员工，如工程师、办事员、工人等的权力比不上高中层管理者。研究发现，基层员工的权力大多来源于专长、办公位置、信息和个人努力等。

二、部门权力

虽然组织的每个部门都必不可少，但有些部门的权力更大一些。资源依赖（resource dependance）理论和战略权变（strategic contingencies）理论试图解释各部门权力相对有大有小的原因。

1. 资源依赖理论

为了保持组织的正常运作，资金、人事、设备、物资、信息等关键资源必不可少。与此同时，各个部门之间需要经常彼此交换这些资源。因此，如果一个部门控制着另一个部门所需要的资源，该部门就拥有权力。当然，每个部门都拥有资源，也都依赖其他部门的资源。例如，采购部为生产部提供原材料，生产部为营销部提供成品，营销部为财务部回笼资金，财务部为采购部安排预算。关键在于，哪个部门控制的资源更多、更重要，哪个部门的权力相对就更大。

2. 战略权变理论

战略权变理论认为，除了资源，部门的活动同样重要。例如，如果公司正面临法律纠纷的威胁，法律顾问部的权力就开始增大，因为它的活动有助于解决组织的问题。如果产品创新事关公司的生死存亡，研发部的活动就举足轻重。

杰弗里·普费弗（Jeffrey Pfeffer）等人认为，以下三种因素影响一个部门的权力大小。

（1）减小不确定性。任何组织都处在一个不确定的环境中，如市场变化、人才流失、供应波动等。如果一个部门能够有效地降低不确定性，它的权力就会增大。例如，市场调查部通过认真研究，准确地预测了顾客需要的变化，为公司开发新产品提出了宝贵意见，这会使它的权力增加。

（2）组织中心性。组织中心性是指一个部门在组织活动中的角色。如果一个部门的工作对组织的最终输出贡献越大，它的中心性就越高，权力就越大。例如，对于工业企业来说，生产部的中心性比人事部高。此外，如果一个部门对其他部门的影响越快速，它的中心性就越高。例如，生产线停止活动，它的影响是致命的。

（3）不可替代性。如果一个部门的职责、活动越无法被他人替代，它的权力就越大。反之，如果一个部门的工作谁都可以做，它的权力就小。例如，证券公司研究部的工作技术含量高，其他部门（如行政、后勤）的人员很难胜任，使得研究部在公司的地位不可动摇。

三、社会影响

社会影响（social influences）是指个体利用权力改变他人行为与态度的过程。一般认为，成功的管理者是那些能够有效运用各种手段让别人听命于自己的人（参阅知识库 9—1）。

【知识库 9—1】　服从实验

社会心理学家斯坦利·米尔格拉姆（Stanley Milgram）在 1963 年进行了一项既有创新意义又有争论的研究，探讨了人们服从权威的问题。

米尔格拉姆通过广告和征求信，请人们参加在耶鲁大学举行的一次有偿的学习实验。有 40 位不同年龄、不同职业的男性入选。这些人被告知，他们将参加一些研究惩罚与学习效果的实验，需要两个人组成一个小组，并用抽签的方法决定一个人当老师，一个人当学生。老师的任务是朗读配对的关联词，学生则要记住这些词。之后，老师提出一个词，让学生从给出的四个词中选择一个正确的；如果选择错误，就要给予电击惩罚。

老师坐在一个巨大的、吓人的控制台前，那上面有 30 个电钮，每个电钮上都标有它所控制的电压强度，从 15 伏到 450 伏。学生被带到另一间房子里，为防止其中途逃脱，还用带子把他绑在椅子上，然后在他的胳膊上绑上电极。老师和学生之间通过有线电话保持联系。在实验过程中，学生多次出错，老师在指出他的错误前会给予其电击。开始电击时，学生发出呻吟声；随着电压的增高，学生则叫喊怒骂，而后哀求讨饶；再后猛击桌子，踢打墙壁；最后停止了叫喊，似乎昏厥过去了。

在整个实验的过程中，实验者不断督促老师，“你必须继续下去，必须给予电击”。实验者还说，一切责任由他承担，与老师无关。在这种情况下，有13对被试（占65%）服从了实验者的命令。虽然他们听到了学生叫喊哀求，显示出极大的痛苦，但还是按照实验者的命令不断加大电压等级，直到450伏。实际上，“学生”并不是真的被试，而是实验者的助手。他并没有受到任何电击，呻吟、喊叫和拳打脚踢等动作都是事前排练好的，并且录了音，实验时只需播放录音而已。但是，“老师”对这一切一无所知。

1. 影响策略的类型

人们常用的影响他人的策略有：

(1) 理性说服（rational persuasion）：利用有逻辑的争论和客观的事实、证据，让别人相信其所提要求合理、指示正确。

(2) 诉诸鼓励（inspirational appeal）：通过诉诸一个人的价值观、理想和抱负来激发他的热情。例如，某位员工精神沮丧，上司让他回忆他原有的远大理想来使他重新奋发。

(3) 征求意见（consultation）：允许他人参与决策，遇到问题时征求他人的意见。

(4) 奉承（ingratiation）：请求他人做事之前，使其具有一种好心情。

(5) 交换（exchange）：许诺今后提供相应的利益和好处。

(6) 笼络个人感情（personal appeal）：唤起对方的友谊和忠诚后，再提出请求。

(7) 结盟（coalition）：寻求或提起众人的支持以说服他人。

(8) 合法化（legitimating）：指出自己拥有指挥他人的职权，或说明自己的要求符合规章与政策。

(9) 强制（pressure）：利用命令、威胁等手段促使他人服从。

2. 影响策略的选用

研究表明，在各种条件下，使用最多、效果最好的策略是理性说服、鼓励和咨询；使用较少、相对无效的策略包括压力、结盟和合法化。此外，人们在不同情境下常常使用不同的影响策略。例如，如果老板是位集权主义者，下属一般会采用奉承策略；如果老板是位民主主义者，下属则常采用理性说服。

值得指出的是，拥有影响他人的能力是一回事，能够有效使用权力是另一回事。许多管理者想当然地认为，只要有足够的权力，就能有效地影响他人。实际上，许多权力较大的人通常仅仅使用压力这一策略，因而往往无效（参阅知识库9—2）。

【知识库9—2】　精通权术

能够有效使用权力的管理者的特征是：

(1) 开发、运用各种权力来源和影响策略。

(2) 认识到影响他人的关键是双方的互利互惠关系。

(3) 获取和使用权力时，能够区分哪些是合法行为，哪些不是合法行为。

(4) 寻找能够增强和发挥自己权力的工作职位。

(5) 认识到使用权力的目的是实现组织目标，而不是个人目标。

(6) 谨慎使用权力，因为知道自己的行动事关他人的生活幸福。

四、组织政治

组织政治（organizational politics）是指个体或群体在选择不确定性或不一致的情况下，通过获得、开发和使用权力及其他资源，获得自己偏爱的结果的活动。首先，组织政治行为是在一定条件下发生的，如在绩效评估、职位晋升、工资提升、资源分配等重大决策的结果尚不确定的情境下，政治活动发生的频率较高。其次，政治活动的目的是希望决策有利于自己。最后，为了达到自己的目标，个体或群体常常会采用多种方法使用权力。由于组织政治行为一贯指向个人利益或部门利益，所以常遭指责。

然而，组织政治活动是任何组织或多或少存在的现象，无法完全消除。作为一名管理者，应当增强对他人政治行为的敏感性。

（一）政治行为的决定因素

有多种因素与组织政治活动有关，具体包括个体因素和组织因素两种。

1. 个体因素

与组织政治相关的人格特质主要有：

(1) 权力需要。权力需要是指个体影响他人、控制他人的基本需求。权力需要形成个人权力需要和社会权力需要两种形式。前者是指支配他人、征服他人的欲望，后者是指驱动他人完成群体目标或组织目标的欲望。很明显，个人权力需要越强烈，越可能表现出组织政治行为。

(2) 马基雅维利主义。以意大利哲学家马基雅维利（Machiaveli）命名的马基雅维利主义是一种人格特征。为达到自己的目的，高马基雅维利主义者习惯于操纵别人。他们非常赞同这样的陈述：1）操纵别人最好的方法是告诉他们喜欢听的；2）完全信任他人是在自寻麻烦；3）任何时候都不要告诉任何人自己做某事的原因；4）讨好重要人物是明智之举。可以看出，高马基雅维利主义者善于搞组织政治活动。

(3) 控制点。控制点（locus of control）是指个体相信自己能够控制对其产生影响的事件的程度。控制点可分为内控点和外控点两种。高内控点的个体相信事件的结果源于自己的行为，高外控点的个体认为别人、命运或机遇决定事件的结果。因此，内控点的人比外控点的人更可能表现出政治行为。

(4) 自我监控。自我监控是指个体根据外部环境调整自己或行为的能力。高自我监控者善于在不同情境下表现不同的行为，低自我监控者在所有情境下表现出相同的行为。所以，高自我监控者更可能从事组织政治活动。

2. 组织因素

与政治行为相关的组织因素主要有：

(1) 模糊性。如果组织缺乏明确的目标、政策和规章，决策程序和决策标准不清晰、不公开，大家都担心自己的利益受损，就会积极开展政治活动，而且个人的目的也容易达到。

(2) 竞争程度。如果个体或群体在稀缺资源、晋升机会等方面竞争激烈，尤其是在一方有得、另一方必失的情况下，组织政治行为就容易发生（见图 9—2）。

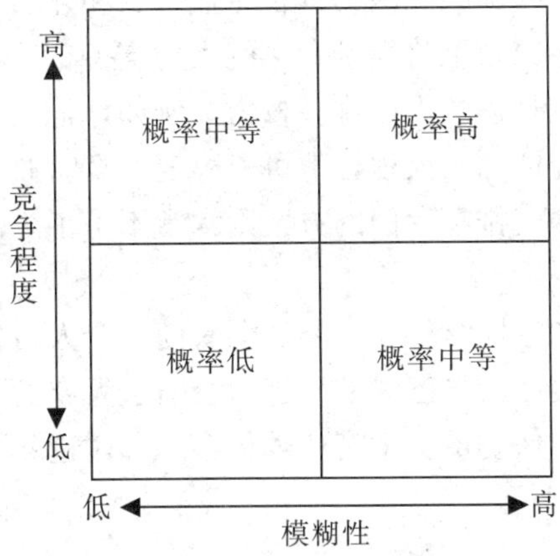

图 9—2　政治行为出现的概率

(3) 组织文化。一些组织的文化限制政治行为。决策时，一些组织常常利用客观的事实、严格的程序、明确的标准，使个体或部门无法从事政治活动。相反，另外一些组织则认为政治行为有价值、必不可少，从而纵容其滋生、蔓延。尤其是如果一个人看到他人利用政治活动达到了自己的目的，或者自己通过政治行为获得了成功，就更可能从事组织政治活动。

(二) 组织政治的策略

经常使用的政治策略有以下几种。

(1) 增加合法性和专家权。管理者可以强调在本决策上自己拥有的职权，也可以说自己的方案符合组织政策或有利于组织的目标，但一定要千方百计地掩饰个人的利益。此外，通过显示自己在组织所要解决的问题上所拥有的专业知识和特长，也容易得到他人的支持。例如，作为人力资源专家，在招聘新员工时推荐某人便容易被接受。

(2) 获得他人支持。应运用多种方法让更多的人支持你的意见。其中，建立联盟是常用的策略。联盟既可以是外部的，如供应商、经销商、顾客、政府官员等；更主要的是内部的，如同事、下属等。建立联盟的关键是搞好人际关系，而良好的人际关系的基础是相互喜欢、相互信任、相互支持。另一个策略是争取职位高、权力大的人，如上司的支持。要达到这一目的，平时应注意赢得上司的赏识。

(3) 控制信息流向。信息是组织的血液，控制信息的流动方向可提高影响力，如剔除不利于自己的信息、避免接触想知道信息的人、有选择地暴露信息等。例如，只有一个出国指标时，仅通知有限的候选人申请。

(4) 塑造良好形象。一定要在组织中树立良好的形象，否则就得不到大家的支持。应当明白，自己的一言一行甚至穿着打扮，都会影响别人对自己的看法，所以必须格外注意。

(5) 确定决策标准。在决策过程中，不要急于拿出自己的方案，而要努力说服别人认同与你的方案相应的决策标准。例如，在讨论谁晋升营销副总裁时，不要急于推荐你看重的王五，只是说营销副总裁应当具备 5 年工作经验、拥有 MBA 学位、年龄不超过 45 岁等（其实，几个候选人中只有王五完全符合这些条件）。一旦决策标准被大家接受，决策方案随之而定。

(6) 使用外部专家。外部顾问因为具备专业特长和知名度，对组织的影响力大。研究发现，谁出面邀请外部专家，谁将得到专家的大力支持。

(7) 控制日程。制定日程的人有许多权力。例如，他决定什么可以讨论，什么不予考虑。如果某某的方案已经被列入议程，他可以决定什么时候讨论。一般来说，开始时审议的方案更易得到通过，而安排在后面的方案则常常不了了之。因此，可以利用此权力使自己偏爱的方案被大家接受。

(8) 使用委员会。如果操纵得当，委员会有助于个人目标的实现。例如，生产部经理一职出现空缺，如果直接任命自己的部下赵六会引起大家的不满，可成立由各部门代表组成的选拔委员会，自己担任委员会主席。委员会一一讨论各个候选人，最后选择赵六。

（三）管理政治行为

尽管组织政治行为经常指向个人利益，但它并不总是对组织有害。例如，调查表明，60%的企业经理认为，政治活动有助于事业发展。其他的好处包括鼓励不同观点相互辩论，有利于强者脱颖而出，有助于组织变革等。当然，组织政治行为更可能导致负面影响。例如，容易滋生腐败、浪费资源、降低士气、激化矛盾等。对此，应努力消除。处理组织政治行为的原则主要有以下几方面。

(1) 增加对组织政治行为的敏感性。由于人性的弱点，组织政治行为不可避免。不必否认身边的政治行为，应认真分析其发生的原因，弄清谁在搞政治行为、意图何在。

(2) 减少模糊性。在资源分配、干部晋升、报酬确定、人才招聘等重大决策上，提高透明度。应建立明确、科学、合理、公开、公正的决策标准，避免暗箱操作。

(3) 增加资源。组织政治的根源是资源缺乏。如有可能，应尽力拓宽资金来源、增加晋升名额等。

(4) 开放沟通。让广大员工监督决策过程。平时，注意广开言路，倾听员工的意见以掌握事实。如果有人搞组织政治活动，应立刻予以曝光。

(5) 赏罚分明。对那些工作不努力、没有什么才能、只知道投机钻营的分子，坚决予以批评；对那些业绩突出、埋头苦干的人，大胆提拔使用，真正做到扬善除恶。

(6) 以身作则，从自己做起。决策时，不考虑任何个人私利，一切以组织目标为基本出发点；对下属一视同仁，不搞小圈子。

第 2 节　冲突

冲突（conflict）是指一方（包括个体、群体或组织）认识到另一方正在或将要采取阻碍、危害自己实现目标的行动的过程。冲突发生的条件有：(1) 双方存在不同的利益；

(2) 双方均认为对方会损害自己的利益；(3) 察觉到对方正在采取不利于自己的行为，或预测到对方将会采取类似的行为。

冲突的这一定义使其不同于竞争，竞争是指双方追求同一目标时只能有一方实现的过程。很明显，虽然竞争有时会成为冲突的根源（一方认识到另一方是自己实现目标的竞争对手），但冲突一词强调的是一方意识到另一方会采取各种方法直接危害自己的利益。

一、冲突的类型

根据冲突的影响，可将其分为建设性冲突（constructive conflict）与破坏性冲突（destructive conflict）。建设性冲突是指对组织有益的冲突，也就是说，冲突的解决会给组织带来一些积极的变化。研究表明，冲突的积极影响表现在：(1) 提高生产率；(2) 促进更好的沟通；(3) 改进决策过程。破坏性冲突是指对组织有害的冲突。人们常常认为，冲突会带来资源浪费、绩效下降、士气低落、压力增大等消极影响。研究发现，冲突一词常常使人联想起痛苦、损失、危险，甚至死亡（见图9—3）。

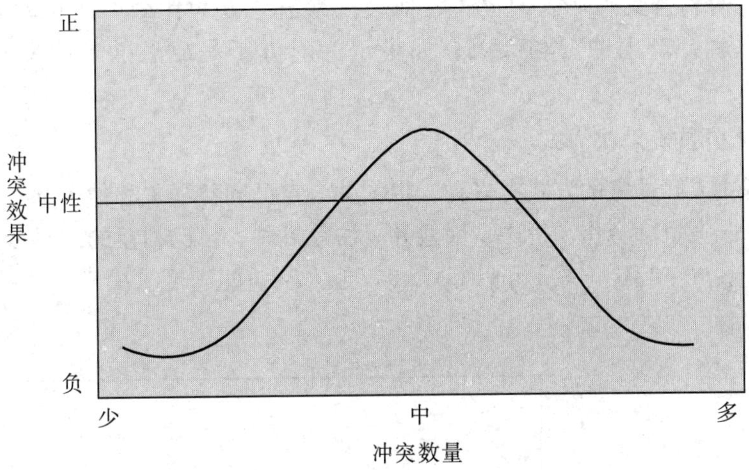

图9—3　冲突连续体

根据冲突内容可将冲突分为目标冲突、认知冲突、感情冲突和程序冲突四种。目标冲突（goal conflict）是指双方预期的结果不一致，如双方的价值观、需求互不相容等。认知冲突（cognitive conflict）是指双方的思想、观点和意见互不相容。感情冲突（affective conflict）是指双方在情绪上相互对抗，如互不喜欢、缺乏信任等。程序冲突（procedural conflict）是指双方在解决问题的程序上看法不一致。

根据冲突范围可将冲突分为人际冲突、群际冲突和组织间冲突。人际冲突（interpersonal conflict）是指两个或两个以上的个体之间的冲突。群际冲突（intergroup conflict）是指两个或两个以上的群体之间的冲突。组织间冲突（interorganizational conflict）是指两个或两个以上的组织之间的冲突。

二、人际冲突

个体之间的冲突大量存在于各类组织，下面先分析人际冲突的原因。

（一）人际冲突的原因

人际冲突的原因比较复杂，常见的有：

1. 人格特质

研究发现，A 型人格的个体比 B 型人格的个体更容易和别人发生矛盾；自我监控高的个体比自我监控低的个体更倾向于合作。

2. 缺乏信任

两个人之间越是相互猜疑，越会产生冲突；越信任对方，越能相互合作。研究表明，信任分两种：（1）基于认知的信任，是指个体认识到对方可以信赖、非常可靠；（2）基于感情的信任，是指个体之间真诚关心对方。决定基于感情的信任的因素是两个人之间互动的频率、以前相互帮助的状况等。

3. 批评不当

即批评的目的不是把工作做好、帮助对方提高，而是攻击对方、引起对方的愤怒。

4. 归因失误

当个体的利益受到他人的侵害，他会去弄清对方为什么如此行动。如果确认对方是故意的，就会产生冲突和敌意；如果认为对方不是故意的，冲突发生的概率就会很小。

（二）人际冲突解决方式

个体解决人际冲突的方式有多种。根据关心自己利益和关心他人利益两个维度，可把这些方式分成竞争、合作、折中、回避和妥协等五种。自己利益的满足依赖于个体目标的坚决（assertive）或不坚决（unassertive），他人利益的满足取决于个体的合作（cooperative）或不合作（uncooperative）（见图 9—4）。

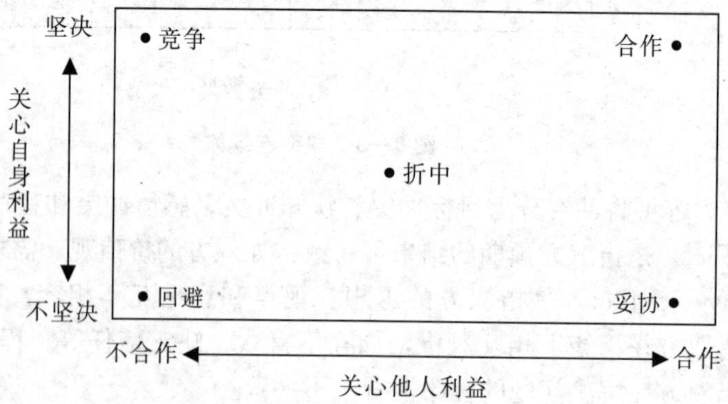

图 9—4　冲突解决的五种方式

1. 竞争

竞争方式是指坚决不合作的行为，代表着一种非赢即输的人际冲突解决方式。个体使用该方式努力实现自己的目标而丝毫不理会他人的利益。

适合采用竞争方式的情境有：

（1）情况紧急，必须马上行动；

（2）需要采取非常普通的方法（如开除员工）；

（3）认识到自己是完全正确的；

（4）反对他人利用自己。

2. 合作

合作方式是指坚决而且合作的行为，代表着一种双赢的人际冲突解决方式。个体使用该方式试图同时实现双方的最大利益。使用合作方式的个体倾向于把冲突看做有益的，对他人真诚而信任。

适合采用合作方式的情境有：

（1）双方具有共同的利益；

（2）通过达到一致获得对方的承诺；

（3）想建立持久的良好关系；

（4）融合不同的看法。

3. 折中

折中方式是指中等程度的坚决与合作行为，代表着一种相互让步的人际冲突解决方式。个体使用折中方式只能达到中等水平的满意。

适合采用折中方式的情境有：

（1）目标重要，但是无法完全实现；

（2）无法达到双赢的结果；

（3）对方的力量也很强大，让其让步不太可能。

4. 回避

回避方式是指不坚决、不合作的行为，代表着一种远离冲突、忽视不一致的人际冲突解决方式。个体使用回避方式反映出对挫折和精神紧张的逃避与厌恶。

适合采用回避方式的情境有：

（1）问题不太严重，不值得花费时间和精力去解决；

（2）有足够的能力和信息去解决；

（3）他人能够有效解决冲突；

（4）没有机会满足自己的利益；

（5）双方先冷静一段时间。

5. 妥协

妥协方式是指合作但不坚决的行为，代表着一种不自私、屈从他人的愿望、追求长远利益的人际冲突解决方式。使用妥协方式的个体常常被别人认为是软弱可欺的。

适合采用妥协方式的情境有：

（1）错在自己；

（2）问题对别人来说更重要；

（3）为了今后的合作；

（4）双方一致异常重要。

三、群际冲突

群际冲突包括横向冲突（horizontal conflict）和纵向冲突（vertical conflict）两个方面。前者是指同一组织层级不同部门之间的冲突，后者是指不同组织层级之间的冲突。下面主要分析横向冲突。

部门间冲突的主要原因有以下七种。

（1）目标不相容。目标不相容是指一个部门目标的实现常常阻碍另一个部门目标的实现。例如，营销部门希望增加产品线的广度以适应多样化的市场需求，制造部门则希望减少产品线广度以节省成本；营销部门的目标是顾客满意，制造部门的目标是生产效率。

（2）差异化。差异化是指不同部门的员工具有不同的价值观、态度、行为规范、受教育程度、技能和兴趣等。这些差异影响着部门间的沟通，从而导致冲突。

（3）任务相互依赖。随着两个部门相互依赖程度的加深，潜在的冲突就会增多。

（4）资源稀缺。冲突的另一个主要来源是两个部门的成员认识到资源有限，并为此而竞争。如果组织缺乏足够的资金、设备、技术、人员等资源，每个部门就会为了各自的目标而争夺这些资源，从而造成冲突。

（5）权力分布。权力大小不同经常成为冲突的根源，尤其是当实际的工作关系并未反映出权力的真实基础时。

（6）不确定性。一般来说，当部门间关系的不确定性增加时，冲突就会增多。例如，如果环境发生了很大变化或者出现了新的问题，需要重新确定每个部门的职责、重新研究问题的解决程序，部门间的界限就会变得模糊。此时，为了争夺更多的权力与利益，部门间大大小小的冲突便会不断发生。

（7）报酬制度。报酬制度决定部门间冲突或合作的程度。研究发现，如果部门管理者的工资与奖金依赖于整个组织目标实现的水平，部门间的合作就会增加；反之，如果部门管理者的报酬取决于所在部门的绩效，部门间的冲突就会增加（见图 9—5）。

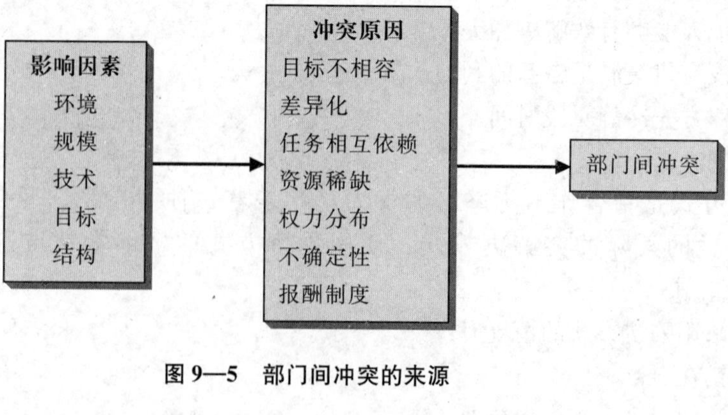

图 9—5 部门间冲突的来源

四、冲突过程

大多数冲突的发展都经过以下六个阶段（见图 9—6）。

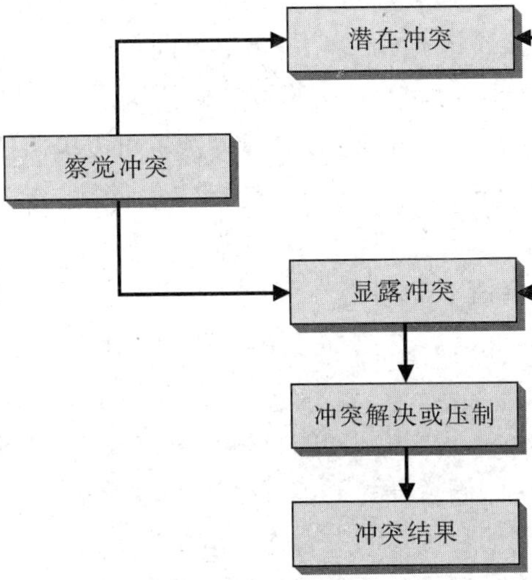

图 9—6 冲突发展的各个阶段

（1）潜在冲突。如果具备冲突产生的条件，冲突就可能开始出现。例如，当个体之间缺乏信任、性格不合，群体之间争夺资源、目标不相容时，冲突就具备了产生的前提。

（2）察觉冲突。当不同的意见、目标、利益变得明朗，双方就会感觉到冲突的存在。

（3）感受冲突。当一方或双方开始为冲突而紧张、焦虑或不安时，察觉冲突阶段就已结束。在感受冲突阶段，当事人不得不准备采取一些行动来减轻或消除冲突带来的不舒服感。

（4）显露冲突。当一方开始公开阻碍、损害对方的利益和目标时，冲突就会显露出来。

（5）冲突解决或压制。一般情况下，冲突双方或第三方会寻找解决冲突的良策。在其他情况下，冲突被暂时压制。

（6）冲突结果。如果冲突得到圆满的解决，双方的关系将会改善。如果冲突被暂时压制，双方将继续经受各种情绪困扰。

五、冲突管理

常用的冲突管理技术有：

1. 协商

协商是指冲突双方面对面地讨论存在的分歧，通过互谅互让，找到解决冲突的理想方式。

2. 调解

调解是指第三方通过各种形式迫使冲突双方自愿达成协议。调解人通常没有正式权威，不能强迫冲突各方接受自己的意见。但是，调解人可以通过澄清问题、鼓励沟通、提出建议、融通关系等措施迫使冲突得以顺利解决。

3. 仲裁

仲裁是指拥有职权的人（通常是上司）在认真分析冲突的基础上，提出双方都能接受的问题解决协议。仲裁的类型有：

（1）有约束力仲裁（binding arbitration），是指双方同意接受的仲裁；

（2）自愿仲裁（voluntary arbitration），是指双方保留执行自主权的仲裁；

（3）传统仲裁（conventional arbitration），是指仲裁者可以提出任何解决方案；

（4）最终提议仲裁（final-offer arbitration），是指仲裁者只能在冲突双方提出的最后方案之间作出选择。

应当指出的是，仲裁可能会留下一些潜在问题。例如，冲突一方怀疑仲裁者存在偏见，冲突双方可能对仲裁持有异议等，这些都会影响仲裁的执行。

4. 激发合作

合作是指个体或群体一起工作，实现共同的目标。研究表明，合作不仅有利于组织绩效的提高，而且有助于提高员工的满意度、群体的凝聚力，还能提高创造力和适应性，结果是组织目标的实现。设置共同的目标是激发合作、减少冲突的最佳方法。

冲突管理的其他技术还有加强沟通、人际关系训练、资源开发、工作再设计、结构再设计、群际开发、组织文化变革等。

□ 小　结

权力是个体（或群体）影响其他个体（或群体）行为的能力。个体权力的来源有合法权、报酬权、强制权、专家权和参照权五种。部门权力的大小依赖于部门掌握资源的重要性以及减小不确定性的能力、中心性和不可替代性。

社会影响是个体利用权力改变他人行为与态度的过程。常用的影响策略有理性说服、诉诸鼓励、征求意见、奉承、交换、笼络个人感情、结盟、合法化和强制等九种。

组织政治是指个体或群体在选择不确定或不一致的情境下，通过获得、开发和使用权力及其他资源得到自己偏爱的结果的活动。决定组织政治行为的个体因素有权力需要、马基雅维利主义、控制点和自我监控等；组织因素有模糊性、竞争程度和组织文化等。常见的组织政治策略有增加合法性和专家权、获得他人支持、控制信息流向、塑造良好形象、确定决策标准、使用外部专家、控制日程、使用委员会以及玩弄政治游戏。管理组织政治的主要原则有增加对组织政治行为的敏感性、减少模糊性、增加资源、开放沟通、赏罚分明、以身作则等。

冲突是指一方（包括个体、群体或组织）认识到另一方正在或将要采取阻碍、危害自己实现目标的行动的过程。冲突可分为建设性冲突与破坏性冲突；目标冲突、认知冲突、感情冲突和程序冲突；人际冲突、群际冲突和组织间冲突等。

人际冲突的原因主要有人格特质、缺乏信任、批评不当、归因失误等，人际冲突的解决方式有竞争、合作、折中、回避和妥协五种。群际冲突可分为横向冲突和纵向冲突，横向冲突主要是部门间冲突。部门间冲突的原因主要包括目标不相容、差异化、任务相互依赖、资源稀缺、权力分布、不确定性和报酬制度。

冲突的发展一般经过潜在冲突、察觉冲突、感受冲突、显露冲突、冲突解决或压制、冲突结果六个阶段。常用的冲突管理技术包括协商、调解、仲裁和激发合作。

□ 复习题

1. 什么是权力?
2. 个体权力的来源有哪些?
3. 影响部门权力大小的因素是什么?
4. 社会影响的策略有哪些?
5. 组织政治行为的策略有哪些?
6. 什么是冲突? 冲突有哪些类型?
7. 人际冲突的解决方式有哪几种?
8. 部门间冲突的原因有哪些?
9. 冲突管理的常用技术有哪些?

□ 技能训练

影响策略

在阅读了下列案例之后，设想 Ann 的职员角色。组成小组，展开非正式的讨论，设计一个能对 Ann 的同事和上级施加影响的方案，使他们支持她的建议。

Ann Lyman 最近被 Challenge Products Corporation (CPC) 雇佣为高级市场经理。她在 Pearces (一家主要的竞争者) 的先前经历已经为她赢得了“有创造力、勤奋的管理者”的评价。在 Pearces，她所在部门的销售额在过去 5 年中至少每年增长 15%，并且她已经在《当代管理》(*Contemporary Management*) 的一篇文章中被重点介绍。正是这种能力和魅力的结合吸引了 John Dilworth，CPC 的 CEO 的注意。John 正在为电子产品的销售额连续两个季度下降的问题而烦恼。这是 CPC 业务的核心，他不能冒失去市场占有率的风险。

过去，CPC 的产品已经占据了相当大的市场份额。具有讽刺意味的是，市场营销并没有被认为是很重要的。生产部门吹捧其高质量和低成本，采购部门强调其对保持低成本的贡献，而工程部门强调了其设计的耐久性。很多人认为，CPC 产品可以“自行推销”。

但这是在来自亚洲的更便宜、“看起来相似”的产品在折扣商店泛滥之前的事情。CPC 不能再凭借它是最老的、最有名、最可靠的品牌，来获得顾客的高度忠诚。Ann 确信为了使 CPC 保持竞争力，公司需要拓展它的生产线，在不同的价格水平上提供更多的选择。她感到他们还需要扩展“潮流设计”，来响应现代年轻人的生活方式。这些选择要求找到新的产品流通渠道，例如特制的邮购目录，以及为百货公司的个性化标志制造一般性的产品。

这些改变在 CPC 的其他部门存在很大的分歧。首先，他们表示工程部门将不得不缩短其设计周期，为更宽的产品范围提供支持，并且要强调以顾客为导向而不是以功能性特点为导向。这些变化显然不能被生产部门赞同，这个部门嫉妒性地保持自己以往仅仅以标准订货和相对较少的型号变化为基础的长期生产运行模式。他们也强调了装配和流水线的简洁。另外，还需要为购买非标准化的部件而寻找新的供货来源，这样将更难得到批量折扣和质量保证。

在工作 3 个月之后，Ann 觉得她已准备好向 John 提出她的建议。在 John 去度假之前，她要尽力推员工一把，为她的计划画上圆满的句号。她没有失望，John 认为这是获胜的方法。他很兴奋，并且准备"签署"。但是他也现实地考虑到了要说服其他人相信这些变化的必要性所面临的困难。Ann 在生产、采购和工程部门里的对手一定会反对。"这将是一次困难的推销，但是我相信你已经有了一些好点子。"他说道，"当我外出的时候，我希望你为得到其他部门的合作制定计划。你可以从我这里得到一般性的支持，但是我们的组织文化与制定规则迫使他人接受这种做法是不一致的。你将不得不找出一些其他的方法获得他们的支持。"

资料来源：大卫·A·威坦、金·S·卡梅伦：《管理技能开发》，309～310 页。

□ 行为测量

人际冲突解决方式

在下列各项叙述后填入相应的数字，说明你在与他人有意见分歧时，使用下列方法的频率如何。请按实际行动填写，不要按你所希望的填写。

5	4	3	2	1
通常	经常	有时	偶尔	很少

当我与他人有不同意见时　　分数

A 部分：

1. 我探究不同之处，不放弃自己的观点，也不将其强加于人。______
2. 我公然进行反对，并就分歧展开讨论。______
3. 我寻求令双方都满意的解决办法。______
4. 不允许别人不考虑我的意见就做决定，要确保互相听取意见。______

计算第 1～4 题的总分，A 部分的得分＝______

B 部分：

5. 我不寻求完美的解决，宁愿同意折中的意见。______
6. 我不去探究意见分歧，宁愿承认有一半是我错了。______
7. 我不断迁就他人。______
8. 我期望能够表达出我真正想说的一半。______

计算第 5～8 题的总分，B 部分的得分＝______

C 部分：

9. 我不试图去改变他人的意见，而是宁愿完全放弃自己的想法。______

10. 我对事情有争议的方面置之不理。 ______
11. 我不去争论问题，而是早早地表示同意。 ______
12. 他人情绪一变得激动，我就会放弃自己的立场。 ______
计算第9～12题的总分，C部分的得分=______
D部分：
13. 我努力战胜其他人。 ______
14. 无论结果如何，我都要赢得胜利。 ______
15. 我据理力争，从不退缩。 ______
16. 我宁愿分出胜负，也不愿妥协。 ______
计算第13～16题的总分，D部分的得分=______
E部分：
17. 在问题得到解决之前，我避免有其他人介入。 ______
18. 我宁可两人都放弃，也不愿引起情绪上的对抗。 ______
19. 我感到大多数分歧并不值得担心。 ______
20. 在彻底地考虑好问题之前，我会尽量推迟讨论它。 ______
计算第17～20题的总分，E部分的得分=
记分与解释：
汇总你的选择，并将其分组。
A组（1～4项）： ______
B组（5～8项）： ______
C组（9～12项）： ______
D组（13～16项）： ______
E组（16～20项）： ______
A，B，C，D，E各组分别代表不同的解决冲突的策略：
A组=合作　　我赢，你也赢。
B组=妥协　　双方都赢一部分，输一部分。
C组=折中　　我输，你赢。
D组=竞争　　我赢，你输。
E组=回避　　我输，你也输。
根据各组的分数，确定你使用这些方法的频率。

(1) ≥17分，属高分。当与他人之间存在分歧时，你使用这些方法的次数比别人多；

(2) 8～16分，属适中。当与他人之间存在分歧时，你使用这些方法的次数与别人一样多。

(3) ≤7分，属低分。当与他人之间存在分歧时，你使用这些方法的次数比别人少。

每个人都有自己偏向或习惯使用的一种解决冲突的方式。高分说明你使用这一组方法的次数最多。分数不代表你是否精通这些方法。在分析解决方法时，着重考虑：它是否适用于解决你日常遇到的冲突并能达到预期的结果。

资料来源：菲利浦·L·胡萨克尔：《管理技能实战训练手册》，372～373页。

□案 例

三一重工与中联重科

民企与国企就像一对有恩怨的表兄弟，纠纷难解，中国工程机械两巨头在发展中内斗，在针对中成长。

一、公司介绍

中联重科股份有限公司创建于1992年，是在原长沙建设机械研究院基础上孵化出来的新型高科技上市公司，是中国工程机械装备制造龙头企业、全国首批103家创新型试点企业之一。公司注册资本49.28亿元，主要从事建筑工程、能源工程、交通工程等国家重点基础设施建设工程所需重大高新技术装备的研发制造。2010年，中联重科下属各经营单元实现产值508亿元，利税超过45亿元，员工26 000多人。

三一重工业集团有限公司成立于1994年11月22日，其前身是由梁稳根、唐修国、毛中吾和袁金华等四人于1989年6月筹资创立的湖南省涟源市焊接材料厂。三一重工主要从事工程机械的研发、制造、销售，产品包括建筑机械、筑路机械、起重机械等25大类120多个品种，主导产品有混凝土输送泵、混凝土输送泵车、混凝土搅拌站、沥青搅拌站、压路机、摊铺机、平地机、履带起重机、汽车起重机、港口机械等。

二、三一、中联：相煎何太急

梁稳根等人在1989年创立三一重工，中联重科的成立晚了3年。2007年，在创始人詹纯新的推动下，中联重科发起连环并购，资产和产业迅速膨胀，成为三一重工家门口的对手。

2008年，三一重工在规模上一度被中联重科反超，因中联重科当年联手弘毅投资等收购全球混凝土机械行业排名第三的意大利CIFA公司60%股份。2010年11月，三一重工总裁向文波与中联重科副总裁郭学红，就并购CIFA的代价是50亿元还是20亿元，发生了一场口舌战。郭学红爆料："三一方面提出，愿以1亿欧元代价，向中联买断并购资格。"今年，普茨迈斯特被三一收入囊中，也遇中联重科炮轰。

在三一推出86米世界最长臂泵车纪录后，中联也推出80米碳纤维臂架泵车。日前中联重科拟出售业务盈利良好的环卫机械资产给其管理层持股公司，受到市场质疑。梁林河微博再提：该公司已从上市公司卖给管理层了。

三、混凝土老大之争

混凝土机械是两大公司必争的领域，也是最主要的利润来源。2011年，中国混凝土机械以1 053亿元的市场规模名列工程机械行业之首，占工程机械行业总收入的1/5左右。更重要的是，混凝土机械行业30%以上的利润率远超出工程机械行业平均水平。

近3年来，中联重科在混凝土机械上快速追赶三一重工，后者的龙头位置受到挑战。这也是陈晓非"中联混凝土机械连续半年超越"底气所在。知情人士称，"现在中联现金足，玩得起，三一玩不起。"因为中联重科2010年年底通过H股上市融资125.43亿港元。梁林河微博称："尽管竞争加剧，三一依然屹立，去年占有率高出对手很多，今年一季度依然如此。三一靠的是质量，不是成交条件。"谁是混凝土老大，看来还得看本月底两公司一季报。

四、中联重科与三一重工"窝里斗" 争夺普茨迈斯特

来自德国工程机械巨头——普茨迈斯特的全球招标，引发了国内两家公司的激烈争夺。

尽管三一重工1月30日宣布，已连同中信产业基金共同收购普茨迈斯特100%股权(三一重工出资26.54亿元人民币)，但耐人寻味的是，中联重科方面告诉《第一财经日报》，他们也参与了收购，并是唯一获得国家发改委首肯的企业。

中联重科是否会对这场尚未结束的交易继续展开行动，还不得而知。两家势均力敌的中国公司争夺德国"大象"级企业的商战故事，或许仍将上演。

中联重科一位高层向记者透露，2011年12月其财务顾问公司高盛告知，普茨迈斯特正在通过摩根士丹利向全球企业发出招标邀请，拟出售股权。

2011年12月21日，中联重科应邀与普茨迈斯特接触且对方邀请其参与并购竞标。由于海外交易前，需通过国家及省有关部门的批准，中联重科向湖南省发改委和国家发改委提交了申请。12月30日，中联重科获得了国家发改委的批复同意。此后，中联重科与普茨迈斯特签署了"保密协议"。

有人士指出，今年1月底普茨迈斯特没有选择中联重科，而是与三一重工成为了最终合作伙伴，是因为中联重科违反了与普茨迈斯特之间所达成的"保密协议"。

五、三一重工和中联重科对掐 零首付抢客户

"既生瑜，何生亮"的感叹同样适用于国内工程机械巨头三一重工和中联重科之间。同处一城的两家宿敌不和早已是业内公开的秘密，而近期两家关系更有剑拔弩张之势：先是三一重工副总裁梁林河在微博上"吐槽"中联重科为抢夺市场，采取过激销售策略。针对竞争对手高管的"中伤"，中联重科副总裁陈晓非专门开通微博，毫不示弱地反击是三一重工过激行为在先，希望三一重工"先习做人，再思做事"。高管们在微博上隔空"对掐"，暴露了机械行业激烈竞争中的收款风险。

从2006年的"短信门"(中联重科一台泵车发生泵架断裂，大量用户收到事故消息短信)到前期收购"大象"(全球混凝土机械第一品牌德国普茨迈斯特)，中联重科和三一重工两家公司时有纷争。近期，两家同行巨头的恩怨再次在网上上演。

4月14日，三一重工副总裁梁林河在微博上爆料称："混凝土设备竞争到了最后的疯狂，竞争对手开始在四川大范围锁机，看来疯狂后的死亡开始来袭，我接手泵送事业部的第一要求是维护市场秩序，力挽行业。"第二天，梁林河继续在微博上剖析中联重科的资金链条：先从公司融资几十亿元，放到自己的融资租赁公司，然后放大几倍从银行融资，再给客户作融资租赁，告诉股民回款率100%。他指责中联重工为了抢占市场，不惜以低首付、零首付销售产品，增加了公司的风险。据悉，梁林河此前是三一重机董事长，刚刚接手三一重工泵送事业部。

三一重工高管的"挑战"让中联重科按捺不住了。4月16日晚间10点多，ID为"陈晓非—中联重科"的微博进行了反击："中联混凝土机械连续半年超越，引得梁先生关注，实乃我之荣幸。"陈晓非回击道："三一重工在市场上的激进行为历历在目，同城兄弟，相煎何急。惜自律公约尚温，诼诼之言已至。盼林河先生勿将挖掘机行业之乱象引入我混凝土行业。”此外，中联重科董事长助理刘鹏飞接受媒体采访时也表示，零首付不是中联重科最先开展的，意指三一重工才是零首付的始作俑者。

业内人士表示，为了抢占市场，两家公司都有零首付、低首付的激进销售策略，这让混凝土机械行业风险加剧。中联重科 2011 年应收账款高达 116.58 亿元，比年初大幅飙升 67.81%；三一重工更是从 2010 年的 57 亿元增长到了 113 亿元，增幅高达 98.2%。

六、两方再次陷入微博战

7 月 26 日，一位署名为“梁林河”（与现任三一重工副总裁梁林河同名）的新浪微博用户转发并评论了数条微博，内容称中联重科本应该交付给内蒙古乾泰集团的 200 台 ZE360E 挖掘机仍停放在其停车场里。“梁林河”在微博中称，中联重科不顾客户和资本市场投资者的利益，采用激进营销的方式与乾泰集团签订了这笔高额订单，对方因无力支付而倒闭，中联重科也因无法收回货款而面临数亿元损失。

尽管“梁林河”并未进行身份认证，但其微博中多次提到三一重工的市场策略及整个工程机械行业的现状，显示出其对三一重工及行业有较深程度的了解。此外，还有微博用户对其以“梁总”相称。因此，不少市场人士认定此“梁林河”就是三一重工的副总裁梁林河。

据中联重科公司网站发布的信息显示，2012 年 5 月 30 日，乾泰集团曾一次性购买中联重科土方机械公司 200 台 ZE360E 挖掘机，这是中联重科有史以来单笔最大的销售订单，总金额达 3 亿多元，也创造了中国挖掘机行业单笔销售的新纪录。

中联重科就此事回应称，乾泰集团采购中联重科的设备采取的是工程机械行业内普遍采用的信用销售方式，目前 200 台挖掘机均已经交付乾泰集团。而对于“梁林河”所质疑的回款问题，中联重科称“乾泰集团的回款一切正常”。被传倒闭的内蒙古乾泰集团董事长宋云山则表示，微博上关于公司倒闭的传言不实，目前乾泰集团经营正常。

中联重科反指三一重工才是这种激进营销方式的始作俑者。另外此前有媒体报道指出，所谓“零首付购机”销售方式的始作俑者正是三一重工，而中联重科也曾采取过同样的销售策略。

机械行业巨头三一重工再度陷入“间谍门”漩涡。国内多家网站论坛日前接连刊登一份“内部材料”，爆料三一重工窃取竞争对手商业机密，并称相关人员已被公安机关抓捕。

七、网传三一重工窃取对手商业机密　两员工被刑拘

11 月 13 日，一则关于“三一重工涉嫌派遣间谍和技术手段窃取商业秘密”的爆料帖子开始在天涯论坛、百度贴吧、东方财富网股吧、猫扑网、互动中国论坛等各大网站和论坛扩散。

这份 9 608 字的材料中，每一个细节似乎都显得十分“翔实可信”。

“2012 年 11 月 6 日，三一重工市场部情报人员黄镜明因涉嫌非法获取计算机信息系统数据罪，2012 年 11 月 9 日，三一重工市场部副部长刘兵因涉嫌掩饰、隐瞒犯罪所得罪，已相继被案发地的汉寿公安局刑事拘留。2012 年 11 月 5 日，同案的甘翰宇被案发地的汉寿公安局移交长沙市公安局芙蓉分局监视居住。目前，此案正在调查中。”网帖称。

网贴称，甘翰宇曾就职于中联重科混凝土机械公司，掌握可以登录中联重科售后服务系统的账号以及姓名等信息。

按照网帖的描述，2010 年 5 月至 2011 年 6 月，因新洛普公司已于 2009 年 10 月被依法取缔，三一重工一方面请黑客组织入侵中联重科 OA 系统，另一方面将黄镜明等大学毕业生招聘进入三一重工，以期重建情报系统。2012 年 5 月 9 日至 10 月 13 日，三一重工员工黄镜明通过甘翰宇，采用技术手段获取中联重科混凝土服务管理系统登录权限，登录 200 多次，查询中联重科设备档案数万次，并将销售数据以及客户信息等发送给三一重工经营计划总部市场部副部长刘兵。

值得注意的是，除了采用技术手段窃取竞争对手的商业机密外，据网帖爆料，三一重工同时还策划并实施从湖南农业大学等本地高校的机械工程、企业管理、市场营销等专业的应届毕业生中物色情报人员，经培训后指使他们参加中联重科校园招聘。

“2012 年 2—9 月，三一重工安林等人多次要求混入中联重科的湖南农业大学毕业生王上华等人提供中联重科商业秘密。”网帖中说。

作为同属机械行业龙头的三一重工和中联重科，双方竞争一直处于白热化状态，业内也流传着各种传闻。据了解，2007—2009 年之间，三一重工曾经被指涉嫌操控新洛普咨询公司来搜集窃取其他公司商业机密；2011 年 6 月 8—27 日，中联重科办公自动化（OA）系统频遭黑客攻击，大量商业秘密被窃，该事件也曾被指与三一重工有关。

资料来源：改编自《三一重工与中联重科竞争处于白热化状态》，中国建筑新闻网，2012 - 11 - 30。

思考题：

1. 三一重工和中联重科爆发冲突的原因是什么？
2. 双方应该如何解决冲突？

第Ⅳ篇

宏观组织行为

组织理论与设计 第10章

本章重点

- 组织环境的类型、特征与管理对策
- 组织水平技术和部门技术
- 组织结构的维度、类型
- 组织结构的选择
- 组织控制的过程
- 组织控制的类型

引　例

2008年9月15日，美国雷曼兄弟控股公司（Lehman Brothers Holdings Inc.）正式发布公告，宣告破产。雷曼兄弟声称，破产的仅是母公司，旗下的经纪业务和投资银行部门均不在破产之列。

公告称，雷曼兄弟依照《美国银行破产法》第11章，向纽约南部的联邦破产法庭提起破产保护。雷曼兄弟的所有从事经纪业务的分支机构及雷曼兄弟的子公司，包括雷曼兄弟资产管理公司、经营资产管理和投资咨询的纽伯格·伯曼公司等雷曼兄弟旗下子公司均不受此影响，将继续正常交易和营业。

作为华尔街巨无霸之一，雷曼兄弟公司破产可能冲击整个金融市场。全球最大债券投资基金太平洋投资管理公司被称为“债券之王”的明星投资经理比尔·格罗斯说，雷曼兄弟公司破产将引发“金融海啸”。

一、总债务6 130亿美元

在政府拒绝救命、收购退路全断之后，雷曼兄弟公司最终决定，根据《美国银行破产法》第11章申请破产保护。一旦申请得到批准，雷曼兄弟控股公司将在破产法庭监督下走上重组之路。

雷曼申请破产保护的文件显示，该公司总资产达6 390亿美元，同时总债务为

6 130亿美元。这也使得雷曼一举超过德崇证券，成为美国历史上倒闭的最大金融公司。由于垃圾债券市场崩溃，大型投行德崇证券于1990年被迫申请破产。

花旗集团、纽约梅隆银行、Aozora Bank和瑞穗金融集团位列雷曼最大的无担保债权人之列，其中花旗集团持有雷曼约1 380亿美元的债券资产。

此外，雷曼申请破产的文件还显示，巴黎银行对该投行的贷款敞口高达2.5亿美元，为雷曼最大的欧洲银行贷款债权人。在雷曼给法庭的文件中列举出的30个最大债权人中，有瑞典商业银行、比利时联合银行、英国劳埃德银行、渣打银行、挪威银行等欧洲银行。

1850年成立于亚拉巴马州蒙哥马利市的雷曼兄弟公司，现在总部位于纽约，并在东京和伦敦设有地区总部，还在全球诸多地区建有办事处。

雷曼公司历史上曾至少四次处于倒闭边缘，分别是：1929年，股市崩盘；1973年，该公司投注利率损失670万美元；1984年，内部意见分歧导致被美国运通并购；1994年，新独立的雷曼面临资金短缺。

二、“毒药资产”

拥有158年历史的雷曼兄弟公司在美国抵押贷款债券业务上连续40年独占鳌头。但次贷危机爆发以来，公司持有的巨量与住房抵押贷款相关的“毒药资产”在短时间内价值暴跌，将公司活活压垮。

在第二季度巨亏28亿美元之后，雷曼9月10日提早公布的第三季度季报显示，该公司第三季度损失竟达39亿美元，当季股息削减约93%，相当于每股损失5.92美元。

美国一位分析师指出，在雷曼8 000亿美元的资产负债表中，资产净值大约只有250亿美元。目前，雷曼仍面临着抵押贷款关联证券贬值和衍生品业务损失的风险。与主要对手相比，在与房地产相关的证券业务上，雷曼要多得多。据雷曼前首席财务官布拉德·辛茨说，雷曼那些难以估值的证券化产品约相当于其净资产的2.5倍。

与主要对手相比，只有美林的比例高于雷曼，而美林的规模却比雷曼大得多，且美林还有数十亿美元能够迅速脱手的资产。

此外，外界认为雷曼公司的员工管理过于依赖物质激励。作为雷曼的英雄，首席执行官理查德·富尔德（Richard Fuld）笃信重赏之下必有勇夫，因此他促进员工协作的重要手段之一就是提供极具诱惑力的物质激励。他在雷曼实行员工持股制，给员工的报酬中，有相当比例以公司股票和期权支付，而且锁定期比其他同行要长。1994年雷曼上市时，员工持股比例为4%，到2006年这个比例已上升到30%。员工持股制在雷曼造就了一批富翁，持股市值超过1 000万美元以上的员工就有200多人。

资料来源：《雷曼死于房贷　酿成美国史上最大金融破产案》，东方网，2008-09-16。

华尔街五大投行之一雷曼公司的破产是美国金融危机最大的灾难性后果之一，这说明组织环境的变化对企业的生存与发展具有至关重要的影响。本章先论述组织环境，再论述组织技术、组织结构和组织控制问题。

第 1 节 组织环境

组织环境（organizational environment）是可能影响组织运行的外部因素。组织环境是制定组织战略、设计组织结构的基础。下面分别讨论组织环境的类型、特征以及控制环境的途径。

一、环境的类型

组织的外部环境可分为一般环境（general environment）和具体环境（specific environment）两类。

1. 一般环境

一般环境是指所有可能间接影响组织运作的外部因素。包括：

(1) 经济条件，如通货膨胀；

(2) 政府，如法律、政策；

(3) 社会文化，如教育、学校；

(4) 技术，如新发明、互联网络；

(5) 资金供应，如证券市场等。

2. 具体环境

具体环境是所有可能直接影响组织实现目标能力的、与组织直接互动的外部因素。包括：

(1) 原材料供应：组织需要从供应商那里获得低成本的持续稳定供应；

(2) 市场：指购买组织的产品或服务的顾客；

(3) 人力资源：人才的供需状况严重影响着组织的人员配备工作（参阅知识库 10—1）。

【知识库 10—1】 **蝴蝶效应**

蝴蝶效应（butterfly effect）是指在一个动力系统中，初始条件下微小的变化能带动整个系统的长期的巨大的连锁反应。这是一种混沌现象。蝴蝶在热带轻轻扇动一下翅膀，遥远的国家就可能形成一场飓风。

美国气象学家爱德华·罗伦兹（Edward Lorenz）1963 年在一篇提交给纽约科学院的论文中分析了这个效应。“一个气象学家提及，如果这个理论被证明正确，一个海鸥扇动翅膀足以永远改变天气变化。”在以后的演讲和论文中，他用了更加富有诗意的蝴蝶。对于这个效应最常见的阐述是："一只蝴蝶在巴西轻拍翅膀，可以导致一个月后得克萨斯州的一场龙卷风。"

这位气象学家制作了一个电脑程序，可以模拟气候的变化，并用图像来表示。最后他发现，图像是混沌的，而且十分像一只蝴蝶张开的双翅，因而他形象地将这一图形以"蝴蝶扇动翅膀"的方式进行阐释，于是便有了上述说法。

蝴蝶效应通常用于天气、股票市场等在一定时段难以预测的比较复杂的系统中。此效应说明，事物发展的结果对初始条件具有极为敏感的依赖性，初始条件的极小偏差将会引起结果的极大差异。

蝴蝶效应在社会学界用来说明：一个坏的微小的机制，如果不加以及时引导、调节，会给社会带来非常大的危害，戏称为"龙卷风"或"风暴"；一个好的微小的机制，只要正确指引，经过一段时间的努力，将会产生轰动效应，或称为"革命"。

资料来源：百度百科。

二、环境的特征

可以从两方面描述一个组织所面对的外部环境的特征。

（1）复杂性。复杂性是指影响组织运行的外部因素的多少，如果多则复杂，反之则简单。

（2）稳定性。稳定性是指影响组织运行的外部因素在某一时期内的变化情况。如果无大变化，则环境稳定；反之，则环境不稳定。

三、环境不确定性的对策

为了生存，组织需要努力改变或控制一些环境因素，以达到组织与环境的匹配。常用的对策有：

1. 建立组织间联系

具体包括：

（1）取得所有权。组织可以通过收购、兼并或控股的手段控制其他组织。

（2）形成战略联盟。如果两个组织的业务范围、地理位置、能力等具有互补性质，可以采用战略联盟形式加强合作。

（3）担任董事。可让供应商、客户或银行等利益相关者的代表进入董事会。

（4）经理招聘。变换或转移管理人员有助于密切组织间的关系。

（5）公共关系。开展公关活动能够树立组织形象，协调方方面面的关系。

2. 控制环境领域

具体包括：

（1）改变领域。组织可通过变更业务范围、目标市场、供应商、银行、经销商、地理位置等选择外部环境。

(2) 政治活动。通过各种方式影响政府的法律、法规、条例或政策。

第 2 节 组织技术

组织技术（organizational technology）是指将组织的输入转换成输出的机器、工具、工艺和流程等。应当认真研究组织的技术状况对组织的运作与绩效的影响。

一、总体技术

总体技术亦称组织水平技术，包括制造技术与服务技术两种。下面以比较典型的制造技术为例进行说明。

1. 传统制造技术

英国工业社会学家琼·伍德沃德（Joan Woodward）在 20 世纪 50 年代曾根据对 100 家制造企业的调查和制造过程的复杂程度，把企业所用技术分成三大类 10 种（见表 10—1）。第一大类是单件小批量生产。组织为了满足配备的特殊需要通常根据少量订单加工生产。加工过程依赖操作者个人技艺，机械化水平低。第二大类是大批量生产。制造过程的特点是产品标准化、机械化水平高。第三大类是连续加工生产。生产过程的特点是机械化、连续性都很高。

表 10—1 制造技术的种类

1. 单件小批量生产	(1) 按顾客订货进行的单件生产	低
	(2) 技术复杂的单件产品生产	
	(3) 大型设备的分步制造	
	(4) 小批量生产	
2. 大批量生产	(5) 用于不同产品装配的大批量部件生产	技术复杂度
	(6) 大批生产	
	(7) 大量生产	
3. 连续加工生产	(8) 为销售做准备的大批量连续生产	
	(9) 化工产品的成批连续生产	
	(10) 液态、气态、固态的连续流水生产	高

2. 计算机集成制造技术

伍德沃德的研究结果发表以来，出现了很多新的制造技术，如机器人、数控机床、计算机辅助设计（CAD）、计算机辅助制造（CAM）、工程分析、机器遥控技术等。计算机集成制造（CIM）系统是将机器人、机器设备、产品、设计、工程分析等用计算机连成一体。CIM是CAD、CAM和办公自动化等技术的有机结合，它使工厂能够大批量生产满足特定顾客特殊需要的产品，因而大大提高了顾客服务水平与生产效率。CIM与传统技术的关系如图10—1所示。

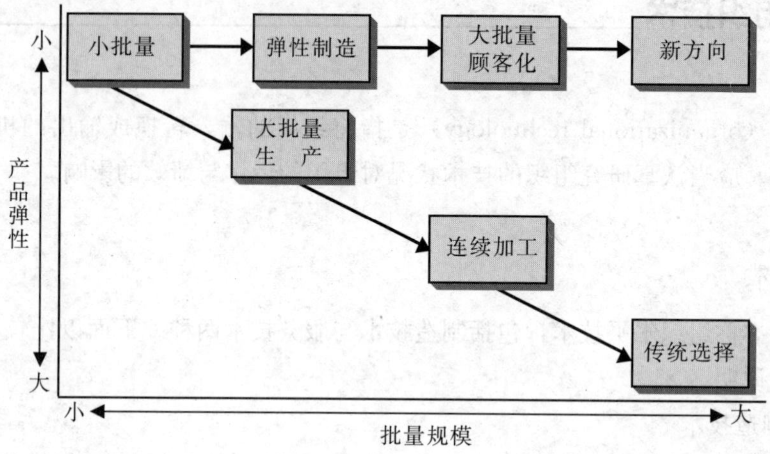

图10—1　CIM与传统技术的关系

二、部门技术

美国管理学家查尔斯·佩罗（Charles Perrow）曾根据任务可变性和工作活动的可分析性，把部门技术分成四类（见图10—2）。任务可变性（task variety）是指例外事件发生的频率；可分析性（analyzability）是指工作是否容易分解为若干程序或步骤。这四种技术具体如下。

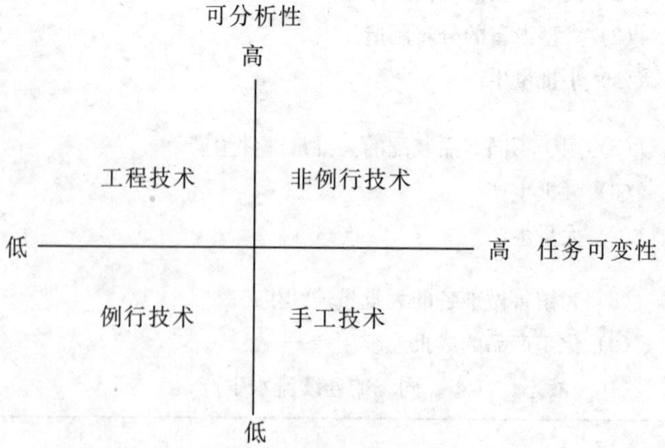

图10—2　部门技术的类型

1. 例行技术

例行技术（routine technologies）的特点是变化性小，可以标准化、正规化，有客观的、可分解的工作程序。

2. 手工技术

手工技术（craft technologies）的特点是工作流程相当稳定，但难以分解，任务完成要求员工受过相当的培训和有一定的经验。

3. 工程技术

工程技术（engineering technologies）的特点是任务复杂多样，但可以分解为一定阶段，每一阶段可用一定的程序、技术去完成。

4. 非例行技术

非例行技术（nonroutine technologies）的特点是任务可变性很高，又无法分解为若干步骤。具有一定的应变能力与多年经验的人才能胜任此项工作。

第 3 节 组织结构

组织结构是指组织成员为完成工作任务、实现组织目标，在职责、职权等方面的分工、协作体系。组织结构涉及三项关键内容：(1) 正式报告关系，包括组织层级的多少和管理幅度的宽窄；(2) 个体组成部门、部门组成整个组织的方法；(3) 各组织要素间有效沟通、协调、整合的手段。前两项内容主要指分工，后一项主要指协作（参阅知识库 10—2）。下面分别介绍组织结构的维度、类型与选择。

【知识库 10—2】 中国投资有限责任公司的组织结构图

中国投资有限责任公司（以下简称“中投公司”）成立于 2007 年 9 月 29 日，是依照《中华人民共和国公司法》（以下简称《公司法》）设立的从事外汇资金投资管理业务的国有独资公司。中国财政部通过发行特别国债的方式筹集 15 500 亿元，购买了相当于 2 000 亿美元的外汇储备作为中投公司的注册资本金。

中投公司独立经营，自主决策，基于经济和财务目的，在全球范围内对股权、固定收益以及多种形式的另类资产进行投资。

中投公司建立了完整的治理结构，包括董事会、监事会和执行委员会，依照《公司法》、公司章程和董事会确定的方针政策运作，并对国务院负责。

中央汇金投资有限责任公司（以下简称“中央汇金”）是中投公司的全资子公司，自设董事会和监事会。中央汇金投资并持有国有重点金融企业的股权，并代表国务院行使股东权利，不开展其他任何商业性经营活动，不干预其控股企业的日常经营活动。

图 10—A 是中投的组织结构图。

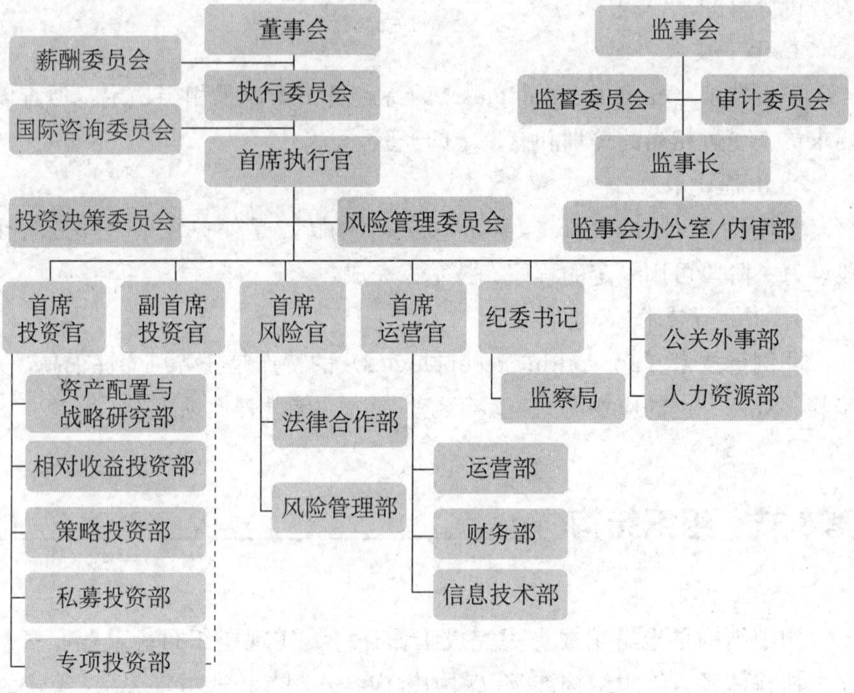

图 10—A　中投公司的组织结构

一、组织结构的维度

所谓组织结构的维度，是指可以从哪些方面描述组织结构的所有特征。归纳起来，大致包括以下九个方面。

（1）专门化。专门化（specialization）是指工作分工的粗细程度。如果每一部门、每位员工只承担很小范围的工作，则专门化水平高，反之则低。专门化有时也叫劳动分工。

（2）组织层级。组织层级是指从最基层员工到最高层经理所具有的等级数目，也叫职权等级（hierarchy of authority）、命令链（chain of command）。组织层级的划分规定了一条权力路线，明确了谁向谁汇报工作。

（3）管理幅度。管理幅度也叫控制幅度（span of control），是指向一个主管直接汇报工作的下属的人数。管理幅度与组织层级之间存在负相关关系。

（4）集权水平。集权水平（centralization）是指决策权集中于哪一职权等级。如果决策主要由高层经理作出，则组织的集权水平高；反之，如果决策授权给处于较低组织层级的人员，则分权水平（decentralization）高。

（5）正规化。正规化（formalization）是指组织中使用书面文件的数量。书面文件包括程序、工作描述、规章、政策等。

（6）标准化。标准化（standardization）是指用同一方式完成相似工作的程度。在一个标准化水平较高的组织中，工作内容与方法规定详尽。无论什么人、在什么地方，如果工作相似，则方式也相同。

（7）复杂性。复杂性（complexity）是指组织各部分的数量，包括纵向复杂性、横向复杂性和空间复杂性。纵向复杂性（vertical complexity）是指组织层级的数目；横向复杂性（horizontal complexity）是指所有部门的数目；空间复杂性（spatial complexity）是指地理分布的数目。

（8）职业化。职业化（professionalism）是指员工接受正规教育、正规培训的水平。职业化可以根据员工平均受教育年限来测量。

（9）人事比例。人事比例（personnel ratios）是指组织负责人员的分布比例，包括行政人员比例、专业技术人员比例、工人比例等（参阅知识库 10—3）。

【知识库 10—3】　组织设计的原则

（1）目标统一原则
（2）分工协作原则
（3）统一指挥原则
（4）适当幅度原则
（5）责权对等原则
（6）精干高效原则
（7）集权与分权相结合原则
（8）稳定性与灵活性相结合原则
（9）执行与监督部门分设原则

二、组织结构的类型

不同组织采用的结构形式可以归纳为下列几种。

1. 职能结构

职能结构（functional structure）是一种根据主要职能活动，如研发、制造、营销等设计的结构形式（见图 10—3）。职能结构的主要优点是同一专业人员在一起工作，产生了规模经济。主要缺点是部门协调困难，适应能力差。

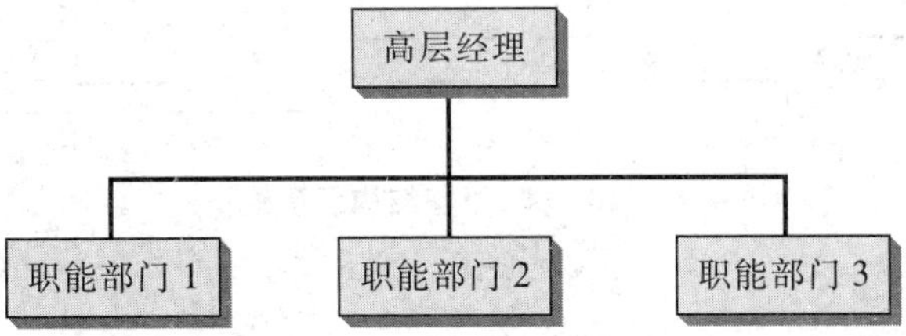

图 10—3　职能结构示意图

2. 分部结构

分部结构（divisional structure）是一种根据产品、地理位置或顾客设计的结构形式（见图 10—4）。分部结构的主要优点是权力下放，强化了分部经理的责任，有利于提高市场竞争力。主要缺点是失去了规模经济，同一专业的人员被分配到不同的分部工作。

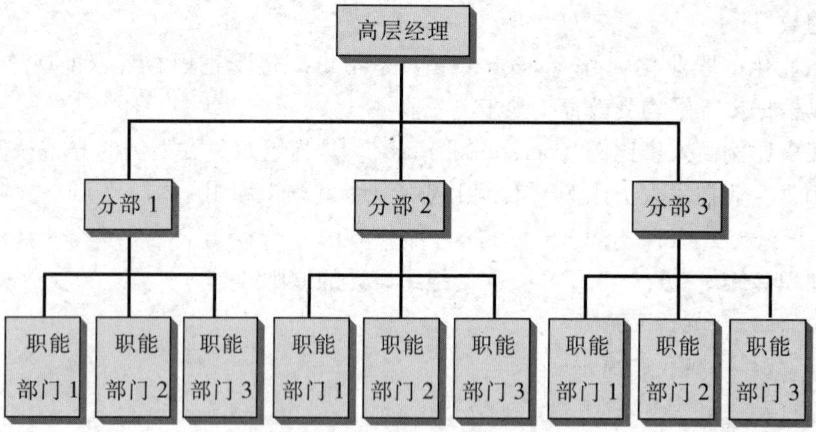

图 10—4 分部结构示意图

3. 矩阵结构

矩阵结构（matrix structure）是一种根据职能和项目（或产品）两个变量设计的结构形式（见图 10—5）。矩阵结构的主要优点是能够在不同项目或产品间灵活配备资源；主要缺点是因为双重职权的存在，如果协作不好会出现混乱。

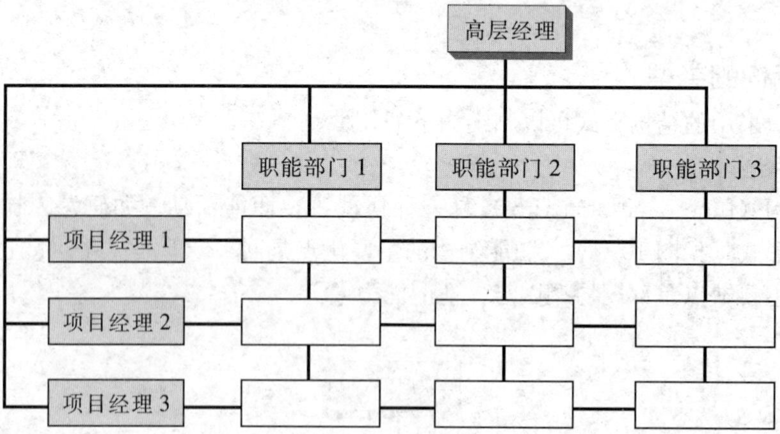

图 10—5 矩阵结构示意图

4. 网络结构

网络结构（network structure）是一种以只完成价值链某些活动的组织自身为中心，连接承担价值链其他活动的其他外部组织形成的结构形式（见图 10—6）。网络结构的主要优点是精干灵活；主要缺点是难以控制其他组织。

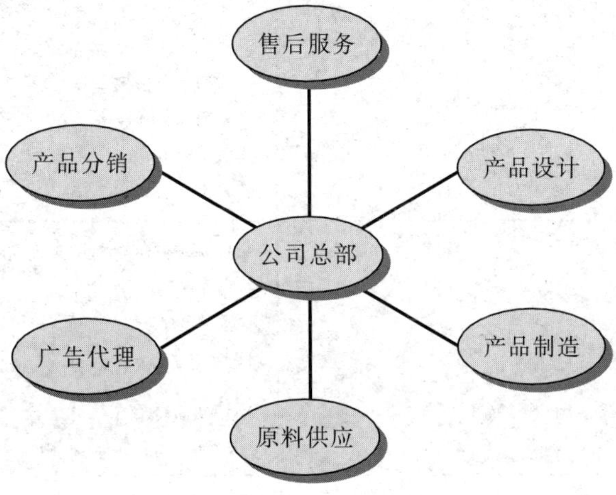

图 10—6　网络结构示意图

三、组织结构的选择

确立组织结构的维度、选择组织结构的类型时，应考虑环境、技术、战略、规模、生命周期等多种因素（参阅知识库 10—4）。

【知识库 10—4】　　　机械结构与有机结构的比较

机械结构（mechanical structure）的特点有：

（1）分工较细；

（2）职权等级严格；

（3）正规化、标准化程度高；

（4）权责明晰；

（5）集权；

（6）上下沟通。

有机结构的特点有：

（1）分工较粗；

（2）控制不严；

（3）正规化、标准化程度低；

（4）权责常变动；

（5）分权；

（6）横向沟通。

1. 环境

如果环境是稳定的，组织结构常常是机械的；如果环境是不稳定的，组织结构常常是有机的（见图 10—7）。

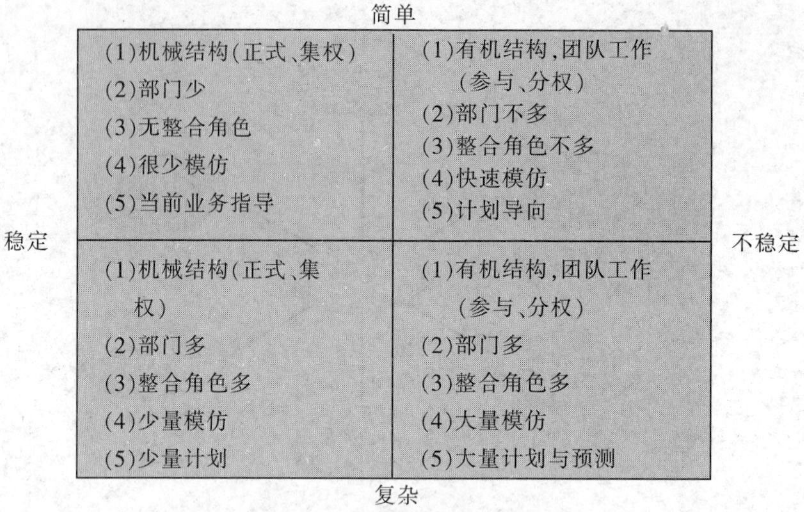

图 10—7　组织环境与结构的关系

2. 技术

上面曾把制造技术分为传统技术和 CIM 技术，与两类技术（传统技术用大量生产作代表）相应的组织结构特征如表 10—2 所示。从表 10—2 中可以看出，传统技术与机械结构对应，CIM 技术与有机结构对应。如果同时考虑环境与技术两个变量，可根据图 10—8 选择组织结构类型。从图 10—8 中可以看出，随着环境从简单到复杂、从稳定到多变，技术从简单到复杂，组织结构从职能结构经过分部结构、矩阵结构过渡到网络结构。

表 10—2　　组织技术与组织结构的关系

结构维度	大量生产	CIM
(1) 管理幅度	宽	窄
(2) 组织层级	多	少
(3) 任务	常规	变化
(4) 专门化	高	低
(5) 决策	集权	分权

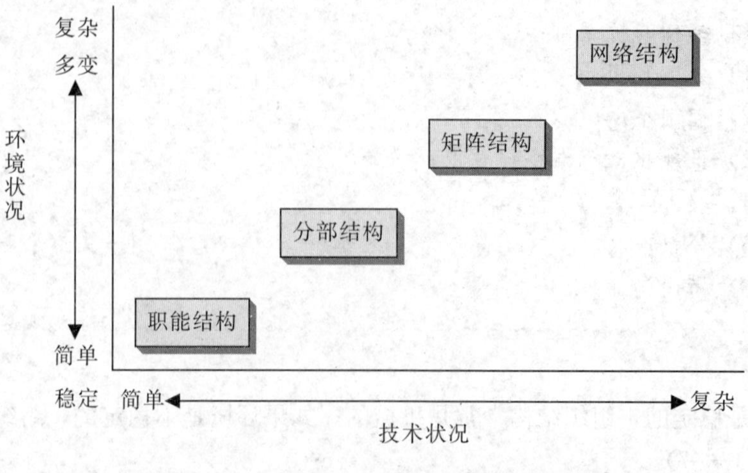

图 10—8　组织结构与环境、技术之间的关系

3. 战略

美国管理学家雷蒙德·迈尔斯（Raymonde Miles）和查尔斯·斯诺（Charles Snow）曾把组织战略分成四种：防御型、进取型、分析型和反应型，与之相应的组织结构特征如表 10—3 所示（反应型由于在结构上反应不定，表中省略）。

表 10—3　战略与结构的关系

结构特征	防御型	进取型	分析型
结构类型	职能	分部	矩阵
职权划分	集权	分权	集权、分权相结合
专门化	高	低	中
正规化	高	低	高
控制	严密	宽松	适度

4. 组织规模

组织规模（organizational size）影响组织结构的特征。一般而言，大型组织正规化程度高、分权水平高、负责性高、高层行政人员比例低、专业与文秘人员比例高。小型组织正好相反。

5. 组织生命周期

美国管理学家罗伯特·E·奎因（Robert E. Quinn）和金·卡梅伦（Kim Cameron）把组织的生命周期（organizational life cycle）分成四个阶段，即创业阶段（entrepreneurial stage）、集合阶段（collectivity stage）、正规化阶段（formalization stage）和精细阶段（elaboration stage）。每一阶段对应的组织结构特征如表 10—4 所示。

表 10—4　组织生命周期与组织结构的关系

结构特征	创业阶段	集合阶段	正规化阶段	精细阶段
组织类型	结构简单	职能结构	分部结构	分部式矩阵结构
专门化	低	较低	较高	高
正规化	很低	低	高	很高
部门	很少	较少	多	较多
集权与分权	个人集权	高层集权	分权	分权
目标	生存	成长	市场扩张	完善组织
高层管理	个人监督	目标指引	授权	团队方法

第 4 节　组织控制

组织控制（organizational control）是为实现组织目标、完成组织战略与计划，分析、检查战略与计划的执行状况，以便及时发现偏差并采取措施予以纠正的过程。下面简要论述组织控制的过程与类型。

一、组织控制的过程

组织控制始于战略计划，是保证组织战略与计划得以顺利实施的关键职能（见图 10—

9）。组织控制的具体步骤有：

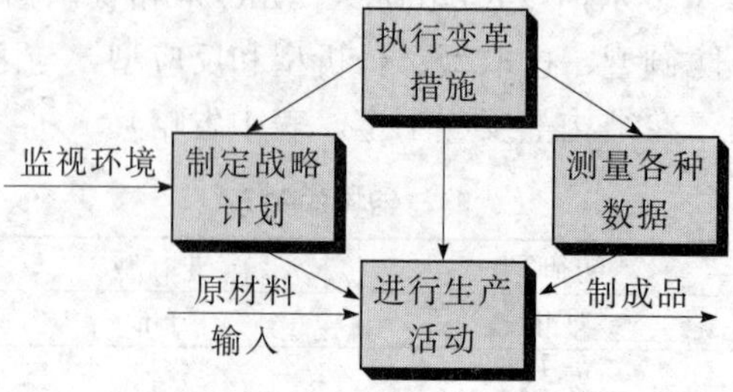

图 10—9　战略控制示意图

（一）制定控制标准

虽然计划是各种控制工作的依据，但大部分情况下计划比较笼统、概括，如“今年实现利润增长 20%”、“本月提高产量 15%”等。这些指标对于日常的考核、检查的用途作用不大。此时，需要另行制定具体的、量化的有利于考核的控制标准。例如，麦当劳有这样的规定：95%以上的顾客进店 3 分钟内，服务员必须迎上去热情接待；事先备好的汉堡包必须在 5 分钟内热好供给顾客；顾客离店 5 分钟内需把餐桌收拾好等。

常用的控制标准有：（1）时间标准，例如，工时、交货期限等；（2）数量标准，例如，产品数量、次品数量等；（3）质量标准，例如，合格率、废品率等；（4）成本标准，例如，直接成本、间接成本等。

（二）测量绩效、识别偏差

检查、评估战略和计划的执行情况，及时发现各部门在完成计划过程中遇到的各种问题，掌握组织的实际运作情况，是做好控制工作的关键步骤之一。例如，经过统计发现，原定本月的销售额为 200 万元，实际只完成 50 万元，这一信息应引起营销部门乃至公司高层的高度重视。又如，本月预算为 80 万元，实际支出高达 300 万元。这一巨大的偏差应促使公司认真查账，找出超支的原因。

管理者测量绩效的途径有：（1）亲自观察。管理者深入现场，亲身观察实际工作情况，发现问题、解决问题。（2）抽样调查。管理者选取某一部门或某些员工个人进行详细调研、访谈，找出问题的根结。（3）听取汇报。通过阅读报表或听取口头汇报，了解组织管理过程中出现的问题。（4）召开会议。让各部门主管和员工代表畅所欲言，提出工作中遇到的难题。

（三）采取措施、纠正偏差

发现问题后，各级管理者应先分析出现偏差的原因，再群策群力、千方百计地采取各种措施解决问题。例如，公司的市场份额出现严重下滑后，可考虑如下对策：（1）研发新产品，推出新产品；（2）提高或降低产品价格；（3）开发营销渠道，激励代理商；（4）加大广告力度，或改变广告设计；（5）扩大销售队伍，加强销售管理；（6）提高促销费用，改变促销措施；（7）提升品牌价值，再造品牌形象；（8）调整经营战略，实行兼并重组等。

偏差原因的正确分析、偏差措施的正确选择反映了组织管理者的管理水平与经营智慧。各级管理者应综合运用现代管理知识和技术，集思广益，及时解决组织遇到的各种问题。

二、组织控制的类型

组织控制的种类有很多（见表 10—5），下面仅简要介绍常用的几种。

表 10—5　组织控制的类型

分类依据	控制类型
控制时间	反馈控制
	前馈控制
	现场控制
问题重要性	战略控制
	运作控制
控制主体	外在控制
	内在（自我）控制
控制手段	市场控制
	官僚控制
	家族控制
监督方式	输出控制
	输入控制
	行为控制

（一）市场控制、官僚控制与家族控制

1. 市场控制

市场控制（market control）是指当产品价格存在市场竞争时，组织管理者通过与竞争对手比较价格和利润来评估组织的绩效，从而发现差距并采取措施提高生产率。使用市场控制时，组织需要认真统计、计算产品的成本与销量，以便和竞争对手相比或进行纵向比较（见图 10—10）。

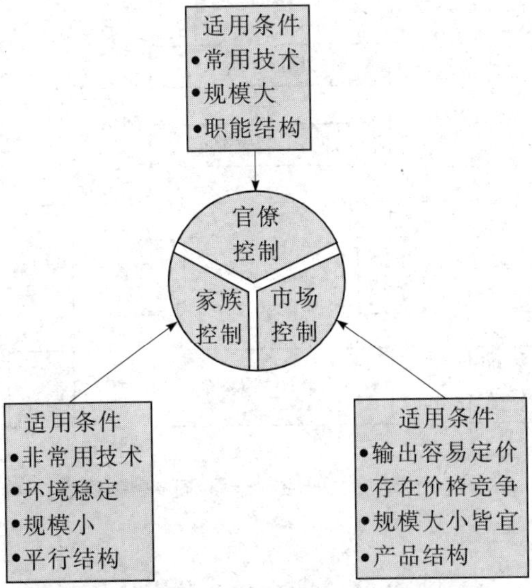

图 10—10　各种控制策略的适用条件

市场控制既可以用于整体组织水平，也可以用于产品事业部。例如，ABB公司的三个利润中心之间，如果需要彼此的产品或服务，就须遵循市场交换规则，且要与其他外部客户进行竞争。更有甚者，一些公司已经开始在单一部门之间推行买卖关系，鼓励既可采购其他部门的商品，亦可从外部公司进货。

2. 官僚控制

官僚控制（bureaucratic control）是指采用规章制度、政策、职权等级、书面文件、标准化以及其他官僚机制来维持组织运作、约束员工行为。管理控制系统（management control system）是官僚控制的主要手段，它包括四个子系统（见表10—6）。

表10—6　管理控制系统的构成

子系统	内容	频率
预算	财务支出	每月
统计报告	非财务输出	每周或每月
报酬制度	目标完成情况	每年
运作程序	规章制度、政策	持续进行

（1）预算。预算是数字化的组织计划，是广泛采用的控制手段与方法。常见的预算种类有：1）收入预算；2）现金预算；3）资金支出预算；4）产品、材料、时间和空间预算；5）资产负债表。

（2）统计报告。定期的统计报告主要用于评估和监控组织的非财务绩效。这些报告一般用计算机进行分析并以每周或每月为单位提供给管理人员。

（3）报酬制度。报酬制度除了能够激励管理人员和普通员工提高绩效，还可以通过考评机制发现每个部门、每个员工的工作不足与失误，从而为进一步改进绩效提供了前提。

（4）运作程序。运作程序是指传统的规章制度和办事程序。管理人员运用这些程序去规范各个部门的工作和约束每个员工的行为（见图10—11）。

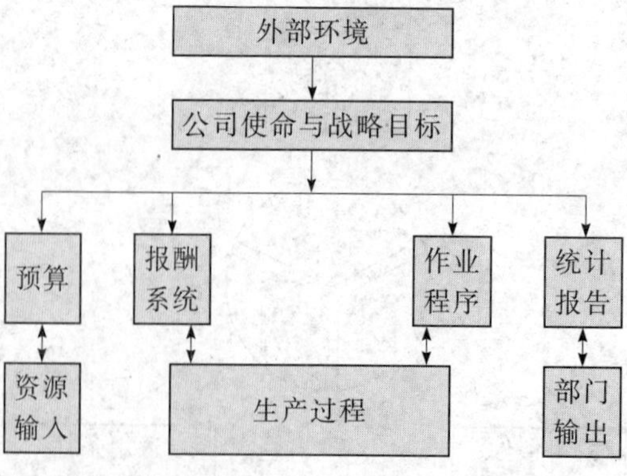

图10—11　管理控制子系统的控制焦点

3. 家族控制

家族控制（clan control）是指采用企业文化、共有价值观、承诺、传统习惯、信念等约束员工的行为。家族控制对于处于高度不确定状态的组织是极其重要的。所谓高度不确定性，是指组织环境变化太快，以至于原有的规章制度已经不能有效地约束员工的行为。

家族控制主要适用于小型的非正式组织。大型组织采用家族控制的前提条件是其文化必须是强有力的。此外，随着计算机网络的普及，许多公司开始慢慢抛弃传统的官僚控制而更多地采用家族控制。

(二) 监督控制

市场控制、官僚控制与家族控制等三种策略主要用于中高层管理，监督控制（supervisory）则主要用于基层管理，尤其是直接用于监控个体员工的工作绩效。监督控制有三种类型。

1. 输出控制

输出控制是指依据员工绩效的测量结果来控制员工的行为。如果员工的工作业绩较差，管理人员就需分析原因，找到对策，以提高员工的工作绩效。

2. 行为控制

行为控制是指认真观察员工的工作表现，看其是否遵循了规定的工作流程与方法。如果发现某一员工违反了操作规程，应立即指出让其改正。行为控制主要用于员工的工作结果不易测量的情况（见图 10—12）。

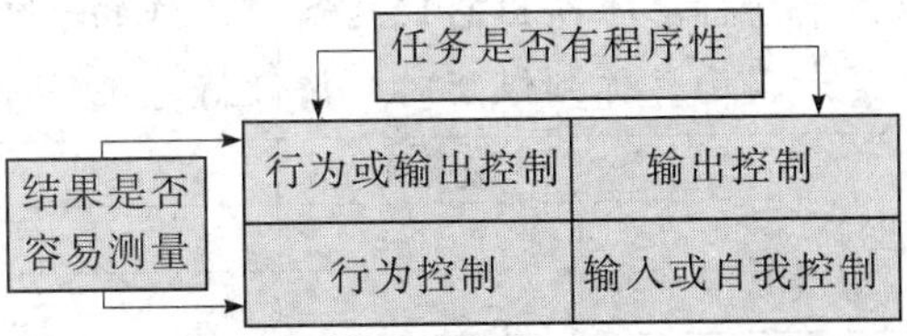

图 10—12 监督控制与任务特征的关系

3. 输入控制

输入控制是指通过员工的严格选拔或培训提高员工的知识、技能、能力、价值观和动机等。输入控制主要用于员工的工作程序和工作结果都不易测量的情况。

□ 小 结

组织环境是可能影响组织运行的所有外部因素，包括一般环境与具体环境。组织环境可以根据复杂性、稳定性来把握。

组织技术是指将组织的输入转换成输出的机器、工具、工艺和流程。组织技术可分为总体技术和部门技术两类。

组织结构的维度有专门化、组织层级、管理幅度、集权水平、正规化、标准化、复杂性、职业化、人事比例九个，组织结构的类型有职能结构、分部结构、矩阵结构、网络结构等几种。设计组织结构应同时考虑环境、技术、战略、组织规模和组织生命周期等因素。

组织控制的具体步骤是：制定控制标准；测量标准、识别偏差；采取措施、纠正偏差。组织控制有市场控制、官僚控制、家族控制以及输出控制、行为控制、输入控制等几种。

□ 复习题

1. 组织环境的种类有哪些？
2. 试述组织应如何应对环境的不确定性。
3. 传统制造技术有哪几大类？
4. 组织结构的维度有哪些？
5. 组织结构有哪几种类型？
6. 试述影响组织结构的因素。
7. 组织控制的类型有哪些？

□ 技能训练

饭店考察

分析三个不同饭店采用的技术：麦当劳、汉堡王（Burger King）和一家典型的家庭饭店。

考察三个饭店，并根据下列标准推断出它们是如何工作的。但是，不许你“会见”任何员工，你仅仅是一个观察者而已。你到饭店时，请做好笔记。

标准	麦当劳	汉堡王	家庭饭店
组织目标：速度、服务、氛围等			
职权结构			
根据伍德沃德模型划分的技术类型			
组织结构：机械组织还是有机组织			
团队还是个人：人们协同工作还是单干			
任务：常规的还是非常规的			
员工任务的专业化程度（劳动分工）			
技能要求：技术性的还是社会性的			
决策：集权还是分权			

1. 考虑到目标和环境因素，现在所运用的技术对每家饭店来讲都是最好的吗？
2. 根据上列数据判定：该结构以及其他特性适合该技术吗？
3. 假如你是某咨询团队的一员，被派遣去改进每个饭店的经营绩效，你会提出哪些建议？

资料来源：理查德·L·达夫特、多萝西·马西克：《管理学原理》，166～167页。

□ 行为测量

组织结构类型

根据你所在企业或大学的情况，回答下面有关组织状况的问题。

	非常不赞成				非常赞成
1. 你的工作被认为是例行公事。	5	4	3	2	1
2. 你完成主要工作都有显而易见的方法。	5	4	3	2	1
3. 你的工作千变万化，经常有例外情况。	1	2	3	4	5
4. 来自上层的沟通包含信息和建议而非指示与命令。	1	2	3	4	5
5. 有同事和基层主管支持你做好自己的工作。	1	2	3	4	5
6. 你很少与做其他工作的人交换意见或者信息。	5	4	3	2	1
7. 有关你的工作的决策是由你的上司制定然后再传达给你的。	5	4	3	2	1
8. 你所在层级的人员经常必须自己猜测，他们今天该干什么工作。	1	2	3	4	5
9. 权力线是清楚的和精确界定的。	5	4	3	2	1
10. 领导方式倾向于民主而非专制。	1	2	3	4	5
11. 每件工作的工作说明都是书面的和最新的。	5	4	3	2	1
12. 人们彼此理解对方的工作，经常完成不同的任务。	1	2	3	4	5
13. 出现问题时，可以查阅政策与程序手册。	5	4	3	2	1

总分______

说明：52分或者52分以上说明你工作或学习在“松散性结构”的组织里。该分数反映了常常与不确定性环境和小批量生产相联系的柔性结构。在这种结构里工作的员工感觉得到了授权。

26分或者26分以下说明该组织是“严密的结构”。这种结构运用传统的控制和职能专业化，这常常出现在确定性的环境、稳定的组织、常规技术或者大规模生产技术里。处于这种结构中的员工会感觉受到控制和约束。

资料来源：理查德·L·达夫特、多萝西·马西克：《管理学原理》，166页。

□案　例

中国工商银行

中国工商银行有一幅这样的愿景图：成为全球最盈利、最优秀、最受尊重的金融服务企业。在实现这个愿景图的道路上，打造国际一流商业银行内部控制体系的实践始终伴其而行。

“商业银行的风险具有不对称性、隐蔽性、滞后性和普遍性等特点，因此，其对内控的要求比一般企业都要高。工商银行内控管理不仅要满足监管要求，还要向国际先进水平看齐，并努力实现超越。”中国工商银行内控合规部总经理荀大志在接受《中国会计报》记者采访时如此表示。

一、追寻内控与发展的平衡

自建行之初起，工商银行就追求一种稳健的文化，内控已然成为其题中之义。

“相对于一般企业而言，我国商业银行的内控建设起步较早，与国外商业银行基本保持了同步。”荀大志介绍说，“1997 年巴塞尔委员会颁布了《有效银行监管的核心原则》，对商业银行内部控制提出了要求，1998 年 9 月巴塞尔委员会颁布了《银行机构的内部控制制度框架》，引入了 COSO 整体框架理论。而中国人民银行 1997 年 5 月颁布了《加强金融机构内部控制的指导原则》，同年 12 月底发布了《关于进一步完善和加强金融机构内部控制建设的若干意见》，2002 年 9 月发布了《商业银行内部控制指引》，引入五要素内部控制框架体系。”如果说工商银行最初的内控建设是为了适应监管需要的话，那么，进入 21 世纪以来，工商银行便把内控当作一种自身发展的内在需要和主动追求了。荀大志说：“商业银行作为金融中介机构，从本质上说是经营风险的企业。对于商业银行来说，其发展的关键在于平衡风险和收益的能力，而这主要取决于控制和管理风险的能力，即内部控制和风险管理能力，因此，我们说内部控制能力是商业银行核心竞争力的重要组成部分。一家商业银行的内部控制能力是针对其自身的战略目标、组织结构、市场定位、企业文化等，经过长期的实践培育形成的，因此，领先同业的内部控制能力一经形成，便成为‘拆不开、带不走、流不掉’的独特竞争优势。”从这个角度说，商业银行加强内部控制不是被动地适应监管要求，而是发展的内在需要，是自身的主动追求。加强内部控制不是单纯的成本投入，更是价值创造的过程。

荀大志认为，商业银行要树立先进的内部控制思想，其核心就是坚持内部控制与经营发展相结合、相适应。控制本身不是目的，目的是为了保证健康合理、可持续的快速发展，不能适应发展要求的内控不是好的内部控制。商业银行经营管理追求的境界是保持内控与发展之间的平衡，也就是既要避免控制不足，也要避免控制过度。但要真正达到这种平衡是很难的，只能尽可能地接近二者之间的平衡。

而且，这种平衡关系是经常变化的，“打个比方，如果我们推出了一项新业务，风险也控制得很好，在业界也取得了一些成绩，但竞争对手看见你市场做得这么好后，马上就会研究出新的办法超越你。这时，你的平衡就被打破了。”所以，提高内控管理水平是一个不间断的过程，没有止境。

二、层层设立内控合规专职部门

“经过多年内控管理实践的经验积累和对内控理论的深入研究，工商银行在 COSO 内部控制整体框架基础上，结合自身实际，构建起包括内控环境、风险识别与评估、业务规章制度与措施、合规性监督检查、独立的内部审计、信息沟通交流等六个基本要素的具有本行特色的内部控制体系。”荀大志说。

在加强内部控制体系建设方面，工商银行颇具特色。

它较早设立了专职的内控管理部门。目前，总行、一级分行及二级分行三个层次均设立了内控合规部门，承担内部控制牵头、合规管理、操作风险管理、反洗钱管理和监督检查等职能。同时，在各级分行建立了内控管理委员会，负责统筹部署本行内控体系建设工作。

制定内控体系建设三年规划是工商银行内控的另一大亮点。目前工商银行正在执行股改上市以来的第二个三年规划（2009—2011 年）。其中，2009 年 194 项任务全部完成，2010 年的各项任务正在顺利实施之中。规划的有效实施进一步强化了各部门、各机构的内控管理职责，建立了“纵向到底、横向到边”、清晰明确的内控责任制。

规章制度建设是内部控制的基础性工程，直接决定了一个企业内控制度的好坏。为此，工商银行持续推行规章制度优化和业务流程再造工作，始终将规章制度优化工作作为完善内部控制体系的中心工作来抓，比如推广应用《业务操作指南》、实施个金业务流程改造、优化对公业务操作流程等，努力提升内控与发展协调的水平。

此外，工商银行持续加大信息科技投入，构建起覆盖所有业务领域的信息系统，系统硬控制能力显著提升；深入开展内控评价工作，目前，在全行形成了四个层次的内控评价，不仅有力地促进了先进内控文化的深入人心，更有效提升了管理水平；实施数据治理工程，通过数据治理，提升了信息沟通效率，强化了信息质量控制措施，完善了重大信息内部报告管理机制，提高了信息披露质量。

三、将内控评价纳入各级行长绩效考核

荀大志尤其看重内控评价，在工商银行，内控评价直接与各级行长的绩效挂钩。

“开展内控评价对促进内部控制体系建设具有十分重要的作用。目前，工商银行在各级管理层以及全行员工中形成了较好的内控文化或者内控意识，其中很重要的一个促进因素就是深入开展了内控评价工作。”荀大志告诉记者，经过多年的改革与探索，目前工商银行已经形成了对全行、对一级（直属）分行、对二级分行和对二级分行以下机构等四个层次的内控评价体系。

2002 年，工商银行按照“五要素”框架体系，从基层行包括二级分行和支行入手开展内控评价工作，至今已经连续开展了 8 年。从 2005 年起，在总结 3 年基层行内控评价经验的基础上，工商银行连续开展了一级分行内控评价工作。内控评价工作包括过程评价、效果评价和限制评价三部分（其中过程评价每两年开展一次），分别对内部控制体系各要素的控制有效性、内部控制目标的实现程度以及案件风险防范情况进行评价，评价结果纳入分行行长绩效考核体系、经济资本计量、业务授权等方面。

“在全面评价年度，我们会从整个内控系统中抽出几百名骨干人员，组成 18 个组，每个组负责评价两个分行。”荀大志坦言，按照 89 个指标、500 多个评价点，对 36 个分行逐一进行过程评价并打分，虽然工作量非常大，但也取得了非常好的效果。“9%的评分权重不算大，却得到了各级行管理层高度重视，因而内控评价工作对推动各级行加强内控管理起到了非常大的作用。”经过多年的发展，工商银行多年传承积淀的内控思想与先进的内控理念紧密结合，形成了比较先进的对全行各项经营管理活动全方位覆盖、全过程控制和全员参与的内部控制体系，内控机制日趋完善，风险防范能力得到显著提升。荀大志说：“我们正朝着打造国际一流内控体系目标迈进。”

资料来源：《中国工商银行：向国际一流内控体系迈进》，载《中国会计报》，2010-07-23。

思考题：

1. 如何评价工行的内控系统？
2. 工行的内控系统还有哪些需要改进的地方？

第 11 章 组织文化

本章重点

- 组织文化的定义、构成
- 组织文化的类型与功能
- 卓越企业的文化特征
- 组织文化与组织绩效
- 组织文化的形成
- 组织社会化
- 组织文化的塑造

引　例

王健林，万达集团的舵手、万达集团的灵魂。在掌舵大连万达的 20 多年间，他带领企业从濒临破产，逐渐成长为拥有四大支柱产业的房地产巨头，成功打造了商业地产这片蓝海，他本人也因此成为自 2000 年以来，房地产界唯一当选 CCTV 年度经济人物的企业家，荣获 2010 企业领袖终身成就奖。

王健林，其名有健，善健善行，名震地产江湖。当他走出“江湖”，回归社会时，这个铁骨铮铮的汉子，依然言出必行，内中侠骨丹心，热血柔肠的他慈善、快乐、宽容、仁义、诚恳，用 27 个亿来回馈他深爱着的社会，这时，他被尊为仁者。

王健林一向崇尚快乐的工作，快乐的生活。快乐的工作成为万达集团一种独特的企业文化，并为万达员工所津津乐道。对于王健林而言，他从来没有指责过任何一位员工工作懈怠，他的方式很特别，那就是他本人在树立工作的榜样。

“如身之使臂，臂之使指，莫不制从。”王健林用西汉贾谊《治安策》中的一句话来形容万达的执行力。他拥有非凡的信念，18 年的军旅生涯使王健林天然赋予万达高强度的军事管理风格。万达要求早上 8：30 上班，但是大多数员工 7：30 已经到了，因为迟到在这家公司是件很可耻的事情，“昨晚陪客户喝酒到凌晨 3 点”从来不构成理由。

让我们来看看这个中国商业地产的缔造者的一天是怎么度过的：7：15——到办公室，看早间新闻；7：35——整理工作文件；8：00——听取集团各系统负责人汇报工作并布置工作，直到午餐；12：00——午餐；13：00——继续听取系统负责人汇报工作并布置工作；17：00——下班。万达集团之所以发展如此之快，看来以他们的掌舵人王健林为表率，皆因其变化是以天计，而不是以年计。

王健林认为，一种好的企业文化，其实就是为员工搭建起让他们演示才艺、激发才智、抒发情感、展示能力的舞台，使他们相互欣赏，然后愿意共同作战，共同担当。

王建林在三方面着手创建了这个舞台。

第一个舞台是万达年会。万达旗下有近 2 万名员工，然而每年有资格参加万达年会的佼佼者只占 1/10，其余的员工只能通过视频直播来收看年会盛况。万达年会是总结的大会，是表彰的大会，也是员工之间相会交心接力的大会。2007 年年会，万达共表彰了全国 18 个先进单位、82 个先进部门。盛大的场面让每一个人都热血沸腾。能够参加万达年会正在成为万达员工的至高荣誉，在年会上他们可以结识来自万达全国各地的商业地产人才，惺惺相惜后而至万众一心。

年会的重头戏万达新春联欢晚会，则又成了万达人演示才艺的舞台。万达春晚质量高、节目丰富早已有口皆碑，看过万达春晚的媒体同行表示，万达春晚的规模绝不亚于央视春晚。王健林也曾自豪地说："万达年会是万达企业文化的第一品牌。"

第二个舞台是万达通讯。万达通讯办了 12 年，也是万达的一部茁壮成长史。如果翻开所有的万达通讯，再把万达通讯里那些所有撰写过文章的人名都抄录下来，你会惊讶地发现，万达通讯里的文章撰写者，很多都已经成为集团里的中高层管理者或其他公司里的中高层管理者。王健林将万达通讯打造成了"点将谱"，万达员工每个人都以能在万达通讯上发表文章为荣，争相向集团掏出自己"最能"的一面展示自己。所以万达通讯实际上凝结了万达人数年来的实战精华，成了中国的商业地产宝典。

第三个舞台是王健林的独创，用好书武装万达人讲政治的头脑，讲道德的头脑，讲礼仪的头脑。王健林一直认为，做商业地产也是在做人心，一个企业的员工心有多么广阔，产品的市场就会有多么广阔。因此，2006 年，王健林发起"万达读好书"活动，当年向员工推荐《论语》一书，随后举办读后演讲比赛；2007 年则推荐了《情商》一书，2008 年又推荐了《愿景》，自此读好书的风气开始在万达盛行。万达人读好书，做演讲，这让万达精神空前凝聚。

资料来源：《健行天下　仁者无敌》，载《兰州晨报》，2010－12－30。

万达集团的实践表明，企业文化的好坏直接影响着企业运作的方方面面，决定着企业的成败沉浮。作为一名管理者，应当熟悉企业文化的含义、功能，为塑造与改变企业文化打下理论基础。本章介绍组织文化的概念与理论，分析组织文化与组织绩效的关系，论述组织文化的管理。

第1节 组织文化理论

20世纪80年代，美国学者为了弄清日本“经济奇迹”背后的原因，开始系统地研究日本的企业管理特色，发现日本企业管理与美国企业管理最大的不同在于，前者重视企业文化的塑造，从而引发了全球性的企业文化研究热（参阅知识库11—1）。虽然对组织文化的研究发端于企业，但政府机构也应该加强组织文化建设。

【知识库11—1】 **7S理论**

麦肯锡咨询公司的研究人员经过长期精心的研究后发现，任何组织的成功都取决于结构（structure）、战略（strategy）、制度（system）、人员（staff）、作风（style）、技能（skill）和共同的价值观（shared values）等七要素。其中，前三种为硬管理要素，后四种为软管理要素（见图11—A）。

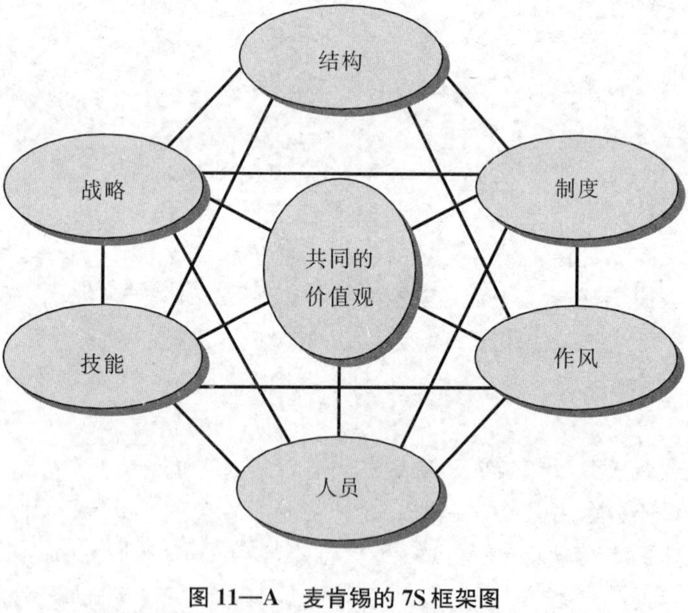

图11—A 麦肯锡的7S框架图

战略是指一个企业如何获取和分配其有限资源的行动计划。结构是指一个企业的组织方式是分权还是集权，重视直线人员还是重视参谋人员，即在组织结构图上是怎样排列的。制度是指信息在企业内部是如何传送的。有些制度是正式的“硬拷贝”型的，如电子计算机的打印输出和计划执行情况报表等；有些制度是非正式的，如会议。

人员是指企业内部整个人员的组成状况。例如，工程师、二手车推销员、工商管理硕士和电子计算机操作员等的构成情况。技能是指企业及其关键人物的特长、他们的竞争对手所没有的卓越能力。作风是指最高管理人员和高级管理人员的行为方式，也可以指整个企业的作风。共同的价值观是指一个企业及其成员的奋斗目标，它不是指企业的长期经营成果，如每年增长率或投资收益率为百分之多少，而是指“感动人的”，以及能够将职工个人和企业目的真正结合在一起的目标。

研究表明，和日本企业经理相比，美国企业经理仅仅重视硬 S，而往往忽视软 S。

一、组织文化的内涵

尽管组织文化（organizational culture）的定义没能统一，但大多数学者都把价值观作为组织文化的核心内容。因此，本书认为，组织文化是指组织成员共同拥有的、指导彼此行为的价值观系统（参阅知识库 11—2）。

【知识库 11—2】　　组织文化的多种定义

（1）组织文化由共同的价值观组成，它制约组织成员的行为，并帮助他们理解组织。

（2）组织文化是指由组织成员共享的态度、价值观、行为规范和期望等组成的认知框架（cognitive framework）。

（3）组织文化是指组织开发的、用于指导成员行为的、大家共享的行动、价值观和信念系统。

（4）组织文化是指一整套价值观，它帮助组织成员理解哪些行为可以接受、哪些行为不能接受。这些价值观通常通过故事和其他符号在组织成员中沟通。

（5）组织文化是指组织成员共有的一整套假设、信念和价值观，它是组织内部环境（internal environment）的一部分，用于指导成员的行为。

（6）组织文化是指组织成员共享的一整套价值观、信念、理解、思维方式（ways of thinking）。它代表着组织的未成文的、感受的企业文化部分。

（7）组织文化是指把人员与系统结合在一起的组织成员共享的价值观、信念、规范、期望和假设。

（8）组织文化是一套组织成员共享的价值观、信念、理解和思维方式，它告知新成员哪些行为是正确的。

价值观是组织文化的核心要素，组织文化的结构是极其复杂的，通常包括如下四个层次（见图 11—1）。

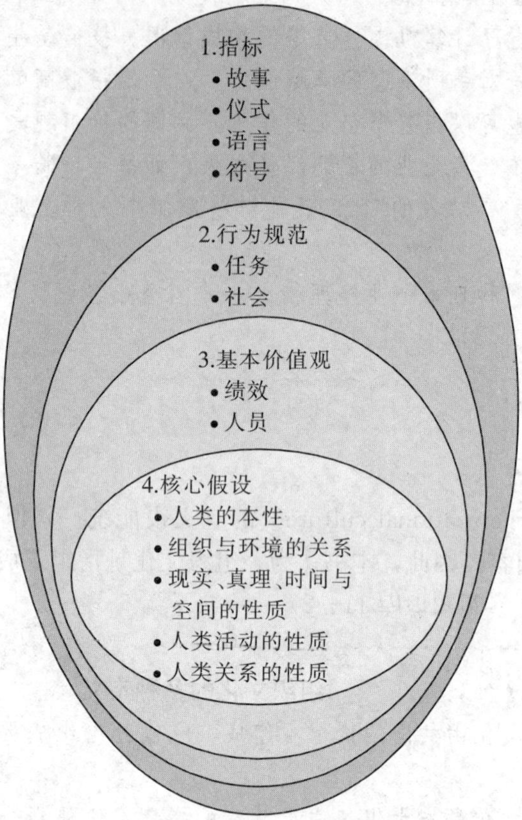

图 11—1　组织文化的结构

（一）指标

描述、理解组织文化的常用指标有：

1. 故事

组织故事（story）通常是一段关于组织成员在某一特定时间对某一特定环境或事物的具体反应的叙述。故事的作用包括：

（1）告诉新员工组织中曾经发生的事件；

（2）证实重要的价值观与行为规范；

（3）显示组织在社会中的独特功能。

乔安妮·马丁（Joanne Martin）识别了七种经常发生的故事：

（1）人人都必须遵守准则吗？

（2）大老板平易近人吗？

（3）小人物能够升任高官吗？

（4）员工有可能被开除或解雇吗？

（5）员工遇到困难时，能够得到组织的帮助吗？

（6）员工犯错误时，老板如何处理？

（7）组织如何面对困境与难题？

2. 仪式

如果没有一定的表达形式，组织文化就会死亡。仪式（rites）对于组织文化来说，就像电影与剧本、音乐与乐谱的关系一样。在英特尔公司，当某员工出色地完成一项任务后，经理会请他进办公室，给他一大把糖果以资鼓励。目前，公司每个人都有许多这样的糖果。这种奖赏方式极大地提高了员工的工作绩效与满意水平。

组织使用的各种仪式可分为六种类型。

(1) 通过仪式（rites of passage）。作用是帮助员工进入新角色、新职位，如新员工欢迎大会。

(2) 降级仪式（rites of degradation）。作用是解除某人的职权，承认存在的问题，如替换高级主管。

(3) 表彰仪式（rites of enhancement）。作用是传播好消息，认可个人的成就，激发他人去努力，如销售明星宴会。

(4) 更新仪式（rites of renewal）。作用是识别存在的问题，研究解决问题的办法，如年终总结会议。

(5) 冲突减少仪式（rites of conflict reduction）。作用是减少、消除双方的冲突与争斗，如集体谈判（collective bargaining）。

(6) 整合仪式（rites of integration）。作用是强化一体感，增加归属感，如新年酒会。

3. 语言

语言是传递组织文化的有用工具。大多数组织都有不少只有内部成员才能懂得的词汇。例如，行话、俚语的使用能使组织成员意识到他们同属一种文化。

4. 符号

符号是组织文化最明显的显示工具。例如，公司的口号、标识、办公室装修、工作服等都在传递着组织的文化。

(二) 行为规范

行为规范是指规定什么是合适的行为、什么是不合适的行为的准则，它说明对组织来说，哪些是重要的，哪些是禁止做的。任何组织都有成千上万的规范，涉及如何着装、如何工作、如何交往等各个方面。拉尔夫·H·吉尔曼（Ralph H. Kilmann）和玛丽·J·撒克斯顿（Mary J. Saxton）把行为规范划分为四类。

(1) 任务支持规范（task support norms）。例如，“和同事分享信息”这一规范鼓励员工在完成工作时相互合作。

(2) 任务创新规范（task innovation norms）。此类规范告知员工是努力创新还是维持现状。“我们一直这么做”说明组织倾向于维持现状。

(3) 社会关系规范（social relationship norms）。此类规范涉及员工的人际关系。有些组织鼓励员工业余多交往，有些组织的员工下班后互不来往。

(4) 个人自由规范（personal freedom norms）。此类规范规定个体在组织中的自主性。有些组织允许员工自由地表达自己的意见，有些组织偏爱“好好先生”。

(三) 基本价值观

组织文化的第三个层次是决定故事、符号、规范等性质与内容的价值观。组织价值观

（区别于个体价值观）可分为两部分。

1. 绩效价值观

绩效价值观（performance values）涉及组织对生产率的关注。例如，“追求最佳”、“服务第一”等都属于绩效价值观。研究发现，下面几种价值观与组织有效性相关。

（1）卓越绩效。组织所有成员，从一线工人到高级主管都追求出色地完成工作，而不是混日子。

（2）目标导向。管理人员致力于完成组织的目标，不计较个人恩怨与得失。

（3）领导质量。优秀的组织都认识到组织的发展极大地依赖于有效的领导。

2. 人员价值观

人员价值观（people values）涉及组织对员工的关注。例如，惠普公司认为“员工是我们最重要的资产”。

（四）核心假设

核心假设是指组织成员如何感知、思考和感受各种事物。主要内容包括：

（1）人类的本性。例如，人性原本是恶的还是善的？X 理论和 Y 理论哪一种更有效？

（2）组织与环境的关系。例如，组织与环境是支配关系还是和谐关系？人类能否征服自然？组织环境能否监控与管理？

（3）现实、真理、时间与空间的性质。例如，什么是真实？什么是真理？组织成员是未来取向、过去取向还是现在取向？

（4）人类活动的性质。例如，什么是正确的事情？应当主动还是被动？应当自我发展还是听天由命？什么是工作？什么是玩乐？

（5）人类关系的性质。例如，什么是适当的人际关系？人和人之间应当竞争还是应当合作？应当个体取向还是群体取向？

二、组织文化的维度与类型

下面区分组织文化的各个维度，描述组织文化的各种类型。

（一）组织文化的维度

通常从以下七个方面来刻画组织文化的特征。

（1）创新（innovation）：员工在多大程度上被期望进行创造活动，如产生新思想、开发新产品。

（2）稳定性（stability）：组织重视一种稳定的、可预测的、准则导向的环境。

（3）人员导向（orientation toward people）：公正地对待员工，支持员工的工作，尊重员工的个人权利。

（4）结果导向（results-orientation）：组织关注如何取得所期待的结果，而不注重工作的过程。

（5）轻松自在（easygoingness）：指工作气氛是否放松、悠闲。

（6）注意细节（attention to detail）：指员工工作时是否细心、不出差错。

（7）合作导向（collaborative orientation）：指强调团队工作还是强调个人成就。

(二) 组织文化的类型

根据不同的标准，组织文化可分为多种不同的类型。

1. 根据组织文化的典型特征，可以把组织文化分成学院文化、俱乐部文化、棒球队文化、堡垒文化

(1) 学院文化 (academy culture)。此类组织喜欢雇用刚刚毕业的大学生，并提供大量的培训使他们成为各部门的行家里手。可口可乐公司、通用汽车公司、IBM 公司就拥有学院文化。

(2) 俱乐部文化 (club culture)。此类组织重视年龄和资历，并提供稳定的、有保障的工作，同时注意培养员工的忠诚与承诺。达美航空公司 (Delta Airlines) 和 UPS 就拥有俱乐部文化。

(3) 棒球队文化 (baseball team culture)。此类组织倾向于吸引企业家、革新者、冒险家加盟，并根据绩效提供报酬。绩效高的高级人才常能得到巨额回报，因此工作勤奋卖力。一般来说，高科技企业、投资银行、咨询公司、广告公司等组织拥有棒球队文化。

(4) 堡垒文化 (fortress culture)。此类组织努力的目标是生存，因此员工工作没有保障，而且高绩效的员工未必获得高报酬。一般来说，石油天然气公司、大型零售企业、林业产品公司、纺织公司等组织拥有堡垒文化。

2. 根据环境的需要和战略焦点，可以把组织文化分为创业文化、使命文化、家族文化、官僚文化

(1) 创业文化 (entrepreneurial culture)。此类文化鼓励、提倡有助于组织适应环境变化的规范与信息。特点是注重创造、创新和冒险。

(2) 使命文化 (mission culture)。此类文化强调组织愿景的开发，鼓励员工努力实现与愿景相匹配的具体成就，如市场份额、利润增长等，并承诺提供相应的报酬。

(3) 家族文化 (clan culture)。此类文化注重组织成员对工作的投入、对决策的参与，以增强员工对组织的归属感。

(4) 官僚文化 (bureaucratic culture)。此类文化主张通过规章制度来约束员工的行为，强调员工各负其责，服从指挥 (见图 11—2)。

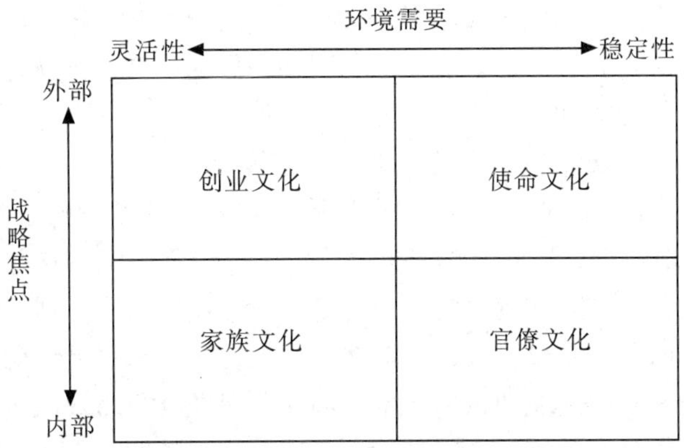

图 11—2　环境、战略与组织文化

3. 根据焦点是人员还是组织、偏爱稳定性还是灵活性以及完成组织目标的过程或方法的性质，可以把文化分成群体文化、发展文化、等级文化、理性文化

（1）群体文化（group culture）。强调组织成员彼此的信任与合作，鼓励员工参与管理。

（2）发展文化（developmental culture）。强调工作的重要意义，用理想、成长等鼓励员工。

（3）等级文化（hierarchical culture）。强调上下级的不同权力与地位，要求员工遵从准则和规章。

（4）理性文化（rational culture）。强调组织的生产率，告知员工只有绩效高才能报酬优厚。

（三）组织文化与组织绩效

组织文化具有多种功能，主要包括提高决策效率、增加组织承诺、鼓励合作、促进达成共识、改善沟通、提供非正式控制等（见图11—3）。

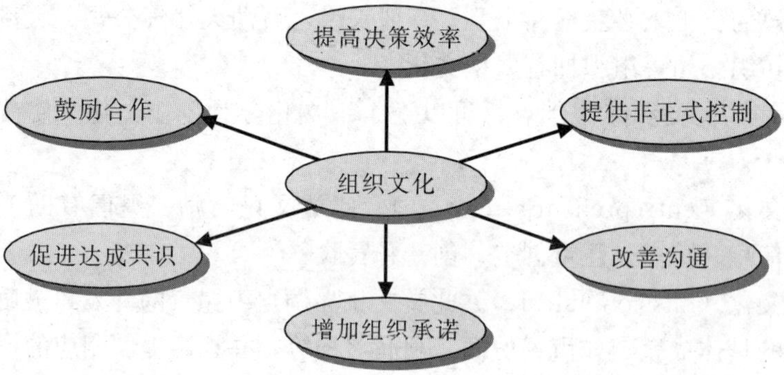

图11—3　组织文化的功能

企业家更关心的问题是组织文化与组织绩效是否直接相关。彼得斯和沃德曼的观点是，强文化（strong culture）是绩效优异企业具有的重要特征。原因是：（1）强文化通常能促进战略与文化的良好匹配，这种匹配非常有利于组织战略的执行；（2）强文化可能会导致员工对组织目标的认同，即组织成员追求同样的目标；（3）强文化能够激励员工，使他们献身于组织的发展与成功。

然而，研究表明，强文化不一定总比弱文化（weak culture）好。看来，问题的关键不在于文化的强弱，而是取决于文化的类型和内涵。哈佛商学院教授约翰·P·科特（John P. Kotter）发现，只有那些能够使企业适应市场经营环境变化并在这一适应过程中领先于其他企业的文化，才会在较长时间内与组织绩效相互联系。适应环境好的企业的各级管理者不仅能够随时以满足公司股东、顾客、员工的需求为宗旨，而且以满足这三位一体的需求为宗旨，发挥领导才能和领导艺术，倡导公司经营策略或战术。市场环境适应差的企业文化的特点是：公司各级经理人员行为审慎、处事精明，保护、发展个人利益，保护、加强所在部门的势力（参阅知识库11—3）。

【知识库 11—3】 优秀公司的八种文化特征

彼得斯和沃特曼在畅销全球的《追求卓越》(*In Search of Excellence*)一书中，总结了优秀公司的八种文化特征。

1. 贵在行动(bias for action)

出色的公司强调领导性，实行走动管理，以促进信息沟通。而且，管理者常常不等全部信息都收集完毕就开始决策，因为对他来说，延迟决策等于不决策。

2. 贴近顾客(stay close to the customer)

优秀的企业坚持顾客第一、员工第二、社区第三、股东第四的理念。贴近顾客主要表现在强调服务和质量、开拓市场以及倾听顾客的意见等几个方面。强调服务的具体措施是：(1) 把售后服务当作法宝，认为推销工作是在货物售出后才开始的；(2) 对用户的每一条意见都给予迅速答复；(3) 经常开展上门服务和现场服务；(4) 从思想上认为，出色的企业靠用户和市场，而不是靠技术来驱动。

强调质量的主要表现是：(1) 坚持百分之百合格的质量和可靠性；(2) 为了保证质量，采用切实好用的可靠技术，即在市场上以甘居次席为荣。贴近顾客的含义是要以量体裁衣的方式为用户服务，即开拓一个能在某一方面优于他人的市场。卓越的公司善于倾听用户的意见。研究表明，许多革新来自用户。

3. 行自主，倡创业(autonomy and entrepreneurship)

优秀的公司为了鼓励创新人才的脱颖而出，常常改变组织结构。例如，把大公司分解成自主经营的小公司；同时，展开内部竞争，让多个开发小组同时研制同一类产品、解决同一个问题；鼓励冒险，允许失败。

4. 以人促产(productivity through people)

卓越的公司总是把普通员工当作提高质量和生产率的根本源泉。公司尊重、善待员工的表现是：(1) 保障员工就业，尤其是在衰退、不景气的时候，千方百计地保持全员就业。(2) 信任员工。员工都想把工作干好，都希望有所创造，只要向他们提供适当的环境，他们就能做出成绩。(3) 平等待人。例如，称员工为公司成员、伙伴、主人等，提倡彼此直呼其名，不冠以头衔、不带姓氏。(4) 以人为本，把人提高到“目的”的地位。

5. 深入现场(hands-on management)

优秀的公司鼓励管理人员走出办公室，深入车间和一线。例如，麦当劳公司的高级主管定期巡视全球各店，从质量、服务、清洁和价值四个方面对各店进行评估。

6. 不离本行(stick to the knitting)

优秀的企业拒绝从事自己不熟悉的业务。如果搞多种经营，也是紧紧围绕自己的核心技术。研究表明，最不成功的企业大多是在各个领域都插上一脚的公司。

7. 精兵简政(simple form，lean staff)

优秀的公司一直保持结构简单、人才精干的特点。许多优秀企业的组织结构可以用三根支柱来比喻：(1) 符合业务高效率需要的稳定性支柱，即保持一种简单而又始终如一的基本组织形式（一般来说是以产品为基础的分部）；（2）符合经常性革新需要的创业精神支柱，即以“短小精悍就是好”为核心，不断把新业务分出去成立分部，建立以创业精神的多少及贯彻执行情况为基础的测量考核制度；（3）符合避免僵化需要的打破旧习支柱，即能定期改组，如当老的分部变得庞大和官僚化时愿意分化出新分部。

8．松紧结合（simultaneously loose and tight organization）

优秀的企业既有松散的特性，又有严格的特征。前者如俱乐部式的环境、灵活的组织结构、允许自愿参加的革新活动，强调以一种略紊乱的方式把东西搞出来的广泛的实验活动等。后者如一套认真奉行的共有价值观，注重行动，强调极其频繁的信息沟通和迅速的反馈，提倡简洁的公文。

第 2 节　组织文化管理

一、组织文化的形成

埃德加·沙因指出，组织文化源于组织成员对如何处理外部适应（external adaption）和内部整合（internal integration）问题达成的共识（见图 11—4）。

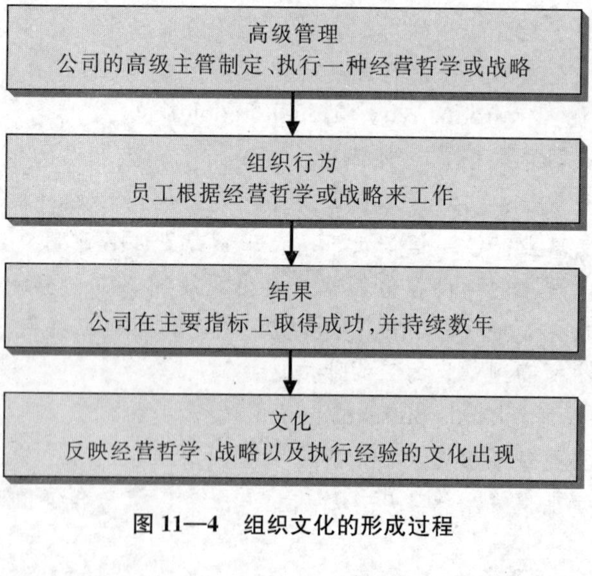

图 11—4　组织文化的形成过程

1．外部适应

外部适应涉及的问题包括：

（1）使命与战略：规定组织的使命，选择合适的战略以实现使命；

（2）目标：设置基本的经营指标；

（3）方法：确定如何完成目标，如设计组织结构、制定报酬制度等；

（4）测量：建立个体或团队完成目标状况的评估标准。

2. 内部整合

内部整合涉及以下问题：

(1) 语言和概念：决定沟通的方式，形成对重要概念的共同理解；

(2) 群体或团队边界：文化最关键的一个问题是建立团队或群体成员的标准；

(3) 权力与地位：确定获得、维持、失去权力或地位的规则；

(4) 奖惩制度：决定哪些行为可以接受，哪些行为禁止出现（参阅知识库11—4）。

【知识库 11—4】　内部互动与组织文化

组织文化反映出组织成员对各种事件与活动的共同理解和看法，而共同认识的形成有赖于组织内部个体之间、群体之间的互动。

伦奇（P. Rentsch）的研究结果证实了以上观点。伦奇访谈了一家会计公司的员工，让他们描述公司发生的一些事件并解释为什么会发生。根据访谈，15 起经常发生的事件（如公司每半年进行一次考评）被选择出来，并从 9 个维度（如专业/非专业、压力大/压力小）去评价。接着，让被试完成一份问卷，任务是从 9 个维度描述上述 15 起事件。填完问卷后，被试说出他和哪些同事交往频繁。研究结果显示，互动频繁的人比交往贫乏的人在对许多事件的看法上更一致（见图 11—B）。

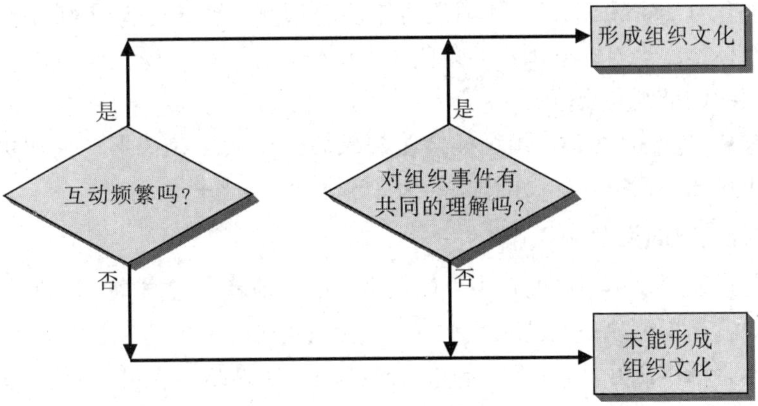

图 11—B　组织文化与共识

二、组织社会化

组织社会化（organizational socialization）是指组织把角色期待传递给每一位成员的过程。通过社会化，个体学到了与组织文化有关的态度、信息和价值观。值得指出的是，社会化一词是指社会的长者把必要的社会技能和知识传递给年轻成员的过程，组织社会化一词有相似的含义，即组织资深成员把完成任务和角色所必需的知识、技能以及价值观、行为规范传递给新员工的过程。

（一）社会化的过程

组织社会化一般经过以下四个阶段。

(1) 预期社会化（anticipatory socialization）。本阶段人们预期组织的某一具体角色是什么样子。例如，个体可能会猜测将要从事的工作的种类、报酬、工作环境等内容。调查表明，许多人对将来承担的角色抱有不现实的期望，这容易导致今后可能会出现的“现实冲击”（reality shock）。一旦现实冲击发生，人们会对组织极为不满并离职而去。为了避免现实冲击，许多公司在招聘、引进新员工时，提供关于组织的真实信息。

（2）遭遇（encounter）。本阶段人们已经进入组织，开始承担某一角色。这是一段充满恐慌和混乱的时光，经常会遇到变化、冲突和惊奇。因此，个体常常热切、焦虑地寻求关于角色、价值观、行为规范等方面的信息（见表11—1）。

表11—1　信息寻求策略

策略	示例
公开问题	“谁有权取消订单？”
间接问题	“我想今年没法休假了。”（意指如果项目没有完成，就不休假了吗？）
第三方	问同事：“我想向总裁递交一份报告。他喜欢开玩笑吗？”
测验限度	上班故意迟到。（观察反应。）
假装谈话	“那份文件水平真差，你相信那帮家伙吗？”（观察反应，看别人是否认为这是玩笑。）
观察	看谁受表扬，然后模仿。
监视	偷听同事谈话，注意派别间的争权夺利。

（3）同化（assimilation）。本阶段员工已经从新来者转变为组织的参与者。一旦被同化，员工个体经常会对自己承担的角色产生认同，并开始享受工作的乐趣。同时，积极遵守并维护组织的准则与规范。

（4）离职（departure）。组织社会化的最后一个阶段是离职。离职可能是由于退休，可能是由于跳槽或裁员，也可能是由于组织解散或被兼并。

（二）社会化的类型

社会化过程可以是集体的，也可以是个体的。前者是指群体一同进入新组织并获得共同经验，后者是指单独一人进入一家新组织并获得唯一的经验。社会化的正式与非正式维度同项目是否结构良好（well-structured）有关。如果结构不良，新来者不得不通过试错法获得经验。社会化还可以分为连续社会化和随意社会化，前者是指按部就班、有秩序地进行社会化，后者是指没有步骤、比较模糊地进行社会化。最后，社会化还包括固定社会化和可变社会化，前者有完成的具体日期，后者则没有时间限制（见表11—2）。

表11—2　社会化的可能结果

成功的社会化	失败的社会化
工作满意	工作不满意
角色清晰	角色模糊与冲突
强工作动机	弱工作动机
理解组织文化	不理解组织文化
高工作投入	低工作投入
高组织承诺	低组织承诺
出勤率高	缺勤、流动
高绩效	低绩效
内化价值观	拒绝价值观

三、组织文化的塑造

组织管理者通过多种方法和途径塑造、强化组织文化的多个方面。下面从基本方法和辅助手段两方面来说明。

（一）基本方法

塑造组织文化的主要途径有：

（1）管理者对事情的关注。领导者一贯重视什么能够强有力地传达哪些事情重要、哪些事情无关紧要。员工通过观察、领会等过程，可以把握实际的组织文化特征。

（2）领导者对危机的反应。领导者处理危机的发生能够显示组织文化的许多方面。这种方式既可以强化已有的文化，也可以带来新的价值观和行为规范。例如，当市场需求急剧下降时，公司管理者的反应各不相同。有的采用大量裁员的方式，有的采用减少工作时间的方式。解决方式的差异反映了公司在人力资源方面的价值观和态度。

（3）角色示范和培训。组织文化最关键的传达方法是领导者的身体力行、以身作则。如果在正式场合领导者反复强调要准时上班，自己却经常迟到，员工就会明白什么是真正的组织文化。此外，通过各种培训项目和机会，领导者可以向员工传达组织强调什么、追求什么、禁止什么（参阅知识库11—5）。

【知识库 11—5】　中国企业文化的“动物性格”

一、象文化——尊重、友好——人本型

象文化在中国企业里表现出这样的特征：企业的工作环境是友好的，领导者的形象犹如一位导师，企业的管理重心在于强调“以人为本”，企业的成功则意味着人力资源获得了充分重视和开发。这类企业文化的代表有10家企业，它们是万科、青岛啤酒、长虹、海信、远东、雅戈尔、红塔、格兰仕、三九和波司登。

二、狼文化——强者、冒险——活力型

狼有着强烈的危机感，它们生性敏捷而具备攻击性，重视团队作战并能持之以恒。狼性精神是一种强者精神。报告认为，在狼文化特征的企业里，充满活力，有着富于创造性的工作环境；领导者往往以革新者和敢于冒险的形象出现；企业最为看重的是在行业的领先位置；而企业的成功就在于能获取独特的产品和服务。华为、国美、格力、娃哈哈、李宁、比亚迪、复星、吉利，都是中国企业狼文化的典型代表。

三、鹰文化——目标、绩效——市场型

具有鹰文化的企业氛围是结果导向型组织，领导以推动者和出奇制胜的竞争者形象出现，企业靠强调胜出来凝聚员工，企业的成功也就意味着高市场份额和拥有市场领先地位。这类公司以联想、伊利、TCL、平安、光明、春兰、喜之郎、小天鹅、雨润、思念等公司为代表。

四、羚羊文化——温和、敏捷——稳健型

羚羊的品性是在温和中见敏捷，能快速反应但绝不失稳健。这类文化的代表性企业有海尔、中兴、苏宁、美的、汇源、燕京啤酒等企业。由于以追求稳健发展为最大特征，因此这类企业的工作环境规范；企业靠规则凝聚员工；企业强调运营的有效性加稳定性；企业的成功是凭借可靠的服务、良好的运行和低成本。

资料来源：《牛津管理评论》，2008-07-24。

（4）报酬与晋升标准。组织成员能够从报酬制度、考评标准、晋升政策等方面识别出组织的价值观、态度和假设。因此，领导者要想促使某种价值观转换成每个员工的共同认识，就必须设计出与这种价值观一致的奖励、晋升制度。

（5）招聘、选拔、退休、解雇的标准。组织挑选新成员是内化、渗透价值观最核心、最有效的一面。如果管理者拥有这样的假设，即企业成功的最佳方式是招聘、录用一大批性格坚强、认真负责、有创新意识的员工，然后让他们自主工作，那么，管理者就会寻找那些符合条件的人。这样，组织独特的文化就会形成。

（二）辅助手段

塑造组织文化的其他方法主要有：

（1）组织设计。通过组织结构的设计，领导者可以表露自己的价值观和信念。例如，假如领导者认为只有自己的聪明、智慧、经验才是最可靠的，就会选择层级很多、控制严密的组织结构；相反，假如领导者认为企业的成功有赖于发挥每位员工的积极性和团队精神，就会选择分权与团队结构。

（2）制度和程序。组织的各项制度和程序可能把组织文化固定下来。因此，通过制定各项规章制度、确定各种办事程序，有助于组织文化的形成与维持。同时，制度、程序等的变化也会引起组织文化的相应变化。

（3）物质环境。组织的建筑物设计、卫生状况、办公室环境等信息也能影响组织文化。例如，为表示追求的是平等的地位、顺畅的沟通、融洽的人际关系，有些公司设计了风格独特的办公布局。办公室采用玻璃隔板并且很低，使别人随时都能看到谁在里面。而且，每个工作区都配有餐饮设备，以便在午餐时聚会。此外，会议室的桌子是圆形的，以表示正式的等级并不重要。

（4）故事和仪式。领导者通过传播与价值观相符的各种故事，执行各种有利于强化组织文化的仪式、礼仪，以有利于组织文化的形成与巩固。

（5）正式陈述。塑造组织文化的最后一种方法是把组织倡导的价值观正式写下来，以便进行宣传。

□小　结

组织文化是指组织成员共同拥有的、用来指导彼此行为的价值观系统。组织文化涵盖四个层次：第一层是指标，包括故事、仪式、语言和符号等；第二层是行为规范，包括任务支持规范、任务创新规范、社会关系规范、个人自由规范等；第三层是基本价值观，包括绩效价值观和人员价值观两个方面；最后一层是核心假设，包括人类的本性，组织与环境的关系，现实、真理、时间与空间的性质，人类活动的性质以及人类关系的性质等假设。

组织文化的维度有七个，分别是创新、稳定性、人员导向、结果导向、轻松自在、注意细节和合作导向。根据不同的标准，组织文化可分为学院文化、俱乐部文化、棒球队文化、堡垒文化；创业文化、使命文化、家族文化、官僚文化；群体文化、发展文化、等级文化、理性文化等。

沙因认为，组织文化源于组织成员对如何处理外部适应和内部整合问题达成的共识。

组织社会化是指组织把角色期待传递给每一位成员的过程。组织社会化一般经过预期社会化、遭遇、同化、离职四个阶段。塑造组织文化的方法包括管理者对事情的关注，领导者对危机的反应，角色示范和培训，报酬与晋升标准，招聘、选拔、退休、解雇的标准，组织设计，制度和程序，物质环境，故事和仪式以及正式陈述等。

□ 复习题

1. 什么是组织文化？它包括哪几个层次？
2. 组织文化的维度有哪些？
3. 组织文化有哪些类型？
4. 卓越企业的文化有哪些共同特征？
5. 组织文化是如何形成的？
6. 组织社会化一般要经过哪几个阶段？
7. 如何塑造组织文化？

□ 技能训练

涂鸦

需要准备的材料：2×2 易可贴或者白纸（任选的）；彩色带黏性的圆钉（任选的）。

1. 每个人在易可贴或者白纸上涂鸦。涂鸦的主题应该与下列问题有关（教师可以选择其他的不同问题）：在学习大多数课程的过程中，你们的行为规范是什么？你自己喜欢哪些行为规范？（5～10 分钟）

2. 把所有的易可贴都粘贴在一块大木版上（或者把白纸挂在黑板上）。（5 分钟）

3. 整个小组一起把图画按照主题进行分类，在不牺牲实质性内容的前提下，尽可能使分出的类别数量最少。（5～10 分钟）

4. 小组为所分出的每一组图画确定一个主题。（5～10 分钟）

5. 发给每个人 3 颗带黏性的圆钉，用来标注他认为最重要的主题。（如果没有带黏性的圆钉，每个人根据主题画 3 个检查记号。）如果愿意的话，所有圆钉都可以放在同一个主题上。（5 分钟）

6. 得到圆钉数最多的两个主题就是我们的行动方案。该小组准备做什么？由谁来做？

何时？何地？以什么方式？该小组如何知道它做得怎样？第一步做什么？该信息对整个公司有什么好处？（10～20 分钟）

7. 最后讨论。你学到了哪些关于文化和行为规范方面的知识？让隐含在深处的东西外显出来有什么好处？（5～10 分钟）

选择性的方法：小组涂鸦由各小组独立完成，然后再向全班同学展示。

资料来源：理查德·L·达夫特、多萝西·马西克：《管理学原理》，44 页。

□ 行为测量

强文化

根据一家你所熟悉的组织，比如你就读的学校或者你所在的公司，回答下列有关该组织的问题，说明你是否同意这里的说法（赞成还是反对）。

	坚决反对				非常赞成
1. 实际上，公司中所有的管理者和绝大多数的员工都能够正确地表述公司的价值观、目的或者使命以及顾客对于公司的重要性。	1	2	3	4	5
2. 组织所有成员的工作对实现组织目标的作用是非常清楚的。	1	2	3	4	5
3. 管理人员很少出现与公司所推崇的价值观相悖的行为。	1	2	3	4	5
4. 即使在不同的部门之间，员工的相互关心和支持也被视为一种值得推崇的行为规范。	1	2	3	4	5
5. 公司及其管理者重视对公司的长远发展而非短期效益有益的事情。	1	2	3	4	5
6. 领导者特别注重对员工的开发和指导。	1	2	3	4	5
7. 公司的招聘工作既严肃又认真，为了使聘用的人员具有与企业文化的要求相符合的个性特征，公司常常进行多次面试。	1	2	3	4	5
8. 招聘中，向应聘者如实介绍公司的情况，包括正面的信息和反面的信息，由应聘者自己来决定是否加盟。	1	2	3	4	5
9. 公司期望员工能够依靠真才实学而非政治投机来获得晋升的机会。	1	2	3	4	5
10. 公司的价值观强调，为了在剧烈变化的环境中取得成功，公司必须做好哪些工作。	1	2	3	4	5
11. 与公司使命和价值观的一致性，比恪守管理规程和着装规定更加重要。	1	2	3	4	5
12. 你曾经听到过一些故事，讲述公司的领导者或者“英雄人物”使公司变得伟大起来。	1	2	3	4	5

13. 公司利用仪式和特殊事件来认可和奖励对公司作出重要贡献的个体。 1 2 3 4 5

总分________

请计算你所得的分数。如果总分在52分或者以上，这说明你所在的公司具有同宝洁或者IBM公司相类似的强有力的文化；如果得分处于26～51分之间，说明你所在的公司的企业文化水平一般，但对组织是有利的，如美国航空公司、可口可乐公司和花旗集团；如果得分低于25分，则说明公司的企业文化力很虚弱，难以帮助组织适应外部环境的变化，也不能满足组织成员的需要。

资料来源：理查德·L·达夫特、多萝西·马西克：《管理学原理》，43页。

□案 例

苹果公司

苹果公司的乔布斯真正的秘密武器是他具有一种敏锐的感觉和能力，能将技术转化为普通消费者所渴望的东西，并通过各种市场营销手段刺激消费者成为苹果“酷玩产品”俱乐部的一员。

一、拯救苹果

1997年7月某个工作日的一大早，因连续5个季度亏损，时任苹果公司CEO的吉尔·阿米利奥（Gil Amelio）带着难以掩饰的痛苦向公司高管做最后告别：“我很难过地说是到了我该离开的时候了。保重！”然后他就离开了。几分钟后，穿着短裤、运动鞋，蓄短胡须的史蒂夫·乔布斯（Steve Jobs）走进来，他坐在旋转椅里缓慢地转着，说：“告诉我这里发生了什么？”在几声咕哝的回应之后，他跳起来：“是产品的问题！那么，产品到底怎么了？”高管们又一阵的咕哝声之后，乔布斯咆哮着打断他们：“现在的产品都是废物！这些产品根本没有任何人性化特色！”

作为苹果公司的联合创始人，乔布斯曾在1985年被当时外聘的CEO扫地出门。那时，他还被很多人认为是一个喜怒无常的微观管理者，他曾经倡导的花哨的创新变革及他所坚持的全面控制也带来诸多枝节问题。

1997年，乔布斯又重新掌管苹果。10年后，苹果的股票每股已从7美元飙升至74美元，市场价值620亿美元。随后，迪士尼以74亿美元收购Pixar动画工作室的股票。由于乔布斯是Pixar的主席和执行总裁，并持有其50.6%股份，作为交易的一部分，乔布斯拥有了迪士尼集团约7%的股份，从而成为该集团最大的个人股东。至此，乔布斯大步迈入一个集音乐、电影和科技于一体的梦幻王国。

二、偏执创新

所有这些成绩的取得就在于乔布斯将他的旧式战略真正贯彻于新的数字世界之中，采用的是高度聚焦的产品战略、严格的过程控制、突破式的创新和持续的市场营销。

第一，重回苹果后的乔布斯采取的第一步骤就是削减苹果的产品线，把正在开发的15种产品缩减到4种，而且裁掉一部分人员，节省了运营费用。之后，苹果远离那些用低端产品满足市场份额的要求，也不向公司不能占据领导地位的临近市场扩张。

第二，发扬苹果的特色。苹果素以消费市场作为目标，所以乔布斯要使苹果成为电脑界的索尼。1998年6月上市的iMac拥有半透明的、果冻般圆润的蓝色机身，迅速成为一种时尚象征。在之后3年内，它一共售出了500万台。而如果摆脱掉外形设计的魅力，这款利润率达到23%的产品的所有配置都与此前一代苹果电脑如出一辙。

第三，开拓销售渠道，让美国领先的技术产品与服务零售商和经销商之一的CompUSA成为苹果在美国全国的专卖商，使Mac机销量大增。

第四，调整结盟力量。同宿敌微软和解，取得微软对它的1.5亿美元投资，并继续为苹果机器开发软件。同时收回了对兼容厂家的技术使用许可，使它们不能再靠苹果的技术赚钱。总之，乔布斯真正的秘密武器是他具有一种敏锐的感觉和能力，能将技术转化为普通消费者所渴望的东西，并通过各种市场营销手段刺激消费者成为苹果“酷玩产品”俱乐部的一员。

第五，出于个人电脑业务的严峻形势，乔布斯毅然决定将苹果从单一的电脑硬件厂商向数字音乐领域多元化出击，于2001年推出了个人数字音乐播放器iPod。到2005年下半年，苹果公司已经销售出去2 200万台iPod数字音乐播放器。

在iPod推出后不到一年半，苹果的iTunes音乐店也于2003年4月开张，通过iTunes音乐店销售的音乐数量高达5亿首。在美国所有的合法音乐下载服务当中，苹果公司的iTunes音乐下载服务占据了82%。与此同时，苹果也推出适合Windows个人电脑的iTunes版本，将iPod和iTunes音乐店的潜在市场扩大到整个世界。通过iPod和iTunes音乐店，苹果改写了PC、消费电子、音乐这三个产业的游戏规则。

尽管已经从最初对技术的一无所知变成今天的亿万富翁，但乔布斯做事情的热情始终未变，他对创新的热情就如他最喜欢的《全球概览》停刊前的告别辞所写：“Stay Hungry, Stay Foolish”（求知若渴，大智若愚）。

第六，每当有重要产品即将宣告完成时，苹果都会退回最本源的思考，并要求将产品推倒重来，以至于有人认为这是一种病态的品质、完美主义控制狂的标志。波士顿咨询服务公司共调查了全球各行业的940名高管，其中有25%的人认为苹果是全球最具创新精神的企业。

“在苹果公司，我们遇到任何事情都会问：它对用户来讲是不是很方便？它对用户来讲是不是很棒？每个人都在大谈特谈‘噢，用户至上’，但其他人都没有像我们这样真正做到这一点。”乔布斯骄傲地说。

三、文化特征

1. 专注设计

首先，每个员工都必须牢记苹果比其他任何一家公司都更加注重产品的设计。像微软这样的公司向来不擅长打造让人赏心悦目的产品，而苹果才是真正地在做设计——了解消费者的需求，懂得如何满足消费者的需求，然后着手实现这些目标。虽然实现起来并不总是很容易，但苹果似乎每次都能恰到好处地完成。这难道不是员工的努力造就了苹果的成功吗？如果离开了员工的努力，苹果有可能会很快没落。

2. 信任乔布斯

苹果是一家非常有意思的公司，它的企业文化从员工一直延伸到了消费者。这也就是说，它对员工的期望也是它对消费者的期望。其中，最重要的一点期望就是——相信乔布斯。在过去的十年中，乔布斯一直是苹果的救星。他曾带领苹果走出老化的商业模式并进行革新，从而创造了前所未有的成就，并向市场推出了许多更好的产品。不过，“相信乔布斯”有时也会太过头（比如iPhone天线门事件）。但是，在大多数情况下，相信乔布斯对苹果、对员工和对消费者来说都是有益无害的。

3. 从头开始

当员工初到苹果时，公司就希望他们立即做一件事：忘掉曾经了解的技术。苹果公司所做的事情与其他公司都不一样。无论是产品的设计、新产品的设计理念还是公司独具的简单运营方式，只要是在苹果，所有事情就会不同。把在其他公司的工作习惯带到苹果来，可能会造成更多的麻烦。苹果是不同寻常的。

4. 坚信苹果

不同于行业里的其他任何公司，苹果公司非常自负。其中的部分原因是乔布斯非常自我，他相信苹果是世界上最强的公司，有不同于其他公司的做事方式。虽然苹果的仇敌无法忍受这一点，但是对所有该公司的粉丝和员工而言，这一信条已经成为了一种号召力。

5. 聆听批评

由于自负的本性，苹果用心聆听人们对自己的产品的批评。但在真正的苹果时尚里，该公司会选择更加恶毒的行为来回应这些批评，这一点是行业里其他所有公司都不能企及的。毕竟，行业里有哪家公司可以在遇到诸如iPhone 4天线门这样的事件时还能满不在乎，依旧我行我素呢？苹果不喜欢听到别人指责自己是错误的，并希望不管是自己的员工还是外界的追捧者都能跟自己坚定地站在一起。

6. 永不服输

苹果最具魅力的一点就是它永不服输。即使产品被批评得体无完肤，该公司似乎也能在危急时刻找到脱离火海的方法。没有哪个领域能比计算机市场把这一点展现得更加淋漓尽致的了。在做出了一些有着不少争议（和风险）的决策后，乔布斯凭借正确的策略扭转了局面，使公司获得了收益。今天，苹果希望自己所创造的利润可以打破纪录。乔布斯最不想看到的就是竞争对手击败自己的公司。也许，这就是为什么谷歌在移动市场的收益能让这位CEO如此愤怒的原因。

7. 关注细节

如果说苹果懂得哪一条经营之道，那就是关注细节意味着长远回报。例如，谷歌的Android操作系统，可能卖得很好，但在使用了一段时间之后，大多数消费者就会发现Android与苹果的iOS操作系统相比缺乏一些闪光点。这点差距并不会让消费者觉得Android操作系统不太好用，事实上，可以说Android和iOS一样好用，但这点小小的差距确实会让一些消费者禁不住怀疑谷歌为什么就不能再做得更好一点。在大多数情况下，苹果却多努力了一点点。但就是这一点点的努力使苹果成为了最大的赢家。与此同时，这也是苹果对自己员工的期望。

8. 不可替代

如果佩珀马斯特的离职暗示了苹果内部是如何运作的，那么很明显只有乔布斯是不可替代的人物。佩珀马斯特曾帮助世界上最知名的智能手机取得了超乎寻常的成功，如果在其他公司（不管文化差异与否），没有人会愿意看到他满心悔恨地离开。不过，这一点也只能归咎于乔布斯的自我。很明显，乔布斯认为自己才是苹果成功的关键。苹果的爱好者和某些员工可能会同意这种说法，但佩珀马斯特在 iPhone 的成功上也是不可或缺的一员。苹果公司里还有谁可以让 iPhone 团队像佩珀马斯特领导时那样有效地工作呢？这一点的确值得每一个人去思考。但或许这并不重要。苹果公司再次证明，只有乔布斯才不会丢掉饭碗。

9. 保密至高无上

谈到苹果的企业文化，就不得不提及该公司对保密工作的态度。不同于行业里的其他许多公司，苹果在即将推出新产品时很少会泄密。但实际上，由于该公司一名员工的疏忽，使得 iPhone 4 在推出之前就已经泄露了相关的信息。也许，这就是为什么苹果公司会制定长期的保密准则，只有那些能做好保密工作的公司才能取得成功。而那些泄露公司秘密的员工，哪怕是无意间，也只有被炒掉的份。1977 年，苹果还是一家创业公司，只有一幢楼，它的大厅中写着："Loose lips sink ships"（走漏风声会让船沉掉）。

10. 主导市场

在涉及技术时，史蒂夫·乔布斯脑海中只有一个目标，那就是"主导市场"。他所想的不只是击败市场上的所有公司，而是要彻底摧毁它们。乔布斯想向世界表明，只有他的公司才是最强的。乔布斯就是想向所有竞争者、消费者和所有人证明这一点，并希望员工可以帮他实现这个目标。如果员工不这样做的话，那么就只会被解职。

资料来源：《苹果公司企业文化》，百度百科。

思考题：

1. 苹果公司的企业文化有哪些特征？
2. 如何评价苹果公司的文化与组织绩效的关系？

组织变革 第12章

本章重点

- 组织变革的动力
- 组织变革的阻力
- 卢因变革模式
- 行动调查模式和新行动调查模式
- 激励变革
- 管理变革的五个步骤

引 例

作为全球消费电子的巨头，韩国三星电子正在全球开展一场跨领域的称霸战，其重点是整合全球资源“追杀”来自中国市场的诸多对手。

3月12日，2013中国三星论坛在广州揭幕。中国作为三星电子全球增速最快、空间最大的市场，2012年，三星电子大中华区销售额达到143亿美元，实现51%的增长。

随着2012年取代美国，成为全球最大消费电子市场，中国市场广阔的空间和丰厚的利润回报，让三星电子在最近几年一直对中国格外“器重”，也让不少中外企业对三星电子的一举一动颇为关注。

85英寸4K分辨率的超高清电视机、8英寸的全新平板电脑、搭载全球首款单镜筒3D镜头的数码相机、最新的鼓粉分离A4激光打印机等系列高科技新品，纷纷在论坛中被三星高管们推出。最后压轴上台的却是唯一没有任何新产品推出的部门——三星商用。它的出现意味着，在2013年三星除延续以往在B2C市场上强势的产品力和品牌力外，B2B商用业务将成为其在中国新的利润增长点。

一、从B2C到B2B的战略转型

三星电子大中华区商用事业部总裁权松，引用了诸多数据描述三星商用业务对中国市场的预判和布局方向。他坦言，中国B2B市场容量在全球排名第二，所占权重约为13%，且保持着15%的高速年增长率。同一时期，全球平均增长率不过1.8%。

在中国，三星可以锁定的B2B知名企业用户将有1 000个。同时，他还透露了三星在中国商用B2B市场的策略路径，即借助B2C品牌的高知名度在企业客户中提升B2B信誉。

目前，三星商用业务涉及通信、教育、酒店、医疗、建筑等诸多行业的定制产品和解决方案。在论坛现场的新品展厅，《中国企业报》记者也见到了多种医疗检测仪、移动电子病历、为奢侈品展示而定制的高透光电子显示屏等产品。

商用业务，被认为是"再造一个新三星"的战略板块，承担着企业对未来持续增长动力的重任。

"近年来，三星全球暴涨的业绩主要来自智能手机的推动，自身的上游关键零部件产业也因此获利。但这一增长业务单一，且随着手机市场重心愈发向中低端转移，利润呈持续下滑走势。与之相比，B2B业务近年来呈现出持续扩大、利润稳定、竞争宽松的趋势，将终端消费市场已经形成的产品和品牌优势实现快速向商用的复制和布局，无疑是三星在发展巅峰到来之前最好的战略转型。"浙江万里学院客座教授冯洪江告诉《中国企业报》记者，"这也意味着，在终端消费市场被三星大肆挤压而转战商用解决方案市场的西门子、摩托罗拉、NEC等企业，未来在这一领域又将面临新的挑战。"

但三星商用高调进军中国，并不意味着前景一帆风顺。一家韩国企业如何拓展与政府部门、教育行业等各方面的人脉关系，怎样平衡大企业客户和中小企业客户之间的资源投放比重，如何更好地借助B2C品牌的知名度开拓B2B客户，这都是三星商用进入中国市场后亟须解决的问题。

二、补齐短腿驰骋黑白两道

全球消费电子企业已经见识到三星电子的竞争实力。不过，在今年的中国三星论坛上，《中国企业报》记者看到，三星电子发布的一组市场数据却耐人寻味。

该市场数据显示，2012年三星电子的手机、显示器、平板电视在中国市场占有率均排名第一；多功能打印机、冰箱也进入行业三甲；400立升以上的大冰箱销售排名第一；8公斤以上大容量洗衣机市场份额同比增长10%。

显然，三星电子在中国消费电子产业"黑强白弱"的市场格局，无论是企业内部，还是在市场外部，均是不争的事实。一位业内人士也向《中国企业报》记者透露，"从去年开始，如何提升在中国白电市场的份额，已经列入三星电子总部的重要课题，这也是今后几年三星电子再度冲高的增长空间。"

三星电子在全球黑电领域，很好地利用了IT企业"技术更新换代快"的速度制胜基因，从而在手机、电视机等产品上获得快速崛起。不过，面对空调、冰箱等技术升级缓慢的白电市场，三星电子显然要拿出"慢工出细活"的耐心。

"三星在中国白电市场的发展，主要是受到中国海尔、美的、格力等白电巨头的持续挤压，同时自身的渠道布局力度不够完善，三、四级市场缺乏顺畅的沟通机制以及完善的售后服务体系也限制了三星白电在中国发展的后劲。”上述业内人士认为，金荣夏在 2012 年下半年被朴载淳替代成为三星电子大中华区总裁，似乎与三星在中国三、四级渠道的布点和推进缓慢存在一定的关系。

此次，扬州汇银家电、武汉工贸家电、深圳顺电、唐百电器、长春欧亚等区域性家电连锁零售商负责人也应邀参加了论坛，被业界看做三星电子大举进军中国三、四级市场的积极信号。

同样，三星电子还震撼发布 17 公斤超大容量滚筒洗干一体机 Yukon、具有 900 立升超大容量冰箱 T9000、拥有内外兼修时尚设计的冰箱 S6000 以及高端多门冰箱 AW4 等革命性产品，意在通过产品力、渠道力的多元化谋求在白电市场的突破。

资料来源：文剑：《三星电子发起中国市场总攻，战略转型做 B2B》，载《中国企业报》，2013-03-18。

作为全球最具知名度的企业之一，三星的崛起也是不断变革、不断转型、不断发展的过程。本章论述变革的动力、阻力、模式，以及如何领导、管理变革。

第 1 节　组织变革的动力和阻力

一、组织变革的动力

随着经济全球化的进一步加深，组织变革已经成为管理者的日常事务。组织变革的动力有：

（1）通信的快速发展。相比资本和人员，信息更易于快速传递。现在，信息已经可以在瞬间传递到世界的任何一个角落。网络使得任何的设计、任何的流行、任何的构想，都可以在一顿饭工夫就传遍世界。

（2）全球化战略。在关键的行业里，流行的是全球化战略。任何组织都用全球的观点整合自己的资源。企业追求的是一种世界化的产品，即可以在同一时间内送达任何地方，在更少的地方生产而销售给更多的市场，有全球的市场和购买力等。而这些大型国际化公司的全球化购买方式又迫使供应商不得不实施全球化的运营。

（3）世界级标准。世界级标准不可避免地到处通行，而且更加透明。更多的监督、更高效的统计工具以及更快的沟通渠道，提供了更多的绩效考核数据。网络采购系统带来了更多不同供应商的更直接的竞争。不可避免地，这导致了世界级标准的更广泛普及。

（4）更直接的市场。随着全球化发展，竞争变得更加激烈，更多的世界级品牌出现。消费者面临更多的选择，他们开始更多地在世界范围内选择——不管他们是购买大型设备的企业，还是购买生活用品的个人。在供应链任何一点的企业都可以从它的位置跳出来，直接接触其最终消费者，从他们那里获得更直接的信息，即使它以前只是个幕后的制造商。

（5）合作。为了在需求变化多端的全球市场赢得竞争优势，许多企业都选择了合作。合作帮助大型企业推行创新，那些大型企业通过与中小企业的合作，获得了本身没有的机动灵活性以及更为现代的企业文化。另一方面，小型企业也可以通过与大型企业建立战略同盟而获得竞争优势，如获得对方更广泛、更深入的营销网络以及更多的知识。

（6）多元化。全球化并不意味着同质化，它要求组织战略和策略都要适应多元化的环境。一些经营流程可能需要在全球范围内实现一致性，还有一些则需要实现地方化的差异。产品的生产、技术及供应等更容易实现全球化，而产品的配送、销售可能要适应当地市场的结构，甚至产品和观念在消费者中的普及方式都要依赖当地的具体环境。

（7）人员的竞争。人力资源越来越比资本资源重要。企业需要一些新的方法来激励和维持那些关键人才，其中包括进行改进工作氛围使之更温馨的实践（参阅知识库 12—1）。

【知识库 12—1】　企业变革的八大问题

兼并收购、BPR、ERP 项目……如火如荼的管理变革让人们忘却了暗流汹涌的风险和失败。斯坦福大学的两位教授提醒企业领导人，变革前最好三思而后行，先问自己八个问题。

1. 这个新的实践比你现在的做法好吗？

有些做法可能不是改进，因为你的组织中可能已经在运用，只是你不知道而已。这样的例子很多。一家大公司的生产部门雇用我们的学生成立了一个项目小组，让他们开发一个雇员规划模型，以便能用产品的历史数据来决定未来需要雇用多少临时雇员。当这个 10 周项目进行到第 6 周时，管理层突然发现 CFO 已经使用一个同类模型很久了。这个项目在没有结果的情况下被终止。

即使这个实践对你确实是新的，它一定比现有做法好吗？在另一个公司成功的做法可能是由于适应了其条件和以往的组织特点，却不一定适合你。你看到失败的例子了吗？“这次，我们会不同。”管理者常有过度自信的误区，认为别人失败是因为犯了一些简单错误。事实可能恰恰相反：你和别人一样。

2. 这个变化真的值得付出时间、精力和金钱吗？

即使这个变革真的好于现在的做法，也不一定值得改变。在变革展现出的诱惑前，高层管理者可能会低估成本、高估收益。小心！转换成本让得到的利益所剩无几。还有一种“别人的草地更绿”的心理效应：作为外部人，我们看到的是别人变革的巨大收益，却忽视了其中的辛劳、缺点、风险和失败。

3. 如果只作出一些象征性而非核心性的改变，会不会更好？

每个组织都有很多不同层次相互交织甚至冲突的目标。有时，一些利益相关者，如员工、媒体、分析师、股东，会要求组织作出一些无法承受的变革。有时，组织想向外部传递出“我们正在进行变革”的信号，但并不进行实质性的变化。比如，管理层宣布股票回购计划，表达其对公司未来的信心，但实际上并不采取行动。有效的公司能够通过一些象征性的变化，保护其核心业务不受一些干扰因素影响。

4. 是否这个变化对你自己有利，却对公司不利？

研究表明，公司追随管理时尚（如全面质量管理）对企业绩效的影响是不明显的，但可以塑造锐意进取的形象，对CEO的个人职业发展有利。这就可能激励高层管理者采取一些对组织无益的做法来谋求个人利益。这也有助于解释为什么收购常常破坏企业绩效，管理层却执意为之：虽然手中股票的长期价值可能受损，但领导一个更大的企业能提高自己的收入和地位。从中斡旋的投资银行也因为交易成功而获得大笔收入。如果某个变革只是对自己有利，却损害了组织利益，就要慎重，因为从长远来看，这会让你处境尴尬。

另一方面，变革肯定会对一部分人有利，对另一部分人不利。管理者需要认清这个基本事实，分析变革的提出者、拥护者、反对者的各自位置，权衡取舍。

5. 你有足够的权力让变革成为现实吗？

在一些人眼里，“权力”可能和“公司政治”一样不是个好词，但它却是组织生活的必需。而且，拥有公司高层，甚至“一把手”的支持，并不表示变革一定成功。许多经理人在推行变革的过程中，才意识到自己的权力有限。人们需要了解组织的“权力地图”，猜想谁可能在多大程度上支持或反对变革，要获得谁的支持才能让变革成功，并且通过各种手段来获得这种支持——从闲聊到公众论坛、从民意调查到观察面部表情来推测政治风向的细微变化……

6. 人们已经被过多的变革包围了吗？

尽管进入了信息时代，组织还是由人构成的。无论是多么聪明的一组人，在一段时间里能学习的、能决定的、能行动的都是有限的。如同诺贝尔奖得主西蒙所说，这个简单的常识却常常被经济学家和经理人忽视，以为员工的潜力是无穷的。太多的选择会让人们丧失行动的能力。一项对美国半导体企业的研究表明，尽管有丰富的产品组合可以延长企业寿命，但同时引入过多的新产品是危险的。在引入一项新产品后短期内有业绩增长，但这种增长可能是由于加大了顾客和员工的负担，公司倒闭的可能性也因此加大了40%。

引入管理举措也类似。一些企业中有一种“月度热点”现象，高层管理者每月关心的话题都不一样，这会让中下层经理无所适从，反而丧失执行力。有时候“少就是多”，抓住少数几个变化大力推进，比多个项目全面铺开更容易成功。

7. 人们能随着变革进程一起成长吗？

变革的组织需要有一种智慧：能在现有知识的基础上行动，同时对自己的所知表示怀疑。要把变革方案视为一个起点，然后从自己和他人的经验中学习，在随后的过程中加以完善。如果一个变革不能在其后的过程中不停地更新，或者组织不善于学习，变革的风险将大大增加。

8. 事情出错后能停下来吗？

上面提到的更新的极端形式是终止变革。如果一个变革能在被证明错误后终止，风险就小得多。当然，这样的损失也会很大，因为一个变革开始后，它就有了自己的生命，特别是人们有一种“承诺升级”的心理。著名学者巴里·思涛(Barry Staw)有一项早期研究：在得知事情将不妙的情况下，人们反而把更多的资源投入到起初的决定中。这种心理在人们生活的许多领域都有体现。

另一种心理更为可怕：回避对过去决定的反思。承诺升级至少还会看过去的决定，而回避反思则根本不往回看。我们观察过不少董事会作出重大决定（收购、改变战略、雇佣新的CEO）的过程，却很少看到他们反思以往的同类决定。这不是说要追究责任，而是要从中学习——没有反思就没有学习。有人会说，“不要为打翻的牛奶哭泣”，企业要在现有的条件下继续前进。这有几分道理，但是，如果一点也不反思牛奶是如何打翻的，未来重蹈覆辙的概率就会大大增加。

二、组织变革的阻力

组织的变革可能会导致很强的抵制，可能导致变革很难开展和推行，更为严重的是，可能导致变革的最终失败（参阅知识库12—2）。变革的阻力主要来自个人和组织两个层面。

【知识库12—2】　　变革为什么失败

组织变革失败的原因有：

（1）缺乏足够的紧迫感；

（2）未能建立一个强有力的领导联盟；

（3）缺乏远景规划；

（4）远景规划沟通不力；

（5）未能扫清实现远景规划道路上的障碍；

（6）没有夺取短期胜利；

（7）过早宣布大功告成；

（8）未能让变革在组织文化中生根。

1. 个体阻力

对于个体而言，变革可能会让他们极度不安，担心失去已有的一切，担心不得不面对一个不确定的未来。有些人则会害怕一切未知的改变。人们可能会对他们既有的技术和贡献在将来是否会有价值感到疑虑，或者会对他们能否在新形势下很好地适应工作感到疑虑。实践证明，那些可以很容易在别的地方重新找到新工作的人对变革的抵制一般较少。

2. 组织阻力

对于组织整体而言，对变革的抵制可能源自以下三个方面。

（1）技术抵制。按照旧业务流程工作的习惯，以及考虑到过去投入的沉没成本，会导致技术上的抵制。

（2）政治抵制。这种抵制是因为组织变革威胁到了实权人物的利益，或者引起了对领导者既往决策的怀疑。通常情况下，组织变革必然需要对资金、培训预算和优秀人才等稀缺资源进行重新配置，因此，变革会导致某些人失去权力而另一些人获得权力。

（3）文化抵制。文化抵制以一些强化现状的系统和程序形式出现，这些系统和程序强化了人们对现有的价值观、标准以及行动准则的遵守。对于那些强组织文化的企业来说，变革尤为艰难（参阅知识库12—3）。

【知识库 12—3】　组织变革的十大挑战

著名管理大师彼得·圣吉在《变革之舞》一书中，总结了组织变革遇到的十大挑战。

(1) 无暇顾及：变革者没有充裕的时间对变革产生的重大问题进行思考并反复实践。

(2) 缺乏帮助：变革者没有得到上级与有关方面必要的支持和帮助，也缺乏必要的培训、辅导和协助。

(3) 毫不相干：组织成员看不到变革计划能给企业、部门及个人带来实际好处。

(4) 言行不一：变革者所倡导的新价值观、新工作行为、新领导风格与他们的实际行动格格不入。

(5) 焦虑恐惧：变革者担心提出的变革措施可能会触及方方面面的利益，从而最终会影响自己的地位、前途以及与他人的关系。

(6) 此路不通：企业未能采取恰当的方法与程序测量变革所取得的进步，甚至对变革的结果作出负面评价，导致组织成员得出"变革之路不通"的结论。

(7) 傲慢孤立：组织的其他成员对变革者心存抵触情绪，甚至拒绝配合，使变革者陷入孤立无援的境地。

(8) 无人负责：变革者要求更多的自主权，但是上级担心权力失控而不愿分权，结果造成变革者不愿承担责任。

(9) 原地踏步：组织未能及时沟通变革信息，导致变革的经验无法推广，组织依然故我。

(10) 走向何方：组织向何处发展、有哪些新目标并不明确。由于企业的未来有许多不确定性，组织成员充满焦虑与不安。

3. 克服阻力

至少有三种主要的战略可以应对变革的阻力。

(1) 理解员工。克服阻力的第一步就是去体会人们是如何感受变革的。这么做能够发现谁对接受变革有困难，这种阻力的本质是什么，以及克服这种阻力的可行方法是什么。变革管理者需要把自己的判断搁置一边，从别人的角度来看待问题并积极倾听。当人们感到变革管理者是真心关心他们的情感和感受，就可能不那么敌对了，并且更乐意说出其忧虑所在，也更容易从心理上接受变革，并最终实行变革。而且，通过变革管理者对员工的理解，更有可能与员工建立起变革同盟，这种同盟不仅有助于消除变革阻力，更为重要的是，可以变阻力为动力，推进变革的进程。

(2) 沟通。当对结果没有把握时，人们就会抵制变革。缺乏足够的信息以及谣言和小道消息的传播会增加人们对变革的焦虑。对变革及其可能后果的有效沟通可以减少这种猜测并减轻毫无根据的恐惧，能够帮助组织成员现实地面对变革。

但是，沟通又是管理变革过程中最失败的一个方面。组织成员会不断地接收到关于人、变革和政治方面的现有的、计划中的和谣传的信息。管理者和组织发展推行者必须认真考虑清楚，怎样才能让有利的信息畅通无阻。一种策略是让变革信息通过一条新的或不同的渠道沟通而使其显得更加突出。如果大多数信息通过备忘录和电子邮件传递，则变革信息可通过会议或代表来传达。另外一种适用于大规模变革的有效方法就是，有意识地让变革信息取代正常的运营信息。这就会向组织成员传达一种“变革活动是他工作中的最重要活动”的信息。

（3）员工参与。让员工直接参与变革的计划和执行是克服抵制的一种最古老而又最有效的方法之一。参与不但能产生高质量的变革设计，而且能够避免执行变革时出现阻挠。员工能够提供各种各样的信息和观点，而这些信息和观点将使得变革更有效、更符合实际。员工还能够发现变革执行过程中的陷阱和障碍。参与变革将会因为符合员工的利益和满足他们的需要而使得其实现的可能性提高，结果，参与者因为变革符合他们的利益并且能满足他们的需求而更投入地进行变革。此外，由于人们有参与的强烈意愿，参与活动本身就会成为一种激励人们更加努力地进行变革的因素。

第2节　组织变革模型

组织变革理论一般通过对于不同变革阶段的描述，来揭示变革对于组织内的影响和意义。本节将比较在组织变革领域中备受瞩目的三种组织变革理论：卢因变革模式、行动调查模式以及新行动调查模式（参阅知识库12—4）。

【知识库12—4】　　变革之心：成功变革三部曲

著名领导大师科特在《变革之心》一书中，根据对美国、欧洲、澳大利亚和南非等90多家组织、200多位工作人员的访谈，以34个精选的案例故事为素材，向读者展示了成功变革的三部曲。

（1）目睹——有心人在变革过程中发现问题，其他同事大多行事随便，没人想提出合理策略，许多人在策略达成前就气馁了。有心人会营造出戏剧性、引人入胜并具有急迫性的情境，促使其他人看见问题或找出答案。

（2）感受——目睹唤醒了有助变革的感觉，或者减少了变革阻碍的感受。危机感、乐观或信心会强化；愤怒、自满、嘲讽或恐惧则会减少。

（3）改变——新感受改变或强化了新行为，有时这些行为是完全不同以往的。人们的举止不再自满，他们更努力地实现美好愿景。即使变革之路遥遥，一日未成，绝不终止。

一、卢因变革模式

库尔特·卢因给我们提供了一个计划变革的基本模式。他认为，变革是一种改变，它改变了保持系统稳定的力量，使得系统无法维持旧有的形态。任何时候，一组具体的行为都是两组力量相互作用的结果——努力维持组织状态的力量和积极推动变革的力量。当两组力量平衡时，当前的行为就保持在卢因所说的“准固定平衡状态”。为了改变这种状态，人们可以增强推动变革的力量，削弱维持当前状态的力量，或者以上两种方式的结合。卢因将变革过程分为以下三个阶段，如图 12—1 所示。

图 12—1　卢因变革模型

（1）解冻阶段。在这一阶段，维持组织当前状态的力量开始减弱。解冻通常通过一个“心理驳斥”的过程来完成。把组织成员期望的行为与他们当前表现出来的行为之间的差异传达给他们，能够激励组织成员参与变革。

（2）行动阶段。在这一阶段，组织、部门或个人的行为将上升到一个新的水平。组织可以通过推行变革，推进组织再造、流程重组，发展新的行为、价值观念和态度。

（3）再冻结阶段。在这一阶段，组织将会重新固定在一个新平衡位置，努力维持组织状态的力量和积极推动变革的力量在一个新的水平上取得了暂时的均衡。组织文化、规范、政策和结构的机制等维持组织状态的力量，将有助于巩固组织的新状态。

二、行动调查模式

在行动调查模式中，把变革看成一个循环的过程。在这个过程中，首先对组织进行初始的调查，将调查的结果直接用于指导下一步的行动。然后，再对行动的结果进行调查评估，调查的结果又为下一步行动提供指导，依此类推。这个调查和行动反复循环的过程需要组织成员和负责组织变革的领导者不断地相互协作。在计划和实施行动之前，重点是信息收集和诊断。而在实施计划和行动之后，产生的新结果也需要细致地评估。行动调查模型的循环过程共有如下八个步骤（见图 12—2）。

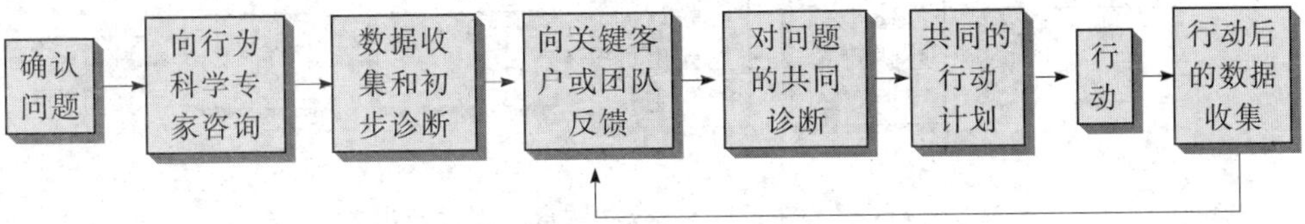

图 12—2　行动调查模式

（1）确认问题。该步骤通常是由组织中某个重要的管理者或拥有权力和影响力的人发起的，他有一个或多个问题，需要通过组织变革来解决。通常组织可能会求助于外部的咨询专家。

（2）向行为科学专家咨询。在变革的最初，咨询专家同组织内部的相关人员，如某个重要的管理者或某个拥有权力和影响力的人，仔细地互相评估。咨询专家有他自己的标准和变革的参考理论或框架，并且必须对组织内部人员的那些设想和价值观念有所了解。同组织内部人员共享这些信息有利于建立一种坦诚和合作的氛围。

（3）数据收集和初步诊断。该步骤通常由咨询专家在组织内部成员的参与下来完成，通过收集充分的信息并进行分析，确定组织问题产生的根本原因。

（4）向关键客户或团队反馈。因为行动调查是一种协作性的活动，诊断数据通常在小组会议或工作团队会议上反馈给组织。在反馈时，组织成员获得咨询专家提供的信息，这有助于他们确定组织或部门的优势和劣势。

（5）对问题的共同诊断。数据收集、反馈和诊断相互之间存在密切的关系，因为咨询人员将对从组织处收集到的基础数据进行总结，并将总结后的数据提供给客户以判断它们的有效性，以进行下一步的诊断。

（6）共同的行动计划。接下来，咨询专家和组织需要对进一步的变革计划达成一致。这是变革过程（卢因变革模式中所述）的开始，此时，组织就要决定怎样才能最有效地达到一个全新的准稳定平衡状态。在该阶段，变革计划的实施取决于组织的文化、技术和环境、问题的诊断以及干预的时间和费用。

（7）行动。该步骤涉及组织从一种状态向另一种状态的实际转变。它可能包括新方法和程序的设定、结构重组和新行为的加强。这种行动在组织从当前状态向期望状态转变时并不能立即实现，它需要一个过渡阶段。

（8）行动后的数据收集。因为行动调查是一个循环的过程，在评估和确定行动结果并将结果反馈回组织之后，必须进行数据收集。这样，新一轮的诊断和行动就又开始了。

三、新行动调查模式

行动调查模式是当前大部分计划变革方式的基础，而且通常与组织发展的实践相一致。最近，行动调查模式已扩展到新的情境和应用上，因此组织发展学家已经对它的基本框架进行了必要的修改（见图 12—3）。

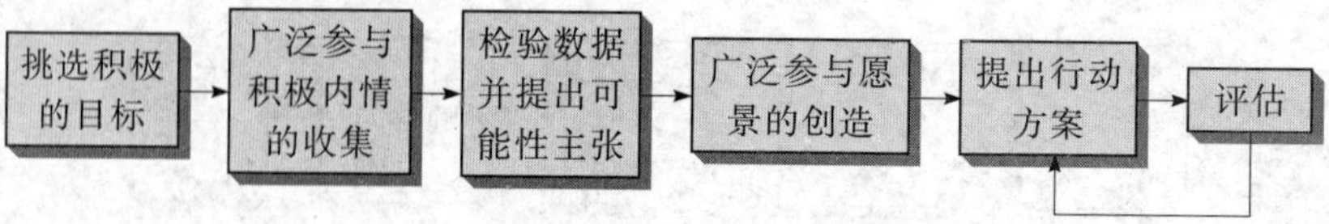

图 12—3 行动调查的现代应用

行动调查模式的应用涉及从组织内部的小单位到整个系统的运行。比起小范围的变革，行动调查在较大的环境范围内实施，更加复杂，更需要政治保障。因此，行动调查的循环贯穿复杂的变革过程，并且涉及形形色色的对组织感兴趣的利益相关者。

新行动调查模式最关键的一点变动是，当代的行动调查模式已经极大地提高了成员参与的程度。尽管咨询人员导向型变革仍旧是组织变革的主要模式，但是已经开始出现一个逐渐增长的趋势，即让组织成员参与变革，让他们了解他们的组织，了解如何对组织进行变革。这种计划变革方式也称为“参与变革调查”、“行动学习”、“行动科学”、“自我设计”或“欣赏调查”。在这种变革过程中，组织变革咨询专家的职责是与成员合作以促进学习过程。双方在诊断组织、设计变革及实施和评估变革方面是“合作学习者”，任何一方都不主导变革过程。相反，每一方都拥有适用于该种情境下的特有信息和专有技能，并将这些资源结合起来，以便共同找到变革组织的方法。例如，咨询人员知道如何设计诊断方法和组织发展干预，组织成员清楚组织的运作方式。

计划变革侧重于组织成员的参与。第一步，成员可以选择组织的一些高绩效行为，如寻找成功的男女合作（与性别歧视相对照）、良好的顾客满意（与顾客不满意相对照），尤其是有效的工作团队或快速的新概念产品开发过程。如果调查的焦点对于组织成员来说是真实的、至关重要的，则变革过程就会变得更有吸引力，组织成员参与变革的态度也就更加积极，而组织的积极属性也会得到加强。

第二步是收集组织中最佳绩效方面的数据。开发数据收集手段、收集信息以及分析信息需要大量的组织成员。第三步，组织成员检验这些数据以找到内情（stories）。虽然内情可能很少，但描绘了未来振奋人心且具有潜在价值的宏伟蓝图。从这些内情中，组织成员开发了“可能性主张”——关于超越组织当前的最佳业务，以实现理想中将来组织业务的可能性。这种努力使注意力从“是什么”转向“可以是什么”。第四步，相关的共同利益者聚集在一起以创建未来的发展蓝图，并为了朝该方向改革而设计行动计划。这种蓝图成为“应该是什么”的一种表述。最后，实施那些计划后同样进入行动阶段以及前面所提到的行动调查的评估阶段。当成员促使组织朝蓝图的方向变革时，他们要进行变革、评估变革结果，并作出必要的判断。

第 3 节　管理组织变革

管理变革过程包括激励变革、为组织创造一个共同的愿景、形成政治支持、管理变革过程以及维持变革的动力。

一、激励变革

组织变革必然会导致从已知向未知的变化。由于未来是不确定的，有可能对人们现有的资格、利益和竞争能力产生不利影响，因此，组织成员通常并不支持变革，除非让他们感觉到有非这么做不可的原因。与之相似，组织也倾向于在现有状况下加大投资，而不愿意寄希望于未来不确定的利益。因此，组织变革行动计划的关键问题便是怎样激发组织成员对组织变革进行承诺并参与。如图 12—4 所示，实现这种参与需要注意两个方面，即创造变革的意愿和克服对变革的抵制。其中，如何克服对变革的抵制前面已有论述，这里主要论述组织应该如何创造变革的意愿。

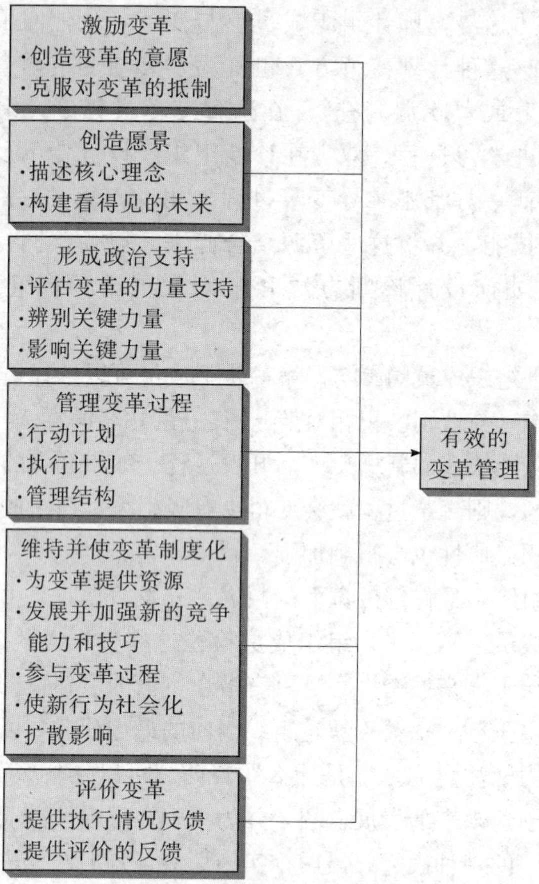

图 12—4 实现有效变革管理的活动

通常，人们和组织只有在受到较大伤害的情况下，才会有进行实质性变革的强烈意愿。下述三种方法将有助于推动组织产生足够的不满意感。

1. 使组织对变革的压力十分敏感

无形的变革压力存在于组织内部和组织外部。现代组织面临着诸如激烈的国际竞争、技术的飞速进步以及市场的全球一体化等各种前所未有的环境压力，这种压力要求组织不断进行变革，以适应环境的变化。来自组织内部的变革压力包括：新的领导、低劣的产品质量、高成本以及过多的员工缺勤和跳槽。在这些压力可以成为变革的契机之前，组织就必须对这些因素保持敏感。

组织可以通过以下方式使自己对变革的压力更敏感：

(1) 鼓励领导者在自己周围任命“魔鬼鼓吹者”；

(2) 构建由不同观点和看法的组织和个人组成的外部关系网络；

(3) 参观别的组织以接受新观念、新方法；

(4) 使用竞争者的发展指标和基准指标等外部标准为绩效标准，而不再使用本组织过去的绩效标准。

2. 揭示现状和理想状态之间的差距

在这种创造感觉需求的变革方法中，人们收集组织运营现状的信息，并与期望状态进行比较。这些期望状态不但包括组织未来的目标和标准，而且包括一个更加美好的未来状态的总愿景。实际和理想状态之间的显著差异可以激发组织成员采取纠正性的变革，尤其在组织成员承诺要实现这些理想的情况下更是如此。

3. 传递变革能够带来的可信的正面效果

毫无疑问，组织成员对组织变革的后果有一个预期，这种预期在产生变革激励方面扮演一个很重要的角色。这种预期能够作为一个自我奋斗的目标，引导人们为他们认为会成功的变革过程努力。如果人们预期变革会成功，他们就可能对变革过程作出更大的承诺，从而为执行变革作出更大的贡献。获得这些积极效果的关键是传递关于组织变革的现实的正面预期。我们也可以教给组织成员关于正面预期的好处，并鼓励他们为变革设立可靠的正面预期。

二、创造一个愿景

领导和管理变革的第二项活动是创造一个组织的愿景。这个愿景表明，组织成员希望组织看起来是什么样或者组织要变成什么样。通常情况下，愿景不但描述了核心价值观和组织瞄准的目标，而且描述了一个变革所指向的可见未来。它为变革设计、执行及评估提供了一个价值导向。通过为成员提供一个共同目标，说明变革是必需的而且是值得努力的、无法推卸的，愿景还能够增强人们对变革的承诺。但是，如果认为愿景是不可能的或者确实是为一项不实现的变革服务，实际上可能会挫伤人们的积极性。

强制性的愿景由两部分组成：一个相对稳定的对于核心意识形态（组织核心价值观和目标）的描述；一个具有大胆目标的可见将来和一个对当前变革可能带来的将来状态的生动描述。

1. 描述组织的核心意识形态

变革愿景的基础就是组织的核心意识形态。它描述了组织的核心价值观和目标，并且这些价值观和目标在较长时期内是相对稳定的。典型的核心价值观包括 3～5 个基本的准则或信念，这些准则或信念经受过时间的考验，并且能最好地代表组织的利益。说到底，愿景描述的是渴望中的未来，但它必须承认组织的历史根源，也必须承认组织内部固有的、过去曾经而且将在以后继续引导组织前行的、有意义的核心价值观和原则。核心价值观不是“曾使用的价值观”，而是正在组织中为成员提供衡量标准的“使用中的价值观”。

组织核心意识形态的真正功能在于它的长期稳定性和它对组织改变自身的帮助。核心价值观能够为战略选择提供终极目标，并表明这些选择是可行的，而其他的方案是不可行的，因为它们违背了组织的真正使命。对可见的将来的设想只有同组织的核心价值观和目标一致，并为其提供支持，才可能让员工感觉义无反顾，产生很强的情感动力。

2. 构建可见的未来

核心意识形态为可见的未来设想提供了依据。核心价值观和目标是组织的稳定方面，因此必须去发现。与之不同的是，可见的未来设想是为即将发生的变革过程服务的，所以必须去创建。可见的未来在复杂性和范围方面的变化依所考虑的变革而定。

典型的可见的未来包括以下能够传达给组织成员的基本要素。

（1）有价值且富于进取的成果。对可见未来的描述通常包括组织或单位期望的具体绩效和个人产出。这些价值化的产出既是变革过程的目标，也是评价成绩的标准。

（2）渴望的将来状态。此要素具体、生动地描述了为实现上述大胆和有价值的成果，组织看起来应该像什么。这是一种充满激情而且迷人的状态，它将把组织成员吸引到为未来努力中来。形成愿景的过程是激动人心的，而且是绝对必要的。而这幅关于将来的画面对于员工的感情方面的影响是巨大的，可以激励他们进行变革。

三、形成政治支持

从政治的角度来看，组织可以看成是由个体的联合体或团队彼此松散地结合起来的。而这些联合体和团队具有不同的偏好和利益。变革组织的努力就会威胁到各个集团之间力量的均衡，从而导致政治冲突和政治斗争。个体和集团会关心变革怎样影响他们之间的力量变化并相应地采取行动。一些集团的势力会削弱，而其他的则会得到加强。这些势力受到威胁的集团将采取抵制措施以维持现状。因此，重大的组织变革往往会产生利益冲突、信息扭曲以及政治混乱。

管理变革的政治动力包括以下活动。

1. 评估变革推动者的权力

首先要评估变革推动者的力量源泉。这个推动者可能是正在进行变革的组织或部门的领导者，也可能是为组织提供专业帮助的组织变革咨询专家。通过对他们的权力基础进行评估，变革推动者能够决定怎样利用这种权力来影响别人支持变革。他们还能够通过评估发现那些需要他们增强权力来源的领域。

2. 辨别关键的利益相关者

在评估自己的权力基础后，变革推动者就能发现那些能从变革中获取利益的重要个人和团队。这些个人或团队包括职能部门、工会、部门管理者和高层管理者等。这些重要的利益相关者可能阻挠也可能支持变革，因此获取广泛的支持以便使某一单个的利益群体阻挠变革的风险最小化是十分重要的。辨别利益相关者可以从下面这个简单的问题——“谁会因变革而获益或受损”——开始。一旦辨别出了利益相关者，绘制一幅对他们的影响图就很有用。这幅图显示出利益各方之间的相互关系、谁对谁有影响、各方的利益是什么。这就能够给变革推动者提供一些信息，知道需要对哪些人和集团施加影响，以使他们接受并支持变革。

3. 影响利益相关者

这指的是获得这些关键利益相关者的支持，以激励那些具有决定性意义的人支持变革。在组织发展过程中用权力来影响别人的主要策略至少有三种：直截了当、使用社会网络和绕过正式的系统。

直截了当策略是组织发展过程中使用最广泛的权力策略，这种策略需要确定特定利益相关者的需要，并给他们提供相关的信息，使他们能了解到变革会给他们带来什么样的好处。

第二种权力策略（使用社会网络）与组织发展的内在联系不强。这种策略包括：与别的有势力的个体和集团形成联盟或联合，直接与关键决策者交往，以及通过各种正式、非正式的接触来获取信息。在这种策略下，变革推动者努力通过他们的社会关系来获取人们对变革的支持（见图 12—5）。

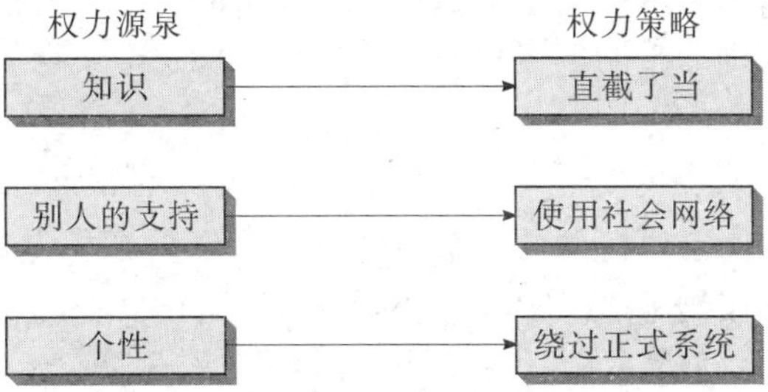

图 12—5　变革推动者权力的源泉和策略

组织变革中用得最少的一种策略可能是绕开正式系统的权力策略，它要求有意地规避组织的正式结构和程序以实现变革。现存的组织安排可能成为变革的拦路虎，绕过这些障碍可能会比花费时间和精力去改变它们更为有效。如图 12—5 所示，这种策略强烈地依赖于建立在个性基础上的权力。变革推动者的天赋、声誉和职业信誉能使得绕过正式系统合法化，并能够减小负面报复的可能性。

四、管理变革过程

推行组织变革必然要求组织从现有状态转化到渴望的将来状态。这种转化不会立即发生，相反，如图 12—6 所示，它需要一种过程状态。在这个过程中，组织必须学会怎样去满足实现渴望状态所需要的条件。

图 12—6　过程状态的组织变革

组织行为学专家贝克哈德（Beckhard）和哈里斯（Harris）指出，这种过程中的状态可能和组织的现状差别很大，因此可能需要特殊的管理结构和管理活动。他们提出了三种便于组织过渡的主要活动和机构：活动计划、承诺计划和变革管理结构。

1. 活动计划

这就好比为变革绘制一幅行程图，列举出为保证变革成功所必须进行的特定活动和事件。活动计划必须清楚说明每个变革任务，并排列实施的时间，还要把这些变革任务整合起来。同时，还必须把这些任务和组织变革的目标结合起来，并根据变革目标确定它们的优先权。活动计划还应该获得高层的批准，经济上必须是可行的，而且在变革过程中可随着反馈信息不断进行调整。

活动计划的一个重要特征是，与变革计划的实施相比，其愿景和渴望的将来状态可能概括性十分强。因此，填充一些中间目标作为活动计划的一部分是十分必要的。这些目标代表了组织当前状况和期望的未来状况之间的中间状态。它们为变革提供了更具体、更可控的措施和标准。活动计划可以使用中间目标来为组织成员提供他们所需要的对未来的指引和保证。

2. 承诺计划

这种活动包括识别出那些其承诺对变革的发生十分重要的关键的人和集团，以及为获得他们的支持作出系统安排。尽管承诺计划通常是前面所述的寻求政治支持的一部分，但是仍然应该在变革过程的早期拟定专门的计划，并用它来发现关键的利益相关者和取得他们的承诺。

3. 变革管理机构

由于组织变革倾向于模棱两可、缺乏方向，有必要建立专门的机构来管理变革过程。这种机构应该包括有权调用资源来促进变革的人。可供选择的管理机构包括以下几种：

（1）最高领导管理变革工作。

（2）暂时任命一位项目管理者来协调变革过程。

（3）正式建立一个组织机构来协助组织的正常运行和管理变革工作。

（4）参与变革的各机构代表联合管理变革工作。

（5）选择受变革影响的大多数人信任的原有领导管理变革。

（6）代表不同职能部门和不同层级的交叉小组管理变革。

（7）首席执行官信任和依赖的“咨询内阁”管理变革工作。

五、维持变革的动力

组织变革一旦开始，就必须特别注意维持变革所需要的精神动力和承诺。下述五种活动有助于为变革提供动力并使之制度化：为变革提供资源、为变革推动者建立一个支持系统、发展新的技能、强化新的行为、维持变革过程。

1. 为变革提供资源

组织变革通常需要额外的财力和人力资源方面的支持，尤其是在组织努力变革自身时仍坚持正常运营的情况下。这些额外的资源是训练、咨询、数据收集和反馈以及专门会议之类的变革活动所需的，它们还有助于为变革期间的绩效下降提供缓冲。组织可能会严重低估变革过程所需要的专门资源。毫无疑问，重大的组织变革需要相当多的管理时间和精力，肯定也需要顾问的帮助。在资本和运营预算之外做一个单独的“变革预算”，能够突出这些资源的用途——训练成员换一种行为方式、评估变革的进展以及对变革项目进行必要的调整。除非得到这些额外的资源，否则就很难进行有意义的变革。

2. 为变革推动者建立一个支持系统

组织变革可能会遇到很多阻碍，进展困难，而且充满了变革推动者和参与者之间的对立和紧张。变革推动者必须从感情上支持组织成员，而他们自己却得不到什么支持。为了应对由此产生的紧张和孤立，变革推动者就有必要建立他们自己的支持系统。这个支持系统中的人们能够为变革推动者提供感情依托并充当观念和问题的“回音壁”。例如，组织变革咨询人员常把信得过的同伴当做他们的“影子顾问”，来帮助他们分析解决顾客的问题或者提供观念和感情上的支持。

3. 发展新的技能

组织变革通常需要员工具有新的知识、新的技术和新的行为方式。很多情况下，只有当组织成员获得了新的技能，变革才有可能进行。例如，实现变革过程中的员工参与就经常需要管理者学会新的领导方式和新的问题解决方法。变革推动者必须保证这种学习行为得以发生。他们必须提供大量的学习机会，例如，传统的培训、现场咨询、现场训练和实验模拟等，来协助管理者和员工获得组织变革中所必需的技能。

4. 强化新的行为

在组织内部，人们通常只做那些能够给他们带来期望结果的事。因此，维持变革动力的最有效的手段之一就是强化变革所需要的新行为，把正式的报酬同期望的行为直接联系起来。期望的行为可以更多地通过非正式的承认、鼓励和表扬来加以强化。人们在变革过程中通过早期的成功所得到的内在激励可能和正式的报酬体系是同样重要的。早期取得的重大成功能够让变革参与者对他们及其行为感觉良好，从而强化变革的驱动力。

5. 维持变革过程

变革需要时间，而且许多变革在财务和组织上的利益往往落后于变革的执行。如果组织在一个变革得到充分执行前就再次匆忙变革或者放弃，预期的结果就可能永远也不会实现。管理者不能专注于执行某一变革的主要理由有两个：首先，许多管理者不能预料到执行变革时的绩效、生产力和满意度方面的下降。其次，许多管理者由于想要实施随后的另一个更大的想法而无法专注于某一变革。成功的组织变革需要有毅力、不轻言放弃的领导（参阅知识库12—5）。

【知识库12—5】 **组织变革的八项原则**

约翰·科特在1996年出版的风靡商界的《领导变革》一书中，提出了组织在进行变革时所必须遵循的八项重要法则。

(1) 增强每个人都意识到需要变革的紧迫感；

(2) 建立一支有力量的指导团队，以推动即将到来的大规模变革；

(3) 确立正确而鼓舞人心的战略目标；

(4) 进行更大规模的沟通，以使人们认同这种变革；

(5) 更多的授权，以使更多成员能够采取行动；

(6) 取得短期成效，以稳固人们对于变革的信心；

(7) 拒绝松懈，推动进一步向前；

(8) 将变革作为一种新的行为规范与企业文化固定下来。

□ 小　结

全球化的经济使得现今的组织更多地面临变革的压力，并且已经成为管理人员的日常事务。而组织中常见的变革阻力主要来自组织中的个人和组织本身。克服阻力的措施包括理解员工、加强沟通和参与管理。

变革的理论描述了如何为提高组织效率而采取必要的措施来调整战略、结构和程序。本章介绍的比较著名的变革模型有卢因变革模式、行动调查模式和新行动调查模式。

变革推动者在计划和执行变革时必须开展的活动如下：第一步是激励变革，在这里必须克服组织成员对变革的抵制，创造一种乐于变革的气氛。第二步是创造一个基于组织核心意识形态的共同愿景，这个愿景描述了一个由大胆设想的、有价值的产出构成的可见未来和一个描述生动的渴望的未来。第三步要求变革推动者为变革寻求政治支持。为此，他们首先必须评估自己的权力来源，然后识别出那些必须得到其支持的利益相关者并设法取得他们的支持。第四步是管理好组织从当前状态向预期状态转化的变革过程。在此必须为变革设计好一幅“行程图”，计划好怎样赢得对变革的承诺，同时还要求为变革构建特别的管理结构。第五步是为变革提供持久的动力以确保变革能够进行到底。为此需要为变革项目提供资源、为变革代理人建立一个支持系统、发展新的技能、强化执行变革所需要的新行为并且维持变革过程。

□ 复习题

1. 为什么要进行组织变革？
2. 组织变革有哪些阻力？如何消除？
3. 变革失败的原因有哪些？
4. 比较卢因变革模式和行动调查模式的不同。
5. 如何有效地激励变革？
6. 试论述如何有效地管理变革。

□ 技能训练

变革视窗

1. 从矩阵1入手，回顾变革的必要性因素。
2. 接下来填写矩阵2，汇总变革所带来的好处。
3. 在矩阵3中，列出对变革的保留意见和问题。
4. 最后在矩阵4中，分析人们更喜欢当前形势的原因。

尽可能与您的小组一起完成矩阵。

当前形势	期望变革
❹当前形势所取得的优势、正面影响和收益。	❷变革可能带来的优势、正面影响和收益。
❶当前形势所面临的风险、不利因素和缺陷。	❸变革所面临的风险、不利因素和缺陷。

说明：1. 矩阵1和2的影响可能超过了矩阵3和4，因为人们更拥护变革。当您在以上每个矩阵中填写了内容后，问一下自己：“要取得变革成功，需要在哪些方面做更多的工作？”

2. 变革视窗的其他用途：

（1）作为对变革进行权衡透视的一种描述性分析工具；

（2）作为一种指导性方法，帮助人们从更全面的角度来分析变革。

资料来源：墨里·希伯特、布鲁斯·克莱特：《图解领导百科》，154页。

□ 行为测量

领导方式

本问卷的目的是帮助你了解在一个组织内对变革的支持或反对的程度。请根据它与你目前正在工作的或曾经工作的组织的情况的符合程度进行回答。请在每个项目后面的等级表中圈上你认为合适的数。

不对	通常有些 不对	不对	中立	对	通常有些 对	对
1	2	3	4	5	6	7

价值观与看法

1. 组织上下所有的人拥有共同的价值观或看法吗?

1　2　3　4　5　6　7

变革的历史

2. 该组织有没有顺利实施变革的好的成绩记录?

1　2　3　4　5　6　7

合作与信任

3. 在全组织上下是不是有许多合作与信任（而不是敌意)?

1　2　3　4　5　6　7

文化

4. 该组织的文化是否支持冒险（而不是受官僚机构和规定的束缚)?

1　2　3　4　5　6　7

适应力

5. 人们有能力应对变革（而不是由于近期的令人不安的变革而变得筋疲力尽）吗?

1　2　3　4　5　6　7

惩罚与奖励

6. 该组织奖励参与改革努力的人（而不是巧妙地惩罚那些从其他工作拿出时间参与改革的人)?

1　2　3　4　5　6　7

重视程度与地位

7. 当实施变革时，人们还将保持原来的受重视程度和地位吗（而不是由于变革失去了尊敬和地位)?

1　2　3　4　5　6　7

现状

8. 改革会是温和的吗（而不是造成绝大部分现状的改变)?

1　2　3　4　5　6　7

解释

虽然1，2，3应该被认为是低分，4，5是中等范围的分，6，7分是高分，但这些只不过是数字。一个人的“5”分可能是另一个人的“3”分。其价值在于理解人们对这些分数所赋予的含义。

一般来说，低到中等分数应该成为人们关注的理由。较低的分数表明，抵制变革的土壤很肥沃。

价值观与看法

低分表示价值观可能冲突，个人和团队可能没有看到共同的基础。这种情形十分严重，而且几乎可以保证对任何重大变革都存在抵制，除非人们学会如何建立一套共同的价值观。相反，低分也可能表示存在沟通方面的问题。在一些组织，价值观和看法一直是保密的，人们不知道公司朝什么方向发展。虽然这种沟通上的问题需要解决，但它并不表明有更深的抵制的可能。

变革的历史

低分表示变革遭到巨大力量的抵制的可能性极大。那些想变革的人需要一再证明他们这次是认真的。人们往往容易持怀疑态度，所以坚持将是十分关键的。

合作与信任

对于低分应该认真考虑。如果没有一定程度的信任，想建立对变革的支持也是很难的，信任的反面是恐惧，所以低分表示不仅没有信任，而且存在恐惧。

文化

中等到低分表示即使人们支持变革，也很难进行这项变革。它们说明组织的系统和程序妨碍变革。主张变革的人必须愿意考察这些更深层的体系问题。

适应力

低分大概表示人们已疲惫不堪。即使他们看到了变革的需要，也可能没有多大劲支持变革努力。应该问两个重要的问题：

- 此时这个变革真正必要吗？
- 如果是真正必要的，组织能够如何支持人们，以免该变革造成重大中断？

惩罚与奖励

低分表示潜在的抵制很强。哪一个头脑正常的人会支持他们知道会对他们有害的东西呢？如果调查对象的看法是准确的，变革负责人应该找出把变革推向前进的方法，并找出使其他人受益的办法。如果低分表示的是一种错误概念，变革负责人应该让人们了解他们为什么信息不准确。这个信息将需要反复交流（特别是在信任度也低的情况下）。

重视程度与地位

低分表示变革负责人必须找到使之成为双赢的情形。

现状

低分表示人们认为潜在的变革会造成很强的破坏和带来很大的压力。人们参与变革过程越多，他们对变革感受的抵触越小。通常情况是，当人们感到失去控制时，往往会抵制变革。

资料来源：唐·荷尔瑞格、小约翰·W·斯劳卡姆、理查德·W·渥德曼：《组织行为学（第二版）》，485～487页。

□ 案 例

京汉集团的管理变革

一个周一的上午，在北京京汉集团会议室里，在进行由 30 名高级、中级管理者参加的集体考核，这是企业搞的一次公开竞聘上岗，亲戚、高管、外聘人员一视同仁，同时参加考核，考核形式为技术知识、业务能力。结果可想而知，参加考核的高层、中层领导共 30 人中，淘汰了 13 人，这 13 人无一例外都是跟随企业创业起家的元老和亲戚。通过这次考核，家族性质彻底改变。

创办于 1997 年的北京京汉集团和所有发展中企业一样，经历了初创期、资本积累期，进入发展期。这三个历程走过来，变化最大的就是家族性质彻底扭转，继而经理职业化。对于企业来讲，每一次变革都是一次成长，但对于董事长田汉来说，变革是在痛苦的情感与事业交融中进行的。

一、创业稳定后首先面临的问题是管理

1996 年，京汉集团的前身——京汉装饰公司诞生了。当时的田汉刚刚从安稳的机关辞职，靠着费尽心思东挪西借凑齐的 50 万元注册资本，聚集了几个亲戚，成立了公司。可以说，一没资质，二没人才，三没资金。田汉做的第一件事是为自己的公司制定了第一个五年计划：到 2001 年把公司发展成一个能与大公司抗衡的三级以上资质企业；资产要达到千万元。其实现在看来，当时的目标定得太低了，但对于当时的田汉而言，可谓天文数字。凭着这样一种坚定的信念和永不言败的思想，经过 5 年的时间，到 2001 年已先后承担了几十项共十余万平方米建筑面积的施工，注册资本也从 50 万元增加到 1 550万元，2000 年取得“二级资质”，并通过了 ISO 9001 国际质量认证体系，期间还成立了京汉建材公司。企业逐渐摆脱了开展业务的困难期，慢慢走上运行正轨。

对于民营企业来讲，在规章制度逐渐健全后比较关注员工的忠诚和职业道德。职业道德很重要，因为在这方面的教训确实不少，用自己的人格去感染人只能感染有道德的人，如果不慎录用无德的人对企业影响会非常大。企业发展起来后，一个很突然的打击给田汉留下了创业以来最深刻的印象，也成了田汉最大的教训：集团公司下边曾有一个规模比较大的美食城，从基层提拔起来并在企业做了 5 年的美食城总经理有一天突然携款离去，给企业造成了很大的影响。是这位总经理本身的原因，还是有什么更深层次的原因呢？当时美食城跟国有企业合股，在管理上还存在国有企业的特点，但美食城的性质属完全责任制，只要上交总公司的任务完成了，超出的利润就归自己。待遇如此丰厚，他怎么还会卷款离去？田汉唯一的解释，要么是人事管理体制的问题，要么是职业道德的问题。

面对出现的问题，田汉意识到企业发展已经不可以用传统的人事管理方法来处理现代人事管理，需要引进一套完善的、科学的、行之有效的人事管理机制，也不是自己来选定各级的管理人员，而需要专业的人事管理经理来对全公司的人事活动进行全方位的系统化的规范。即采用现代的科学人力资源概念，聘请专业的人力资源管理人员势在必行。

二、公开竞聘，一次性淘汰家族成员

紧接着，家族企业不可避免的管理问题开始明显：建筑装饰公司里有所有的家族成员，舅舅、姨、亲戚、老乡等，自恃与老板“有关系”的优越感给公司正常的管理制度造成了不便。有一个建筑项目总工程师手下的钢筋捆扎班长是田汉的亲戚，在施工过程中不按照施工工艺执行，而且不服从管理，还辱骂了总工程师。碍于总经理的亲戚关系，总工程师很难坚决地按正常的施工工艺进行管理。一个是事关工程质量乃至公司管理制度，一个是自己的血缘亲情，在这样的抉择面前，田汉果决地辞退了那位不服从施工管理的亲戚。同时，他也警觉地意识到，员工队伍中这种“皇亲国戚”的思想会成为公司管理工作中的很大障碍，进而一个调整公司人事任用制度的想法也在心中开始酝酿。要彻底打破家族式企业的管理模式，尽快完善一套适应社会发展的现代化企业的管理模式。

2001 年下半年，为改善越来越不适应的家族式管理方式，田汉忍痛果断采取了一个自企业成立以来比较大的变革：京汉集团 30 名高管、中级领导参加了以技术知识、业务能力为主的集体考核，这是企业搞的一次公开竞聘上岗，亲戚、高管、外聘人员一视同仁。结果可想而知，参加考核的高层、中层领导共 30 人中，淘汰了 13 人，这 13 人无一例外都是跟随企业创业起家的元老和亲戚。通过这次考核，家族性质彻底改变。

然而一石激起千层浪，13 名和田汉共同创业的元老和亲戚被剥离了工作岗位，这让他们在感情上接受不了。“当初信誓旦旦说同甘共苦，可是现在公司发展起来了，就忘恩负义、卸磨杀驴、过河拆桥、以怨报德、翻脸不认人、吃饱了杀厨子”。中国自古就对这种背信弃义的人有着丰富的词语描绘。这些人几乎动用所有可以动用的关系包括田汉的母亲，以改变田汉的决策。但血肉亲情和公司前途，田汉还是义无反顾地选择了后者。

然而，家族企业的转变是很痛苦的。人毕竟是有感情的，处理家族人员也确实是一个艰难的过程，坚持公司的改革政策这是原则，不可动摇。处理亲朋的亲情就变成了艺术。

被裁掉的亲戚又在各种方式无果的情况下，对田汉采取了感情孤立政策，“你无情我们就无义”，自此以后所有的亲戚都拒绝与田汉有任何往来，尤其是舅舅姨妈这一系，誓与田汉老死不相往来。这种情况用人力资源是解释不清楚的，也不能用企业要发展来说服家人，只能用“情”一个个去打动，最后，田汉还是用两个方法化解了这场矛盾：安抚：“一次性安抚”直系亲属，用资金作为补偿；安置：对一部分不适应发展但略有能力的人出资在河北老家投资建了一个建材超市，以承包的方式承包经营，最终解决了矛盾。

三、规范企业财务管理

2002 年初，看到家族的人员都被裁掉，在企业做财务总监的总经理太太坐不住了，自己找到田汉去质问：“是不是也要把我裁掉？”田汉以企业发展需要专业的人才、现有的知识已不能适应工作、现在走的原因是将来要重用为由，把自己的爱人送到工商管理学院去脱产学习系统的管理知识。财务总监一职换上了新招聘的注册会计师。

在田汉看来，民营企业更应该规范财务管理，企业发展起来以后就不能再依赖家族财务的形式，聘请外人管理财务虽然有一定风险，但是“难以驾驭”的财务管理风险更大。比如，企业财务有家族人员参与时，管理的执行力度上不去，上班迟到怎么记考勤？在处理时首先要考虑的是她是董事长的家人，结果可想而知。这只是小错误，等犯了大错误又怎么办？她的上级会碍于情面帮助隐瞒。这样一来隐患越积越深，风险就越来越大，对规范制度很不利。只要企业内部管理制度、监督机制健全，聘请谁来做会计师都能做到有规范。现在整个财务管理中心全部是重新招聘的人员。

这次变革结束后，田汉给公司制定了一条严格的制度：中高层管理人员不允许介绍自己的直系亲属进公司。

四、以高年薪和股权引进职业经理人

家族企业的问题解决后，中层领导需要补充。田汉意识到，现代企业管理就是人的管理，管企业有多难，管人就有多难。人力资源管理成功，发展起来就比较顺畅。人管不好，企业就不能谈发展了。所以，管好人是企业发展的一个必要条件。

为了更适应企业发展，人力资源规范化成了田汉追求的目标。2002年2月，北京京汉企业集团成立了人力资源管理中心，采取各公司的人力资源工作由总部统一协调、管理，并用“高薪十股份”引入了有8年外企工作经验的HRD吕雪峰，开始了企业二次创业的关键性阶段：规范人力资源管理，并把企业的人力资源提升到战略高度。

在此之前，京汉企业内部还没有专门的人力资源部门，人力资源也是从无到有，从不理解到刚刚理解，又从理解上升到重要性。以前人力资源大多数还是依赖老板自己，行政部门只停留在发工资、招聘方面，整个发展方向也比较模糊，只限于一种应付的方式，勉强能满足企业发展需要，基础工作也比较薄弱，比如招聘流程、相应的表单也实行的是粗放的形式。因为田汉已经意识到在企业发展过程中人力资源工作的重要性，所以，从最初的行政部变成了人力资源行政发展中心，整个企业人力资源与企业发展速度开始互为促进，人力资源就被提到了一个高度。

五、管理制度“变脸”

刚从日企到民企的吕雪峰道出了加盟企业的原因：想找到自己能充分发挥能力的空间，因为民企人力资源的走向、人员架构的形成等都需要开创性地进行。民企和日企在管理思路上虽然有很大差别，但是外企很多好的管理思想还是能带进民企的。吕雪峰发现，民企的机制虽然很灵活，但还存在国企控股的成分，比如在设计表单、发通知方面还是“同志”的称呼。他意识到不是所有的东西靠文化就能统一起来的，为了更好地开展工作，进企业后就到各个公司去沟通，随后开展规范的流程，改善工作表达方式。在老板的支持下，2002年下半年京汉的所有制度由集团公司的人力资源部制定，再下发到各分公司。每项制度出来后要首先发到公司的高层手中，大家根据各公司的具体情况提出建设性的意见，意见收集到总公司后经过讨论确定最后的执行方案。

实施目标管理：总结各部门当月的工作、完成的情况，制定下个月的工作计划，等等。

沟通：从2003年1月开始，沟通也形成了固定模式：每三个月各分公司经理要向总经理述职；每季度各公司的部门经理要在固定的时间向经理述职；董事长要完成每月一次和部门经理见面。

会议制度：以前是因为需要才开会，没有一个固定的模式，现在企业的高层每月6日召开高层管理会；每月至少一次部门经理会。会上基本要讨论两方面问题：一是工作的执行情况；二是针对沟通上出现的问题加以协调。部门的例会邀请人力资源经理参加，及时贯彻落实集团公司的意见。

奖励制度：为鼓励员工的积极性，企业设立了"建议奖"，如果员工提出对企业有建设性的意见经过上级审核后，会得到不同额度的奖金和有老板签名的荣誉证书，一等2 000元，二等500元，三等100元，这些都会在内刊上显示出来。

培训制度：配合企业的发展目标制定了比较完善的培训制度。根据不同行业制定了培训计划，每年根据企业情况修订一次。建立员工晋升的培训手册，支持中层管理者参加各种学历进修班，并报销一定的费用，定期组织高级人才的外派培训等。

团队活动：为增强员工凝聚力，企业成立了羽毛球队、足球队，每月都有活动，还不定期参与外界的比赛活动。

内部客户体系：集团和公司之间、部门和部门之间是一种服务关系，定期做客户满意度调查。上级和下级沟通抱着一种亲和的态度而不是领导视察，消除国有企业的官僚主义思想。

监督机制：总公司的行政部门监督分公司的行政部，总公司的人力资源部监督分公司的人力资源部。当某项制度执行不下去时，就要审视制度是否可行。如果问题不是出现在制度上，就根据实际情况去改。如果制度执行不下去的原因是某个部门或某个职工的抵制，就从人事上采取措施；如果执行力度不够，也不是制度本身有问题，就在部门采取处罚的方式。

六、统一制度的原因是原来的制度有问题

之所以现在制定的制度如此详细，原因是原来的制度有问题。比如原来的制度是采取单页下发的形式，如考勤制度、绩效考核曾出现分公司与总公司背道而驰的现象，即在一个集团公司工作的员工会出现两个标准，服从集团的标准就要违反公司的标准，服从公司的制度就有违集团的标准。出现了问题在管理上就出现了纠纷。基于这种背景，京汉集团用半年的时间重点做了制度统一。

据了解，京汉集团公司的规章制度7年来共规范了3次：1997年企业初创期制定的是"京汉规矩"；2000年制定了京汉"管理制度汇编"；2002年底至2003年6月制定了"规章制度"。每次规范之前都要做大量的工作。从制度更换可以看出，京汉发展的速度一直在赶超自己制定的年度规划，为顺应市场发展，企业的管理制度也在不断修改。田汉解释说，制度的变革也是为了稳定，稳定是为了更好的发展，企业要随着市场经济的不断发展而调整管理制度，制度随着企业不断的发展要适应调整。

七、用一个很"土"的企业文化，力求用更直接的办法贯穿到各层级

民营企业的特色就是实干，用田汉的话讲，我们有一个很土的企业文化和道德标准，如"你想如何待别人，别人就会如何待你"，用很简单的语言把企业文化贯穿到公司不同的层级，员工都能一看就懂，记得住，企业的目的就达到了。如果把企业文化加入更多的哲理搞得很复杂，我们能看得懂，员工是否能看得懂？看不懂又怎么去理解？因为员工不见得一来到企业就能跟企业的价值观统一，光靠说是不够的，还要把他的个性与企业的价值观融合在一起。不能改变员工的过去，但是一定要改变他的思想。所以，企业的制度与文化是相互衔接的。

在企业文化里，京汉倡导“无功就是过，平庸就是错”。如果人才到企业后既无功劳又无过错，一板一眼做得平平常常是不行的。即使“平地高一寸”，也比平地强。

另外，董事长记得每个人的生日，在生日当天会发出一张贺卡，这不是一张普通的贺卡，而是一张“督促卡”，董事长把自己的期望值写在上面，员工在哪些方面还存在缺陷也会很含蓄地提出，以督促员工成长。

八、建立以集团为中心的管理制度，调整企业价值观

2003 年，企业进入快速发展期，京汉已发展成为集房地产开发、建筑装饰、物业管理、建材贸易、金融担保服务、文化艺术等业务为一体的现代化公司。京汉集团凭借雄厚的资金实力、传统东方哲学和西方先进管理理念，采取产业与资本有机结合的经营方式。企业原来的价值观是客户、员工和社会，经过近半年的总结调整又加入了企业，就成了“客户、企业、员工、客户”，共同繁荣的目标成了企业的核心价值观。企业的精神是“团结协作，坦诚促进，追求卓越，永不言败”，实际上，企业精神从企业创办就一直没变，沿用至今。

在京汉集团大会议室的半面墙上，醒目地挂着红底黄字的毛主席语录，这也是田汉一直信仰的企业精神。“这个军队具有一往无前的精神，他要压倒一切敌人，决不被敌人所屈服。不论在任何艰难困苦的场合……”

刚刚告别前一个五年计划的京汉现在又开始了新的十年计划。但是，变革后的管理方案能否真正适应并促进企业发展，值得拭目以待。

资料来源：师至洁：《一个民营企业的变革历程》，http：//blog. sina. com. cn/s/blog _ 473d57b3010004nb. html，2006－08－16。

思考题：

1. 你如何看待京汉集团的变革？
2. 京汉集团的变革对中国民营企业的改革有何启示？

第13章 组织发展

本章重点

- 组织发展的定义和过程
- 组织诊断的模型与步骤
- 人类过程干预技术
- 技术结构干预技术
- 人力资源管理干预技术
- 战略干预技术

引例

波士顿咨询公司（BCG）成立于1963年，是一家全球性管理咨询公司，目前在全球43个国家设有78家办公室。BCG是世界领先的商业战略咨询机构，客户遍及所有行业和地区。BCG与客户密切合作，帮助他们辨别最具价值的发展机会，应对至关重要的挑战并协助他们进行业务转型。在为客户度身定制的解决方案中，BCG融入对公司和市场态势的深刻洞察，并与客户组织的各个层面紧密协作，从而确保BCG的客户能够获得可持续的竞争优势，成长为更具能力的组织并保证成果持续有效。

BCG的6 200名咨询顾问来自各行各业，拥有非同一般的背景。他们拥有各类学科的文凭，其中包括商业管理、经济学、生物化学、工程学、心理学、文学和法律等专业。BCG非常重视每个人的独特才能并加以合理使用。

BCG的团队通常由勤于思考、充满干劲的毕业生和具备多年行业或职能专业知识的专家组成。虽然BCG的咨询顾问对于特定行业与职能有着深厚的知识积累，但实质上他们都是通才，对所有商业问题都保持着旺盛的求知欲并非常乐于分享他们的观点和经验。

不论工作年限和侧重点，BCG咨询顾问始终致力于帮助客户，并以饱满的热情投入到变革活动中。BCG的客户包括全世界许多最具雄心的组织，其中许多企业跻身全球500强行列。同时，BCG还为中型企业、非营利组织以及政府机构提供咨询服务。BCG与大多数客户建立了长期的合作关系。BCG的工作涉及提升竞争优势和绩效的所有问题。

例如，BCG帮助客户：

- 制定业务和增长战略；
- 从股东总回报的角度管理其业务组合；
- 通过并购和兼并整合重塑其业务；
- 创建并执行战略，以获得全球优势；
- 建立相互协作的高效率组织；
- 通过精简层级、提升资产生产率以及基于时间的竞争等方法，提升工作效率和生产效率；
- 在营销、定价和供应链管理等方面建立世界一流的能力；
- 设想并构建未来的IT组织；
- 在不断变化的市场中，更好地了解其客户、供应商和竞争对手；
- 收获创新成果；
- 协调企业与社会的关系，帮助制定和实施制胜战略，以获得可持续发展的能力以及良好的社会影响；
- 利用员工的力量，将优势发挥到极致。

上述举措的共性是规模、范围和影响，这些举措能为企业带来根本性的改变并大幅提升客户的竞争地位。

BCG在管理思维和实践领域的众多问题上始终保持领先地位，其中包括全球优势、价值管理、可持续性以及网络等。BCG为看到BCG的理念得到成功实施而深感自豪。许多与BCG保持着最深厚客户关系的企业成功地转变了其所在的行业。转变企业和行业是BCG的传统，直到今日仍不断激励着BCG继续前进。

BCG在大中华区已运营了20多年，并分别设立了北京、香港、上海和台北四个办公室。BCG的客户是来自于各个行业领域的跨国公司或本土企业。BCG利用国际最佳实践和本土经验及实战技术，帮助它们制定业务战略。

资料来源：改编自BCG官方网站。

BCG作为全球性管理咨询公司在中国业务的迅速扩展，说明我国企业对管理咨询的需求增长强劲。本章论述作为管理咨询主要分支之一的组织发展，着重介绍组织发展的各种方法和技术。

第1节 组织发展过程

所谓组织发展（organizational development，OD），是指全面应用行为科学的知识与技术，有计划地变革与开发组织的战略、结构、技术、人员和文化等，以提高组织有效性的过程。值得强调的是：

（1）组织发展应用的范围覆盖整个系统，如一家公司或工厂、一个部门或群体等；

（2）组织发展的基础是行为科学的知识与技术，如领导、群体动力、工作设计、组织设计等；

（3）组织发展涉及组织变革的引发与维持；

（4）组织发展致力于战略、结构、技术、人员或文化等因素的变革，但不同的组织发展项目的侧重点有所不同；

（5）组织发展的焦点是诊断、解决组织遇到的各种问题，并注重提高组织自身解决问题的能力；

（6）组织发展的目的是提高组织的有效性，有效的组织不仅组织绩效高，而且员工的工作生活质量（quality of work life）也高。

本章论述组织发展的过程，介绍组织发展的各种技术（见图 13—1）。

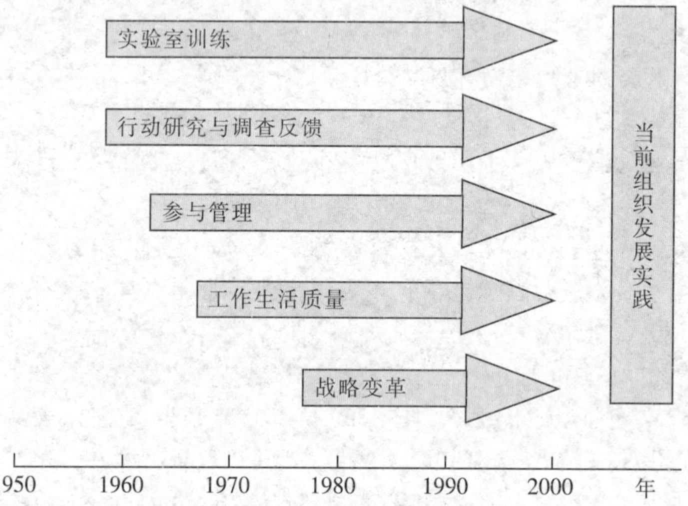

图 13—1 组织发展的历史

组织发展包括以下几个阶段。

一、进入和签约

进入（entering）和签约（contracting）是组织发展过程的第一步，内容涉及界定组织问题的性质、建立良好的合作关系。

1. 确定合作关系

组织发展过程一般始于某一组织的成员和 OD 专家进行接触，希望专家能够帮助解决组织遇到的问题。组织成员可以是管理者，也可以是普通员工。OD 专家通常是外部顾问，也可以是内部专业人员。双方能否建立 OD 合作关系，涉及的主要问题有：

（1）弄清组织的问题。组织决定寻求专家的帮助，常常是由于自己解决不了遇到的问题。其中，有些问题如缺勤增加、人际冲突增多等比较具体，有些问题如竞争加剧、环境变化等比较笼统。OD 专家需要通过短暂调查或访谈初步弄清问题的性质（如是领导方式存在问题，还是组织结构存在问题）。对问题的深入分析与解决是下面几个阶段的任务。

(2) 确定相关人员。如果问题仅限于某一部门，参与 OD 项目的相关人员就是部门经理和其他成员。如果问题涉及整个组织，各个部门的领导和高级主管可能都是相关人员。通过和相关人员的初步接触，OD 专家大致能够判断问题的性质。

(3) 选择 OD 专家。聘请 OD 专家时，除了应该考虑专业知识、解决问题技能、人际沟通能力，还需留意其咨询经验。

2. 签订正式合同

双方达成合作意向后，一般要签订书面合同。合同的内容应包括双方的权利与义务、项目完成的时间以及应注意的问题（如保密）等。

二、组织诊断

诊断（diagnosis）是指评估组织当前的状况，为制定变革措施提供必要信息的过程。

尽管诊断一词常常意味着发现问题，但是 OD 诊断不同于医学诊断，后者结束后开出药方，前者强调组织成员和 OD 顾问的合作过程，即双方一起收集信息、分析信息并得出问题的结论。下面先介绍各种诊断模型。

（一）群体水平诊断

群体水平诊断是指对部门、小群体或团队的诊断（见图 13—2）。下面从输入、设计要素、输出和匹配四个方面来说明。

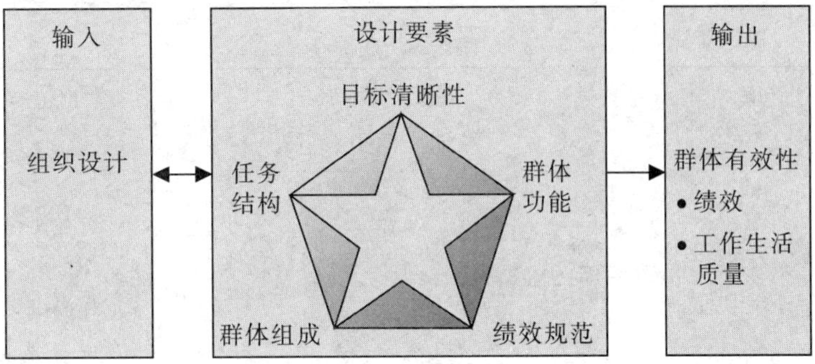

图 13—2　群体水平诊断模型

1. 输入

组织设计是群体设计的主要输入。其中，核心活动系统决定着群体任务的性质，结构系统影响着群体之间的关系，人力资源与测量系统影响着团队的功能。

2. 设计要素

群体具有五种设计要素：

(1) 目标清晰性（goal clarity），是指目标是否具有中等难度，测量、监控目标完成情况的方法是否完善，群体成员是否都清楚群体的目标。

(2) 任务结构（task structure），是指群体任务的设计状况，包括成员之间的协调和执行任务行为的调节两个维度。前者涉及群体任务的分派，后者涉及群体如何控制任务的完成。

（3）群体组成（group composition），是指群体成员的状况，如年龄、受教育程度、经验、能力、技巧等。

（4）群体功能（group functioning），是指群体成员之间的关系状况，如是否相互信任、团结协作。

（5）绩效规范（performance norms），是指群体成员关于如何完成任务以及绩效应达到何种水平的共识。

3. 输出

群体有效性包括绩效和工作生活质量两个维度。绩效根据群体成功地降低成本、增加产量、提高质量等的能力来测量，工作生活质量涉及工作满意、群体凝聚力和组织承诺等。

4. 匹配

群体设计应当和组织设计相匹配。例如，如果组织结构的差别化低、整合性高，群体应当由技能高超、经验丰富的成员组成，以完成高度独立的任务。又如，如果组织设计的核心活动系统使任务相互独立，群体成员的协调应当由任务结构、群体组成、绩效规范和群体功能等来促进；如果核心活动系统的不确定性高，任务结构、群体组成、绩效规范和群体功能等应促进自我调节。

（二）个体水平诊断

组织诊断的最低水平是个体的工作或职位。下面从输入、设计要素、输出和匹配等方面来分析（见图 13—3）。

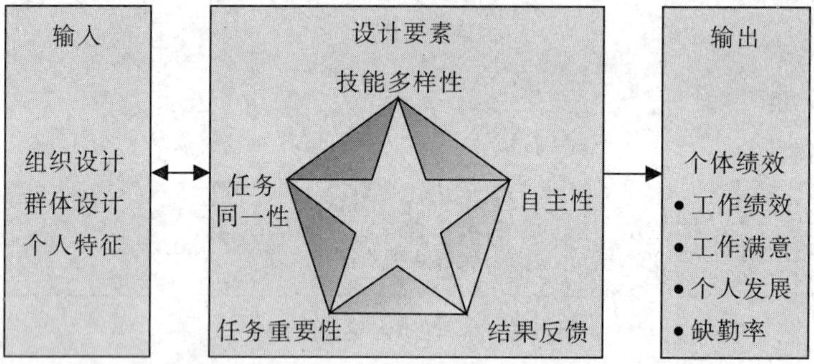

图 13—3 工作水平诊断模型

1. 输入

除组织设计、群体设计，个人特征如年龄、教育水平、经验、技能、能力等，也会影响工作绩效。此外，个体的需要与期望也制约着工作设计。

2. 设计要素

个体的工作具有五个核心维度：

（1）技能多样性；

（2）任务同一性；

（3）任务重要性；

（4）自主性；

（5）结果反馈（参阅“工作动机”一章）。

3. 输出

输出涉及工作绩效、工作满意、个人发展、缺勤率等几个方面的具体指标。

4. 匹配

工作设计应当和组织设计、群体设计相匹配。例如，差别化、整合性高的组织与群体要求工作自主性高、灵活性高、创新性强。工作设计还须和个体特征相匹配。例如，丰富性高的工作适合能力强、知识面广的员工。

三、收集、分析和反馈信息

收集、分析和反馈诊断信息是组织诊断的三个中心环节，下面分别予以说明。

1. 收集诊断信息

收集信息涉及全面收集与组织问题相关的所有情况，包括输入、设计要素和输出等几个方面。常用的信息收集方法有以下四种。

（1）问卷。问卷法是收集信息最有效率的方式之一。问卷通常包含数个固定反应的问题，可同时发给大量人员。此外，由于可用计算机来分析，因此统计方便、反馈迅速。常用的有关组织发展的问卷有组织调查表（Survey of Organizations）、密歇根组织评估问卷（Michigan Organizational Assessment Questionnaire）、组织诊断问卷（Organizational Diagnostic Questionnaire）等。

（2）访谈。访谈是OD中使用最广泛的信息收集方法。访谈可以是有结构的，也可以是无结构的。有结构的访谈通常根据诊断模型提出问题；无结构访谈则只能询问有关组织运作的一般问题，如组织的目标、优劣势、绩效水平等。另外，访谈可以是个体的，也可以是群体的。常用的群体访谈形式是焦点群体（focus group），这是一种无结构的群体会议，通常由OD顾问主持，与会人员一般为10～15人，他们分别来自不同的部门和层级。群体成员在会上要深入讨论组织面临的重要问题及解决方法。

（3）观察。观察是指直接接触工作中发生的组织行为，如在工厂随意走走、统计一下电话铃响的次数等。观察的优点是能使OD专家掌握真实、具体的情况，缺点是观察的材料难以进行统计分析。

（4）查阅二手资料。二手资料包括缺勤记录、产品次品率、财务报表、顾客抱怨等，它提供了一种相对客观的信息，有助于准确的组织诊断。二手资料最大的问题是信息的有效性较差。

2. 资料分析技术

资料分析技术分定性和定量两种类型。定性分析的方法通常有内容分析（content analysis）和力场分析（force-field analysis）两种。内容分析主要用于综合、概括定性资料，以便分门别类。例如，可用内容诊断对关于“工作中你最喜欢什么”的访谈结果进行归类（如人员、技术两个方面）。力场分析主要用于列举变革的各种驱力与阻力。定量分析是指各种统计方法，如描述统计和推断统计。描述统计的方法有计算平均数、标准差、相关系数等，推断统计主要是指各种显著性检验方法，如 T 检验、方差分析等。此外，一些高级统计技术，如回归分析、因素分析、聚类分析、路径分析等有可能用于数据分析。

3. 反馈诊断信息

组织诊断最重要的步骤是把收集的信息和分析的结果提供给客户。只有当组织成员拥有和使用适当的信息时，才能对组织变革产生影响。有效的反馈既依赖于资料的内容，也依赖于反馈的过程。

调查反馈（survey feedback）是最主要的信息。主要步骤有：

（1）组织成员包括高级主管共同制定调查计划。此时，所有人员都清楚调查的目标十分重要。由于大多数调查都以某诊断模型为依据，组织成员应当赞同这一诊断模型。调查目标确定后，就应着手选择或开发调查工具。

（2）把调查工具分发给所有相关人员。理想的情况是把调查工具分给组织或部门的所有成员，如果资金、时间有限，可考虑进行抽样调查。

（3）OD 顾问分析数据，得出诊断结果。

（4）自上而下进行信息反馈，使所有层级的所有群体成员都能收到适当的信息。一般来说，不同层级的群体成员仅分析和讨论与他们有关的数据。

（5）召开反馈会议。与会人员讨论、解释反馈的数据，诊断相应的问题，制定行动方案。会上，OD 专家应促进群体的讨论，帮助制定有效的行动计划。

四、设计与执行干预措施

干预（intervention）措施是一套旨在提高组织有效性的有计划的行动或事件。有效的干预措施应当：（1）建立在关于组织运作的有效信息的基础上；（2）能够带来预想结果；（3）能够提高组织成员管理变革的能力。

OD 干预措施可分成人类过程干预（human process interventions）、技术结构干预（technostructural interventions）、人力资源管理干预（human resource management interventions）、战略干预（strategy interventions）等四类（见表 13—1），下一节将详细分析。

表 13—1　干预措施的类型

干预措施	个体水平	群体水平	组织水平
人类过程干预			
• T 小组	√	√	
• 过程咨询		√	
• 第三方干预	√	√	
• 团队建设		√	
• 组织会议		√	√
• 群际关系干预		√	√
• 大群体干预			√
• 方格训练		√	√
技术结构干预			
• 结构设计			√
• 裁员			√
• 企业再造		√	√
• 平行结构		√	√

续前表

干预措施	个体水平	群体水平	组织水平
• 高投入组织	√	√	√
• 全面质量管理		√	√
• 工作设计	√	√	
人力资源管理干预			
• 目标设置	√	√	
• 绩效评估	√	√	
• 报酬制度	√	√	√
• 事业规划与发展	√		
• 管理劳动力多样性	√	√	
• 员工幸福	√		
战略干预			
• 开放系统规划		√	√
• 整合战略变革			√
• 跨组织发展			√
• 文化变革			√
• 自我设计组织		√	√
• 组织学习		√	√

五、评估干预效果

评估干预效果涉及判断干预是否按计划执行，以及是否取得了预期结果。越来越多的管理者要求对 OD 干预进行严格的评估，以决定是否继续投资于变革项目。尽管 OD 评估倾向于使用态度结果如工作满意、组织承诺等，客观指标如生产率也是必不可少的。很明显，OD 干预措施的执行应能提高员工满意和组织绩效。

第 2 节　组织发展技术

本节逐一介绍各种 OD 干预方法。先讨论各种人类过程干预技术。

一、人类过程干预技术

人类过程干预技术主要包括：

（一）T 小组

T 小组又叫敏感性训练（sensitivity training），是最早开发的 OD 技术。T 小组通常由 10～15 个陌生人组成，由专业培训师主持，通过实验学习（experimental learning）共同探索群体动力、领导和人际关系。

T 小组开始活动时，先由培训师做简短陈述，说明活动的目标、规则以及自己的角色。培训师说完后，由于没有任命组长，也没有具体的活动安排，小组成员必须一起推选组长，制定下一步的活动程序。当小组一起讨论如何进行活动时，不同成员表现出不同的行为与角色。其他人此时此地的行为成了小组成员最好的观察、理解人类行为的素材。培训师在适当的时候会提醒成员注意小组正在发生的事件、现象，鼓励成员留心自己此时此刻的感受和行为，分析自己可能对他人行为产生的影响。通过这些活动，小组成员将会增进对自己和他人的感受和行为的理解和敏感。

（二）过程咨询

过程咨询是一种帮助组织成员提高沟通、人际关系、决策、领导、群体动力等过程的通用模型（见图 13—4）。过程咨询不仅是一种促使群体更加有效的帮助方式，也是群体学习诊断、解决自己问题的过程。

他人不知	他人知道	
自己知道 他人不知	自己知道 他人知道	自己知道
他人不知 自己不知	自己不知 他人知道	自己不知

图 13—4　约哈里窗

常用的过程干预方法包括：

（1）引导组织成员注意人际关系；

（2）过程分析与评估；

（3）人际问题会议；

（4）讲解人际过程知识；

（5）问题诊断与反馈；

（6）咨询与教练；

（7）互动模式、任务分配、领导方式等方面的建议等。

（三）团队建设

团队建设是指一系列旨在提高团队完成任务的方式、改善团队成员人际与问题解决的有计划的活动。

一般来说，团队建设活动有以下三种类型。

（1）与某个或某些成员有关的活动。大多数团队建设活动都会使某些成员更好地理解影响问题解决的职权、控制、权力以及人际关系等。

（2）与团队运作相关的活动。团队建设活动通常要澄清团队的目的、检查沟通的模式、诊断问题解决的方式等。

（3）与其他团队相互关系的活动。如弄清团队在整个组织中的角色、促进与其他团队或部门的合作等。

团队建设的主要形式有以下两种。

(1) 群体诊断会议(group diagnostic meeting)。这一形式的目的在于识别团队当前存在的问题。通常情况下，过程咨询专家在会议前要对一些成员进行一系列的访谈，以获取信息。在诊断会议上，全部群体成员讨论 OD 顾问的反馈信息，以确定问题的性质和种类。尽管有时也讨论未来的行动计划，群体诊断会议的最初目标是发现问题，而不是解决问题。

(2) 团队发展会议(team development meeting)。团队发展是指在 OD 专家的帮助下，团队学习识别、诊断、解决问题的过程。问题既可涉及群体的任务或活动，也可涉及完成任务的过程，还可涉及团队成员的人际冲突。

团队发展的第一步是利用问卷或访谈收集资料。资料常常包括领导方式、决策过程、沟通模式、人际关系等。资料收集结束后，团队要在 OD 专家的参与下召开会议，会议通常持续三天。在团队发展会议上，OD 顾问首先反馈信息。接着，团队讨论存在的问题，制定群体更加有效的行动计划。一般来说，一次会议很难解决所有的问题，因此需召开一系列团队发展会议(参阅知识库 13—1)。

【知识库 13—1】　　团队建设的适用条件

(1) 群体的沟通模式和互动存在问题；

(2) 群体领导者需要一个高效团队；

(3) 群体任务要求成员互动良好；

(4) 团队领导者欲改变领导方式，成员须适应新的领导行为；

(5) 团队建设的收益大于成本。

(四) 方格训练

布莱克和莫顿使用领导方格培训管理人员，创立了方格训练方法(参见第 8 章图 8—3)。方格训练方法的阶段有：

1. 方格研讨会

在为期一周的会上，参与者应用问卷或案例分析自己的管理方式，并学习解决问题的团队方法。

2. 团队工作发展

在本阶段，管理人员将在两个不同的群体中做团队发展工作。这两个群体分别是由上司组成的群体和由下属组成的群体。此时，OD 顾问常会促进团队建设工作。

3. 群际发展

改善群际关系的措施包括：

(1) 每人准备一份有关实际的工作关系与理想的工作关系的书面报告；

(2) 每个群体汇总自己关于实际与理想工作关系的认识；

(3) 两个群体会面并比较各自的认识；

(4) 双方共同开发新型的工作关系。

4. 开发一个理想的战略组织模型

高级主管共同开发一个理想的战略组织(strategic organization)模型，内容包括：

（1）组织财务目标最差、最优的清晰界定；

（2）组织活动性质、特征的明确界定；

（3）市场与顾客的范围、特征的清晰界定；

（4）合理的组织结构；

（5）决策的基本政策；

（6）实现增长的方法等。

5. 执行理想的战略组织模型

理想的战略组织模型确定后，管理人员应致力于实施。

6. 系统评估

实现战略组织目标的最后一步是系统检查组织在完成目标过程中的进步。由于沟通和计划是组织成功的最大障碍，评估过程在方格训练中极为重要。

二、技术结构干预技术

常用的技术结构干预方法包括：

（一）结构设计

传统的组织结构包括职能结构、分部结构、矩阵结构和网络结构等，最近全球流行的是基于流程（process-based）的结构。基于流程的结构是围绕组织核心过程如产品开发、销售、顾客服务等，形成跨职能工作团队，它把生产一种产品或提供一种服务的所有相关职能集中起来，由“流程所有者”（process owner）统一管理（见图 13—5）。

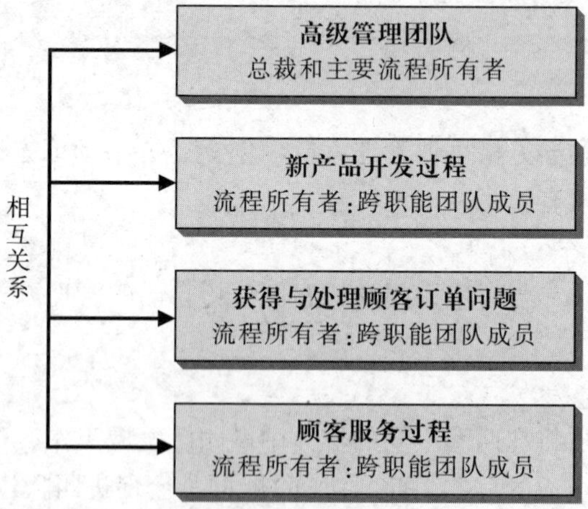

图 13—5　基于流程的结构

基于流程的结构的层级很少，高层主管的人数不多，消除了部门和层级之间的边界，管理成本大大降低。基于流程的组织的特点有：

（1）流程驱动结构。这种结构通常围绕 3～5 个关键工作流程进行组织，每一流程都有清晰的绩效目标。

（2）工作增加价值。为提高效率，这种结构简化并丰富了工作流程。工作简化主要通过消除不必要的工作和减少管理层级来实现，工作丰富化主要是把任务组合起来以便团队能够负责整个流程。

(3) 团队是基础。这种结构的基本特点是工作团队，团队管理从任务完成到战略计划等所有事项。

(4) 顾客导向。这种结构的主要目标是顾客满意。了解顾客的期望并用团队工作来满足顾客期望是团队的主要任务。

(5) 报酬以团队为基础。绩效评估和确定报酬均以团队为单位来进行。

(6) 团队紧密联系供应商和顾客。团队成员及时、直接与顾客、供应商建立关系，以随时把握他们的需求。

(7) 团队成员有信息、有能力。这种结构要求团队成员掌握有关顾客、市场、人事、财务等大量信息以便参与决策。同时，团队成员也应受过良好培训和教育以便能独立解决问题。

(二) 裁员

裁员是一种旨在缩小组织规模的 OD 干预技术。裁员的主要方式有通过解雇、提前退休等减少员工人数，或通过外包、并购等减少部门或层级数目。成功裁员的主要步骤包括：

1. 弄清组织战略

本阶段领导者应明确组织的发展战略，并让员工知道裁员与战略的关系。应告知员工裁员不是目的，而是实现战略目标的措施之一。

2. 选择裁员方式

裁员的方式有三种：

(1) 减少劳动力：指短期内减少员工的数目，如自然减员 (attrition)、退休诱因、安置服务和解雇等；

(2) 组织再设计 (organization redesign)：指调整组织结构，这是一种中期的裁员方式，如部门合并、减少组织层次、工作再设计等；

(3) 系统变革 (systemic change)：指改变组织的文化和战略，这是一种长期的裁员方式。

3. 执行变革

实施裁员时应注意：

(1) 克服人们的抵制；

(2) 观察员工的士气；

(3) 强调裁员是出于战略的需要；

(4) 做好沟通工作，以减少焦虑与恐慌。

4. 做好思想工作

研究发现，留下来的员工容易患“幸存者综合征”(survivor syndrome)，这是一种可能危及组织生存的应激反应，幸存者常常特别关心将来是否还会裁员，惶惶不可终日。管理者应当做好沟通工作，说明裁员的依据，并支持员工参与管理。

(三) 平行结构

平行结构（包括下面的高投入组织、全面质量管理）是员工投入 (employee involvement) 活动的一种方式。员工投入试图促进组织成员参与对组织绩效和员工幸福有重大影响的各类决策，它涉及四个方面：

(1) 权力：员工投入赋予人们足够的决策权力；

（2）信息：员工投入保证足够、必需的信息流向被授权决策的人员；

（3）知识与技能：员工投入为组织成员提供适当的培训以提高员工的决策能力；

（4）报酬：员工投入能够增进组织成员的自我价值，同时把工资等外部报酬与绩效直接相连。

员工投入源于20世纪50年代末兴起的工作生活质量（QWL）。工作生活质量包括如下标准：

（1）足够、公平的报酬：工资、福利等应当能够使员工维持一定的生活标准；

（2）安全、健康的环境：工作的物质环境应当没有危险，完成任务时应当感觉方便、舒适；

（3）潜能开发：工作应当能够发挥员工的各种潜能，员工感到工作重要、有意义；

（4）成长与保障：工作时应当能够获取新知识、新经验，才华能够得到认可；

（5）社会整合：工作机会应均等，没有偏见和歧视；

（6）法律保护：员工的权利如隐私权，应当得到尊重，应当遵守人道主义原则；

（7）全面生活空间（total life space）：工作与生活应当平衡，组织应设法减轻员工的焦虑与不安；

（8）社会相关（social relevance）：员工应能感到自己的工作和努力有益于社会，有益于他人。

平行结构的主要形式是质量小组（quality circles）。质量小组，又称员工投入团队（employee involvement teams），通常由质量小组、领导者、促进者和执行委员会等四部分构成（见图13—6）。每一质量小组有3～15人，成员是自愿的，同属一个部门，每周开一个小时左右的会议。质量小组利用自己的知识、经验，识别、分析与工作有关的问题，并推荐解决方案。每个小组都有一名领导者，指导小组的活动。促进者（facilitators）协调几个小组的活动，负责培训小组领导者。执行委员会由促进者和各职能部门的代表组成，制定质量小组活动程序和相关政策。

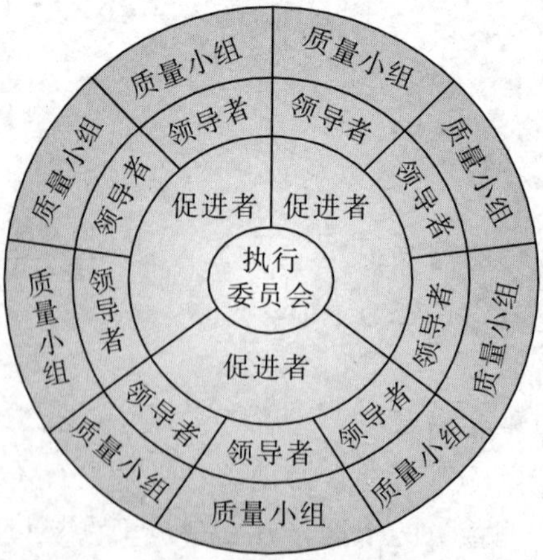

图13—6 质量小组项目结构

（四）高投入组织

高投入组织具有以下特征：

（1）扁平、精干的组织结构。团队、劳资委员会等结构形式为员工参与决策创造了条件。

（2）工作设计具有多样性、自主性、反馈及时。

（3）开放的信息系统。为员工和团队提供参与所必需的信息。绩效目标和指标也由员工参与设置以增加完成的动机和信心。

（4）提供各种咨询、信息帮助员工选择事业路径，以促进员工的事业发展。

（5）招聘员工时提供有关职位的真实信息，团队成员将参与选拔过程以发现合适人员。

（6）员工将获得参与决策所必需的知识与技能。

（7）实行技能工资、收益分成、弹性福利等报酬制度，以提高员工的绩效。

（8）努力提高雇佣员工的稳定性以增加员工的组织承诺。

（9）物质设计支持团队结构，减少地位差异，以促进员工参与。

（五）社会技术系统

社会技术系统理论认为，人们在完成任务时涉及两个部分：一是社会部分，指执行任务的人及人际关系；二是技术部分，指完成任务的工具、技术和方法。前者遵循生物和心理规律，后者遵循机械和物理规律。然而，两者必须结合起来才能完成任务。因此，社会技术系统包括社会和技术两个部分，其输出也包括产品和满意两个方面。

社会技术系统的理论可用于工作设计，步骤如下：

（1）批准设计计划。对工作进行再设计时，OD 顾问首先应征得高级主管的同意。同时，员工也应持积极态度。

（2）诊断工作系统。社会技术系统专家分别分析系统的技术部分和社会部分，并评估两者是否匹配。

（3）产生新型设计。根据诊断结果，OD 顾问提出新的工作设计建议，如自我管理团队、工作丰富化。一般来说，如果技术相互依赖性（technological interdependence）太低，工作可设计成个体的；反之，可采用群体或团队形式。如果技术不确定性（technological uncertainty）低，工作可设计成外部控制；反之，可加强员工自我控制（见图 13—7）。另外，如果员工的社会需要（social needs）低，可能喜欢独自工作；反之，可能偏爱团队工作。如果员工的成长需要（growth needs）低，可能喜欢日常的工作；反之，可能偏爱丰富性的工作（见图 13—8）。

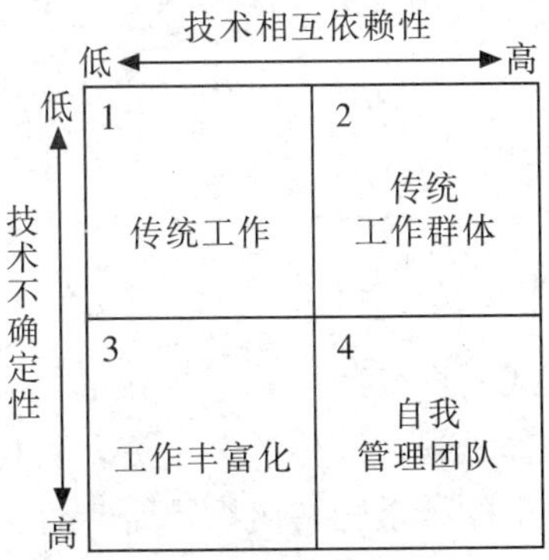

图 13—7　工作设计与技术

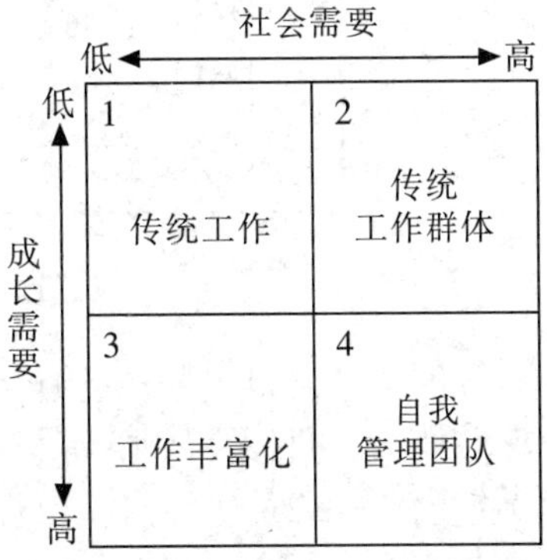

图 13—8　工作设计与个人需要

（4）改变支持系统。组织的各项制度如报酬、测量等应当作出相应改变以适应新的工作设计。

（5）执行与评估工作设计。实施变革方案时，应注意各种问题的出现。例如，对于自我管理工作团队来说，执行时应做好员工的培训工作以及团队建设工作。最后，应定期评估方案的执行情况以随时发现问题，为进一步的诊断与再设计提供信息。

三、人力资源管理干预技术

除报酬制度、事业发展，人力资源管理干预技术还包括以下几种。

（一）目标管理

目标管理（MBO）作为一种重要的、应用广泛的管理哲学与方法，强调运用上下级共同设置的目标来激励、指导、监督、评价员工的工作。

目标管理包括以下四个基本组成要素。

1. 目标设置

目标设置（goal setting）过程包括识别具体的工作责任，开发各种绩效标准，制定完成目标的工作计划等。设置目标时应注意：（1）说清具体任务；（2）指出绩效如何测量；（3）明确绩效标准；（4）规定完成目标的期限；（5）分清各种目标的主次。

美国著名的管理学家爱德华·洛克（Edward Locke）创立的目标设置理论指出，正确运用目标能导致绩效的提高（见图13—9）。

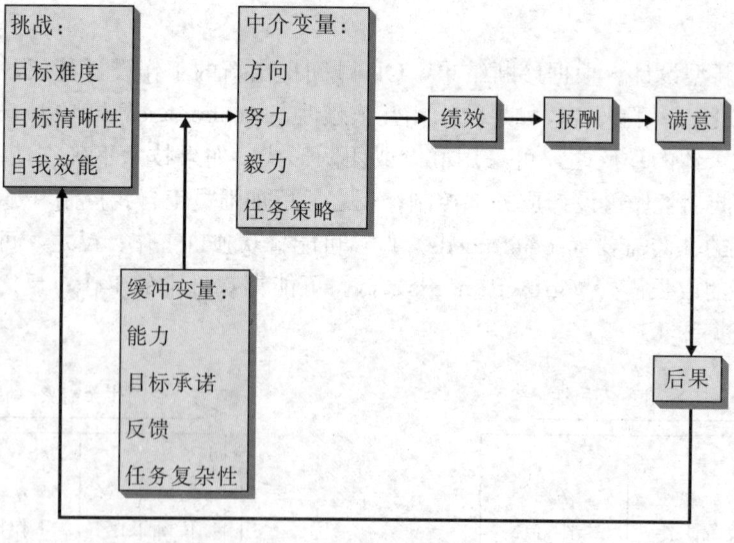

图13—9 目标设置模型

（1）目标的属性。目标应当具有一定的难度，太难或太容易都不利于绩效的提高。此外，目标应该清晰。目标不清晰或没有目标会使员工工作缓慢、绩效差。最后，目标承诺可能是最关键的。如果员工没有把目标作为自己努力追求的结果，一切都是徒劳的。

（2）变量影响。有一些变量干扰目标与绩效之间的关系。例如，能力与自我效能（self- efficacy）。自我效能是指个体是否相信自己能达到某一绩效水平。如果个体没有相应完成任务的能力和信心，即使目标很清晰，也无济于事。其他的变量还有任务复杂性、努力程度和毅力等。

2. 下属参与

因为目标管理要求下属计划与控制自己的任务，所以下属参与设置目标是目标管理成功的关键。值得注意的是，由于许多组织的员工已习惯于执行分派的工作与目标，要注意下属参与的能力，激发下属参与的动机。

3. 实施

实施目标之前，上下级应共同制定行动计划，说明如何才能完成目标。实施过程中，管理者应给予员工充分的自主权，让其自我控制、自我管理。应当从监督、裁判的角色中解脱出来，多帮助、多指导、多咨询，给员工以物质、精神上的支持。应当和员工沟通，发现问题，及时解决。

4. 绩效评估与反馈

目标实施过程中或结束后，应当进行绩效评估以检查进展情况或完成情况。评估既可由上级进行，也可自我进行。如果目标完成得出色，应当用多种方法进行鼓励和奖励。如果发现问题，应及时分析原因，找到对策。

（二）绩效管理

绩效评估作为目标管理的重要组成部分之一，与员工的工作动机紧密相连。因为评估的结果是确定报酬的关键依据，所以应做好绩效管理工作。

1. 绩效评估的方法

绩效评估的方法有多种，可根据目的和用途选取。

（1）评估量表法。评估量表法（rating scales method）是应用最广的方法，具有简便、快速的优点。评估时，通常在一个等级表上对绩效及其他项目进行打分。等级一般有五级或七级，项目既可涉及工作要素，如工作质量、工作数量，又可涉及个人特征，如积极性、合作精神等。

（2）关键事件法。关键事件法（critical incident method）是根据对员工表现出的与绩效直接相关的行为的详细记录而进行评估的方法。值得指出的是，记录一定要具体、准确，不能笼统、模糊，这样才能用于今后的分析、判断。

（3）书面评语法。书面评语法（essay method）是为每位员工写一篇类似记叙文的材料，描述员工的长处与短处，并指出今后的期望与改进的建议。书面评语法的效果很大程度上依赖于评估者的写作水平。

（4）作业标准法。作业标准法（work standards method）是用事先确定的绩效水平衡量员工实际工作结果的方法。这种方法主要用于生产作业工人，它的主要优点是客观。但制定工作定额或标准时，应让员工参与。

（5）排序法。排序法（ranking method）是把一组员工根据某一标准按顺序排列。常用的标准是绩效，即把员工从最好到最差依次排列。这种方法有利于摸清众人中谁优谁差。

（6）强迫分布法。强迫分布法（forced distribution method）是根据某一比例把员工归到某几类中。例如，10%的员工为优，20%的员工为良，40%的员工为中，其余为差。

（7）强迫选择法。强迫选择法（forced choice method）是让评估者从一系列正面描述个体各方面情况的项目中，根据每位员工的真实情况进行选择的方法。这种方法有利于弄清被评估者最突出的特征。

（8）行为定位评估量表法。行为定位评估量表法（behaviorally anchored rating scale method）是评估量表法与关键事件法的结合，它要求评估者在一个只包含描述员工工作行为项目的等级表上打分。这种方法有助于评估者把注意力放在员工的工作行为，而不是绩效的人格特质上，如是否尊重领导。

2. 绩效反馈

绩效评估后应及时将结果反馈给员工。绩效反馈常用的形式是评估会谈（appraisal interview）。评估会谈一般包括三项基本内容：讨论员工以往的绩效、分析存在的问题、提出改进的意见和建议。管理者在会谈时，应强调员工的成绩，不要吝惜自己的表扬和赞赏。如果符合条件，可当场决定奖励，如加薪等。如果员工的确存在缺点，应着重分析原因并共同找到解决的办法，避免人身攻击，多强调管理者对绩效不佳的责任，努力使绩效会谈变成寻求绩效提高的重要措施的讨论。

（三）劳动力多样化

由于劳动力的构成越来越多样化，组织需要重新设计自己的人力资源系统，以处理员工在需要、偏好、期望和生活方式等方面的差异。针对劳动力在年龄、性别、残疾、价值观和性取向（sexual orientation）等方面的变化，OD 顾问应设计、运用相应的干预措施（见表 13—2）。

表 13—2　　劳动力多样化与干预技术

劳动力差异	趋势	需要	干预技术
年龄	平均年龄增大 年龄分布变化	健康保障 流动性 安全保障	幸福项目 工作设计 事业规划与发展 报酬制度
性别	女性比例增加 双职工家庭	托儿服务 单亲父母	工作设计 弹性福利
残疾	工作人数增加	工作挑战性 工作技能 物质空间	绩效管理 工作设计 事业规划与发展 尊重与尊严
价值观	少数族裔比例增加 报酬转移	灵活政策 自主性 尊重	事业规划与发展 员工投入 报酬制度
性取向	单身人数增加 容许性偏好不同	消除歧视	公平就业机会 弹性福利 教育与培训

（四）员工援助计划

员工援助计划（employee assistance programs）旨在识别与处理出现个人问题的员

工。个人问题通常是指药物滥用、酗酒、情绪困扰、家庭矛盾、财务困难等，这些个人问题如果得不到及时、妥善的处理，将会严重影响员工的工作绩效。员工援助计划的实施步骤有：

（1）制定援助政策和程序。相关政策应包括保密、惩罚程序、培训等。

（2）选择协调员。选择一名协调员主管员工援助计划的实施。

（3）获得员工支持。让员工代表参与制定援助计划，参加相关培训以及援助计划执行委员会。

（4）做好宣传工作。应该让每位员工熟悉援助计划的目标、程序和利益，以便支持计划的实施。

（5）和相关治疗、咨询机构建立联系。尽管有些大型组织拥有自己的治疗、处理部门，但大多数组织利用外部的专业机构处理员工的个人问题。

（6）搞好培训工作。应当增强各级管理人员对各种影响员工绩效的个人问题的敏感性，以便能够及早发现问题；同时，通过培训提高员工处理个人问题的能力（见图 13—10）。

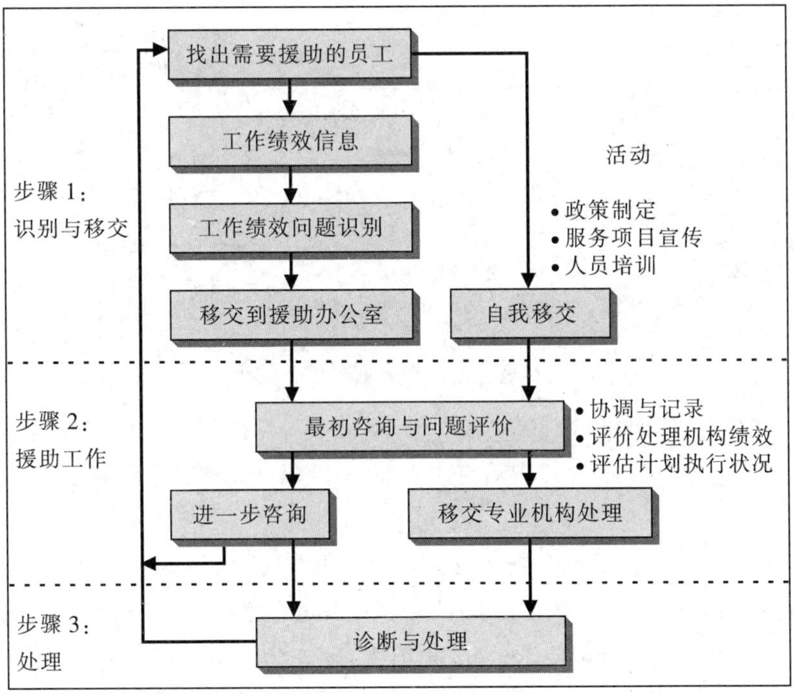

图 13—10　员工援助计划的构成

四、战略干预技术

常用的战略干预技术包括：

（一）开放系统规划

开放系统规划能够帮助组织成员评估组织环境并制定相应的战略。开放系统规划一般由高级主管实行，他们常用2～3天的会议时间来分析环境变化并考虑应对措施。OD专家帮助他们建立相互信任，让他们分享对环境的不同看法和意见。开放系统规划的主要步骤有：

（1）评估每一外部群体如顾客、供应商、政府机关等对组织的期望。

（2）决定组织如何应对每一外部群体的期望与要求。

（3）确定组织的核心使命，这要通过分析组织和环境的交换关系来完成。

（4）假设环境和组织不发生变化，描绘环境未来的期望，指出组织应采取的反应。假设组织与环境均发生了变化，再描绘环境未来的期望，指出组织应采取的反应。

（5）比较现在与未来的环境期望，制定今后的行动计划。

（二）整合战略变革

整合战略变革强调，组织战略必须和组织设计一起变革，以应对环境的威胁，提高组织的有效性。整合战略变革的步骤如图13—11所示。

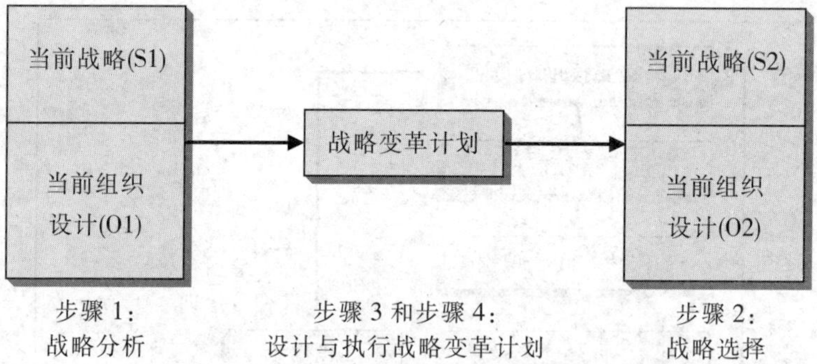

图13—11　整合战略变革过程

（1）进行战略分析（strategic analysis）。整合战略变革始于对组织当前的战略（S1）和组织设计（O1）的分析。分析的内容包括：组织环境、战略与组织的匹配、组织绩效等。

（2）确定战略选择。经过战略分析，常会发现组织环境、组织战略、组织设计和组织绩效之间存在着不匹配的状况。接下来的任务就是制定新的战略（S2）、设计新的组织（O2）。新的战略与组织设计确立后，战略变革的内容就可决定。

（3）制定战略变革计划。战略变革计划规定了变革的方法、步骤，它能使组织的战略与组织设计从当前指向未来。

（4）执行战略变革计划。执行变革要求高层管理者激发动机、分配资源、克服抵制、提供反馈，以确保变革的成功。

（三）跨组织发展

跨组织发展旨在帮助组织制定与其他组织之间的合作战略，如合资、战略联盟等。跨组织发展的实施阶段如图13—12所示。

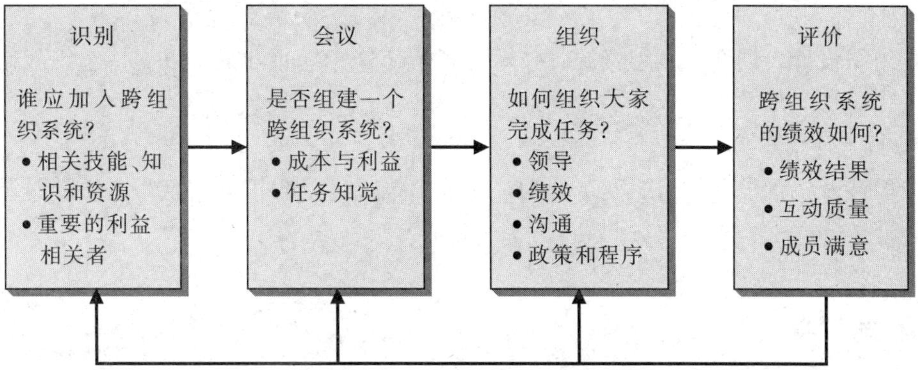

图 13—12 跨组织发展的四个阶段

（1）识别阶段。跨组织发展的第一步是寻找潜在成员以建立一个由几个组织为共同目标而彼此合作的系统，即跨组织系统（transorganizational system）。跨组织系统成员的选择标准是具有完成任务所必需的技能、知识和资源。

（2）会议阶段。跨组织系统的潜在成员找到后，双方或几方须面对面商谈合作的可能性。此时，OD 顾问要促进大家求同存异，达成一致意见。

（3）组织阶段。如果会议决定组建一个跨组织系统，就要设计这样一种结构或机制来协调大家的合作活动。同时，还应制定合作的规则、政策和程序。

（4）评价阶段。跨组织发展的最后一个阶段是定期评估跨组织系统运作的情况，如合作绩效和成员满意，以发现存在的问题，为下一步的改进提供信息和意见。

（四）自我设计变革战略

自我设计变革战略（self-design change strategy）涉及改变组织的各个方面（如结构、人力资源、技术等）并使其支持组织战略，同时注意提高组织自身的变革能力。自我设计变革战略的阶段如图 13—13 所示。

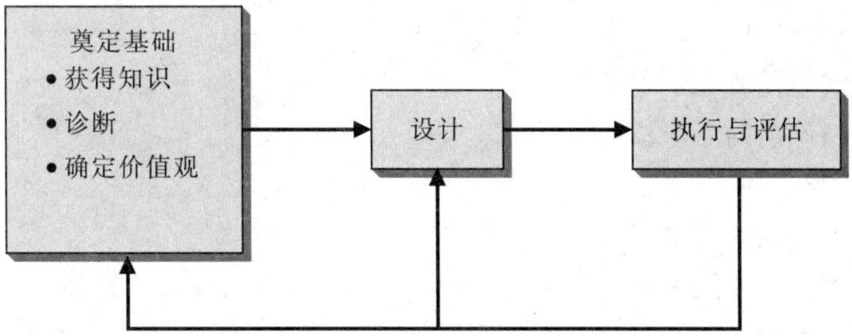

图 13—13 自我设计战略

1. 奠定基础

本阶段的任务是为组织成员提供组织转型（organization transformation）所必需的基本知识和信息。主要活动包括：

（1）获得知识，如组织如何运作、如何实现高绩效、如何进行自我设计；

（2）确定价值观，写出价值观陈述，以便和利益相关者讨论与沟通；

（3）诊断，识别组织中需要改变的部分。

2. 设计

确定组织设计、创新、人力资源、技术等各个部分变革的方案，以支持组织战略和价值观。

3. 执行与评估

本阶段涉及执行设计的组织变革计划，并提出执行过程的相关信息，以便随时调整变革方案。

□ 小　结

组织发展是指全面应用行为科学的知识与技术，有计划地变革与开发组织的战略、结构、技术、人员和文化等，以提高组织有效性的过程。组织发展包括进入和签约、组织诊断、设计与执行干预措施、评估干预效果等几个阶段。

组织诊断包括组织水平诊断、群体水平诊断和个体水平诊断三种类型，涉及收集、分析和反馈信息三个中心环节。收集信息的方法有问卷、访谈、观察、查阅二手资料等；资料分析技术包括定性分析和定量分析两种类型；信息的有效反馈既依赖于反馈内容，又依赖于反馈过程。

组织发展干预技术可分为人类过程干预、技术结构干预、人力资源管理干预和战略干预四种类型。人类过程干预技术包括 T 小组、过程咨询、团队建设和方格训练等；技术结构干预技术包括结构设计、裁员、平行结构、高投入组织和社会技术系统等；人力资源管理干预技术包括目标管理、绩效管理、劳动力多样化、员工援助计划等；战略干预技术包括开放系统规划、整合战略变革、跨组织发展、自我设计变革战略等。

□ 复习题

1. 什么是组织发展？
2. 组织发展包括哪几个阶段？
3. 简述组织诊断的三个模型。
4. 调查反馈有哪些主要步骤？
5. 人类过程干预的技术有哪些？
6. 技术结构干预的技术有哪些？
7. 人力资源管理干预的技术有哪些？
8. 战略干预的技术有哪些？

□ 技能训练

MBO

1. 向工作小组或团队介绍 MBO 过程的步骤如下：

设计步骤	需要考虑的问题	您为小组或组织设计的 MBO 过程
1. 阐明过程目标	您想从这个过程中获得什么结果？ 这个过程如何与组织中其他活动的优先顺序协调？	
2. 阐明过程要取得成功所必须获得的支持	谁是关键人物，必须让他们接受使用这种过程？ 这些关键人物的利益是什么？他们有所保留的可能是什么？	
3. 概括过程框架	在您的组织或工作小组中，MBO 过程的关键要素是什么？	
4. 与主要利益相关者见面，争取获得支持和过程改进	明确您使用这个程序的目的，但是不要高估它。让人们有大量机会影响这个过程的设计，这样它就能够成为他们的工作流程。	

2. 撰写初步的 MBO 说明：

❶角色或责任说明

❷关键结果区（KRAs）

❸目标

❹每个目标的指标或衡量标准

❺行动计划

资料来源：墨里・希伯特、布鲁斯・克莱特：《图解领导百科》，406～407 页。

□ 行为测量

团队建设需求

设想一家你所处（或者即将加入）的组织提供某种产品或服务。根据头脑中的这个组织回答下列问题。在左边的横线上填入 1～5 的数字，1 代表没有任何证据，5 代表有很多证据。

________ 1. 生产量呈下降趋势，或低于预期水平。

________ 2. 抱怨、申诉或士气低落正在出现或增加。

________ 3. 成员之间的冲突或敌意正在出现或增加。

________ 4. 有些人不清楚任务分派，或者他们与他人的关系不明确。

________ 5. 缺乏明确的目标或者对现有目标的承诺。

________ 6. 成员明显表现出冷漠，或者缺乏兴趣与投入。

________ 7. 创新、风险承担、想象力或主动性不足。
________ 8. 无效果、效率低下的会议很普遍。
________ 9. 不同级别或部门间的工作关系不令人满意。
________ 10. 职能部门之间明显缺乏合作。
________ 11. 存在不良沟通；人们害怕发表意见；无人倾听他人意见；信息不能共享。
________ 12. 成员之间、成员与上级之间缺乏信任。
________ 13. 会作出某些成员不理解或不同意的决定。
________ 14. 人们感觉优秀工作得不到奖励，或奖励分配不公。
________ 15. 不鼓励人们为了组织的利益共同工作。
________ 16. 顾客或供货商不参与组织的决策。
________ 17. 人们工作过慢，或者在工作中有过多的冗余环节。
________ 18. 面临需要不止一个人参与的问题或挑战。
________ 19. 为了完成工作，个体必须协调他们的行为。
________ 20. 面临非常困难的挑战，不是一个人能够解决或者诊断。

资料来源：大卫、A·威坦、金·S·卡梅伦：《管理技能开发》，477～478页。

□案　例

美的集团

2012年是中国家电行业的调整年。面对行业增速下滑及内外部环境的深刻变化，美的集团大力从注重增长数量向注重增长质量转型，从低附加值向高附加值转型，从粗放式管理向精细化管理转型。

“中国家电行业正处于上一轮全球制造业转移所带来的产业扩张末期，依靠资源消耗和成本比较优势的道路很难继续行得通，中国二元经济结构体的消费升级推动着新一轮产业扩张刚刚起步。”家电行业分析师梁振鹏认为，美的集团正以技术嬗变迎接消费升级驱动下的家电产业转型。

一、回归制造本质

近日，美的电器发布2012年第三季度报告，报告显示：1—9月美的电器净利润达30亿元，同比增长4.18%。业绩逆市增长主要归功于美的电器持续深入推进战略转型。

2012年全球经济动荡带给全球家电业的影响已经显而易见，这从全球主要经济体的关键企业发布的市场业绩中便可以看出。从目前全球经济发展现状看，2013年整个产业或将面临自金融危机以来最为严峻的发展形势，相对萎缩的市场需求与全球相对稳定的供应能力之间将形成巨大错位，这将对全球家电企业提出全新的市场考验。

美的集团高级副总裁黄晓明表示，美的的成绩源于过硬的质量和先进的技术。2012年以来，美的集团率先在家电行业掀起了回归制造本质的潮流。过去5年，美的集团整体的科技投入已超过100亿元。

如今，美的集团每年都将收入的3%投入研发成为硬性指标。此外，各个事业部由一位副总裁亲自抓品质，负责“从设计到原材料选用到最后的品质验收”。

持续、稳定的科技投入有效支撑了美的集团战略。目前，美的集团共拥有高新技术企业23家，拥有德国VDE、德国LGA认可实验室、美国UL认可实验室等国际一流实验室，所有实验室固定资产超10亿元，占地约8万平方米。此外，美的集团现有外籍技术专家超过200名。

二、摒弃一味迎合消费需求的理念

“伟大的公司，从来都摒弃一味地迎合消费需求的理念，而是通过创新的产品去开创市场需求。”梁振鹏分析说，例如，苹果公司多年来以其独创性的Mac，iPod，iPhone，iPad等一系列电子产品改变了消费习惯，让消费者跟着苹果走。

近年来，美的集团依靠科技创新，推出了多款让竞争对手无法效仿的革命性产品。例如，行业首创的“一晚1度电”全直流变频空调新品充分彰显美的的雄厚实力；通过“蒸”功能和传统微波炉的创新结合推出的“蒸立方”微波炉，开创了微波炉产业新的价值空间；美的旗下小天鹅推出的自动投放洗涤剂洗衣机不但大幅简化了消费者操作程序，而且使洗涤剂投放更科学精准，无残留更健康；国内首台IH全智能微压设计的美的电饭煲横空出世，彻底打破了日本品牌对高端市场的垄断格局；让厨房刮起“超薄风”的美的最新款仅25mm的超薄电磁炉，实现了“技术”和“艺术”的完美融合；美的中央空调率先推出的全直流变频多联机与水源热泵多联机系统在能效上再创新高，使其成为专业的解决方案提供商。

黄晓明表示，美的集团已经拥有完备的大、小家电产品阵营和空调压缩机、冰箱压缩机、电机、磁控管、变压器等家电配件产品集群，在创新理念牵引下，美的在技术方面已经形成“研发一代、储备一代、生产一代”的三级研发体系，在产业方面形成“核心部件—整机制造”的全产业链优势，并整合“供应商—厂商—经销商—消费者”价值形成“全产业链—全价值链”平台竞争优势。

三、加快国际化布局

在国际化方面，美的集团的步伐同样有条不紊。2012年9月，经过将近一年的设计与筹备，美的开利拉美合资公司位于巴西玛瑙斯工业区的新工厂一期工程竣工并正式投产。玛瑙斯新工厂正式投产后，将把美的开利拉美合资公司的家用空调产能提高到160万套，成为拉美最大的家用空调制造商。仅仅一个月后，10月31日，印度美的开利合资公司制造工厂也正式揭幕，新的制造基地占地面积15 000平方米，计划空调年组装能力70万套，二期将扩大到100万套，成为印度空调生产的最大基地之一。

梁振鹏认为，在国际化市场扩张方面，美的集团一直坚持稳健发展的思路，以重点市场为突破口，以合资合作为手段，推进海外市场扩展和自有品牌份额的提升。尤其是在新兴市场，美的集团积极加大发展力度，培育国际化经营管理平台，加大海外市场自有品牌建设力度，特别是在发展中国家的市场份额快速提升，成效显著。

美的集团围绕“产品领先、效率驱动、全球经营”三大战略主轴，依靠在自主创新、产业链控制、管理制度、企业文化等方面独有的核心竞争优势，不断牵引企业稳步前行，并开创全球家电产业竞争格局，打造成为全球家电产业的“创新力”标杆。

资料来源：傅勇：《美的战略转型　回归制造本质》，中华品牌管理网，2012-11-27。

思考题：

1. 如何评价美的的战略转型？
2. 你觉得美的还有哪些需要改进和提高的地方？

第14章 组织学习

本章重点

- 学习的概念与类型
- 联结主义学习理论
- 格式塔学习理论
- 目的行为主义学习理论
- 社会学习理论
- 组织学习的内涵
- 单环学习、双环学习和持续学习
- 组织学习的途径
- 影响组织学习的因素
- 学习型组织的特征
- 学习型组织的构建

引 例

常熟开关制造有限公司是国有资本参股的国家重点高新技术企业，多年来，企业坚持“以人为本，科技兴企”，坚持运用高新技术手段，不断开发具有自主知识产权的高科技、高附加值且适合市场需要的产品。从2001年起，为在日益激烈竞争的国内外断路器市场竞争中实现可持续发展，实现企业和员工共赢，让员工成长成才，让企业科学发展，公司积极开展创建学习型企业活动，精心培育企业文化生产力，企业核心竞争力得到不断提升。

一、基本做法

1. 明确创建目标，确保四个到位，不断提升创建学习型企业活动的高度

第一，确保组织落实到位。公司成立了创建学习型企业领导小组，由公司董事长、党委书记担任组长，副总经理、党委副书记、工会主席担任副组长，形成了公司总部、车间（科室）、班组三级学习网络。

第二，确保宣传教育到位。公司利用企业内部报刊、网络进行宣传教育，引导员工在学习态度上变“要我学”为“我要学”，在学习方法上变个人学习为团队学习，在学习实践上变阶段学习为终身学习。

第三，确保计划措施到位。公司制定了创建学习型企业的中长期规划和年度工作计划，列入企业年度工作目标，领导小组定期或不定期地进行检查，切实抓好目标落实。

第四，确保设施到位。公司拥有 2 500 多平方米的教室，还根据员工学习内容及发展的需要，配备了投影仪等电教器材和其他硬件设施。

2. 注重团队学习，营造“四化”氛围，不断拓展创建学习型企业活动的广度

在创建学习型企业中，公司注重团队学习，在学习上做到了培训全员化、内容广泛化、形式多样化、时间定量化。

(1) 培训全员化。公司对新员工进行相应的岗位培训，把培训考核作为上岗任职的基本条件，员工持证上岗率一直达 100%；开展对电焊工等 10 多个工种的学习培训、鉴定考核；采用与河北工业大学等国内著名高校合作的形式，着力打造复合型、高端型人才队伍等。

(2) 内容广泛化。公司围绕党的路线、方针、政策，法律法规，职业道德，企业文化与学习型组织理念的普及，产品质量，安全生产，产品服务，技术创新，信息化建设及企业民主管理等热点焦点问题展开学习。

(3) 形式多样化。公司根据实际，采取职工培训、座谈会、企业论坛、出国考察等形式开展学习。公司邀请清华大学等高校专家、教授前来公司为广大技术、管理人员授课。公司还选派优秀科技人员赴欧美、日本等地学习考察，开阔视野，取长补短。

(4) 时间定量化。公司坚持每周定期学习制度，规定全体员工每周五下午利用下班前一个小时开展集中学习，并认真做好台账记录，从不间断，以求达到“润物细无声”的功效。

3. 推行保障机制，实施四项制度，不断加大创建学习型企业活动的力度

创建学习型企业、提高团队的学习力是一项长期的任务。要使员工长期保持学习热情，必须形成一种保障激励机制。

一是坚持学习经费投入制度。公司每年按工资总额的一定比例提取作为创建学习型企业的经费，并做到专款专用，年度余额继续在下年度使用，企业每年投入学习经费达 200 多万元。

二是坚持奖励激励制度。为调动员工学习积极性，推动员工“时时学习，终身学习”，公司规定，凡参加各类学习培训成绩合格者，均给予适当奖励，学用结合成绩突出者还可增加工资。

三是坚持严格的考核制度。公司在对干部、员工的考核中，学习方面也放到相当重要的位置，因此广大干部、员工对学习都不敢懈怠。

四是坚持评优制度。为了保证学习型企业顺利开展，充分调动员工的学习积极

性，每年年底，公司都要表彰一批在创建学习型企业中表现突出的学习型标兵班组和知识型职工标兵。

三、取得成效

学习兴则企业兴；学习强则企业强。通过开展创建学习型企业活动，全体员工齐心协力，意气风发，企业在高平台上实现了一次次新的跨越。

1. 科技兴企闯出新天地

公司建成了一所（与清华大学联合成立的电力电子应用研究所）、二室（电器研究室、专利情报研究室）、二站（博士后科研工作站、电器试验站）、三中心（技术研发中心、检测中心、电器控制工程技术研究中心）等科研平台，形成了基础理论研究、产品市场化开发和试验、自动化半自动化制造等链条式的创新载体，每年都有10多种具有国际先进水平的新产品研发成功并通过鉴定，自主创新硕果累累。至今，公司已申请专利712项，其中PCT专利1项，发明111项，实用新型415项；已授权531项，其中发明51项，实用新型301项。

2. 人才强企迈出新步伐

经过创建，公司涌现出了享受国务院特殊津贴专家、江苏省有突出贡献中青年专家、江苏省优秀科技工作者、江苏省333工程培养对象、苏州市新世纪高级青年专业技术人才等一批优秀研发团队。公司1 600名职工中，技术人员超过850名，占50%；直接从事技术研发人员400多名，占技术人员的50%，成为一家行业中屈指可数的技术密集型企业。2011年12月18日，中共中央政治局常委、国务院总理温家宝视察了常熟开关制造有限公司，对公司以人为本、重视人才的做法给予了高度肯定。

3. 经营旺企实现新突破

目前，公司产品已成功运用于石油、化工、钢铁、制药、轻纺、建材、火电、水电、核电、风电、煤矿、机场、码头、地铁等各行各业，并成功应用到中东、非洲、东南亚各国重大项目中，占据了国内20%的高端市场份额，成为与国外大牌公司同台竞技的国内一流生产制造商。从2001年起，公司缴纳地方税收连续10年位列常熟第一，累计入库税金达20.79亿元。2011年，企业实现利税近6亿元，扣除中层副职以上人员，公司普通员工年均收入超过10万元（含税）。员工拥有私家汽车953辆，成为当地一道亮丽的风景线。

4. 品牌立企实现新提升

公司荣获国家创新型试点企业、全国企事业知识产权示范单位、全国模范职工之家、全国机械工业先进集体、全国品牌培育试点企业、中国电器工业创新力10强、全国企业文化优秀成果奖、全国企业文化优秀案例奖、全国守合同重信用企业、江苏省十佳基层工会、江苏省首批学习型组织示范点、江苏省文明单位三连冠、全国机械行业文明单位四连冠等奖项。

资料来源：黄卫刚：《争创学习型企业　实现企业新跨越》，江苏文明网，2012-11-13。

常熟开关公司的案例说明，重视组织学习、建立学习型企业已经成为企业的共同方向。本章先介绍组织学习的基础理论，然后着重论述如何构建学习型组织。

第1节　学习理论

学习是当代心理科学、教育科学最重要的主题之一，组织学习是组织行为最热门的概念之一。然而，对学习作出一个准确的定义却不容易。

一、学习的概念与类型

1. 什么是学习

目前最流行的学习定义是由金布尔（Kimble，1961）提出的，他认为学习是由于强化练习而产生的行为潜能的相对持久的变化。第一，学习是以行为变化为指标的，也就是说经过学习，学习者能够做一些在学习之前没有能力完成的事情；第二，这种行为变化应该是相对持久的，即它既不是短暂的，也不是固定的；第三，行为变化不必在学习经验后立刻发生；第四，行为变化或行为潜能变化来自经验或实践；第五，这种经验或实践必须得到强化。

对于上述定义的争议有：第一，多久才算相对持久？疲劳、疾病、成熟和药物等暂时性机体状态也能改变行为，但这些不是学习。第二，并非所有的行为都是习得的，如本能、反射等。第三，不一定非得强化才能习得。

综上所述，本书认为学习是行为或行为潜能的相对持久的改变，它是经验的结果，且不能归因于由疾病、疲劳、药物等引发的暂时性机体状态。

2. 学习的类型

学习可以分成经典条件作用和工具条件作用两种类型。经典条件作用也称巴甫洛夫条件作用。(1) 给有机体呈现一个刺激例如食物，会使有机体产生一个自然自动的反应，例如分泌唾液。这一刺激叫无条件刺激（US），这个反应叫无条件反应（UR）。(2) 在呈现无条件刺激之前多次配对呈现一个中性刺激（即条件刺激 CS），例如声音或光线，如果单独呈现条件刺激，有机体也会分泌唾液，这就是条件反应（CR）。

在经典条件作用中，无条件刺激是强化物。但是，强化物不与任何有机体的外显反应相随。而在工具条件作用中，有机体必须在被强化前做出某种行为，也就是说行为是得到强化物的工具（参阅知识库 14—1）。

【知识库 14—1】　加涅论学习层次

美国教育心理学家加涅（Robert Mills Gagne）认为，人类的学习是复杂多样的，是有层次性的，总是由简单的低级学习向复杂的高级学习发展，构成了一个依次递进的层次与水平。而简单的低级学习是复杂高级学习的基础。1968 年，他把人类的学习分为八个层次：

（1）信号学习。这是最低层次的学习。“无论在普通家畜方面还是在人类方面，对于信号学习普遍都是熟悉的。”

（2）刺激—反应学习。加涅认为，这一层次的学习类似于“工具条件作用”。它只涉及一个刺激与一个反应之间的单个联结，而且刺激与反应是统一地联结在一起的。

（3）连锁学习。这是一种成系列的单个“S－R”结合的学习。有些连锁学习是由肌肉反应组成的，而有些连锁学习完全是言语的。

（4）言语联结学习。这是指语言学习中言语的连锁化，包括字词形声义的联想和言语顺序的学习。

（5）辨别学习。这是指学习者对某一特别集合中的不同的成分作出不同的反应的学习。

（6）概念学习。这是指对事物的共同特征进行反应的学习。其中有些概念可以通过学习者与环境的直接接触来获得，但有些概念则要运用语言对事物进行分类、归纳和概括才能获得。

（7）原理（规则）学习。这是对概念间关系的认识或理解。例如，从对“圆的东西”和“滚动”两个概念间关系的认识中得出“圆的东西会滚动”的规则。

（8）解决问题学习。这是规则学习的一个自然的扩大，是一种“高级规则”的学习。

在对学习层次进行更深入的研究之后，加涅于1971年又把学习的八个层次压缩为六个层次，即连锁学习、辨别学习、具体概念学习、意义概念学习、规则学习、高级规则学习。1977年后，他又把学习层次提炼为五个层次，即联结与连锁学习、辨别学习、概念学习、规则学习、高级规则学习。

二、联结主义学习理论

桑代克（Edward Thorndike，1874—1949）是美国心理学家、教育学家，全球第一个完整、系统的现代学习理论的创始人。

1. 尝试与错误

桑代克认为学习的基本形式是尝试与错误，他是通过动物实验得出这一观点的。在桑代克的实验中，最著名是“迷箱实验”（见图14—1）。

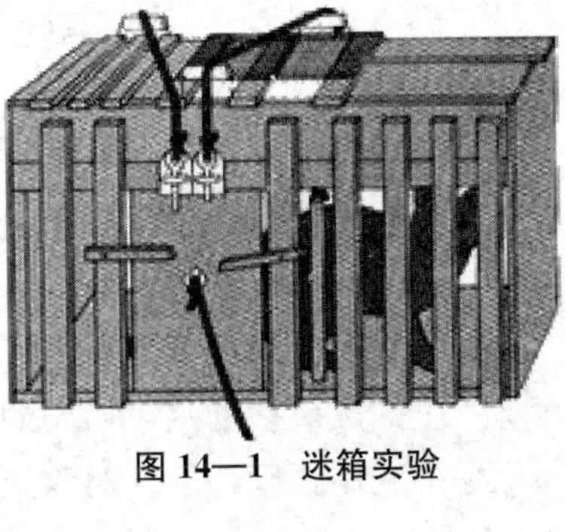

图14—1　迷箱实验

桑代克专门设计了“桑代克迷箱”，并将饿猫关入箱中，箱外放一条鱼。于是，猫急于冲出箱门吃鱼，但是要想打开箱门，猫必须完成三个分离的动作。首先要提起两个门闩，然后是按压一块带有铰链的台板，最后是把横于门口的板条拨至垂直的位置。经过观察，箱中的饿猫以抓、咬、钻、挤等各种方式想逃出迷箱。经过多次努力和尝试，它可能无意识抓到门闩或踩到台板或触及横条，结果箱门开了。多次试验后，饿猫的无效动作越来越少。最后，一进迷箱，猫就会立即用一种正确的方式打开箱门。

根据实验结果，桑代克认为学习的实质是有机体形成“刺激”（S）与“反应”（R）之间的联结。他明确指出：“学习即联结，心即是一个人的联结系统。”同时，他还认为学习的过程是一种渐进的尝试错误的过程。在这个过程中，无关的错误反应逐渐减少，而正确的反应最终形成。

2. 学习律

在实验的基础上，桑代克提出了如下三条学习定律：

（1）准备律（law of readiness）。这个定律包括三个组成部分：1）当一个传导单位准备好传导时，传导而不受任何干扰，就会引起满意之感；2）当一个传导单位准备好传导时，不得传导就会引起烦恼之感；3）当一个传导单位未准备传导时，强行传导就会引起烦恼之感。

如果用当代术语重述以上的准备律，就是：1）当某人准备表现某一行为时，去做就会引发满意；2）当某人准备表现某一行为时，不去做就会引发苦恼；3）当某人不准备表现某一行为但被逼着去做时，就会引发苦恼。

准备律是反应者的一种内部心理状态。一切反应是由个人的内部状况和外部情境所共同决定的。因此学习不是消极地接受知识，而是一种活动。学习者必须有某种需要，体现为兴趣和欲望。

（2）练习律（law of exercise）。这个定律分为两个次律：1）应用律——一个已形成的可变联结，若加以应用，就会变强；2）失用律——一个已形成的可变联结，若久不应用，就会变弱。

练习律的实质就是强化刺激与反应的联结。反应在情境中用得越多，它与这个情境发生的联结越牢固。反之，长期不用这个反应，这种联结就趋于减弱。后来，桑代克修改了这条定律，指出单纯的重复练习不如对这个反应的结果给予奖赏。

（3）效果律（law of effect）。这个定律是指刺激与反应之间的联结因反应结果而增强或减弱。如果一个反应发生后跟随着满意事态，联结就被加强；如果一个反应之后跟随着苦恼事态，联结就会减弱。

在现代术语中，如果一个刺激引发一个反应，这一反应又引发了强化，刺激和反应之间的联结就会加强；另一方面，如果一个刺激引发一个反应，而该反应导致了惩罚，刺激和反应之间的联结就会削弱。

20世纪30年代之后，桑代克认为早期的效果律有一半是正确的，另一半是错误的。正确的一半是跟随着满意事态发生的反应被增强，错误的一半是惩罚一个反应对于联结强度没有影响。换句话说，强化增加联结强度，惩罚对联结强度没有影响。

3. 共同要素说

桑代克指出，学习迁移的发生绝不是学科训练的结果，因为在一种情境中所发生的反应不能迁移到其他一切的情境中去。只有当两种机能有了相同的因素时，这一机能的变化才使另一机能也有变化。第二机能的变化在分量上等于与它的第一种机能所共有的元素的变化。比如掌握了加法可以增进乘法的演算，因为加法和乘法的部分元素是相同的。

三、格式塔学习理论

格式塔心理学（Gestalt psychology）是西方现代心理学的主要流派之一，根据其原意也称为完形心理学，完形即整体的意思（格式塔是德文“整体”的译音）。格式塔心理学诞生于 1912 年，由德国心理学家韦特墨（M. Wetheimer，1880—1943）、柯勒（W. Kohler，1887—1967）和考夫卡（K. Koffka，1886—1941）共同创立。它强调经验和行为的整体性，反对当时流行的构造主义元素学说和行为主义“刺激—反应”公式，认为整体不等于部分之和，意识不等于感觉元素的集合。

1. 组织规则

格式塔心理学认为个体自然而然地观察到的经验，都带有格式塔的特点。每一个人，包括儿童，都会依照下列规则对经验进行有意义的组织。

（1）图形与背景。在具有一定配置的场内，有些对象突现出来形成图形，有些对象退居到衬托地位而成为背景。一般说来，图形与背景的区分度越大，图形就越可突出而成为我们的知觉对象。例如，我们在寂静中比较容易听到清脆的钟声，在绿叶中比较容易发现红花。反之，图形与背景的区分度越小，就越是难以把图形与背景分开，军事上的伪装便是如此（见图 14—2）。

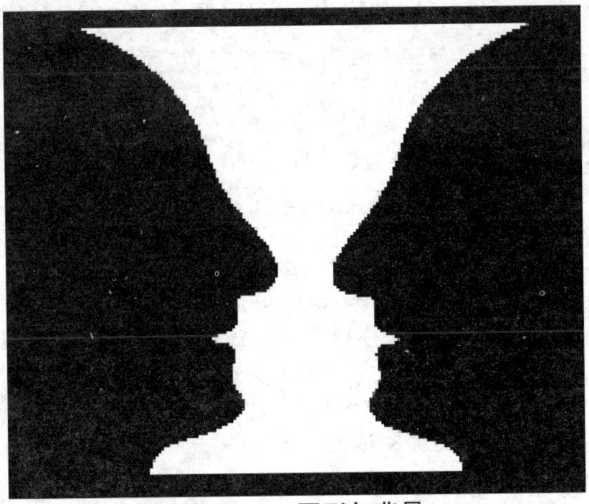

图 14—2　图形与背景

（2）接近性和连续性。某些距离较短或互相接近的部分，容易组成整体。例如距离较近而毗邻的两线，自然而然地组合起来成为一个整体。连续性指对线条的一种知觉倾向，尽管线条受其他线条阻断，却仍像未阻断或仍然连续一样为人们所体验到。

（3）完整和闭合倾向。知觉印象随环境而呈现最为完善的形式。彼此相属的部分，容易组合成整体，反之，彼此不相属的部分，则容易被隔离开来。这种完整倾向说明知觉者心理的一种推论倾向，即把一种不连贯的有缺口的图形尽可能在心理上使之趋合，那便是闭合倾向。

（4）相似性。如果各部分的距离相等，但它的颜色有异，那么颜色相同的部分就自然组合成为整体。这说明相似的部分容易组成整体。

（5）转换律。按照同型论，由于格式塔与刺激形式同型，格式塔可以经历广泛的改变而不失其本身的特性。例如，一个曲调变调后仍可保持同样的曲调，尽管组成曲子的音符全都不同。一个不大会歌唱的人走调了，听者通过转换仍能知觉到他在唱什么曲子。

（6）共同方向运动。一个整体中的部分，如果作共同方向的移动，则这些作共同方向移动的部分容易组成新的整体。

2. 顿悟学习

格式塔心理学家通过实验发现，有机体解决问题的过程是顿悟的而不是试错的（参阅知识库 14—2）。顿悟过程的特点有：第一，从解决问题前阶段到解决问题阶段的转变是突然的、完整的；第二，以顿悟为解决问题方法的表现是流畅的，没有错误出现；第三，通过顿悟得到的问题解决方法会保持相当长的时间；第四，通过顿悟得到的原理比较容易应用于其他问题。

【知识库 14—2】　顿悟实验

1913—1917 年，柯勒在腾涅立夫岛的大猩猩研究站以大猩猩为被试，做了大量的学习实验研究。这些研究主要是给大猩猩设置各种各样的问题，观察大猩猩解决这些问题的过程表现。

1. “接竿问题”实验

实验时，大猩猩被关在笼内。大猩猩喜欢吃的香蕉放在笼外不远的地方（即用一根竹竿够不着，两根竹竿接起来可以够得着的地方）。笼内有一根较短的竹竿，笼外有一根较长的竹竿。

大猩猩为了取得香蕉，起初用那根较短的竹竿去够香蕉，但竹竿太短，够不到。猩猩常常将竹竿扔向香蕉，连竹竿也丢了。在用一只取名为“苏丹”的大猩猩做实验时，出现了一个戏剧性的场面：苏丹为了取得香蕉，用较短的竹竿拨到了另一根竹竿。当它玩弄这两根竹竿时，好像突然明白了什么，然后将两根竹竿接起来（用较细的竹竿插入较粗的竹竿），用这根接起来的竹竿够到了香蕉。这个过程是缓慢的，起初把两根竹竿放在一起，苏丹一看到两根竹竿处于这种关系，就能够突然发现这种关系，然后一次又一次地反复把一根竹竿插入另一根竹竿，从而够到远处的香蕉。

2. “叠箱问题”实验

叠箱问题实验先是“单箱问题”实验。香蕉挂在笼子的顶棚上。笼内有一只木箱可以利用。必须将木箱搬到香蕉下面，然后爬上木箱，跳一下才能够到香蕉。这个问题对于大猩猩来说是一个难题。但是，苏丹在没有帮助的情况下就顺利地解决了这个问题。其他 6 只大猩猩也在人把箱子置于香蕉之下，或者观看到其他猩猩使用木箱之后解决了问题。叠箱问题就更加困难了。香蕉挂在高处，大猩猩必须爬到叠起的三只木箱的上面才能够到香蕉。

大猩猩解决这个问题表现出一定的困难。起初站在一只木箱上够，却够不到。大猩猩跳下木箱，对周围的木箱和高处的香蕉进行了"良久"的观察，突然，大猩猩终于表现出一种突然的理解，迅速地将三只木箱叠在一起，爬到箱顶，取下香蕉。

资料来源：《完形心理学理论》，MBA 智库百科。

格式塔学派对学习过程的详细解释是：

（1）学习是知觉重组或认知重组。像其他学派的心理学家一样，格式塔心理学家也认为，通过学习，会在头脑中留下记忆痕迹，记忆痕迹是因经验而留在神经系统中的。但格式塔心理学认为，这些痕迹不是孤立的要素，而是一个有组织的整体，即完形。因此，学习主要不是加进新痕迹或减去旧痕迹的问题，而是要使一种完形改变成另一种完形。这种完形的改变可以因新的经验而发生，也可以通过思维而产生。格式塔学习理论所关注的正是发生这种知觉重组的方式。所以，在格式塔心理学家看来，一个人学到了什么，直接取决于他是如何知觉问题情境的。如果一个人看不出呈现在他面前的问题，看不出各种事物之间的联系，那么他对事物的知觉就还处在无组织的、未分化的状态，因而也就无所谓学习了。一个人学习的方式通常是从一种混沌的模糊状态，转变成一种有意义的、有结构的状态，这就是知觉重组的过程。

（2）顿悟可以避免多余的试误，同时又有助于迁移。格式塔心理学家认为，通过对问题情境的内在性质有所顿悟的方式来解决问题，就可以避免与这一问题情境不相关的大量随机的、盲目的行动，而且有利于把学习所得迁移到新的问题情境中。

顿悟学习的核心是要把握事物的本质，而不是无关的细节。韦特墨认为，学校学习的目的是要把习得的内容迁移到校外情境中。通过机械记忆习得的内容只能用于非常具体的情境中，即应用于类似最初学习时的情境中；只有通过顿悟理解的内容才能成为学生知识技能的一部分，随时可用于任何情境中的类似的问题。

（3）真正的学习不容易遗忘。格式塔心理学家认为，通过顿悟获得的理解，不仅有助于迁移，而且不容易遗忘。顿悟将成为人们知识技能中永久的部分。

（4）顿悟学习本身就具有奖励的性质。格式塔心理学家认为，真正的学习常常会伴随着一种兴奋感。学习者了解到有意义的关系，理解了一个完形的内在结构，弄清了事物的真相，会伴有一种令人愉快的体验。例如，一些人对智力拼图、字谜填空玩得津津有味。有时看上去简直不大可能完成，但越是这样，当他们突然发现解决办法时，就越会有一种顿悟的快感。

四、目的行为主义学习理论

托尔曼（Edward Chase Tolman，1886—1959）是新行为主义的代表，是目的行为主义（purposive behaviorism）的创始人，也是认知心理学的先驱。托尔曼虽然早期就已成为行为主义者，但对其他学派的理论则持博采众长的态度，并在其长期动物学习实验的基础上，建立了目的行为主义，后来改称符号学习论（sign learning theory），强调其理论的认知性质，又被称作认知行为主义（cognitive behaviorism）。

1. 整体行为

托尔曼认为心理学应研究行为。但和行为主义创始人华生不同的是，托尔曼把行为分为两种：一种是分子行为（或局部行为）（molecular behavior），指个体所表现的局部性动作，如声、光、电等刺激所引起的肌肉收缩和腺体分泌的反应。另一种是整体行为（molar behavior），指个体所表现的大单元或整体性行为，如动物在复杂实验中的跑迷宫、儿童上学、打球或游泳等行为，都是对一种包含许多不同刺激组合的复杂情境的反应，很难将它们分解为一系列单个的物理刺激和生理运动，即使能够分解，也不能准确地描述整体行为，因为这些整体行为并不是各部分之和，它有自己的描述性和规定性，有它自身的特征。托尔曼在区分两种行为的基础上，指出心理学的研究对象应是整体行为而不是分子行为。

2. 中介变量

托尔曼认为，行为产生的原因主要有物理的和生理的两类，分别称为环境变量和个别差异变量。环境变量包括：补给时间表（M）、目标对象的适度性（G）、刺激物的类型及其所提供的方式（S）、所要求的运动反应类型（R）、先行的或后继的迷宫单元模式（P）。个别差异变量包括：遗传特征（H）、年龄（A）、先前所受的训练（T）、特殊的激素和药物所维持的生理状态（E）。

有机体的行为随着这些环境变量和个别差异变量的变化而变化。但是，托尔曼认为这些变量（或自变量）与行为变量（或因变量）之间的关系并不像华生等行为主义者所说的刺激—反应（S—R）那么简单。他要求注意有机体的内部因素在行为中的作用，要从整体上对行为进行心理分析。在这个基础上，托尔曼提出了中介变量（intervening variable），即介于刺激与反应之间因外在刺激而引起的内在变化过程。中介变量是行为的实际决定因子。因此，必须把 S—R 理解为 S—O—R，中介变量就是在 O（有机体）内正在进行的活动。只有弄清中介变量，才能回答一定刺激情境为何会引起一定反应的问题。

托尔曼早期认为中介变量有两种，即需求变量和认知变量。前者本质上就是动机，包括饥渴、性欲、安全、休息等需求；后者指对情境、目标的认知，包括动作、技能等。后来，他受格式塔主义学派的影响，对原先提出的两种中介变量进行了修改，认为有三种主要的中介变量：（1）需要系统（need system），指生理需要和内驱力等；（2）行为空间（behavior space），指有机体在某一时刻内感知到的具有不同地点、距离和方向的客体；（3）信念价值动机（belief-value motivation），指选择某种目的物在满足需要中的相对力量。

3. 认知地图

托尔曼认为，有机体习得的是关于周围环境、目标位置以及达到目标的手段和途径的指示，也就是形成“认知地图”的过程，而不是简单、机械的反应。认知地图（cognitive map）指在过去经验的基础上产生于头脑中的某些类似于一张现场地图的模型。托尔曼用“符号”这一术语来表示有机体对周围环境的认知，而关于对目标及达到目标的手段和途径的意义的知识的认知则是对符号意义的认知，所谓学习也就是习得符号及其意义。

为了证明有机体习得的是符号及其意义而非动作反应模式，托尔曼提出了期待、潜伏学习、位置学习的概念。

（1）期待。期待是有机体关于客观事件意义，通常是指目标物意义的知识或信念。这种知识既可以是当前习得的，也可以是过去曾经习得的。在托尔曼看来，有各种不同的期待。1）"记忆性"期待，指引起内在期待的条件是先前对于某种特定目标有过的经验；2）"感知性"期待，指那些为连续不断的、同时存在的目标引起的内在期待；3）"推理性"期待，是由推理方式引起的期待。这些期待形成了个体生活的经验，而且这些以期待形式存在的知识，构成某种互相联系的关于周围世界的知识系统。

（2）潜伏学习。所谓潜伏学习，是指有机体在没有强化的条件下，学习也会发生，只不过其结果不甚明显，是"潜伏"的。一旦受到强化，具备了操作的动机，这种结果才明显通过操作而表现出来。强化并不是学习所必需的，否定强化在学习中的作用，即使有也很少；学习不一定外显在行为中，行为变化是一种学习，但学习并不一定是行为变化。也就是说，有机体在学习过程中，每一步都在学习，只是某一阶段其学习效果表现不明显，其学习处于潜伏状态。

（3）位置学习。托尔曼认为，有机体不仅习得关于目的物的意义，也习得关于刺激情境的意义，这就是位置学习。刺激情境也就是引起有机体行为的周围的各种客体。意思就是说，有机体必须针对环境的某些特点来调整自己的行为。有机体从环境中得到的感知方面的事实资料，称作辨别性资料；而根据环境特点调整运动性反应的事实资料，称为操纵性资料。这些资料所指的并不是环境中客体的特点本身，而是这些特点对有机体行为的影响。实质上就是这些客体是有机体为了达到某一目的，作为一个目标或是力求接近的符号，以及作为达到目的的手段而出现的（参阅知识库 14—3）。

【知识库 14—3】 **迷宫实验**

托尔曼设计的迷宫有一个出发点、一个食物箱和三条长度不等的从出发点到达食物箱的通道（见图 14—A）。实验开始时，将白鼠置于出发点，然后让它们自由地在迷宫内探索。一段时间后，检验它们的学习结果。检验时，再将它们置于出发点，并对各通道做一些处理，观察它们的行为。

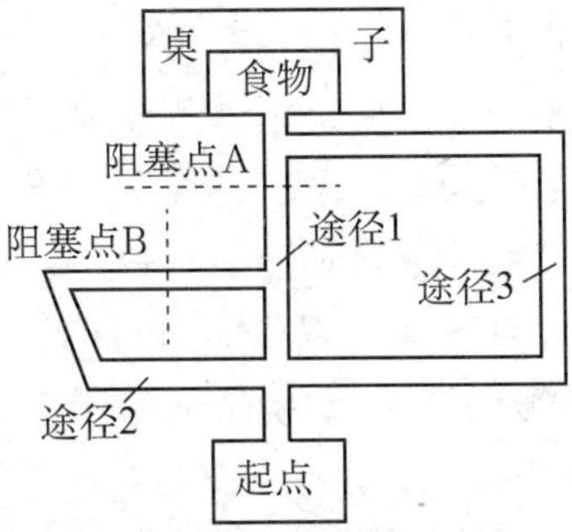

图 14—A 白鼠的位置学习实验图

结果是，若三条通道畅通，白鼠选择第一条通道到达食物箱；若 A 处堵塞，白鼠选择第二条通道；若B处堵塞，白鼠选择第三条通道。根据这一实验以及许多类似的实验，托尔曼认为：(1) 学习是有目的的行为，而不是盲目的。(2) 学习是对“符号—格式塔”的认知。白鼠在学习方位迷宫图时，并非学习一连串的刺激与反应，而是在头脑中形成一幅“认知地图”，即目标—对象—手段三者联系在一起的认知结构。学习不是简单的机械的运动反应，而是学习“达到目的的符号”及其所代表的意义。(3) 在外部刺激（S）和行为反应（R）之间存在中介变量（O）。主张将行为主义S—R公式改为S—O—R公式，O代表有机体的内部变化。

资料来源：中文百科在线，http：//www.zwbk.org/MyLemmaShow.aspx?lid=127618。

五、社会学习理论

社会学习理论是由美国新行为主义心理学家、斯坦福大学心理学系教授艾伯特·班杜拉（Albert Bandura）创立的。“社会学习”一词最早出现于1941年，美国心理学家米勒与多拉德用它来指一个人对他人行为的模仿。班杜拉将社会学习分为直接学习和观察学习两种形式。直接学习是个体对刺激做出反应并受到强化而完成的学习过程，其学习模式是刺激—反应—强化，离开学习者本身对刺激的反应及其所受到的强化，学习就不能产生；观察学习是指个体通过观察榜样在处理刺激时的反应及其受到的强化而完成学习的过程。

1. 观察学习

个人通过观察他人的行为及其强化结果而习得某些新的反应，或使他已经具有的某种行为反应特征得到矫正，同时，在这一过程中，观察者并没有对示范反应做出实际的外显操作。

班杜拉指出，人类具有应用符号去应对内部和外部各种事件的非凡能力，人类有通过语言与非语言形象获得信息以及自我调节的能力，所以人类能够不必经过亲身体验，而只通过观察他人习得复杂的行为。班杜拉称之为“替代性学习”或通过他人而进行的学习。他把观察学习分成四个过程：注意、保持、动作再现以及动机过程。

(1) 注意过程。班杜拉认为并不只是看到或与示范者待在一起就能学会示范者的行为而必须使观察者的知觉指向集中于他要模仿的行为。

(2) 保持过程。观察学习主要是把示范经验转换成表象或言语符号保持在记忆中，这些记忆代码在以后就能指导操作。这一过程主要依赖于两种符号系统：表象系统和言语系统。在儿童发展早期，视觉表象在观察学习中起着重要作用。除了符号编码，演习也能成为一个重要的记忆支柱。有些通过观察而习得的行为由于社会的禁令不能用外现的手段轻易地形成，因此人们就把这种行为看在眼里，这种心理演习在示范行动中就更有意义了。

(3) 动作再现过程。要把观察学到的东西付诸行动，在行为水平上还会存在障碍。观念在第一次转化为行为时，很少是正确无误的。在大多数日常学习中，人们一般是通过示范一个非常近似的新行为，然后对行为操作状态和示范者行为进行比较与反馈，再经过自我矫正，对这一近似的行为加以精炼。

(4) 动机过程。任何人都无法复演所学过的所有动作，因此，班杜拉区分了习得与行为表现，认为行为表现是由动机变量控制的。动机过程包括外部强化、替代强化和自我强化。其中，外部强化就是指自己表现某一行为后，是会受到奖励还是强化，从而使自己也倾向于做出榜样的行为。替代强化指观察者看到榜样或他人受到强化，从而使自己也倾向于做出榜样的行为。自我强化是指人们能够自发地预测自己行为的结果，并依靠信息反馈进行自我评价和调节。人们倾向于做出自我满意的行为，拒绝那些个人厌恶的东西。

2. 榜样示范

班杜拉的社会学习理论十分强调榜样的示范作用，整个观察学习过程就是通过学习者观察榜样的不同示范而进行的。班杜拉把示范分成如下几类。

(1) 行为示范。即通过榜样的行为来传递行为的方式，此方式在对榜样的观察学习中占重要地位。行为示范无论是对动作技能的习得，还是对行为方式习惯的形成，都有不可忽视的作用。

(2) 言语示范。即通过榜样的言语活动传递行为、技能的方式。言语示范在学习中应用范围广，具有特殊重要的意义。如根据教师的讲解学习定理和法则的应用，依靠说明书学习机器的操作技术，通过报纸学习先进人物的思想行为方式，都是言语示范所起的作用。

(3) 象征示范。即通过幻灯、电视、电影、戏剧、画册等象征性中介物呈示榜样的行为方式，优点在于可将同一榜样反复呈示给许多人，并加入放大、停顿等技术，从而增强感染力，扩大教育范围。

(4) 抽象示范。即通过榜样的各种行为事例，传递隐藏在行为事例背后的道理或规范的方式。榜样遵照一定的道理和规范作出反应，观察者按榜样的行为倾向进行类似但不完全一样的活动。也就是说，观察者从各种示范反应中抽取出共性的东西，以后再应用到新的具体情境之中，例如，教师按照某个或某些定理、公式在黑板上演示几道例题后，学生就总结出这些例题所包含的定律，并按照教师的方式解决同一类型的问题，这就是抽象示范的过程。

(5) 参照示范。即为了传授抽象的概念和操作而附加呈现具体参考事物和动作的方式。比如，在英语课上讲解前置词"on"的使用，一边说"…on the desk"，一边也附加往桌子上放东西的动作。这种示范方式是对抽象示范的补充和强化，它对低年龄儿童的指导是特别重要的。

3. 自我效能

自我效能是指个体对自己能否在一定水平上完成某一活动所具有的能力判断、信念或主体自我把握与感受，也就是个体在面临某一任务活动时的胜任感及其自信、自珍、自尊等方面的感受。

班杜拉把自我效能看做对自己在特定的情境中是否有能力操作行为的预期（结果预期和效能预期）。其中，结果预期是对某种行为导致某种结果的个人预测。效能预期是个体对自己能否顺利地进行某种行为以产生一定结果的预期（见图14—3）。

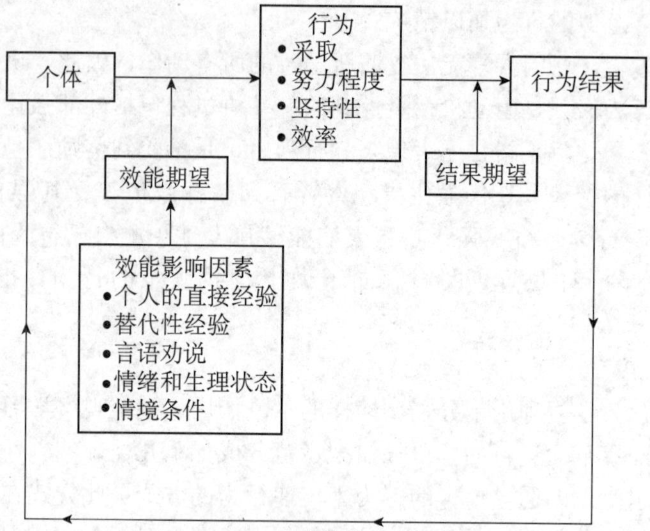

图 14—3　自我效能理论示意图

班杜拉认为自我效能的产生和改变有五条途径：

(1) 个人的直接经验。一个人屡次成功，自我效能一般会提高，反之则下降。

(2) 替代性经验。观察别人在某类问题上取得成功会增强自己处理此类问题的效能感。

(3) 言语劝说。包括他人的暗示、说服性告诫、建议、劝告以及自我规劝。

(4) 情绪和生理状态。在充满紧张、危险的场合或负荷较大的情况下，情绪易于唤起，高度的情绪唤起和紧张的生理状态会降低对成功的预期水准。

(5) 情境条件对自我效能的形成也有一定的影响，某些情境比其他情境更难以适应与控制。当个体进入一个陌生而易引起焦虑的情境中时，会降低自我效能的水平与强度。

第 2 节　学习型组织

一、组织学习的内涵

（一）组织学习的定义

有人认为，所谓“组织学习”就是指组织成员积极主动地利用有关资料与信息来规划自己的行为，以提高组织持续适应能力的过程。

有人认为，组织学习是指以某种组织、团体的目标为中心，以组织的学习方式，通过组织中个体的学习行为，构建组织或团体的知识来达到组织、团体的工作目标。由于组织学习的目的性强，要解决的问题更广泛，进行沟通的方式更多，需要大量的个体和团体用不同类型知识来支持他们的工作，所以，组织学习是一个极为复杂的系统工程。

还有的人指出，组织学习是一种学习、工作和智慧层次的协作，以某种组织、团体的目标为中心，来达到组织、团体的工作目标。学习行为可以是个体行为，也可以是组织行为，构建组织或团体的知识。它强调一种协作型的智慧、组织团体智慧。

综上所述，可以把组织学习定义为一个求索的过程（通常是对错误和异常情况的反应），通过这个求索过程，组织成员在自己和他人的经验基础上开发出可共享的价值观和知识。而我们所关心的组织学习过程是那些自觉的、系统的、能对被处理信息持批判和反思态度的、能使组织成员甘愿进行行动的过程。

（二）组织学习的形式

组织学习的形式可以分成单环学习、双环学习和持续学习。

1. 单环学习

单环学习（single-loop learning）是指“知道如何做”，是一种维持学习，主要是用来发现并纠正不符合个体或组织现有规范的偏差，并且改正过程依赖于过去的常规程序和当前的政策。实质就是指通过学习来维持个体或组织的现状。这种学习过程并不触动组织本身，不能称为管理变革（参阅知识库14—4）。

【知识库14—4】　单环学习失误

单环学习失误可以分为两大类：一是个体进行了概念性学习，但操作性学习被阻；二是个体或组织虽然进行了操作性学习，但概念性学习被阻。前者包括封闭性学习和限制性学习；后者包括迷信学习和模糊学习。

(1) 封闭性学习。虽然个体学到了知识，但在组织环境中没有采取合适的行为，即个体概念性学习没有转化为个体操作性学习，这种学习称为“封闭性学习”。这种学习使得组织的共同认知模式不能真正建立起来。原因可能是个体工作负荷过重、动机水平低、兴趣不一致或不愿做等。

(2) 限制性学习。尽管个体想方设法改变组织的某些行为，但组织却漠然视之。个体的操作性学习没有在组织环境中实现。这种学习称为“限制性学习”。主要是组织中的沟通系统不畅，个体间缺乏合作所致。另外，由于个体的想法及努力被忽视，又导致了封闭性学习。

(3) 迷信学习。由于缺乏必要的行动概念、模式或理论，个体或组织重复习惯性的行为而不知道原因，缺少理性的思考，这种学习称为“迷信学习”。原因主要是个体认知模式或组织的共同认知模式不适当。

(4) 模糊学习。即使用来解决问题的认知模式是适当的，如果对行动结果缺乏有效的评价，如缺乏反馈，仍会导致“模糊学习”的产生。它会影响组织成员以后的行为及对组织管理制度的信任程度。

2. 双环学习

双环学习（double-loop learning）即“知道为何这样做”，也称为“创造学习”。当组织发现错误时，改正方法包括组织目标、政策和常规程序的修改。双环学习向组织中根深蒂固的观念和规范提出挑战，其提出的截然不同的问题解决办法有利于实现变革的巨大飞跃（参阅知识库14—5）。

【知识库 14—5】　　双环学习失误

双环学习失误主要发生在更新或修正个体认知模式或组织的共同认知模式过程中，有三种类型：表面学习、片断学习和投机性学习。

（1）表面学习。表面学习主要发生在个体水平。当个体没有进行双环学习，或者虽然进行了双环学习，但没有同时进行操作性学习和概念性学习时，就发生了表面学习。个体没有认识到改变认知模式的必要性，或者即使认识到并且改变了认知模式，也不知道何时及如何运用，因此失去了原本能够增长的知识，而且整个组织也没有获得知识的增长。

（2）片断学习。片断学习发生在组织层面，是指组织没有进行概念性学习。虽然个体进行了学习并改变了自己的认知模式，但如果没有形成组织共同的认知模式，组织旧的认知模式没有发生变化，那么还是发生了片断学习失误。在这种情况下，个人学习对组织学习没有任何贡献。尤其在组织中信息没有自由沟通，或被管理层用来作为维护组织权力手段的情况下，片断学习更容易发生。

（3）投机性学习。投机性学习也称组织限制性学习，是指尽管组织行动的设计或实施旨在抓住确实存在或想象的机会，却与组织共同的认知模式相矛盾。典型的例子就是某些组织中建立的团队。本来，建立团队的目的是完成独立的项目，但团队常常是与组织习惯化的程序和共同认知模式相分离的，因而就阻碍了组织进行学习。

3. 持续学习

最高层次的组织学习称为持续学习（deuterolearning），它指的是学习怎样去学习。这里的学习指的是学习过程本身，以及寻求提高组织单环和双环学习绩效的过程。持续学习是组织学习的最高境界，是组织进行学习变革的最终目标。

二、组织学习的途径

1. 组织培训

一个推崇学习的组织必然会针对职务的需求和员工的技能制定专门的培训计划，比如上岗培训、升职培训、业务培训等。组织可以成立专门的培训中心。培训中心也是人才造就基地，可以提供一切必需的学习工具、合理的培训制度、传承性的培训体系，针对组织的发展目标和员工的个人需要进行各种专门化的培训。

2. 内部交流

所谓内部交流，就是在经验中学习，在同事间学习。哈佛大学教授戴维·加尔文认为，从过去的经验中学习是一种最经济有效的学习方式，即所谓“温故而知新”。重新审视企业过去的成败得失，系统、客观地对其作出评价，并将其向全体员工开放，让他们铭记教训，是组织学习的一项重要内容。

3. 外部咨询

外部咨询指的是企业聘请外部的专家、咨询师、咨询公司等，借助“外脑”的力量，解决组织内部的难题，求得进一步的发展。

目前，西方国家的咨询服务业已相当发达。咨询领域除工程咨询，还包括决策咨询、技术咨询、投资咨询、管理咨询、专业咨询、会计、法律、税务、医药等，几乎涉及社会生活的各个方面，而且市场运作规范、专业化程度高、法律法规健全、收费合理，已经形成相对稳定的咨询行业与服务体系。

4. 行业学习

行业学习主要指的是同行业之间的交流。每个组织都是知识网上的一个知识点，都有自己的特点和优势，也同样有劣势和不足之处。这样可以通过彼此学习来弥补。此外，由于是同行，它们在对行业、环境的判断、经营管理以及组织文化建设方面都有很多“共同语言”；同时，一家组织的举动或多或少都会对其他组织乃至整个行业产生影响。更由于在目前激烈的竞争形式下，创新是组织的立足之本，这使得关注同行的新举动、向同行学习更是具有特殊的意义。

5. 向客户学习

向客户学习也类似于行业学习，之所以单独说明，是因为组织与客户之间的关系要远远复杂于其与其他组织的关系。组织经营的产品要符合客户的要求，赢得客户的满意，因此，向客户学习就具有了特殊的意义。而与客户之间的交流也使得向客户学习成为可能。

三、学习型组织的主要特征

关于学习型组织是什么的说法多种多样（参阅知识库14—6）。作者认为，学习型组织是这样一种组织，在这种组织中，优先考虑个体发展，陈旧的以及错误的思维方式将得到积极的确认和纠正，组织的目标和愿景能得到所有组织成员的理解与支持。在这一框架内，系统思考能使人们认识到组织是如何真正运作的，如何形成一个计划，以及如何公开、协调地共同工作以实现这一计划。学习型组织能促进个体解放，使他们的潜力得到最大限度的发挥，而成为创新型、智慧型的员工。

【知识库14—6】　　学习型组织的各种定义

（1）学习型组织是指该组织成员持续地发挥其能力，创造其所渴望的结果，培养新的思想形式，塑造集体的气氛。在这样的组织中，所有组织成员都学会如何向他人学习（Senge，1990）。

（2）学习型组织是一个帮助成员学习并不断改变组织本身的组织（Pedler，1992）。

（3）学习型组织是一个精于创造知识、获取新知、转移知识的组织，并借由知识的获得以修正、反省其行为并从中培养新的洞察力（Garvin，1993）。

（4）学习型组织是一种能够持续调适的组织，它既能掌握竞争对手的动态，满足服务对象的变动需要，又能根据系统思考的方法，来提升个人、团体乃至组织整体的调适能力（Jashapara，1993）。

（5）学习型组织是一种能将学习、调适以及变革等能力深植于组织文化的组织，其组织文化所涵盖之价值、政策、事务系统及结构均能支持人员进行学习，而学习的成果能在工作流程、产品与服务、团队工作等方面持续发展（Bennett & O' Brien，1994）。

(6) 学习型组织是凭借快速的知识创造和精炼未来成功所需的能力，达成持续的改善（Wick &Leon，1995）。

(7) 学习型组织是指已经发展出对环境与改变的持续能力的组织（Robbins，1996）。

(8) 学习型组织系统化的定义是：能够有效和集体地学习，并为了共同的成功，持续使自己在获取、管理和使用知识上蜕变精进的组织（Marquardt，1996）。

(9) 学习型组织强调分享灵感，组织成员彼此学习，主动收集组织内部和外部的信息，并与供应商和客户共同解决问题，创造价值并获得竞争优势（Kovach，1997）。

(10) 学习型组织是一种不同凡响、更适合人性的组织模式，由伟大的学习团队形成社群，有着崇高而正确的核心价值、信念与使命，具有强劲的生命力与实现梦想的共同力量，不断创造，持续蜕变。在其中，人们胸怀大志，心手相连，相互反省求真，脚踏实地，勇于挑战极限及过去的成功模式，不为眼前近利所诱，同时以令成员振奋的共同愿景，以及与整体动态搭配的政策与行动，充分发挥生命的潜能，创造超乎寻常的成果，从而由真正的学习中体悟工作的意义，追求心灵的成长与自我实现，并与周围的世界产生一体感（杨朔英）。

学习型组织具有下面一些共同的特征。

1. 共同的愿景

组织的共同愿景是组织成员都真心追求的愿景，它来源于员工的个人愿景而又高于个人的愿景。个人愿景的力量源自一个人对愿景的深度关切，而共同愿景的力量则来自共同的关切。人们寻求建立共同愿景的理由之一就是他们内心渴望能够归属于一项重要的任务、事业和使命。

共同愿景会改变组织与成员的关系，它不再是“他们的公司”，而是“我们的公司”。组织共同愿景被各个阶层的成员真诚地分享，凝聚了这些不同的人的能量，孕育无限的创造力。在追求愿景的过程中，人们自然而然会产生勇气，去做任何为实现愿景所必须做的事。愿景建立了一个高远的目标，以激发新的思考与行动方式。共同愿景还有效地防止了企业高层管理者的短视，而致力于长期目标的获取。

共同愿景对于学习型组织尤为重要，因为它为学习提供了能量和焦点。只有当人们致力于实现某种他们深度关切的事情时，才有可能产生一种创造性的学习，拓展自我创造的能力。没有共同愿景的引导、指向，把人们拉向真正想要实现的目标，维持现状的力量将是牢不可破的，而学习可能是困难而辛苦的。有了共同的愿景，才更有可能发现思考的盲点，放弃固守的看法，承认个人与组织的缺点，为组织学习找到焦点。

2. 持续不断的学习进程

这是学习型组织的本质特征。学习型组织要求的是持续不断的学习、转化与改变，它是一种不断演进的进程，而不是一种终结状态。具体来讲有四点含义：

(1) 终身学习：即组织成员均能养成终身学习的习惯，学习融入了员工行动的方方面面，学习至上主义受到鼓励和支持。

(2) 全员学习：组织中的每一个人都有同等的学习机会，组织中的决策层、管理层、操作层都能全身心地投入学习，来自不同部门、不同职位的人共同学习，尤其是决策层(包括管理决策层和技术决策层)，因为他们是决定企业发展方向与命运的重要阶层。

(3) 全程学习：即学习必须贯穿于组织系统运行的整个过程中，学习是会议、工作团队和工作过程的有机组成部分。

(4) 团队学习：在学习型组织中，团体是最基本的学习单位，也是最具创造力的单位。组织内部鼓励员工之间相互辅导、帮助以增进绩效。组织不但重视个人学习和个人智力的开发，更强调组织成员的合作学习和群体智力的开发。学习型组织正是通过学习能力的保持，及时铲除发展道路上的障碍，不断突破组织成长极限，进而实现可持续发展的。

3. 扁平化、能动式组织结构

学习型组织尽最大可能将决策权下放到离最高管理层或公司总部最远的地方，即决策权往组织机构的下层移动，让下层单位拥有充分的自决权，并对所产生的结果负责。学习型组织结构将趋于扁平化，且行动敏捷。

在这种能动型组织结构中，各职务、角色的设计具有弹性，为体验、发展和适应留有空间；各单位和部门被看成是动态设置，可以随形势的变化而增减；尽管有规则和程序，但允许通过不断的评审和协商加以修改；绩效评估系统是为学习和发展服务，而不是为了奖励和处罚；组织根据环境不断尝试新型结构。学习型组织的模式最大限度地实现了组织与环境变化的互动。

4. 自我管理

自我管理是使组织成员能够边工作边学习，将工作与学习紧密结合起来的好方法。通过自主管理，组织成员可以自己发现工作中的问题，自己选择伙伴组成团队，自己进行现状调查，自己分析原因，自己制定对策，自己组织实施，自己检查结果，自己评估总结。团队成员在自主管理的过程中，能形成共同愿景，并以开放求实的心态相互切磋，不断学习新知识，不断进行创新，从而增强组织快速应变、创造未来的能量。

在学习型组织中，自我管理团队极具学习特色。自我管理团队由从事相关任务的人员组成，通常要负责一件完整的产品或服务，或一个生产过程中的主要部分。它控制人员的工作行为、制定任务分配和工作方法的决策。许多情况下，团队将它的生产目标设定在组织界限内，也可能要负责一些支持性服务，如维护、购买和质量控制。通常，这种团队期望成员学习许多内容；团队成员根据知识和技能而不是职位的高低获取报酬，而衡量绩效的标准是团队的绩效而不是个人的绩效。

5. 开放式的学习文化

组织成员彼此接纳，坦诚相见，互相信任，它的组织文化不是封闭的，而是以开放的态度迎接新观念，鼓励并提供学习与创新机会。学习型组织的文化鼓励创新，鼓励冒险，能够真诚接受下级的建议。这种文化有利于成员互相学习。学习型组织的组织文化鼓励成员学习并开发其全部潜能，容许失败，认为犯错误也是一种学习。学习型组织的文化鼓励与顾客、供应商以及战略伙伴建立知识联盟，共享知识和创新知识。

6. 领导者的新角色

在学习型组织中，领导者是学习型领导者。圣吉曾指出，共有三个领导层面对组织学习至关重要。

（1）精明的、富于奉献精神的基层领导者。企业领袖应该告诉人们谁是这场变革的灵魂人物——是谁设计、生产、售出产品和提供服务，是谁在同消费者交流，而保证这些工作正常进行正是基层管理人员的职责，如果他们不打算改变和创新，那么深度变革将无从谈起。

（2）内部网络人员。他们知道如何促进有效沟通，如何营造一个信息共享的组织，其职责是使新的变革实践在组织中流传开来。

（3）高层执行领导。他们的角色是教练。为了带来显著的变革，这三个层面需要生存在一个宽松、互动的系统环境中，而这应该是企业领袖义不容辞的职责。

7. 强调知识管理

知识管理是学习型组织的重要特征之一。知识管理和组织学习是两个不同的概念。组织学习的重点在于提高组织获得并发展新知识的能力，而知识管理关注的是如何组织这些知识并利用它们来提高组织绩效。在当今这种复杂的、变化迅速的环境下，组织学习和知识管理都是十分重要的，而且这种重要性在未来还会日益增强。它们能够成为战略更新的源泉，能够使组织比它的竞争对手更快速、更有效地获取和应用这些知识，从而建立持续的竞争优势。

此外，当知识转化为新的产品或服务时，它就会成为组织价值创造的关键资源。在组织发展中，组织学习和知识管理已经成为最广泛和发展最快的变革之一。

四、学习型组织的构建

对于如何构建学习型组织，学者们提出了许多模型和理论，以下介绍其中影响较大的、有代表性的两种。

（一）五项修炼

彼得·圣吉认为，学习型组织不在于描述组织如何获得和利用知识，而是告诉人们如何才能塑造一个学习型组织。他认为："学习型组织的战略目标是提高学习的速度、能力和才能，通过建立愿景并发现、尝试和改进组织的思维模式而改变他们的行为，这才是最成功的学习型组织。"圣吉提出了建立学习型组织的"五项修炼"模型。任何一个组织都可能有一些学习阻碍，如未能从整体大局去考虑问题，上下层员工缺乏积极性，对外界威胁无警觉性等。为了克服这些学习障碍，圣吉提出了发展学习型组织的五项修炼要点。

（1）自我超越（personal mastery）。自我超越的修炼是通过学习不断理清与加深个人的真正愿景，集中精力，培养耐心，不断扩展个人的创造力，实现自我超越。它是学习型组织的精神基础。组织的学习意愿与能力也正建立在组织成员个人的学习意愿和能力之上。从个人不断追求学习作为起点，形成学习型组织的精神。透过组织共识，令大家努力的方向一致，个人也乐于投入工作，为组织目标奋斗。

(2) 改善心智模式 (improve mental models)。心智模式影响着人们如何认识这个世界以及如何采取行动，组织内部也存在一个共有的心智模式。改善心智模式的修炼要求组织对通常以局部或静态思考方式为主的心智模式进行检查和修正，并向以注重互动关系与动态变化的思考方式为主的共同心智模式转变。同时，组织成员之间也充分表达自己的想法，并且以开放的心态容纳别人的想法。

(3) 建立共同愿景 (building shared vision)。共同愿景就是组织中人们所共同持有的意向或愿望，简单地说，就是想要创造什么。共同愿景可以凝聚组织上下的意志力，帮助组织培养成员为共同目标主动而真诚地奉献和投入的精神。

(4) 团队学习 (team learning)。由于集体智慧通常大于个人智慧，所以利用集体思考和分析，找出个人弱点，强化团队向心力；通过团队学习，可以作出正确的组织决策，进一步便可以实行有创意而又协调一致的行动。团队学习就是发展成员整体搭配与实现共同目标能力的过程。团队学习的修炼要求团队成员能够超越自我，克服防范心理，学会如何相互学习和工作，形成共同的思维。

(5) 系统思考 (system thinking)。系统思考要求人们用系统的观点对待组织的发展，它可以引导出创新思维，促进改革，令企业增强竞争力。发展企业的系统思考，可透过收集资讯，掌握事件的全貌，以避免只见树木不见森林，培养纵观全局的思考能力，有助于看清问题的本质，有助于清楚了解因果关系。

圣吉认为，在这五项修炼中，系统思考是核心，它能融合其他各项修炼成为一体；从对现状作出被动反应，转向创造未来；从迷失在复杂的细节中，到掌握动态的均衡搭配。

(二) 五阶段模型

沃尔纳 (Woolner) 运用实证研究方法，从企业教育与培训活动这一角度，通过对大量企业进行深入观察与分析，归纳出学习型企业的五阶段发展模式。他认为，企业学习活动的发展一般经历五个阶段。

第一阶段，组织本身尚处于初期发展阶段，组织中的学习活动一般都是自发的、不正规的、无意识的。

随着组织发展和竞争的加剧，组织开始出资选送部分员工去进修，这是第二阶段即消费性学习阶段。

在第三阶段，规模经济的发展使得组织的教育和培训能够面向组织中更多的员工，组织开始有意识地在组织内部开发适合自己特定需要的学习项目，并建立相应的学习基地来推动这项工作。但是在这个阶段，学习活动与组织长期发展战略之间缺乏明显的联系。

到了第四阶段，组织已经把学习纳入组织正常的工作中，组织的学习更富创造性，立足于满足组织的特定需要，建立一系列相应的标准，作为衡量员工各类技能水平的指标。该阶段的学习与组织的发展战略和目标紧密地结合在一起。然而，组织的学习与日常工作之间互相脱节的现象还时有发生。更多的情况下，学习仍然是培训部门的职责，这使组织的学习能力受到一定的限制。

第五阶段，也就是最高级阶段中，学习与工作完全、完美地融合在一起，学习的责任已经是部门主管、工作团队、员工个人和人力资源部门共同的职责。学习成为工作创新的形式。同时，组织内部建立了绩效反馈机制，这种机制使得组织各个层次包括个人、团队或组织整体可以根据各种信息及时纠正或改进组织行为。此外，组织中的团队以自我管理为主，主管的作用不再是控制和解决问题，而是鼓励和促进人们自己解决问题，取得满意结果（参阅知识库 14—7）。

【知识库 14—7】　组织学习与组织绩效

组织学习包括四个相互联系的阶段：(1) 发现 (discovery)。指识别出追求的目标与实际的状况之间存在差距，如销售经理发现销售额低于预期水平。(2) 发明 (invention)。指设计各种解决办法以缩小差距，如销售经理在弄清广告质量差是销量下降的原因后，采用了新的广告设计。(3) 生产 (production)。指执行解决方案。(4) 概括 (generalization)。指得出解决方案是否有效的结论并运用到其他条件下，如新的广告设计成功后，销售经理总结出运用广告来提高销量的原则。

学习型组织的特点有：

(1) 组织结构。学习型组织的结构强调团队工作和跨越组织边界的网络工作。这些特征有助于促进信息共享、系统思考和信息开放。学习型组织同时具有相对扁平的管理层级，鼓励员工参与管理。

(2) 信息系统。传统上，信息系统主要用于组织控制。当前，学习型组织需要一个能够促进信息的获得、加工、共享的信息系统，以利于组织转型。

(3) 人力资源。学习型组织的人力资源实践有助于促进员工学习。例如，考评和报酬制度看重长期绩效与知识开发，并注意强化新知识、新技能的获得和共享。同时，学习型组织的开发与培训项目强调持续学习和改进。

(4) 组织文化。学习型组织拥有强文化，以促进开放性、创造力和试验精神。这些价值观鼓励成员获得、加工和共享信息，培养员工的创新意识，并允许组织成员自由尝试新事物、冒险以及从错误中学习。

(5) 领导。学习型组织的领导者主动关注组织学习。他们带头执行开放、冒险的行为，向成员提供组织的愿景，并通过理解、支持等方式率领他人实现这一愿景（见图 14—B）。

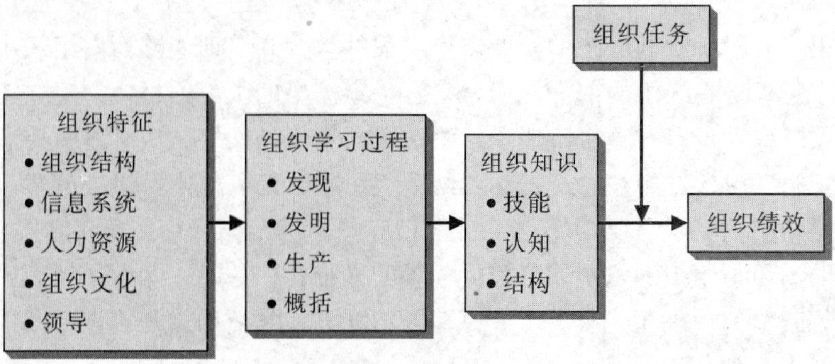

图 14—B　组织学习与组织绩效

□ 小　结

学习是行为或行为潜能的相对持久的改变，它是经验的结果，且不能归因于由疾病、疲劳、药物等引发的暂时性机体状态。学习可以分成经典条件作用和工具条件作用两种类型。

桑代克认为学习的实质是有机体形成“刺激”（S）与“反应”（R）之间的联结。他明确指出：“学习即联结，心即是一个人的联结系统。”同时，他还认为学习的过程是一种渐进的尝试错误的过程。在这个过程中，无关的错误反应逐渐减少，而正确的反应最终形成。

格式塔心理学家通过实验发现，有机体解决问题的过程是顿悟的而不是试错的。顿悟过程的特点有：第一，从解决问题前阶段到解决问题阶段的转变是突然的、完整的；第二，以顿悟为解决问题方法的表现是流畅的，没有错误出现；第三，通过顿悟得到的问题解决方法会保持相当长的时间；第四，通过顿悟得到的原理比较容易应用于其他问题。

托尔曼认为，有机体习得的是关于周围环境、目标位置以及达到目标的手段和途径的指示，也就是形成“认知地图”的过程，而不是简单、机械的反应。

班杜拉将社会学习分为直接学习和观察学习两种形式。直接学习是个体对刺激做出反应并受到强化而完成的学习过程，其学习模式是刺激—反应—强化，离开学习者本身对刺激的反应及其所受到的强化，学习就不能产生；观察学习是指个体通过观察榜样在处理刺激时的反应及其受到的强化而完成学习的过程。

组织学习是一个求索的过程（通常是对错误和异常情况的反应），通过这个求索过程，组织成员在自己和他人的经验基础上开发出可共享的价值观和知识。组织学习过程是那些自觉的、系统的、能对被处理信息持批判和反思态度的、能使组织成员甘愿进行行动的过程。组织学习的形式可以分成单环学习、双环学习和持续学习。

要系统地促进组织学习，就需要建立组织学习的机制。对于组织来说，有组织培训、内部学习、外部咨询、行业学习和客户学习等学习途径。通过这些学习途径的有机结合，就构成了整套的学习制度体系。

在组织中，可能影响组织学习机制的运行，进而影响学习的进程、效率和效果的因素很多，总的来说有组织结构、人力资源系统、技术系统、信息系统、组织文化以及领导模式等。

学习型组织作为一种最新的组织模式，具有如下特征：共同的愿景、持续不断的学习进程、扁平化的能动式组织结构、自我管理、开放式的学习文化、领导者的新角色、强调知识管理。对于如何构建学习型组织，学者们提出了许多模型和理论，最具代表性的有彼得·圣吉的五项修炼学习型组织模型和沃尔纳的五阶段模型。

□ 复习题

1. 什么是学习？
2. 如何评价联结主义学习理论？
3. 简述顿悟的过程。

4. 什么是认知地图？
5. 简述观察学习的过程。
6. 什么是组织学习？组织学习的形式有哪几种？
7. 组织学习的途径有哪些？
8. 影响组织学习的因素有哪些？
9. 什么是学习型组织？
10. 学习型组织的特点是什么？
11. 五项修炼的内容是什么？

□ 技能训练

优劣比较

1. 想出两名你曾经接触过的管理者——一名最好的，一名最差的。分别用几个句子来描述他们。

我接触过的最好的管理者是……

我接触过的最差的管理者是……

2. 每5～7人分为一个小组，分享你的经验。每个小组应选出两三个事例来与大家分享。以小组为单位完成下面的表格。

管理者	遵守或违背的管理原则	明显具备或缺乏的技能	该总结的经验或吸取的教训	你给管理者的建议
最好的管理者				
最差的管理者				

3. 管理者存在的共同问题是什么？

4. 准备一份你愿意提供给管理者的“智慧词汇”清单。为了使工作有成效，他们应该运用的一些基本原则是什么？

资料来源：理查德·L·达夫特、多萝西·马西克：《管理学原理》，25页。

□ 行为测量

学习风格

在下面的评估工具中，你要完成12个描述学习的句子。每个句子有4种结尾。为了对这些句子进行反应，考虑你刚写出来的最近的一些学习情境。然后根据你认为这个结尾在多大程度上描述了你学习的方式，来对每个句子结尾进行评分。在最能描述你的学习方式的句子前面写4，其他依次类推，直到在相对最不能描述你的学习方式的句子前面写1。

例如：当我学习时：

a. __2__ 我很高兴。

b. __4__ 我很仔细。
c. __1__ 我很迅速。
d. __3__ 我很有逻辑性。
1. 当我学习时：
a. ______我喜欢体会自己的感受。
b. ______我喜欢对想法进行思考。
c. ______我喜欢自己有事可做。
d. ______我喜欢看和听。
2. 我采用这种方式学习效果最好：
a. ______我仔细听和看。
b. ______我依靠逻辑思考。
c. ______我相信自己的直觉和感受。
d. ______我勤奋努力使任务得以完成。
3. 在学习过程中：
a. ______我倾向于对事情进行推理。
b. ______我会对事情负责。
c. ______我安静且有节制。
d. ______我产生强烈的情感和反应。
4. 我通过这种方式学习：
a. ______感受。
b. ______行动。
c. ______观察。
d. ______思考。
5. 当我学习时：
a. ______我乐于接受新体验。
b. ______我全面地看待问题。
c. ______我喜欢分析事情，将它们分解为许多小的组成部分。
d. ______我会对事情加以考验。
6. 当我学习时：
a. ______我是一个观察者。
b. ______我是一个主动的人。
c. ______我是一个习惯直觉的人。
d. ______我是一个喜欢进行逻辑思考的人。
7. 通过下列方式，我的学习效果最好：
a. ______观察。
b. ______个人关系。
c. ______理性理论。
d. ______一个练习和尝试的机会。

8. 当我学习时：

a. ______我喜欢从自己的工作中看到结果。

b. ______我喜欢思想和理论。

c. ______我不会急于行动。

d. ______我感到自己投入其中。

9. 我以这种方式学习效果最好：

a. ______我依靠自己的观察。

b. ______我依靠自己的感受。

c. ______我可以自己进行尝试。

d. ______我依靠自己的想法。

10. 当我学习时：

a. ______我是一个保守的人。

b. ______我是一个具有接纳性的人。

c. ______我是一个负责任的人。

d. ______我是一个理性的人。

11. 当我学习时：

a. ______我投入其中。

b. ______我喜欢观察。

c. ______我衡量事情。

d. ______我喜欢积极主动。

12. 我以这种方式学习最好：

a. ______我分析思想。

b. ______我具有接纳性并且思想开放。

c. ______我仔细。

d. ______我实际。

资料来源：大卫·A·威坦、金·S·卡梅伦：《管理技能开发》，44～46、600页。

□案　例

首　钢

2005年2月国务院批复了《首钢实施搬迁、结构调整和环境治理的方案》。同年3月，首钢党委作出创建学习型企业的决定，下发了《关于创建学习型企业的指导意见》。现将五年来首钢创建学习型企业的情况总结如下。

一、适应形势，迎接挑战，创建学习型企业是推进首钢搬迁调整的必然要求

首钢在北京石景山地区经过90年的发展，形成了800万吨钢铁的生产能力。2008年为奥运会停下了400万吨，今年底要全部停产。几代工作生活在京西这片热土的首钢人将远离自己的家园，远离大都市，背井离乡，到曹妃甸，到荒无人烟的地方创业，在沙滩上围海造地建设现代化的钢铁厂。

首钢的搬迁调整，并不是简单地把石景山生产厂转移到外地，而是要完成从普通长材向精品板材的转换，实现产品的升级换代，达到产品一流、管理一流、环境一流、效益一流。新钢厂要建成自主创新、循环经济、节能减排、科学发展的示范企业。

在北京老厂区要适应建设人文北京、科技北京、绿色北京和建设世界城市的需要，发展高端产业、都市产业和文化创意产业，做好首钢工业区土地开发，打造年 1 000 亿元产值的新产业，继续为首都的发展做出新贡献。

首钢搬迁，原有钢铁厂要按时停下来，新钢厂要按标准建起来，10 万员工岗位变动，人员要得到妥善安置。首钢搬迁是一个复杂的没有先例的系统工程。搬迁调整要求转变人的思想观念，要求转变产品结构，要求转变发展方式，其实质是对人的素质、人的学习能力的考验。面对挑战，首钢党委认识到，必须创建学习型企业，开展大学习、大练兵、大提素，才能完成搬迁调整这一前所未有的系统工程。搬迁调整方案批复后仅一个月，首钢党委就作出了创建学习型企业的决定，建立了创建学习型企业的领导和工作机构，围绕搬迁调整的目标任务，提出了创建学习型企业的指导思想、主要任务、工作内容和方式方法，成为指导首钢创建学习型企业的纲领性文件。随着搬迁调整的推进，首钢党委又先后制定、印发了 4 个文件，把创建学习型企业贯穿于搬迁调整的全过程，不断深化推进。创建学习型企业是推进首钢搬迁调整的必然要求。

二、把握重点，突破难点，创建学习型企业是推动创新发展的不竭动力

创建学习型企业不是贴标签，不是赶时髦，不是游离于企业改革发展之外，而是企业管理的应有之义。创建学习型企业紧密结合搬迁调整和改革发展实际，抓住搬迁调整的重点难点问题，坚持干什么学习什么，需要什么学习什么，做到了学习创新发展一体化。

为解决新钢厂的先进技术来源，首钢积极组织各种学习培训交流。广泛与国内外众多知名企业、高等院校、科研机构建立战略合作，分别与钢铁研究总院、北京科技大学、东北大学联合成立了电工钢研发中心、汽车用钢研发中心、宽厚板研发中心，集中了一批高水平的专业研发团队，成立了由国内外一流专家组成的首钢京唐钢铁厂专家委员会和国外专家小组，参加了国家“十一五”重大科技项目“新一代可循环钢铁流程工艺技术研究”，学习获取先进技术。首钢各新钢厂建设学习国内外先进钢铁厂经验，按照“先进可靠、节省高效、系统优化、集成创新”的原则提高自主创新能力。首钢京唐公司 5 500 立方米大型高炉就是广泛学习、自主创新的典范。首钢炼铁技术人员把目光瞄准国内外先进的冶金企业，充分分析总结日本、欧洲及国内外大型高炉的设计、建设、生产等各方面的经验，学习消化，整合提升，攻克一个又一个难关，集成采用了当今国际炼铁技术领域的 10 大类 68 项先进技术。高炉建设实现了高速度、高质量，投产以来总体运行稳定，效果明显。

精品板材的生产管理对首钢是一个全新的领域。首钢人瞄准先进、追求卓越，适应新工艺、新设备的要求，既开展系统的学校培训，也积极学习先进企业的经验；既加强技术方面的学习，也开展精细化管理方面的学习；既请进来虚心求教，又走出去对比找差。短短的几年时间里，首钢人走遍了宝钢、鞍钢、武钢等国内先进的板材生产企业，与德国蒂森克虏伯等国外有核心技术的企业开展广泛合作，培养板材生产和管理人才。2007年以来，首钢人分三批选派中高层管理人员和技术骨干到蒂森公司学习，为首钢板材生产提供了关键的技术和管理基础。

在北京地区发展高端新产业、进行土地开发对首钢来说是一个新生事物。首钢党委请来文化部领导做有关发展文化创意产业方面的讲座，北京经济技术开发区的领导作关于园区开发和管理的讲座，举办新产业培训班，到德国鲁尔工业区学习老厂区的保护与开发，到天津开发区学习考察，通过现场学习考察，参加各种讲座论坛等，积极为北京地区发展新产业、搞好土地开发做好人才和知识准备。

富余人员的安置对首钢来说是一个避不开的难题。搬迁调整产生的富余人员，不是冗员，而是结构性的富余。首钢要科学发展、和谐发展、包容性发展，这些人没有简单地被推到社会上，而是通过转岗培训、素质提升，使其就业的天地更宽，舞台更大。有的转移到新钢厂，有的转移到新产业，有的则在社会上找到了用武之地。大多数员工都找到新岗位，得到新发展。

在首钢搬迁调整的关键时刻，2008年爆发了全球性的金融危机。面对搬迁调整和金融危机的双重挑战，面对市场和成本的双重压力，首钢加强学习，开阔视野，全面系统地找差反思，追赶先进。与先进企业对比学习，不仅比经济技术指标，而且比指标背后的东西，比管理、比体制、比思想作风。在对比先进中解放思想，在解放思想中提高境界，在提高境界中开拓思路，在开拓思路中制定新措施，深化“五算清五精细”活动，实施成本、产品、市场三个倒推机制，推进精细化管理。虚心学习、潜心研究、齐心攻关，有效化解了风险，提升了竞争能力。创建学习型企业使首钢增强了抗击风险的能力。

三、创新载体，搭建平台，创建学习型企业是企业管理的新形式

首钢企业之大、产业分布之广、经营范围之宽决定了创建学习型企业不能搞一刀切，不能只采取一种模式，必须从实际出发，因人而异，因地制宜，创造灵活多样的载体，搭建不同层次的平台。

首钢总公司每年召开创新创优创业经验交流会。几百名高管人员围绕全年全集团中心任务，抓住企业面临的突出问题，由总公司董事长、总经理作主题报告，请先进典型介绍经验，请专家点评。总公司领导与中层干部上下互动，深度会谈，对比找差。每年一个主题，每年都有新形式。为创新增添智慧，为创优注入动力，为创业点燃激情。成为全公司推动工作的加油站，成为全公司学习的大课堂，成为全公司创建学习型企业的品牌。

矿业公司有50多年历史，有30多个生产厂，有上千个车间班组，有1万多名员工，在百里矿区每年为公司生产上千万吨原料。在创建学习型企业过程中，矿业公司开展“十小促十变”活动，即小教员培训辅导、小问答解疑释惑、小论坛共同提高、小竞赛比学赶帮、小课题群策群力、小练兵切磋技能、小建议持续改进、小窍门开启智慧、小案例示范引路、小园地交流心得。通过“十小”，促进思想观念变、思维模式变、目标追求变、行为习惯变、知识技能变、管理水平变、作业环境变、产品质量变、工作绩效变、文化氛围变。这种学习，让每个职工都是创新主体，让企业处处都有创新课题，把学习创新渗透到每个管理环节，调动每一个职工的潜能促进企业发展。

首钢机械厂“卫建平工作室”是创建学习型企业过程中涌现出的又一种形式。卫建平等 7 名职工，平均年龄 27 岁，他们研究消化和引进切削加工前沿技术，组成攻关团队，使业务链持续改进，引发了连锁创新，不仅提高了生产效率，而且引发了生产模式、管理模式的变革。卫建平被聘为全国数控专业委员会委员、北京市鉴定中心技能鉴定高级技师。他的工作室两年来培训数控技术人员、工人技师 80 多人。“卫建平工作室”学习运用数控先进技术、抓住关键环节、引发全面革新的经验正在首钢各单位学习推广，类似的工作室不断涌现。

企业管理的核心是人的管理，管理者的任务在于调动每个人的积极性和创造力。创建学习型企业，职工普遍提高了素质，增加了本领，适应更多的岗位。职工不但增加了收入，而且有稳定的岗位，减少了后顾之忧，为企业发展增添了后劲。

通过大学习，企业的搬迁调整、经营生产、改革发展稳定的目标、任务，分解到每个干部职工，上下同欲，人人在自己岗位上为实现全公司的任务恪尽职守，使领导方法由原来的“一人说大家听”的上下垂直管理变成了“共同的任务，共同讨论、共同承担”的扁平化管理。创建学习型企业是企业管理方式的创新，是管理者领导方法的一种改变。

四、加强领导，建立机制，创建学习型企业为首钢带来实效

首钢创建学习型企业活动之所以持续深入地进行，一是领导重视，二是建立机制。

首钢总公司党委书记、董事长朱继民同志，总经理王青海同志，亲自挂帅，担任创建学习型企业活动领导小组的组长，及时制定文件，布置检查，不断修改完善方案，提出要求。特别是亲自率团到蒂森公司等先进企业学习，组织团队，带头攻关。各基层单位负责人向总公司学习，成为学习型企业的带头人。首钢总公司党委先后两次就建设学习型领导班子，下发文件，提出要求。

建立机制是创建学习型企业活动持续有效的根本保证。各级党委分别成立领导小组、工作小组、考评小组，建立党政工团齐抓共管的体制。特别是建立与收入挂钩的制度，建立企业成功、员工成才的促学促用激励机制。由于刘宏的学习成果，总公司一次性奖励 3 万元，刘宏被聘为首钢总公司技能操作专家，每月增加工资津贴 3 000 元；由于卫建平工作室的突出学习成果，卫建平被聘为首钢机电公司首席工程师。首钢建立了三个人才队伍成长绿色通道，每年根据学习效果，择优晋级加薪。

创建学习型企业在首钢见到实效。在河北曹妃甸、北京顺义先后建成新的钢铁基地，汽车板、家电板、电工钢等新的高端板材相继投产；石景山地区钢铁生产按要求安全有序地逐步减产、限产、停产；发挥首钢优势，先后重组贵州水钢、山西长钢、新疆伊钢、吉林通钢；辅业改制顺利完成；北京石景山老厂区的土地开发、新产业开发正在积极准备，高端制造业、生产性服务业、文化创意产业、总部经济正在起步当中。首钢这几年经历了奥运会、国庆 60 年大庆、应对金融危机的考验，人心稳定、队伍稳定、生产稳定。创建学习型企业为搬迁调整提供了保证。

在搬迁调整中开展创建学习型企业活动，丰富了创建学习型企业的内容，深化了内涵。我们感到，搬迁调整需要每一个员工付出努力，需要得到每名员工的支持，我们的学习是全员学习。每名员工在学习中有了收获，尝到了甜头，获得了利益，学习与企业、与个人息息相关，调动了学习的积极性、主动性，把学习变成了自己的第一需要，不管是否有人让我学，我自己都要主动学，我们的学习是自主学习。完成任务需要学习，学习促进任务完成，我们的学习是学和做的统一，是学习与工作的一体化，我们的学习是行动学习。不同单位、不同厂矿、不同车间、不同群体，为了解决各自的问题而进行学习讨论攻关，为实现各自的目标而深入合作探索，我们的学习又是一种团队学习。通过学习，员工实现了自己的价值，看到了个人的生命意义，我们的学习又是快乐学习。企业发展无止境，我们的学习不能停，就企业而言，这又是持续学习，对职工个人而言，就是终身学习。

在搬迁调整中创建学习型企业的实践，使我们认识到：

（1）创建学习型企业的实质是：通过学习、创新、超越的不断循环，使学习在企业中持续进行，并通过制度安排，使学习与企业的各项活动、各项工作、各个层面相结合，是实现企业发展目标的新型管理模式。

（2）创建学习型企业的特点是：有效激励和组织全员学习，激发思维活力，引导解放思想进入新境界；激发创造活力，推动发展取得新成果；激发人才资源活力，激发自主创新的自觉性，使企业具有持续发展的生机与动力。职工个人是活的生命体，企业也是一个活的生命体。创建学习型企业同时激活职工和企业，实现人与企业共同发展。

（3）创建学习型企业的目的是落实以人为本。企业的主体是职工，搞好企业，要依靠职工，也是为了职工。学习的主体是职工，受益者也是职工。学习的过程，对于职工是参与管理，执行落实的过程；对管理者，是布置工作，倾听民意，开启民智，发扬民主的过程。在学习中，管理者把自己的意图、想法、要求，和风细雨，润物无声，向职工渗透，让大家接受，密切了干群关系。学习促进职工素质的全面提升，促进职工的全面成长，使职工经济更有保证，政治更有尊严。

（4）创建学习型企业在党委领导下开展，进一步加强企业党组织建设。创建学习型企业是强化企业思想政治工作的有效形式，使企业思想政治工作更深、更活、更实。创建学习型企业可以和创先争优、建设学习型党组织、建设学习型领导班子等其他各种党建载体有机结合，有效开展，有序推进。

资料来源：姜兴宏：《创建学习型企业　推进搬迁调整　实现人与企业共同发展》，载《宣讲家》，2010－10－28。

思考题：

1．如何评价首钢的学习型企业建设的方法？

2．首钢的实践还有哪些可以改进和补充的地方？

参考文献

1. 休·J·阿诺德，丹尼尔·C·菲尔德曼．组织行为学．北京：中国人民大学出版社，1990

2. 克特·W·巴克．社会心理学．天津：南开大学出版社，1984

3. 托马斯·J·彼得斯，小罗伯特·H·沃尔曼．成功之路．北京：中国对外翻译出版社，1985

4. 陈佳贵等．学习型组织：未来成功企业的模式．广州：广东经济出版社，2000

5. 陈仲庚．变态心理学．北京：人民卫生出版社，1985

6. 陈仲庚，张雨新．人格心理学．沈阳：辽宁人民出版社，1986

7. 理查德·L·达夫特．组织理论与设计．大连：东北财经大学出版社，1998

8. 迈诺尔夫·迪尔克斯．组织学习与知识创新．上海：上海人民出版社，2001

9. 唐·荷尔瑞格，小约翰·W·斯劳卡姆，理查德·W·渥德曼．组织行为学．大连：东北财经大学出版社，1998

10. 唐纳德·怀特，大卫·B·贝登纳．组织行为学．北京：中国财政经济出版社，1989

11. 托马斯·卡明斯，克里斯托弗·沃里．组织发展与变革．北京：清华大学出版社，2003

12. 约翰·科特．变革．北京：中国人民大学出版社，2000

13. 约翰·科特，詹姆斯·赫斯克特．企业文化与经营业绩．北京：华夏出版社，1997

14. L. 克拉克．改革．北京：中信出版社，1999

15. 克雷奇，克拉奇菲尔德，利维森．心理学纲要．北京：文化教育出版社，1980

16. 孔令智，汪新建，周晓虹．社会心理学新编．沈阳：辽宁人民出版社，1987

17. R. 勒德洛，F. 潘顿．有效沟通．北京：中信出版社，1998

18. 李剑锋．组织行为管理．北京：中国人民大学出版社，2004

19. 李剑锋．组织行为学．北京：中国经济出版社，2003

20. 李剑锋．组织行为学．北京：首都经济贸易大学出版社，2003

21. 李剑锋．图解组织行为．北京：中国人民大学出版社，2001

22. 李剑锋．组织行为案例．北京：中国人民大学出版社，1999

23. 李剑锋，王小转，徐联仓．冒险行为研究的新进展．心理科学，1997（5）

24. 李剑锋．企业经营管理风险决策．北京：冶金工业出版社，1996

25. 李剑锋，徐联仓．企业经营决策风险认知的实证研究．中国人民大学学报，1996（6）

26. 李剑锋，徐联仓．企业经理风险决策行为的实证研究．中国管理科学，1996（6）

27. 哈罗德·J·利维特．管理心理学．北京：中国人民大学出版社，1989

28. 李孝忠．能力心理学．西安：陕西人民教育出版社，1985

29. 罗长海．企业文化学．北京：中国人民大学出版社，1999

30. 斯蒂芬·P·罗宾斯．组织行为学．北京：中国人民大学出版社，1997

31. 斯蒂芬·P·罗宾斯．管理学．北京：中国人民大学出版社，1997

32. 马存根．临床医学心理学．北京：中国科学技术出版社，1999

33. K·韦恩·蒙迪，罗伯特·M·诺埃．人力资源管理．北京：经济科学出版社，1998

34. 约翰·W·内斯特罗姆，基恩·戴维斯．组织行为学．北京：机械工业出版社，1998

35. 钱铭怡．心理咨询．北京：光明日报出版社，1989

36. 埃德加·H·沙因．企业文化与领导．北京：中国友谊出版公司，1989

37. 沈渔邨．精神病学．北京：人民卫生出版社，1990

38. 彼得·圣吉．第五项修炼．上海：上海三联书店，1998

39. H. 威廉斯．团队管理．北京：中信出版社，1999

40. 吴培良，郑明身，王凤彬．组织理论与设计．北京：中国人民大学出版社，1998

41. 杰克琳·谢瑞顿，詹姆斯·L·斯特恩．企业文化．上海：上海人民出版社，1998

42. 徐俊冕．医学心理学．上海：上海科技大学出版社，1990

43. 徐联仓．组织行为学．北京：中央广播电视大学出版社，1993

44. 徐联仓．领导行为研究．武汉：华中理工大学出版社，1991

45. 叶奕乾，孔克勤．个性心理学．上海：华东师范大学出版社，1993

46. 俞国良．创造力心理学．杭州：浙江人民出版社，1996

47. 余凯成．人力资源开发与管理．北京：企业管理出版社，1997

48. 俞克纯，沈迎选．激励·活力·凝聚力．北京：中国经济出版社，1988

49. 俞文钊．管理心理学．兰州：甘肃人民出版社，1985

50. 乐国安．社会心理学．天津：南开大学出版社，1995

51. 张雨新．行为治疗的理论和技术．北京：光明日报出版社，1987

52. 章志光，金盛华．社会心理学．北京：人民教育出版社，1996

53. 周德孚，殷建平，蔡桂其．学习型组织．上海：上海财经大学出版社，1998

54. R. Ashkenas，D. Ulrick，T. Jick，S. Kerr. The Boundaryless Organization. San Francisco：Jossey Bass，1995

55. Bernard M. Bass. Leadership and Performance：Beyond Expectations. New York：

The Free Press，1985

56. Ian Beardwell，Len Holden. Human Resource Management. London：Pitman Publishing，1997

57. Michael Beer. Organization Change and Development：A System View. Santa Monia：Goodyear，1980

58. Lee G. Bolman，Terrence E. Deal. Reframing Organizations. San Francisco：Jossey-Bass Publishers，1997

59. James L. Bowditch，Anthony F. Buono. A Primer on Organizational Behavior. New York：John Wiley & Sons，1997

60. W. Burke. Organization Development：Principles and Practices. Boston：Little Brown，1982

61. Ava S. Butler. Team Think. New York：McGraw-Hill，1996

62. Steward R. Clegg，Cynthia Hardy，Walter R. Mord. Handbook of Organization Studies. Thousand Oales：Sage Publications，1996

63. J. Conger，G. Speritzer. The Leader's Change Handbook. San Francisco：Jossey-Bass，1999

64. Patrick E. Connor，Linda K. Lake. Managing Organizational Change. Westport：Praeger Publishers，1994

65. Thomas G. Cumming，Christopher G. Worley. Organization Development and-Change. Cincinnati：South Western College Publishing，1997

66. Daniel R. Denision，Aneil K. Mishra. Toward a Theory of Organizational Culture and Effectiveness. *Organization Science*，1995 (2)

67. Don Harvey，Donald R. Brown. An Experimental Approach to Organization Development. Upper Saddle River：Prentice Hall，1996

68. Fred E. Fiedler. New Approaches to Effective Leadership：Cognitive Resources and Organizational Performance. New York：John Willey，1997

69. Sydney Finkelstein，Donald Hambrick. Strategic Leadership：Top Executives and Their Effects on Organizations. St. Paul：West Publishing Company，1996

70. Judith R. Gordon. Organizational Behavior. Upper Saddle：Prentice Hall，1996

71. Jerald Greenberg，Robert A. Baron. Behaviors in Organizations. Upper Saddle：Prentice Hall，1997

72. L. Greiner，V. Schein. Power and Organization Development：Mobilizing Power to Implement Change. Reading：Addison-Wesley，1988

73. Nicky Hages. Successful Team Management . London：International Thomson Business Press，1997

74. C. Worley，D. Hitchin，W. Ross. Integrated Strategic Change. Readings：Addison-Wesley，1996

75. Michael A. Hogg，Graham. M. Vaughan. Social Psychology. London：Prentice

Hall Europe，1998

76. Timothy A. Judge. Validity of the Dimensions of the Pay Satisfaction Questionnaire：Evidence of Differential Prediction. *Personnel Psychology*，1993（2）

77. D. Kirkpatrick. How to Management Change Effectively. San Francisco：Jossey-Bass，1985

78. J. Kotter. Leading Change. Boston：Harvard Business school Press，1994

79. J. Kotter，L. Schlesinger. Choosing Strategies for Change. *Harvard Business Review*，1979（2）

80. James M. Kouzes，Barry Z. Posner. The Leadership Challenge：How to Keep Getting Extraordinary Things Done in Organizations. San Francisco：Jossey-Bass Publishers，1995

81. Robert Kreitner，Angelo Kinicki. Organizational Behavior. Chicago：Richard D. Irwin，Inc，1995

82. John Martin. Organizational Behavior. Boston：International Thomson Business Press，1998

83. Danny Miller，Peter H. Friesen. A Longitudinal Study of the Corporate Life Cycle. *Management Science*，1984（10）

84. Gregory Moorhead，Ricky W. Griffin. Organizational Behavior：Managing People and Organizations. Boston：Houghton Mifflin，1998

85. Laurie J. Mullins. Management and Organizational Behavior. London：Pitman Publishing，1996

86. Afsanch Nahavandi. The Art and Science of Leadership. Upper Saddle River：Prentice Hall，1997

87. Arnon E. Reichers. A Review and Reconceptualization of Organizational Commitment. *Academy of Management Review*，1985（3）

88. Stephen P. Robbins. Organizational Behavior. Upper Saddle：Prentice Hall，1998

89. Vida Scarpello，Vandra Huber. Compensation Satisfaction：Its Measurement and Dimensionality. *Journal of Applied Psychology*，1988（2）

90. Edgard H. Schein. Career Anchors Revisited：Implications for Career Development in the 21st Century. *Academy of Management Executive*，1996（4）

91. Edgar H. Schein. Organizational Culture. *American Psychologist*，1990（2）

92. Edgar. Schein. Process Consultation. Readings：Addison-Wesley，1987

93. John R. Schermerhorn，Jr.，James G. Hunt，Richard N. Osburn. Organizational Behavior. New York：John Wiley & Sons，1997

94. P. Sorensen Jr.，T. Head，N. Mathys，J. Preston，D. Cooperrider. Global and International Organization Development. Champaign：Stipes，1995

95. Barry Sugarman. A Learning-Based Approach to Organizational Change：Some Results and Guidelines. *Organizational Dynamics*，2001（1）

96. Paul Taffinder. The New Leaders：Achieving Corporate Transformation through Dynamic Leadership. London：Kugan Page Limited，1995

97. Jeromy Tozer. Leading Initiatives：Leadership，Teamwork and the Bottom Line. Newton：Butterworth Heinemann，1997

98. Robert P. Vecchio. Leadership：Understanding the Dynamics of Power and Influence in Organizations. Nortre Dame：University of Nortre Dame Press，1997

99. Joseph W. Weiss. Organizational Behavior and Change. St. Paul：West Publishing Company，1996

100. Thomas J. Wren. The Leader's Companion：Insights on Leadership through the Ages. New York：The Free Press，1995

图书在版编目（CIP）数据

组织行为管理/李剑锋编著．—5版．—北京：中国人民大学出版社，2013.9
普通高等教育“十一五”国家级规划教材．21世纪工商管理系列教材
ISBN 978-7-300-18021-2

Ⅰ.①组…　Ⅱ.①李…　Ⅲ.①组织行为学-组织管理学-高等学校-教材　Ⅳ.①C936

中国版本图书馆CIP数据核字（2013）第205699号

普通高等教育“十一五”国家级规划教材
21世纪工商管理系列教材
组织行为管理（第五版）
李剑锋　编著
Zuzhi Xingwei Guanli

出版发行	中国人民大学出版社		
社　　址	北京中关村大街31号	**邮政编码**	100080
电　　话	010－62511242（总编室）		010－62511770（质管部）
	010－82501766（邮购部）		010－62514148（门市部）
	010－62515195（发行公司）		010－62515275（盗版举报）
网　　址	http：//www.crup.com.cn		
	http：//www.ttrnet.com（人大教研网）		
经　　销	新华书店		
印　　刷	北京密兴印刷有限公司	**版　　次**	2000年12月第1版
规　　格	185 mm×260 mm　16开本		2013年9月第5版
印　　张	22.75 插页1	**印　　次**	2018年12月第5次印刷
字　　数	520 000	**定　　价**	38.00元

教师教学服务说明

中国人民大学出版社工商管理分社以出版经典、高品质的工商管理、财务会计、统计、市场营销、人力资源管理、运营管理、物流管理、旅游管理等领域的各层次教材为宗旨。

为了更好地为一线教师服务，近年来工商管理分社着力建设了一批数字化、立体化的网络教学资源。教师可以通过以下方式获得免费下载教学资源的权限：

在中国人民大学出版社网站 www. crup. com. cn 进行注册，注册后进入“会员中心”，在左侧点击“我的教师认证”，填写相关信息，提交后等待审核。我们将在一个工作日内为您开通相关资源的下载权限。

如您急需教学资源或需要其他帮助，请在工作时间与我们联络：

中国人民大学出版社　工商管理分社

联系电话：010-62515735，82501048，62515782，62515987

电子邮箱：rdcbsjg@crup. com. cn

通讯地址：北京市海淀区中关村大街甲 59 号文化大厦 1501 室（100872）